南京艺术学院

新时代南京艺术学院
“三位一体”人才培养模式研究与实践

Research and Practice on the Talents Training Model of Trinity of Nanjing University of the Arts in New Era

主　编：詹和平
副主编：季　晨

东南大学出版社
·南京·

图书在版编目（CIP）数据

新时代南京艺术学院“三位一体”人才培养模式研究与实践 / 詹和平主编 .—南京：东南大学出版社，2019.10

ISBN 978-7-5641-8562-6

Ⅰ.①新… Ⅱ.①詹… Ⅲ.①高等学校－艺术教育－人才培养－研究－南京 Ⅳ.① J124-4

中国版本图书馆 CIP 数据核字（2019）第 232059 号

新时代南京艺术学院“三位一体”人才培养模式研究与实践

Xinshidai Nanjing Yishu Xueyuan “Sanwei Yiti” Rencai Peiyang Moshi Yanjiu Yu Shijian

主　　编：詹和平
副 主 编：季　晨
出版发行：东南大学出版社出版发行
地　　址：南京市四牌楼 2 号　邮编：210096
出 版 人：江建中
网　　址：http：//www.seupress.com
经　　销：全国各地新华书店
印　　刷：江阴金马印刷有限公司
开　　本：700mm × 1000mm　1/16
印　　张：20.25
字　　数：386 千字
版　　次：2019 年 10 月第 1 版
印　　次：2019 年 10 月第 1 次印刷
书　　号：ISBN　978-7-5641-8562-6
定　　价：75.00 元

编　委　会

序 言

南京艺术学院院长 刘伟冬

要总结百年老校南京艺术学院的最大优势，我以为就是它的综合性。从学科层面上来说，它拥有艺术学门类下的五个一级学科博士点和硕士点，同时还拥有五个一级学科的博士后流动站。从专业层面上来说，南京艺术学院拥有38个本科专业，从而形成了一个基础广、层次高的人才培养体系。一百多年来，尤其是改革开放以来，为国家培养了大量优秀的艺术人才。

现在，中国特色社会主义已经进入了新时代，新时代必然会提出新的要求、新的使命和新的目标。习近平总书记在十九大的报告中指出："我国的社会主要矛盾已经转化为人民日益增长的美好生活需要和不平衡不充分的发展之间的矛盾。"这里的"需要"，其内涵是十分丰富的，它不仅是物质的，而且更是精神的，其中就包括人民对接受更好的教育的需要。那么，如何办出人民满意的教育，这就是我们广大的教育工作者所面临的新的挑战。新的挑战必须要用新的理念和新的方法去回应，否则，我们就很难完成这一历史使命。

首先，我把视角聚焦到本科教育这个话题上，或更具体地说，聚焦到艺术类的本科教育这个话题上。众所周知，本科教育是大学最根本的任务，也是最基础的教育，它需要结构、秩序和各种的规范。在中国，它是以专业或专业方向为单元，以课程设置作为技能学习和知识获取的主要路径，课程是人才培养的核心要素，而教材又成为课程的支点。简单地说，有了优秀的教材就能保障优质的课程，有了科学合理的课程设置就能培养出优秀的专业人才。但支撑这一逻辑关系能否成立的核心则是教师。对高校而言，一支优秀的教师队伍才是它真正的核心竞争力所在，而这支队伍的主战场应该是在教学上，而不是在科研或艺术创作上面。长期以来，中国的许多高校，包括艺术类高校，在处理教学、科研和创作三者之间的关系时存在着偏颇。其实，同样的问题在国外的著名大学中也存在着。美国教育学家哈瑞·刘易斯撰写了一部名为《失去灵魂的卓越》的著作，它是一部专门探讨本科教育的经典之作，它还有一个副标题：“一所伟大的大学是如何忘记教育的”。这里所说的伟大大学就是指哈佛大学。众所周知，本科教育是一个润物细无声的过程，人才的教育和成长需要相对漫长的时间，而且，它的成效往往都是隐性的、后置的，或者说它的成效很难在短时间内归纳为一组数据。而科研和创作的成效则是非常显性的，它们往往可以通过数字的量化来决定它们的优劣和排序。其实，这种统计并不完整也不完全科学，它会使多元、整体的学校面貌扁平化，但它却是客观存在的。多少年来我们的大学就是围绕着这样的指挥棒在转。因此，失误的指挥使本科教育在许多高校中被淡化、边缘化。许多大学都急于让自己转型，从教学型转为研究型，至少也要争取到研究与教学并重的格局。领导精力投入不足、教师精力投入不足、学生精力投入不足成了高校本科教育的一种常态。在许多大学中，本科的教学没有成为教师的第一要务，而是成了最后无奈的选择。好在我们已经意识到了这个问题的严重性，正所谓亡羊补牢，犹未为晚。重视了本科教育，新的问题依然会出现。本科教学讲究结构性、秩序性和规范性，循规蹈矩似乎成为理解本科教育的习惯思维。如何在这样的实践场域中去培养学生独立思考的能力、研究问题的能力和创新创造的能力，穿新鞋走老路是不行的，这就要求我们对专业、课程和教材，尤其是对人才培养的核心元素——课程进行一次根本性的革命，使它们能够实现面向未来、适应要求、引领发展、理念先进的目标。坚决淘汰那些十几年甚至几十年一贯制的观念保守、内容陈旧、方法落后的“水课”，努力打造一批具有创新性和挑战度，符合国家标准，同时又能在国际上领先的“金课”。我以为针对这些问题和要求，我们目前在认识层面上可能是做到了，但在实践层面上还有相当长的路要走，高等艺术教育也面临着同样的困境。还有，我们重视本科教学，并不是要割裂它与科研和创作的关系。事实上，缺失科研和创作支撑的本科教育也是不完整的，至少不具备与时俱进的发展活力。问题是如何让教师的科研和创作的成果反哺教学，使之更加有效地为教学服务，这也是实现研究性和创造性艺术人才培养的重要节点。也许我们有的教师已经这样在做了，但我们在制度层面却缺少这样的转换机制，更谈不上激励和保障机制了。

其次，我还想谈谈艺术教育与美育之间的关系，其实这也涉及我们本科教育的一个核心问题——立德树人。所谓立德就是要培养学生正确的人生观和价值观，而树人就是要在业务方面精进卓越。习近平总书记在给中央美术学院八位老教授的回信中充分强调了美育工作的极端重要性。我们通常会这样认为：艺术教育是美育的重要途径和主要对象，但在实践上我们却往往把艺术教育等同了美育，以为教孩子们唱唱歌、画画画、跳跳舞就是在进行所谓的美育了。毫无疑问，艺术教育理所当然地包含着美的教育，但它不能等同于更不能替代美育。就艺术教育所包含的绝大多数专业而言，它们都集中在技能、技巧的训练层面上，是形而下的；而美育是绝对的、形而上的，它是一种价值观的引领、世界观的培养，是一种道，它可以通过艺术教育得以养育，但它们之间却不能画上等号。谁敢保证一位优秀的画家或钢琴师就一定有着正确的价值观呢。我们通常讲的道技合一与德艺双馨在很大程度上说明了它们的区别，同时也强调了德艺融合是多么的重要。这里还要提一下哈瑞·刘易斯那本《失去灵魂的卓越》，他在该书的中文版序言中这么写道："本书的宗旨是回顾大学通识教育的发展历史，并展望其未来前景。大学通识教育的目标超越了学科的专业技能。通识教育旨在利用大学生的可塑性，鼓励年轻人认识自我，并发现自己的生活道路。通识教育的任务还在于提醒学生：自己应对社会知恩图报，应该利用自己掌握的知识为人类谋福利，而不仅仅追求自身的经济富足。"在我的理解中，他所说的通识教育有点类似我们所提倡的美育，包含着一种人生观和价值观的陶铸和培养。这也让我想起了我们在大学教育实践中的一种设计与倡导，即"思政课堂"与"课堂思政"。事实上，思政课堂是我们教育计划中的一个规定动作，一直在坚持进行着，而课堂思政则是一种新的提法或新的要求，很多人觉得在实践中似乎很难做到，我认为这里或许存在着某种误解。所谓"课堂思政"并不是要把"思政课堂"的内容在各类专业课上进行简单的重复，而是教师必须在专业课堂上把知识、技能所服务的目标引领到正确的轨道上来，也就是说，要让学生知会这些技能和知识的正确用途，一如哈瑞·刘易斯一再强调的：学生自己应对社会知恩图报，应该利用自己掌握的知识为人类谋福利，而不仅仅追求自身的经济富足。大学教育不仅要传授知识，更要培养学生的人格、品性、能力和责任。课堂思政如果能够做到了这一点，我认为就是一种很好的思政教育、一种美育。

南京艺术学院历来重视本科的教育教学，在人才的培养机制上不断改革创新，曾在全国的艺术院校中率先实行完全学分制，为艺术人才的培养提供了更多的可能性，在全国有着广泛的影响。近些年来，我们又提出了"三位一体"的人才培养模式，并取得了可喜的成果。在这里，所谓的"三位"是指人才培养的类型，即复合型、创新型和应用型，而"一体"则是指综合性，也就是说在南京艺术学院大综合的这样一个广阔、多元的平台上来着力培养三类有所侧重的艺术人才，打造一个与社会人才需求对位的培养模式。当然，这三类人才在知识、技能等方面不是相互割裂的，而是相互重叠、交叉、融合的。他们最终还会在选择社会和社会选择的过程中逐渐完善成型。令人可喜的是我们广大的教师，尤其是青年教师积极参与到了这样的教育、教学改革实践中来。这一本集子就是汇集了各学科、各专业老师在教育、教学改革实践中的认识和体会。他们从专业的角度、自身的立场来探讨我们共同面对的问题和挑战，他们视野开阔，触角敏锐，体会深刻，观点鲜明。我觉得这样一本专辑的出版是非常有意义的，一方面它可以看作是我们前期工作的一个总结，起到抛砖引玉的效应；另一方面也是对2018年9月党中央、国务院在北京召开的全国教育大会上提出的高等院校应该把立德树人放在核心地位这一精神的积极响应，以及对教育部在成都召开的全国高等学校本科教育工作会议的决策与部署的一种落实。

是为序。

目　录

一、设计学类人才培养模式研究与实践

二、美术学类人才培养模式研究与实践

三、戏剧与影视学类人才培养模式研究与实践

四、音乐与舞蹈学类人才培养模式研究与实践

五、高等职业教育专业课程教学模式研究与实践

六、艺术院校公共课程教学内容与教学方法研究

七、艺术院校教学管理与教学质量保障体系研究

一、设计学类人才培养模式研究与实践

实验与生成

——创新型设计人才培养模式的探索与实践*

周 庆 蒋 杰**

摘　要：设计学院创新型人才培养模式的探索与实践，体现在创新求异、不息变动的实验性教学，体现在具有全国领先水平的实验室建设，体现在具有国际视野的工作坊教学活动中。通过课程改革和实验性教学模式的建构，通过交叉性与综合性的原创性课题设计，不断增加教学内容的探索性和研究性，实现了以教学为核心，以“教研”为导向，全面培养学生的创新思维模式和设计师专业素质的目标，保证了设计教学的先进性和创新性。

关键词：创新思维　实验性教学　实验室　工作坊　目标模式

设计是人类创造性智慧的体现，它总是以独特的思维方式发现或更新着人们的想象，总是在更深的层次表达着对事物的领悟。自2011年艺术学升格为门类，作为一级学科的设计学，发展迅猛，大有成为显学之势。从宏观角度上看，设计水平和创新程度成为衡量一个国家或地区综合竞争力的重要指标，对设计的重视程度已经被提升到了国家战略层面，创意产业、创新城市、“中国制造2025”、中美贸易战等重大事项都涉及创新设计的问题。经济领域的供给侧结构性改革，在劳动力、土地、资本、创新四大要素中，对创新要素的改革最具有战略意义和促进价值。而就设计学本体而言，全国两千多所高校超过半数开设设计类专业，设计教育正处于历史上前所未有的发展时期。与此同时，创新型设计人才的培养面临着诸多挑战，新的时代责任和社会需求催生着面向未来的新型设计教育模式。

---

*　**基金项目：**江苏省高等学校优秀科技创新团队项目“参数化技术创新设计研究”（DGZHPCS17）；南京艺术学院校级课题“艺术设计学科创新型人才培养模式研究与实践”（2016JY2D10）。

**　**作者简介：**周庆（1971—），男，南京艺术学院设计学院副院长、副教授；蒋杰（1977—），男，南京艺术学院设计学院副院长（主持行政工作）、副教授。

一、创新·思维

“创新”这个词与设计相生相伴，彰显出设计的特质。教育部高等学校教学指导委员会在《普通高等学校本科专业类教学质量国家标准》中规定：设计学培养“具有强烈的责任意识、综合的创造思维、领先的审美判断以及科学的工作方法的高层次创新人才”[①]。“创新人才”“创造思维”作为培养目标，使得设计学教学的职责和使命更加明确。

“创新”以非常规的思路改进或创造新的事物、方法、元素、路径、环境，并能获得相应有益的效果，创新的过程意味着能够创造出新的知识和新的物质，这种新颖独特解决问题的思维方式就是创新思维，具有开放性、灵活性、求异性和有效性的特点。在创新过程中，敏锐的洞察力、丰富的想象力和科学知识，以及兴趣、情感、意志等综合性因素，对于创造性设计实践都起着非常重要的作用。

英国学者尼杰尔·克劳斯（Nigel Cross）认为，设计方法是用来发明、创造有价值新事物的一种行为模式。设计是创造的过程，设计中的认知行为以创造性理解为基础，是介于问题空间与解决方案空间之间的某种联结方式。设计中的创造性认知即某种创意灵感的呈现，有组合、突变、类推、突现、依靠第一原则这五个特征。设计师式的思维方式是创造性地使用“编码”进行抽象需求和具象形式之间的转换，而设计教育的核心就是培养设计师式认知。[②]

英国学者布莱恩·劳森（Bryan Lawson）指出，设计师最重要的两种思维方式是推理和想象，前者是聚集性的，后者是发散性的。聚集性思维需要分析与比较、推理与判断，发散性思维需要感知与发现、想象与转换。推理以获得某个特定结果为方向，包含了逻辑、问题解决和观念形成的过程，来源于在观察和实验中发现某种结构和关系的规律，指向科学性思维方式。想象则以一种相对自由或无序的方式将材料进行组合，寻找各种可能性，很大程度上是一种自我激发，指向艺术性思维方式。[③]

从整体而言，设计具有发散性思维的特点，是人们在求知探索中不受既有工具或某种思维定式的制约，从多个方面自由思考解决问题的方法，有形象性、直觉性、

---

① 教育部高等学校教学指导委员会，编．普通高等学校本科专业类教学质量国家标准［S］．北京：高等教育出版社，2018：943.

② ［英］尼杰尔·克劳斯．设计师式认知［M］．任文永，陈实，译．沈浩翔，审校．武汉：华中科技大学出版社，2013：21、29、30.

③ ［英］布莱恩·劳森．设计师怎样思考［M］．杨小东，段炼，译．北京：机械工业出版社，2010：130-131.

求异性的特征，其中求异思维方法表现为主动求变、多元转换、反复试错、触类旁通，在分析比较中发现客观事物的差异性和特殊性，多方向、多层次、交叉转换地提出解决问题的途径与策略。[①]在具体的设计实践中，一个设计过程包括多个步骤，每个设计步骤又有聚集性思维的要求，表现在问题求解过程中，需要不断通过发现问题的规律性与普遍性进行验证。

由此可见，设计本身即意味着创新，设计师的思维方式是创造性的。作为培养创新型设计人才的设计学院，必然是知识创新、思想创新、不断孕育新技术与新方法的重要基地。南京艺术学院设计学院秉承"不息变动"的创新精神，面向未来，迎接挑战，多年来始终倡导以创新设计相关的学科知识为基础的综合性、实验性教学，将"培养厚基础、宽口径、高素质、具有综合能力与创新精神"作为人才培养目标。教学中帮助学生树立创新志向，学习掌握与创新设计相关的知识，以及多元的、反思的、实验性的设计方式与表达方式，在探索、理解、分析不同事物的观点中，适应艺术设计的专业特性，形成有别于常规思维的求异性思维，改变学生从始至终、从因至果的解题路径，改变线性的和序列的思维方式，继而形成创造意识，真正具备设计师式的认知能力和创新设计的思维模式。

近年来，设计学院的学生在江苏省大学生创新创业训练计划项目中，共获得22个立项项目，其中重点项目8个，一般项目14个，其中包括智能穿戴设计、时尚家居、艺术化空间改造、传统文化数字应用等创新性实践项目，在指导老师的带领下，师生组合形成了创新团队，并对学科和专业领域中的一些热点问题展开了有益的探索与实践。另一方面，于教师而言，设计学院依托创新团队师资建设有了显著成效：1人入选国务院学位委员会学科评议组，2人入选江苏省高校"333"工程第三层次培养对象，2人入选江苏省"青蓝工程"中青年学术带头人，4人入选江苏省"青蓝工程"优秀青年骨干教师。

二、实验·研究

设计教育在新世纪的近二十年间，不断寻求与"国际接轨"和"平行发展"，在观念认知、教学体制、人才培养等方面作出了诸多努力和转变。在长期的教学探索中，"实验"成为南京艺术学院设计学院教学的基本出发点和显著特征。这种实验性设计教学模式的建构，有别于过于注重社会实践或商业化实现的职业技能教学，表达了不断追求学科自身内在学理逻辑发展的愿望，有着浓郁的学院派色彩，由此形成的创新、求异、开放的姿态，成为南艺设计遵循当代设计教学规律的自觉选择。

---

① 张大松. 科学思维的艺术：科学思维方法导论[M]. 北京：科学出版社，2008：40.

设计学院实验性教学通过教学计划与课程设计，改变教学内容程式化、固定化的现象，无论是第一学年不分专业而统一的设计基础课，还是第二、第三学年的专业设计课，以及第四学年的毕业设计课，都是以设计活动的创意思维、文化视野、理念方法、风格样式、媒介技巧的呈现为构成主体，各个专业就是一个实验室，着重于学理本体内容的探索、梳理、反思、整合，具有前沿色彩的新概念、新知识，以及新材料、新技术在实验性的教学中得以建构。师生之间教学相长，共建“知识共同体”，课程的展开由师生共同演绎从基础到变体、从具象到抽象、从矛盾到和谐的过程。教学注重培养学生发现问题、提出问题和解决问题的能力，注重激发学生的思考、研究和探索新方法的创造力。教学中提出各种假设，培养学生以设计的视野解读万千现象，并尝试解决问题的设计之道，使课程教学实现培养学生创新精神与能力的目标。作业手法的多样性，表现为对概念模型、设计形态、主题意义具有反思性、发展性、个性化的解读与表达，实验性特征明显。

实验性设计教学的内容坚持视野宽阔、多学科参与的原则，以“知识批判”的立场对既有知识与技法体系进行反思，将实验态度与创新精神的生成视为教学的根本目标，将学习方法的掌握与综合能力的获得始终放在重要的位置。课程主题的选择面向当代，具有观念性、研究性和拓展性，主题内容往往反映问题意识，以及对既有知识与技术体系所进行的反思，如“居住机器”“无器官身体”“微建筑”“重叠时间”“虚体策略”等，在各自不同的专业课程教学中，伴随多元的概念解读、案例分析、形式转换等环节。设计形态的生成有着不确定的边界范畴，学习的过程意味着知识体量的不断扩容，也意味着学生的潜能被无限激发。表现手法的习得强调动手能力与制作工艺的掌握，在主题意象和相应个性化形式语言的表达中，呈现出多元的可能性，从材料工艺到结构样式的操作选择过程中，“多回路”的不断试错、调整、完善，使得设计形式的逻辑发展更加贴近主题的意义建构。

香港中文大学建筑系教授顾大庆分析认为，设计教师通过设计和教学发展其学术素质，设计教学的实验性取决于教学内容的探索性和研究性，新的假设需要通过设计实践进行探讨和实验，学生所学的设计知识通过设计的过程产生，教师将教学过程作为其学术研究的手段，通过教学来认识未知或对已知问题提出新的解决方案，并通过教学过程发展独特的教学方法，这些实验性的设计教学过程超越了单纯的传授知识和技能层次而深化为学问类型，体现出设计教师治学方式的态度。① 根据这样的论述，实验性教学对于设计教师而言，无疑显示出作为为师之道的根本。

---

① 顾大庆. 建筑设计教师的学术素质及其发展策略[J]. 建筑学报，2001(2)：29.

我们知道，按照教育部现行评价体系，艺术设计院校的教师所应具备教学、科研、艺创、服务这四个职能，已形成了一个以科研为中心的结构体系。科研是产生知识成果的重要环节，能够帮助教师获得更多的教学资源。教学将科研的成果传授给学生，服务将科研的成果应用于社会（图1）。而设计学院的现实情况则是教学工作占据了专业教师的绝大部分时间和精力，纯粹科研与写作能力的提升一直是专业教师孜孜以求而不易解决的问题。因此，设计学院的专业教师在如何统筹兼顾教学、科研、艺创、服务这四者之间的关系上，一贯坚持以教学为核心，以"教研"的态度和方法将教学的过程看成是专业设计知识探索和研究的一部分，以科学研究的态度分析总结设计教学的方方面面，不断增加教学内容的探索性和研究性，如教材的编写、教学方法的改善、课题设计与作业编排等，在不断提升教学质量的同时，也提高了自身的科研水平（图2）。将教学和科研两个职能相融合，以"教研"为导向，成为设计学院教师学术素质的重要体现。

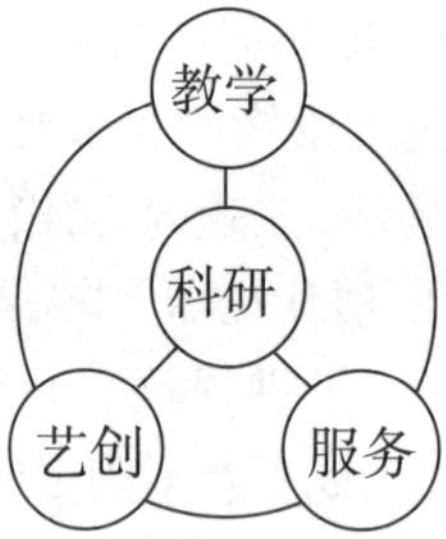

图1

图2

三、交叉·综合

当代中国设计教育脱胎于工艺美术教育，本身并没有成熟与完善的知识体系和教学传统得以传承，需要在发展中不断建构设计学自身的学科范畴，需要在设计教学的知识结构上不断扩展与优化，在教学过程中促进不同领域与学科的相互融合，以不断涌现的众多边缘性、综合性知识取代以单一学科知识构成的课程内容，将专业知识内容更迭的方式转换为更高层面的认识与构成方式。由此形成的设计学科各个专业方向的主干学科和相关学科交叉综合的显著特征：设计学理论专业的相关学科内容来自于设计学、历史学、社会学、管理学；视觉传达专业的相关学科内容来自于设计学、美术学、新闻传播学；环境设计专业的相关学科内容包括设计学、美术学、建筑学；服装与服饰设计专业包括设计学、社会学、戏剧与影视学；公共艺术专业的学科内容包括设计学、美术学、社会学；工艺美术专业的相关学科内容包括设计学和美术学。在这些学科中，基于某一具体而明确的设计门类视角，探讨与其他艺术交叉与综合，在数字媒体设计、景观设计、公共艺术设计、产品设计等专业方向中体现得尤为明显。

自20世纪80年代末以来，欧美等国的艺术设计教育呈现出一种整合化的发展趋势，即通过与其他艺术学科或非艺术学科合作、合并或整合的方式，谋求设计教育的新发展，由此产生一些新的学科、新的专业以及新的交叉性与综合性的教学成果。设计教学往往为实现特定主题、特定理念而运用多种媒体艺术与多种技术手段进行表现，已成为一种常态的作业方式。国内设计教学在交叉性与综合性实践方面也进行了多方面尝试，如中国美术学院成立的综合材料绘画工作室，后改建为跨媒体系，中央美术学院及多所美术学院先后开展了综合材料教学及跨媒介综合性教学等，都不同程度体现了设计的交叉性与综合性面貌。

设计教育中教学内容的交叉与综合，能够更广泛地吸收不同艺术门类和设计学科相关领域知识，探索不同专业、不同学科之间的关联性和形式转换方式，并不断在实践与形式转换中发展其创新的可能性。通过交叉与综合性的教学内容能实现不同设计领域和学科系统的整合与重构，促使设计教育更加立体和全面地把握时代特性，提升创新能力的培养。教学内容不断超越原有艺术与设计的认知范畴，使不同专业背景的学生以多元的视角去分析判断、整合创新，成为具有综合知识的创新性设计人才。

南艺设计学院在日常教学中注重从基础教育、建筑教育、当代艺术以及多门类艺术学科，如音乐、影像、文学等方面获得多元启示，在大量吸收国外设计教育成功经验的基础上，总结交叉性、综合性的优秀教学方法，从主题的深刻性、资源的广泛性、内容的独特性、方法的多样性、媒介的丰富性等方面寻找切入点，强化综合性跨学科教学，强调课程的实验性、过程性与可操作性。不同专业之间在教学内容上交叉综合，如平面设计专业的图形设计与陶瓷专业的器具设计相结合；公共艺术专业的装置设计结合影视表演和舞蹈；漆艺专业与音乐学院的乐器修造专业进行合作教学，在金属管乐器上髹漆再造等。

依托于艺术门类和专业方向齐全的综合性艺术院校背景，设计学院充分发挥整体资源优势，在每年的毕业设计中强调促进跨学科交叉和融合。设计作品不断尝试打破学院之间的壁垒，进行更大范围、更多类型、更深层次的跨学科艺术创作，创造出具有综合性、交叉性特点的跨界作品。在第十二届全国美展中，设计学院作为二级学院，共有90件作品入选，大量作品体现出交叉性与综合性的教学成果，有艺术装置与平面设计的组合、有数字媒体的互动形态呈现、有装置性的城市景观设计等。

四、课程·课题

设计学院自实施学分制以来，以学科传承为基础，不断改革课程结构，积极强化内涵建设。课程结构突破了原先“年级＋专业”体制下“基础课＋专业课＋专业设计课＋史论课”的旧有模式，借鉴设计教育的先进经验，突出课程，淡化专业，将课程设置调整为“专业必选课＋专业限选课＋专业实践课＋专业任选课”的模式。改革后的课程体系，呈现为“1＋2＋1”的课程结构。即第一学年不分专业，按学科大类进行设计基础课程教学，增加学生对学科的了解和跨专业学习的视野；第二、三学年进入专业学习，学生既可以主修本专业的课程，也可以选修其他专业的课程；第四学年以实验性设计和主题性设计为代表的跨学科与跨专业的联合课程，以提高学生的协作能力和应对复杂问题的解决能力。

作为国家精品课程，一年级设计基础课程又分为四个教学阶段。设计基础Ⅰ和设计基础Ⅱ为多元交叉、手法综合的基础设计内容，强调视觉思维能力和形式分析与表达方式的培养。设计基础Ⅲ和设计基础Ⅳ兼顾各自专业特点，融合部分专业基础内容，如环境设计专业的制图和模型、工艺美术专业的材料与技法等。设计基础教学的方法以主题性与综合性为主旨：选择将特定的主题作为课题设计与作业练习的切入点，展开一组系列作业，作业手法要求包括多元的形式规则，如古典、现代、后现代、当代数字化等；包括多种表现形态，如超写实、装饰、抽象、超现实等；包括多样媒介技法，如材料、影像、装置、文字等。这种综合性的设计基础课题作业，打通了传统基础课按材料技法分门别类设置的隔阂，贯穿了多元的形式语言，授课方式与作业样式呈现出研究型课题的面貌。

二、三年级的专业课以专业性设计素质的培养为主，同时开设综合性研究方法论等专业性基础课程。根据现代课程理论的发展，课程设置以学理为基础，改变以往单一的学科性课程设置的现象，不以行业为对应、以技能训练为侧重的设置途径，而是以专业的设计要素、设计形态、设计表现作为课程设置的出发点与建构方式。如以视觉传达专业为例（平面、数媒、信息三个方向），体现在以要素为基础的课程设置：图形、字体、编排；以形态为构成语法的课程设置：形态、类型、系统、风格、界面、图表；以媒介手法为表现的课程设置：印刷工艺、图像艺术、插图艺术、数媒交互等（图3、图4）。环境设计专业分为室内设计和景观设计两个方向，二、三年级的专业课包括以要素为基础的课程：制图、模型、表现，以形态为基础的课程：空间/场地、系统、类型，还增加了以综合性构成为主的建筑设计、城市设计、园林设计课程，突出了环境设计专业的特性（图5）。公共艺术专业以要素形态为基础的课程包括抽象艺术、壁画、雕塑、影像、数码艺术等，这些课程的教学内容同时包含

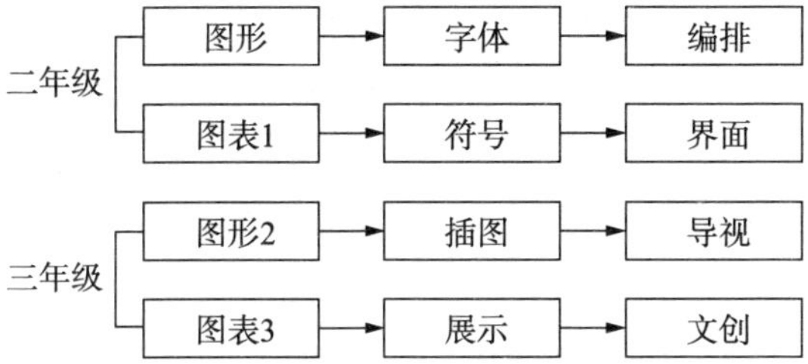

图3　视觉传达专业的平面设计方向课程设置

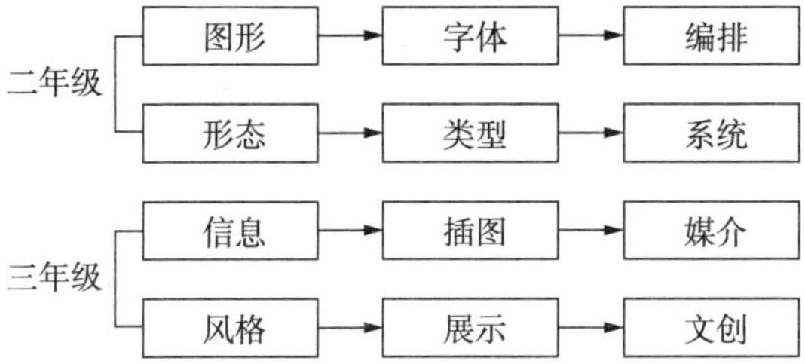

图4　视觉传达专业的信息设计方向课程设置

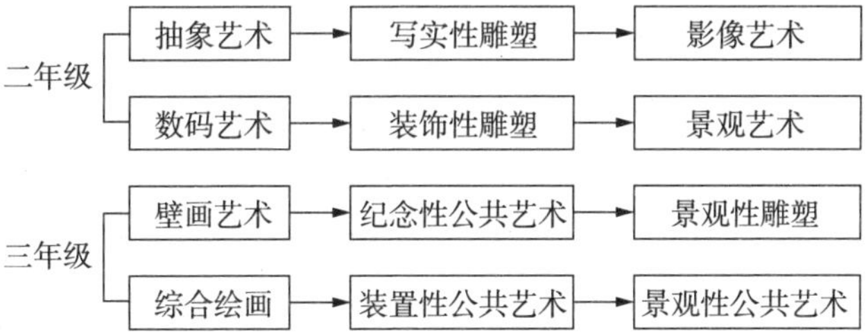

图5　环境设计专业的景观设计方向课程设置

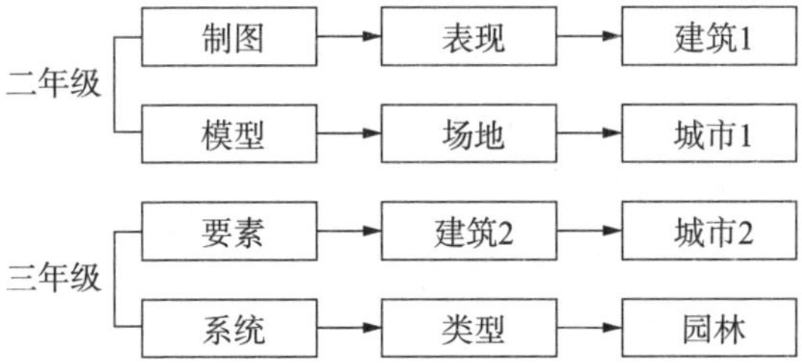

图6　公共艺术专业的课程设置

了不同的媒介表现手法训练。以综合性构成为基础的课程包括纪念性公共艺术、装置性公共艺术和景观性公共艺术，教学内容具有交叉性和综合性，不仅训练艺术设计本体性的材料与形态构成，还包含着大量社会学领域的调研分析过程。通过图6可以看出，在公共艺术专业的这些课程中，壁画、雕塑、景观原是一门专业名称，教学内容其实都较为系统和复杂，而如何在一个专业的教学中同时涵盖如此广泛的内容，课程设置调配如何做到最优化，这是公共艺术专业教学实践与研究一直以来努力的目标。

四年级的课程分为两个阶段，上学期的设计调研、实验性设计、主题性设计三门公共课程，各专业根据不同的专业特点进行综合性教学，提高学生应对复杂问题的设计能力。同时，设计学院开设毕业设计研究方法系列课程，打破现有的专业与课程设置，由工作室或综合性实验室等切入当代主题，让学生在全面的基础与架构之上深入主题性研究。下学期毕业设计阶段的学生可以自主选择毕业设计辅导教师，以小组研究设计创作与个人研究设计创作相结合的方式进行创意设计制作。

从实验性设计教学的实际过程表现来看，原创性课题设计与作业编排作为核心环节的重要性日益凸显。课题设计呈现主题的深刻性、资源的广泛性、知识的交叉性、方法的实验性、表现形式的综合性，广泛地从多学科与多领域的课题设计方式中获得启示。课题设计的切入点包括了以视觉元素入手、以不同资源入手、以不同方法入手、以哲学理念与思维方式入手等，作业编排应体现系列性与独特性、逻辑性与发散性、规定性与自选性相统一的原则。课题设计的系列性，强调课题作业的过程性和发展性，作业内容在空间、时间、叙事、表现等构成变化中发展，充溢着戏剧性和游戏性的色彩，使学生学会如何比较、选择、重构、综合，以提升对设计要素和操作方法的把握能力。

对于学生而言，课程设计报告的撰写体现出实验性教学的特点。每位学生在四年的本科学习中，每门专业课都要以一份内容详实的设计报告作为课程学习总结。设计报告的撰写不仅是记录与展现学习的全过程，还是观察体验、反思批判、经验总结、意义追索的途径，内容具体到“调研”“主题”“案例”“文献”“创意”“形式”“深化”“制作”“展示”“总结”等12项。如此一来，使学生突破对制度化的知识与既成符号体系的信仰，鼓励质疑一系列被规定了的概念、数字及技术方法等，对所学知识重新进行判断与反思，使学生对课程内容和教学过程的认知理解大大深化。课程设计报告的撰写目的是培养学生建立一种专业的设计思维方式，及时总结与反思课程内容相关的所有设计知识与操作经验，从另一个角度建构学生的设计师式认知和创新思维方式。

五、实验室·工作坊

自2010年起，设计学院在省级重点实验室建设中，以团队培育、人才培养、跟踪国际前沿为核心，以项目开展为机制，通过设备、软件提升及人才引进，完成了一系列专项研究并取得了丰硕成果。通过对材料与工艺的创新性研究，提高了艺术设计的整体水准与学科的科研水平，在学科建设中起到了积极的作用。同时，在艺术设计领域率先建立起一个具有全国最高水平的科研及学术交流平台，形成了与国内外同类院校进行对话的科研和学术交流平台，为江苏省乃至全国同类实验室的建设提供了示范性作用。

设计学院的省级重点实验室，包括艺术设计材料与工艺实验室、文化创意与综合设计实验室。中央财政与地方共建实验室包括数字化平面设计实验室、数码手工艺创新实验室、环境空间设计教学实验项目、综合媒体与创新设计实验中心、南京艺术学院实验艺术中心，以及江苏省高等学校基础课程实验教学示范中心——手工艺课程实验教学实验室。实验室具体研究方向和研究内容包括新材料与新工艺应用及开发研究（新技术条件下的艺术设计应用及开发研究）、综合材料与工艺研究（基础材料的综合运用与工艺研究）、传统手工艺材料与技术研究以及传统工艺文化的保护和发展。实验室发挥专业方向多、实验门类较为齐全的优势，积极运用多种材料交叉进行探索，形成综合性的材料工艺运用与设计优势，不断产生新的材料语言与创新样式。实验室还注重产学研结合，在重大社会实践设计项目中，积极争取为国家文化教育部门，进行尖端攻关，取得良好的社会效益。

实验室的建设为实验性的设计教学提供了最大限度的可能性和物质保障，学生通过实验认识材料的基本性能与表现特征，了解材料的视觉与触觉心理及审美感受，理解视觉及肌理表现的功能与意义。在各种设计实验中，学生需要熟练掌握相关的机械加工设备与成型工艺，灵活运用多种技术手段与表现方式，实验与发现材料语言的独特价值与审美趣味，进而了解材料在艺术设计中的价值，探索材料在艺术设计中的新的运用方式。因此，实验室的建设是设计教学中至关重要的环节。设计学院将继续推行"实验设计工作坊""设计创新孵化器"等创新拔尖人才的培育机制，以实验室为基础开辟第二课堂，培养专业拔尖的学生，择优录取优秀的毕业生进入"设计创新孵化器"，开展试验性、前瞻性的设计创新项目。实验室也将继续提高人才培养的规格要求，优化研究方向与导师课题及项目的联系，加强实验报告与学位论文之间的联系，争取更多的省级创新项目立项与论文获奖。

与实验室建设相对应，设计学院近年来不断扩大对外交流的广度与深度，积极吸取国内外一流艺术设计院校及相关专业机构教学与设计的成功经验。2014年至2017年，设计学院共举办了80场高质量的重要学术讲座，欧美知名艺术设计院校以及国内一流院校的院长、教授、知名学者等，作为主讲人，为设计学院的广大师生介绍了艺术及设计领域的最新发展动态，深入探讨了一系列专业性的观念、理论、方法，内容涵盖了建筑、电影、戏剧、音乐、舞台美术、雕塑、舞蹈、工业设计、时尚设计、服装设计、首饰设计等众多领域。这些学术讲座以其深厚的内涵和交叉跨界的视野，大大提升了设计学院每学年“学术季”的专业性，成为设计学院一楼报告厅的特色项目。

工作坊是目前为止中外设计教学交流互动的最佳方式，是迅速提高师生教学能力和设计能力的有效途径。近三年来，共有30余次的外教工作坊在设计学院举行。外籍教师均来自于艺术设计发达国家的一流院校，如奥芬巴赫艺术学院、柏林艺术大学、卡塞尔大学艺术学院、英国皇家艺术学院、比利时安特卫普皇家美术学院等。工作坊一般为期3至4周，参与者为大四学生、研究生以及作为助教的青年教师。主题有视觉传达方向的海报设计、图形、字体设计工作坊，有公共艺术方向的综合材料绘画、实验艺术电影、空间实验工作坊，有环境设计等综合方向的机械装置设计、材料与结构设计工作坊等。依托于实验室的现代手工艺工作坊更是门类众多，有现代陶艺、首饰设计、金属工艺、编织工艺等工作坊。这些高质量工作坊的开办与完成，不仅为设计学院的广大师生带来了新课题、新方法，使一系列实验性的设计教学建立在广阔的国际视野基础上，保证了教学改革的先进性和创新性。另一方面，工作坊也培养和锻炼了一批青年教师队伍，形成了新颖高效的人才培养机制。

六、目标 · 模式

根据南京艺术学院“培养厚基础、宽口径、高素质、具有综合能力与创新精神”的人才培养目标，设计学院本科教学确立了培养“掌握设计的基本理论与知识、方法与技能，具有正确的价值观与开放、多元、动态的现代思维方式，具有实验精神与素养、设计师素质与可持续发展潜力的，具有创新意识与能力的专门人才”的指导思想，课程结构、教学内容、教学模式进行了一系列改革，目的是培养设计学院的学生在四年的本科学习中获得相应的专业知识、认知能力、分析能力、创作能力、基本素质和专业素质。

在2016年教育部全国第四轮学科评估中，南京艺术学院设计学科的整体水平再次位居全国高等院校的前列，处于第一方阵“A类”的“A-”档次。学科整体水平的评估得分由“师资队伍与资源”“人才培养质量”“科学研究水平”“社会服务与学科声誉”四大项按指标权重得出。其中，关于“人才培养质量”项目包含三个二级指标：培养过程质量、在校生质量、毕业生质量。“培养过程质量”分为课程教学质量、导师指导质量、学生国际交流；“在校生质量”分为学位论文质量、优秀在校生、授予学位数；毕业生质量主要是优秀毕业生。南京艺术学院设计学科在此方面的评估数据大部分高于“一流学科”平均值，高于全省该学科的平均值。另外，精品课程的数量也是评估教学质量的另一项重要标准。通过长期的教学改革和课程设计，设计学院的精品课程包括国家级的精品课程“设计基础”，省级的精品课程“设计史”“环境设计”和“平面设计”，全面显示了设计学院教学的整体实力。

南京艺术学院制定的“十三五”期间奋斗目标是：建设国内一流、国际知名的综合性艺术大学。“国内一流”就是要做到：先进的办学理念，领先的学科优势，特色鲜明的人才培养体系，质量一流的生源和德艺双馨的师资队伍，高水平的科研创作展演成果，优质的办学设施和高效的管理服务体系，优势明显的社会服务力与影响力。“国际知名”就是要做到面向世界传播优秀中华文化，打造有国际影响的优势学科，推出有国际影响的科研创作展演成果，培养有国际影响的艺术人才，构建与国际一流艺术院校交流合作的平台。

在改革奋进的时代背景下，在南京艺术学院这所不断焕发出勃勃生机的百年老校，设计学院创新型人才培养模式的探索与实践，体现在创新求异、“不息变动”的实验性教学中。教学模式兼顾了注重知识传授、技能学习、思维训练的课程制教学和注重实践应用及知识交叉融汇的课题制教学，大力培养学生的综合知识结构与能力水平。近几年来，设计学院不断创新设计教育模式，形成了以本科教学为主体、教学设施不断改善、具有相当办学规模的专业设计学院。学院专业培养目标更加满足社会经济发展对多层次、多类型、多规格设计专业人才的需求，课程体系经过改革调整，不断趋向合理，改变了以往仅从专业的角度而不是从学科的高度来思考和建立课程体系的状况。通过课程改革和实验性教学模式的建构，实现了以教学为核心，以“教研”为导向，全面培养学生的创新思维模式和设计师专业素质的目标，努力确保设计教学的先进性和创新性。

艺术院校产品设计专业创新型人才培养模式研究

——基于英荷意三所设计院校的比较分析*

陈嘉嘉**

摘 要：本文阐述了国内外产品设计教育的现状以及当前形势背景下产品设计概念的认知，选取英国皇家艺术学院、荷兰爱因霍芬设计学院、意大利布雷拉国立美术学院产品设计专业作为分析对象，分析其创新型人才培养的特点，得出三个样本的共同点，为在本国社会变迁的过程中，将自身的优势资源不断放大及强化。最后基于该结论及我院产品设计专业人才培养的现状分析，提出我院产品设计专业新课程体系的定位与思路。

关键词：创新型人才培养模式　比较分析　艺术类院校　产品设计

产品设计的概念不是一个静止的概念，它是随着时代发展而不断变化的。产品设计最早是作为狭义的工业设计来理解的，此时“产品”是物品的概念，指的是第一次工业革命后，由工厂规模化、批量化制造的物品（工业产品），以及手工制品。时至今日，随着技术的发展、社会的转型，产品设计的内涵已发生显著的转变。这是由于设计对象已从单一的物（实体）变得更加多样化，包括各种用户端使用的应用软件、桌面软件、服务、系统、流程等等。产品设计也超越了狭义工业设计的界定，与工业设计之间的相互关系也发生了显著转变（如图1）。

这一概念的转向在工业设计定义的变迁之中可以窥见一斑。国际工业设计协会（ICSID，International Council of Societies of Industrial Design）曾多次公布或修订工业设计的定义，特别是自2006年开始，工业设计的“工业”二字被去除，对于工业设计的探讨不再局限于工业的范畴。以1959年、1969年、1980年、2006年、2015年

* **基金项目：**南京艺术学院教学研究重点课题“中欧艺术类院校产品设计专业教学体系差异性研究——以南京艺术学院与英荷意三所艺术院校相比较为例”（2015JYZD08）。

** **作者简介：**陈嘉嘉（1980—），女，南京艺术学院工业设计学院副院长、副教授。

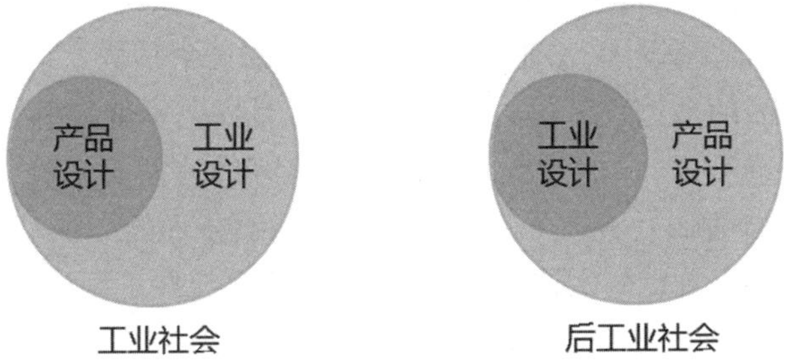

图 1　工业社会与后工业社会背景下产品设计与工业设计的相互关系

发布的定义为例（如图2），我们可以很清晰地看到以下脉络：关注工业产品及围绕其宣传与营销而进行的载体设计——强调工业设计的范畴、责任伦理、道德规范、社会意义及人文价值——作为创新的引领力、商业成功的推动力、美好生活的驱动力。这一脉络展示的正是从“物”的关注转为对“事”的关注，那么，在此新的事物逻辑下，产品设计教育该何去何从？

1959年
面向批量生产的结构、形态、CMF设计 + 包装、广告、展示、市场营销

1969年
确定工业产品形式属性的创造性活动，从生产者和用户双方利益出发，解决产品的外观与功能、结构之间存在的问题

1980年
就批量生产的工业产品而言，凭借训练、技术知识、经验及视觉感受，赋予材料、结构、构造、形态、色彩、表面加工、装饰以新的品质和规格

2006年
是一种创造性的活动，其目的是为物品、过程、服务以及它们在整个生命周期中构成的系统建立起多方面的品质

2015年
旨在利用经济、社会、环境和道德方面的成果，引导创新、促发商业成功及提供更好更有品质的生活，是一种将策略性解决问题的过程应用于产品、系统、服务及体验的设计活动

它是一种跨学科的专业，将创新、技术、商业、研究及消费者紧密联系在一起，共同进行创造性活动，并将需解决的问题、提出的解决方案进行可视化，重新解构问题，并将其作为建立更好的产品、系统、服务、体验或商业网络的机会，提供新的价值及竞争优势

是通过其输出物对社会、经济、环境及伦理方面问题的回应，旨在创造一个更美好的世界

图 2　工业设计的定义演变①

南京艺术学院产品设计专业始建于1993年，最初是从艺术设计三年级中分出一个小班组成第一届学生。1994年开始单独招收本科生。2012年，教育部学科目

① ICSID. Definition of Design[EB/OL]. http://www.icsid.org/about/ articles31.htm, 2002-12-31.

录调整后，专业名称由“工业设计”改为“产品设计”。纵观二十几年的发展历史，可谓经历了从产品造型设计、工业设计、“产品+”的三个阶段。第一个阶段主要以训练学生工业产品的造型设计能力为教学重点，是以艺术化的感性方式去探索工业产品的形式美，这一阶段的毕业生大多有着良好的造型能力及审美。第二个阶段是在前一阶段的基础上引入了工程、市场、传播等方面的知识及能力训练，这一阶段的毕业生不仅有着良好的造型能力，也初步建立起在工程结构、市场营销等方面的意识。第三个阶段是以产品设计为核心，立足于对传统造物设计的研究，融入交互设计、服务设计等前沿内容，这是目前实施的阶段。就现状而言，产品设计专业暴露出以下问题：①大多数学生缺乏审美，造型能力低下。②学生思维狭窄、视野局限，固守本专业的小世界，缺乏跟其他专业及方向的交流。③基本缺乏主动力，自主学习力低下。原因有二：一方面，这些问题的发生与目前的生源有关。现有四个年级产品设计专业学生中，一、二线城市生源占比率低于10%；另一方面，现行的课程体系及教学机制将学生束缚在教室里，使其疲于应付各种作业。久而久之，对于专业的兴趣及热情都会淡化。这不是南艺产品设计专业的个别现象，也反映出当前国内产品设计教育的问题。当然这也不是艺术类院校产品设计教育的特殊情况，国外产品设计教育发展历程中也碰到过类似的问题。

一、当前国内外产品设计教育的发展概况

在国内，无论提及工业设计教育还是产品设计教育，都无法回避深受西方设计教育影响的这一事实。纵观西方设计教育的发展，二战前后有着泾渭分明的差异。根据刘华年[①]的研究，二战前主要是英国的“南肯辛顿教学体系”“中央工艺美术学院教学体系”和德国的“包豪斯设计教学体系”，前两者与艺术及手工艺有着密切的关系，后者与现代艺术及工业生产密切相关。二战后，由于欧洲经济发展整体落后于美国，艺术及设计的中心由欧洲转向美国。与此同时，美国借由“马歇尔计划”经济援助欧洲时，将其生活方式、意识形态等带入了欧洲。特别是战后各国产品设计专业的生源与战前差异显著：战前的学生大多受过良好的艺术熏陶或已掌握一门技艺，而战后的学生则缺乏艺术或技术背景，尤其是各国政府都为复员军人提供了免试入学的学习机会，这些人大批选择了工业设计或产品设计作为专业，以便掌握一门技艺后在社会上立足。正因为战后的学生几乎无任何艺术或手工艺背景，因此，一些复杂的技艺便逐渐消失于课堂，取而代之的是现代艺术观念下的对材料的探索与新应用研究。也正因为战后的学生为了养家糊口大多更为关心“钱”

① 刘华年.作为分水岭的1945：二战后西方设计教育理念的转变[J].美术与设计，2018(2).

的问题，对设计的兴趣也多停留在流行的设计理念或艺术潮流上，因此，设计围绕市场与利益而展开，与市场相关的其他学科知识自然而然地逐渐渗入产品设计教育之中，产品设计教育逐步趋向理性化可谓是顺理成章的结果。然而“随着战后工业设计的蓬勃发展，设计教育中系统化、科学化的设计理念开始出现，并在设计教育中排斥纯艺术和手工艺的存在，纯理性的设计教育理念开始驱逐设计教育中的感性因素，最终导致了西方设计教育的同质化，并带来一系列的弊端”[①]。

中国工业设计发展脉络与西方有相似之处，都是内嵌于社会结构与历史变迁之中。新中国成立之后，中央工艺美术学院在京成立，这标志着实用美术在高等学府的初步确立。其办学思想是围绕手工业生产及销售而展开的，受限于当时的社会经济发展条件，不可避免地走上了民族装饰的道路。后来由于新中国在“出口换外汇”的活动中遭遇窘境，许多质量上乘的出口产品由于包装土、设计差不得不以低廉的价格售出，因此国家选择了轻工业基础较好的无锡，在无锡轻工业学院成立了培养日用品专门设计人才的“轻工日用品造型美术设计专业”，由此拉开了我国工业设计教育的序幕。“文革”过后，由于工业生产的发展，需要大量专门人才配合工业生产进行产品设计，而开设该专业的仅有的几所艺术类院校，所培养出的毕业生数量远远不够，因此，大量工科背景的工业设计专业纷纷建立起来。1987年，国家教委颁布的本科目录中将艺术类专业的“工业设计”命名为“工业造型设计”。1993年，国家教委在新目录中将“工业造型设计”调整为“工业设计”。“究其原因，主要是因为这一时期工科工业设计专业的办学规模已经赶超艺术类工业设计的办学规模。”[②]与此同时，在艺术类院校“工业设计”以“产品造型设计”“产品设计”的专业名称招生。1998年的本科专业目录调整过程中，工业设计专业的内涵与外延得以扩展，强调学生综合能力的培养和通过不同实习途径提升设计实践力。特别是到了千禧年后，随着互联网的普及、中国经济的迅猛发展，与西方设计教育发展可谓一致的趋势逐渐显现出来：跨学科、跨专业、跨文化的不同合作模式成为工业设计专业的新常态，“同质化”的现象也显著地出现在中国的设计教育之中。“同质化”的背后是在工业设计教育之中去除感性教育的做法，那么艺术类院校得天独厚的“感性”优势在此发展浪潮之中是否能形成明显的差异呢？

此外，对于中国是否能够培养出创新型设计人才的讨论也是聚焦的问题之一。所谓创新型人才，是在意识、精神、思维、知识、能力等方面都具备一定创新性的人，

① 刘华年.作为分水岭的1945：二战后西方设计教育理念的转变[J].美术与设计，2018(2).

② 许江，顾平.“艺”与“工”的融合与分离——工业设计专业设置的变迁与目标定位[J].美术与设计，2015(2).

可以通过在某一领域、某一行业、某一工作、某一事情的完成过程中主动学习与实践,从而得以全面发展。就当前的社会转型及经济发展的背景来看,创新型设计人才的首要任务是为中国的各行各业尤其是制造业实现突破式创新。这种突破式的创新不是新产品的研发,而是打造新系统。打造新系统的能力不能完全在学校、课堂上习得,但是打造新系统的思维却是可以通过学校教育初步建立起来。与此同时,打造新系统所需要的技术路径也可以通过学校教育获得基础性的培训,学校教育还可以训练创新型设计人才对其未来发展需要的不同资源有所认知,并预留跨界合作的接口。那么,这一思路是否适合艺术类院校产品设计专业教育呢?可以通过对以下三所国外艺术类院校的分析获取可行性的参考。

二、样本选取及概况

由于美国的设计院校普遍倡导的是以市场和商业利益为目的的产品设计教育,前文也提及这是导致工业设计教育同质化的主要原因。且艺术类院校由于其“艺术”出身,在教育中必然不会缺失对于感性的培养,因此本文选取了欧洲艺术类院校产品设计领域具有代表性的三所院校进行研究,这三所艺术院校分别代表了三种不同类型的产品设计教育趋势,对于创新型人才的培养也有着各自的路径与特色。需要指出的是,这三种不同类型的教育趋势的形成有着各自赖以生存的土壤:不仅深受本国社会、经济、科技发展及文化背景的影响,还身处欧洲共同体与全球互动的背景之下。

(一)英国皇家艺术学院

英国皇家艺术学院(Royal College of Art,以下简称RCA)已有150多年的悠久历史,它承载了世界艺术和设计教育的先进经验,以及产业应用及合作经验。其特点是注重跨学科、跨专业的教学模式,尤其注重在合作中保有艺术类院校产品设计的核心价值与优势,成为真正以设计为驱动力的产业发展。

总的来说,RCA的创新型人才培养特色如下:

1. 外部跨学科合作,内部跨专业协作

RCA地处伦敦,与英国皇家科学院、皇家音乐学院、维多利亚和阿尔伯特博物馆、帝国理工学院等毗邻,有着良好的先天合作条件。例如:“设计英国”项目是由RCA、帝国理工和一家英国商学院合作运行,得到英国政府的大量资助。该项目将工业、技术和商业链接起来,主要包括:教学、研究、新业务孵化器和新业务的模拟器。教学包括3个学科:MBA、艺术和设计,以MBA为中心。学生来自不同机构,学习如何对现有的生意进行管理,如何开创新的生意。学生组成一个团队,共同从事跨学科的项目,一旦项目成功,即刻通过在RCA的孵化器把他们孵化成实际业

务。再如：across RCA是RCA三个不同校区的学生进行为期一周的混合课程交流。在这一周之中，学生可以有机会选择学校开设的其他院系的不同课程，如电影制作、艺术表演等等，并和不同系的学生们一起学习并完成一个小项目，在项目中可以使不同院系的学生的想法产生碰撞并融合，项目的输出物也不局限于物的创造。

2. 灵活的教学模式

RCA的教学模式强调模块的差异。模块授课时间长短不一，短的有一天，长的有三个月，作业形式分为独立作业和小组作业。整个教学模式分为初期、中期、后期三个阶段，初期阶段侧重于互动式教学，师生们对热门话题和经典案例进行交流、讨论，授课期间通过教师抛砖引玉式的提问，引发学生进行更深层次的思考及探讨，并由学生进行相关结论的总结，最后由教师进行适当的点评与补充。该阶段的教学可以说是RCA教育理念的完美体现。中期阶段的教学采取探索式的教学方式，该阶段主要由学生独立完成。在进行设计之前，首先让学生明确创意的可行性，并通过对从创意到设计以及成品制作的全过程进行详细的记录，激发学生在整个设计项目中解决问题的能力。这个阶段的教学是RCA设计具有革新性与前卫性的保障。后期阶段则是实践教学方式，通过在工作室中实践和与产品设计从业者的学习、交流，培养学生应对市场的能力和职业素养。每个阶段包含的几个模块都是学校根据每届学生的特点进行量身定做的。

3. 与时共进的新方向

RCA所秉持的教育理念始终是以学生为中心，学院依据社会与市场的人才需求对专业设计进行相应的调整，相对比较灵活，对于新开设的方向也往往是经过一套严格的教育质量保障审查之后才能设立。例如：为了对新的设计及思维方法进行回应，2012—2013学年，RCA推出了四个新方向：信息体验设计、室内设计、服务设计以及全球创新设计。全球创新设计这一方向是与美国纽约的普拉特艺术设计学院和日本东京的庆应义塾大学合作，在全球舞台上开展工作。

4. 个体主导式的学习方式

RCA是一所学习氛围很自由的学校，学生们来自世界各地，其入学前已习得的教育素养各具特点。例如，欧洲的学生透过设计关心社会各种不同的事情，试图通过设计让社会变得更美好。亚洲的学生则会注重技巧的训练，这一点在中国、韩国的学生身上都能发现。日本的学生在此之外，多能捕捉到生活中的细部，把生活的感受放大，建立起自己的系统。这是与其从小接受的生活教育有关，日本小学生的课堂上非常注重对事物细节的感受与观察。正是各自不同的特点，让学生之间的交流碰撞出不同的火花。每个RCA的学生可以相互探讨对于艺术的看法，也可以探索任何个人喜欢的事情，对此，RCA不做任何限制，只是尽其所能鼓励学生进行个体主导式的学习。

5. 师生互动中学习及交流

在教学方法方面，RCA采用最为普遍的是启发式教学，激发学生的职业技能，包括人际交流能力、学术讲座的能力、克服困难研究问题的能力等。RCA的导师会每周与学生相处3天，例如，产品设计专业的墙上就有一份签名表，学生自行在表格上签名及安排时间，导师按照表格上的时间和名单与学生进行交流，着重回答学生累积了几日的问题。每周举行一次小组讨论，每位学生拿出试验的草模、整理的资料等陈述自己项目的进展，然后聆听导师和同学们的意见。RCA把每个学生当“成年人”来看待，需要补充什么能力，老师不会告诉学生，需要学生自己判断，自己去争取学习的机会。

（二）荷兰埃因霍芬设计学院

荷兰埃因霍芬设计学院（Design Academy Eindhoven，以下简称“DAE”）被《纽约时报》称赞为“世界上最好的设计学院”，其先锋主义与社会关怀双赢的教育模式领先全球设计院校。例如，世界瞩目的先锋设计——“Droog Design”就是由该学院的教授创立的，被授予了“荷兰当代设计”的美誉。多年来，DAE培养出众多不同学派和不同教育背景的新锐产品设计师，从而使得荷兰在世界当代产品设计领域占据了重要地位。

DAE培养的创新型设计人才的基因可概括为：概念性、真实性、创造性、灵活性、自由性、热情和好奇心。DAE的理念是培养具有天赋的概念家，无论学生毕业之后做什么工作？结果如何？他们在DAE获得的最有价值的武器是概念性思维。这种思维能够帮助他们对现行事物的关键性问题进行解析，使用新的方法并从更大层面、更高格局去重新设计事物。在毕业之时，DAE的学生明确地知道自己想要什么，自己擅长什么，缺乏什么，能够做什么，并掌握一定的技能，具有高度的自治性和原创性。此外DAE的优势还在于培养设计师的社会意识，并将这种社会意识融入其设计之中。

具体而言，DAE的创新型人才培养包含以下几个特点。

1. 职业设计师作为课程教师

DAE的课程内容都是由学校聘请的一线职业设计师决定的。这些专业人员具有广泛的社会网络、一定的职业操守、对发展自身事业的热情及指导进行设计的专业能力，他们对教什么有绝对的自主权。每位课程教师在大部分时间里都是专业设计师，或者活跃于当前的专业实践之中。通过聘请这些专业人员执教，学院能够对来自专业领域和社会的信号作出快速而充分的反应，并牢牢扎根于其中。

这些职业设计师对于学生而言是灵感提供者、设计前辈、教练、从业者和导师的角色。他们可以将第一手的一线工作的经验传递给学生们，并依据自身成长的经验启发学生们思考设计概念，进行设计创作，还能在课程中融入最新的业界动态及社会需求，使得学生们能够接触到与时俱进的社会信息和需求。这些职业设计师每周在DAE的教学时间为从早到晚的一天课程。

2. 学生个性的培养贯穿至每一课程

在DAE的教学理念中，个性是因人而异的，通过不断引导、不断发掘、不断反思，并以实践项目作为塑造学生个性的途径。每一课程都是每一次塑造学生个性的实践，这其中并没有规律可循，每一课程中教师对于课题的指导方式都是不同的，但其共同点只有一个，通过学生自定义的课题塑造学生的个性。例如，在我院与DAE的一次合作课题中，笔者发现DAE的教师在设计开始之始，鼓励学生搜集可以给予其灵感的素材，例如图形、图像、文字、音乐、气味，甚至是某一次不经意的接触。接着，师生们会一起对这些素材进行分享及讨论。师生不同的分析视角、不同的文化背景会对同一素材产生不同的认知与定义，教师不会将自己的想法强加于学生之上，只将其作为一种示范性的分享。教师在学生对于素材的分析中找寻闪光点，并鼓励学生进行探索。记得有位学生对中国老人围绕大树转圈的晨练方式十分感兴趣，并提出将其转圈的轨迹作为研究的起点。对此，教师的评价中最重要的一点是让学生建立起自己的分析法则，而不是将现有的分析路径介绍给学生，束缚其创造力的发挥。学生对于素材的分析还常常会被教师引导至对于素材材料特性的掌握，这些素材材料的特性可以做何种概念的表达则是学生需要自行寻找的答案。

3. 职业化的训练

DAE的发展理念中将其自身定位为“国际化设计中心”，并由此开展产学研三方面的协作。这些协作的开展必然需要师生具有一定的职业化水准才能顺利进行。前文已提及DAE的大多课程教师为职业设计师，那么，对于学生的职业化训练可谓是这些协作实现的保障。DAE对于学生的职业化训练包含三方面的内容：

（1）设计理论

设计理论方面的职业化训练由两位教授和一位高级研究员主要负责。他们和学生们一起研究决定和影响荷兰设计的成功因素。例如：什么样的研究和设计的模式可以让设计师们有意识地或无意识地进行工作？今日研究和设计的模式是什么？当学生们开始自己职业生涯时，社会、经济以及文化的发展状况会是怎样的？荷兰政府对于设计师的经济补贴体系会对学生们有什么样的影响？如何将不同年代的荷兰设计师一起置入国际化的背景之中进行定位？

（2）城乡认知

城乡认知包括两个方面：一个是对城乡空间的认知及研究，另一个是城乡空间背后的发展背景的认知及研究。尽管DAE有专门研究空间倾向的设计方向（人与空间，Man and Space），但在职业化的训练中，空间思维训练依然是不可缺少的一部分。训练的课题一般为基于DAE公共空间的改造与运营。

（3）战略制定

战略制定方面的职业化训练是融入一项实际研究之中——CrIsP。CrIsP主要是面向创意产业的研究，其目标是通过设计而实现新一轮的创意产业发展。这个项目由两位教授、一位副教授主要负责。训练的重点放在如何进行开放化的设计协作，与DAE校友、其他学校、政府机构和公司一同构建荷兰创意产业的发展战略。

4. 横向整合式的教育体系

DAE认为设计有多维的视角，DAE的职责是从人性化的角度去寻找意义、相关性和价值。

现行的本科设计方向有以下8个，这8个设计方向围绕人展开不同方面的设计探讨，其课程设置具有横向整合的特点，这是因为这8个设计方向就其本身而言各有特点。但放在一起，便是围绕人进行的整合研究。该8个方向为：

（1）食，但不是食物

该方向不是研究食物本身是如何被制作的，而是研究围绕食物的工业化、动物福利、肥胖等问题，并用富有诗意及艺术学的创新方式来解决这些问题。

（2）公共空间的私密

该方向主要以跨界的方式去研究公共空间中日益模糊的公共与私人之间的界限。

（3）人与福祉

该方向的研究主要聚焦于如何让人幸福，培养学生有"冷静的头脑，温暖的心"。不局限于对某一物品的研究，而是把事与物和自身的经验结合起来，从物质和情感的角度，运用诗意、实用的设计语言来表达个人的概念。

（4）人与移动

该方向主要研究如何重新思考及重建人类需求与技术之间的失联，对现有的工业系统进行挑战，让学生们通过品牌、产品和服务来为世界创造新的价值。

（5）人与身份

该方向主要训练学生们对于身边每件事物的敏感度，通过预测人们未来的生活方式，将与其相关的素材融合起来。

（6）人与闲暇

该方向主要研究如何以更好、更干净、更迷人、更有意义的方式来塑造人们的闲暇时光。

（7）人与活动

该方向主要寻找可以带给人们改变今日活动的产品与服务，详细地研究社会中不断变化的需求并探索技术的新发展。

（8）人与沟通

该方向类似于国内的视觉传达专业，不仅训练学生们学习如何沟通，如何进行视觉语言的应用，更重要的是赋予图形以社会、文化的身份。

（三）米兰布雷拉国立美术学院

米兰布雷拉国立美术学院（下面简称“布雷拉”）的产品设计专业保有意大利艺术教育传统中的造型设计优势，对于欧洲大陆的传统手工艺在当代的传承有着独到的模式，一方面，通过实践促使学生掌握传统手工艺技巧；另一方面，通过米兰独特的时尚品味及文化视角为传统手工艺带来了现代的产品化诠释。作为欧洲顶尖美术学院中的产品设计专业，其对于创新设计人才的培养有着以下几个特点：

1. 植根于意大利浓厚的艺术传统之中

意大利的产品设计教育并没有将艺术和设计分得那么清楚，教学内容也常常位于两者之间的模糊地带。在课程设置中，有相当一部分课程是学习和研究艺术。这是因为意大利的设计教育理念是设计必须立足于美学和艺术传统，遵循人们对事物的感性认知，并由此激发学生的创新才能，在不断实践中依托理论研究尤其是艺术理论的研究来解决设计过程中产生的疑问。而布雷拉的艺术传统与背景正是其产品设计专业取之不尽、用之不竭的知识源泉。从产品设计专业的教学内容来看，所有的知识与训练几乎都体现了这样一种认识：所有设计都源于对艺术美感的把握，设计教育体系更是对艺术本身的把控。在日常教学中，教师们要求学生深入了解意大利的历史文化及艺术传统，对设计的整体感进行把控。

2. 一才多能

意大利的产品设计教育中，教学的内容并不是仅围绕产品而展开，也没有在教学中刻意强调产品设计与其他设计专业的区别，相反，学生们仍要学习其他设计专业的知识与技能，例如空间布置、视觉传达等等。对于课题的输出物而言，也没有要求必须是产品，可以是一把椅子、一件工具、一项服务、一种活动，甚至是一段舞蹈。因此，活跃在国际设计舞台上的意大利设计师都给人以全才的印象。

3. 理论课的比重大

在布雷拉的产品设计专业的课程设置中，理论课尤其是艺术理论课占据了相当大的比例，这一方面和布雷拉美术院校的定位有关，另一方面，也是在意大利的设计教育理念中，理论的研究对学生思维的训练与拓展、构建其知识体系有较大的帮助，没有思想的学生只会生产出没有灵魂的设计。在布雷拉，理论课是作为专业基础课而设置的，当代艺术现象、艺术符号学、当代艺术史、艺术编辑与出版等课程却不都是目前中国产品设计专业课程设置中常见的课程。

三、样本的比较与分析

从三个样本的创新型人才培养特点来看，RCA注重培养学生的协同能力，其融合式的培养模式强调不同学科、不同专业、不同课程之间的融合，强调教师的专业经验与学生的专业养成相融合，强调学生之间的知识、文化、生活体验等相融合。DAE则是注重培养学生面向外部资源、个体差异化的专业素质，注重其本身与外界的主动链接，这种链接于内体现在不同设计方向间横向整合式的设置，以及始于课程教师与外部的联系；于外体现在职业化训练的教学内容与荷兰、欧洲共同体的发展相对接。相比较于前两者偏向与外部的密切互动，布雷拉则更注重修炼内功，其养成式的培养模式更像是提升未来设计师的艺术修养，不仅从思想上进行改造，更是在技能上进行“全才”式的训练。

RCA的特点反映了其背后的成因是欧洲人文、历史传统中对于人性的思考，以及自我的追求的一种反映。RCA的作用就是在最大限度上为学生提供他们能实现自我、实现自己的设计想法的资源。因而，RCA的设计成果所体现出来的创新性才为世界所公认。不是只有RCA采用了这种教学方式，很多欧洲学校也采用了类似的教学方式，但是一没有RCA的地理优势——位处伦敦；二没有RCA的资源，这个资源不仅仅只有校内各个工作室及车间，更有合作的外部资源，都是一些一线品牌和公司；三是没有RCA出色的生源，RCA的生源都是百里挑一的，来RCA之前他们大多有着多年的工作经验、设计技能，对于设计的思考也比较成熟，而其他学校要从本科生这张白纸开始培养，内部交流的水准有限；四是没有RCA优秀的校友资源，RCA内外可谓强强联合、互赢互生，已经形成了一个外部开放、内部互融、小范围封闭的、可持续的教育生态系统；五是没有强力的政府支持，RCA的背后是英国政府，英国政府从撒切尔夫人开始就大力推行设计产业的发展，并将设计产业、设计教育产业作为英国GDP的贡献者。

DAE的特点反映了荷兰设计一直以来追寻自我定位的发展策略。荷兰在欧洲有现代设计故乡的称谓，这主要是因为荷兰“风格派”曾在包豪斯的历史上大放异彩，不同于其他艺术流派总是在表现其独特之处，“风格派”明显带有民主主义色彩，总是试图寻找一种形式规律，但是到了二战之后，“风格派”的发展几乎模糊了国家和民族的特征——荷兰的特点，因此，在上世纪七八十年代，荷兰设计师们开始重建荷兰设计内涵的活动。一方面他们质疑设计是否已沦为商业的附庸，另一方面他们努力寻找荷兰设计的“个性”以及设计与社会发展相联系的主动性。在此次重建活动中，荷兰设计师们打破了“二战以来国际主义设计风格在荷兰所构成的既定设计惯例，促使着设计师对战后那套‘紧缩’的思维习惯和设计阶层结构进行反思”①，并形成了既有批判性又有个性化的设计标准。这一标准深刻地影响了DAE的教学理念，而荷兰的地理位置和传统也决定了DAE不得不与外界主动连接这一特点。

布雷拉的特点则是跳出了意大利学界主流设计人才的培养模式，根据自身的优势资源及特点，建立了一套“修炼内功”的人才培养体系。在此体系中，由于艺术天生的感性及创造性，创新活动并不是刻意的而是自然而然地融入日常教学之中。与此同时，意大利设计教育的艺术化传统也很好地被强化及传承下来。从欧洲各国工业化的进程来看，意大利的工业化进程是相对缓慢的，但艺术传统没有发生断裂并一直保有优势。二战后意大利的经济发展曾有一段时间的飞跃，加上政府实施振兴计划，重塑意大利人的生活，艺术和设计自然而然地被普及开来。加之没有深厚的科技基础和材料研发优势，意大利的设计教育将其优势定位于立足并尊重艺术传统上。因此，意大利的设计超越了日常生活用品，成为文化领域的产物。这一点在布雷拉产品设计专业的毕业生、吱音家具的创始人朱晖身上得以很好的体现。吱音的家具总是能给生活带来一些小惊喜，在寻常事物中嵌入艺术之美，同时借由故事性的沟通语言，让使用者会心一笑。

四、总结与启示

综上所述，三个样本的特点都是立足于身处的环境，不断放大及强化自身的优势资源。作为南京艺术学院的产品设计专业，其自身的优势资源毫无疑问地便是“艺术”，一方面，立足于我校的艺术资源与优势，不断修炼内功；另一方面，开展与外部的链接，不断强化自身的核心价值与影响力。而目前运行中的人才培养模式更注重实践性的职业化训练。就已毕业学生的发展情况而言，就职于企业或公司的一线设计师不在少数，但能升任至设计总监或部门负责人的却不多，且发展后劲普遍不足，再就业竞争力不足，继续深造或学习的能力也不足，这势必会影响本专业在学界和业界的口碑。究其原因，一方面，跟学生入学时的文化素质有关，高考的成绩在很大程度上体现了一个人的学习力。一个人的学习力又影响其未来的发展。尽管我校开设了不少人文素质教育课程，但由于学生长期以来未能形成良好

① 杨晨.设计个性化的诉求——20世纪70年代后的荷兰设计[J].新美术，2016(11).

的学习习惯，这些人文素质课程不能得到其充分的重视，学习效果欠佳。仅有部分学生通过自身努力，改善了入学时学习力不足的情况。另一方面，与现行教学体系中对学生在"艺术"方面的培养流于视觉形式、缺乏研究深度的现状有关。教学体系是实施人才培养模式极为重要的一环，而教学体系的核心便是课程体系。现行的专业课程体系中，在艺术方面的训练大多集中在一年级的基础课，在随后的专业课程中并没有特定的课程，即便是在某些课程中融入了部分艺术训练，但由于授课教师自身素质的不同，而使得这种融入带有一定的随意性。故本文提出如图3所示的新课程体系定位，这是一个职业化训练与艺术品质养成相互嵌套并辅以社会化活动的模式。职业化训练部分保留现行课程体系中大部分的课程，但对授课内容进行调整。在重构核心知识点的基础上减少课程数量，增长每门课课程时长。课程与课程之间的逻辑关系以核心知识点之间的逻辑关系为准。一年级的课程以训练专业基础技能为主，二、三年级的课程以强化技能为目的。在艺术品质养成部分，一年级时为艺术感知力及表现力的培养，二、三年级时开设新的相关课程，注重与职业化训练课程的融合。社会化活动包括考查、观展、调研、讲座、会议、读书会、策划活动、运营小型商业活动等，这类课程的设置是为了开拓学生的视野。从每个年级的定位来看，一、二年级为基础课和专业课，三年级为各个研究方向课程，每个研究方向的教师不一定非以本专业教师构成，每个研究方向的课题也不一定为本专业特有的课题，可以进行跨学科、跨专业的协作。四年级为实习与毕业创作，在

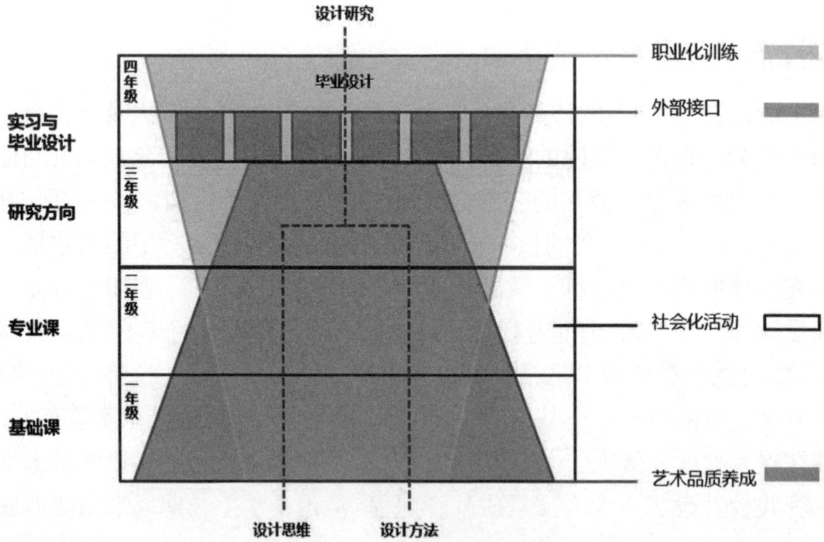

图3 新课程体系定位

进行毕业创作之前，学生必须进行实习，实习与各个研究方向的外部接口合作，实习地点一般为校内的外部接口基地，假期时可以为校外的实习基地。需要指出的是，对于学生设计思维、设计方法的训练应从一年级开始，到了三年级的时候形成其设计研究的能力，并在后续的学习及实践过程中加以验证。

参考文献

[1] 刘华年.作为分水岭的1945：二战后西方设计教育理念的转变[J].美术与设计，2018(2).

[2] 许江，顾平."艺"与"工"的融合与分离——工业设计专业设置的变迁与目标定位[J].美术与设计，2015(2).

[3] 杨晨.设计个性化的诉求——20世纪70年代后的荷兰设计[J].新美术，2016(11).

[4] 邱国鹏，陈汗青.高校设计人才培养模式创新探索与实践[J].艺术教育，2018(1).

[5] 张磊，葛为民，李玲玲，钟蜀津.工业设计定义、范畴、方法及发展趋势综述[J].机械设计，2013(8).

服装设计专业创新型人才培养的教学实践与思考

——以南京艺术学院设计学院"实验性设计"课程为例*

姬益波**

摘　要：创新是人类社会不断发展的动力，人类对创新的不断要求推动现代科技的发展。科技改变生活，随着人们生活品质的提升，更是需要大量的创新型人才投入其中，这对高校人才的培养不断提出新的要求。服装设计创新型人才培养就是培养学生的创新意识、创新思维和创新能力。实现创新能力的提升，是新时期人才培养的目标。本文以南艺服装与服饰设计专业的"实验性设计"课程为基础，从实践教学来探索、思考新时期对于服装设计创新型人才培养的更多有效路径、方法及创新型人才培养的策略。

关键词：创新　创新型人才　实验性设计

创新一词源于拉丁语，概念涉及管理学、经济学、社会学等学科，原意包含三个层面：一是更新；二是创造；三是改变。汉语词典一般把"创新"的含义解释为破除旧的，确立新的。《现代汉语词典》（第5版）对于创新的解释为"抛开旧的，创造新的"，也作"创造性，新意"解释。经济学家、创新理论的奠基人熊彼特认为"创新是建立一种新的生产函数，把新的生产要素和生产条件的'新组合'引入生产体系"①。创新的定义是人们在社会实践过程中产生新的观念、行动与方法，并用于改变社会生产与社会文化而获得重要成果的变革过程。②创新是人类社会不断发展的动力，是民族进步的灵魂，创新无处不在。创新包括思想观念的创新、科学技术的创新、产品的创新、教学管理水平及方法的创新等众多方面。创新创业教育已

---

* **基金项目：**江苏省高等学校优秀科技创新团队项目《参数化技术创新设计研究》（DGZHPCS17）。

** **作者简介：**姬益波（1975—），男，南京艺术学院设计学院副教授。

① 约瑟夫·熊彼得.经济发展理论[M].商务印书馆，2007年，第12页.

② 约瑟夫·熊彼得.经济发展理论[M].商务印书馆，2007年，第12页.

是中国高等教育理论研究和实践研究的双热点，被视为21世纪的“第三本教育护照”，创新创业教育是建设创新型国家、提高教育教学质量、缓解就业压力的客观需要。知识经济时代和工业4.0时代带来了高等教育的重大变革，崇尚个性化、定制化、数字化、共享化的创新型社会形态需要大量的创新创业型人才。[①]设计院校具有创新创业教育的先天优势，近些年，南艺设计学院在创新型人才培养模式的定位下，不断探索、完善教学内容与方法，取得非常好的教学效果及社会反响，培养的学生更能适应“不息变动”的社会环境。当然，对于创新型人才培养肯定不是一两门课程能够解决的事儿。笔者作为一线教学的教师，通过解读“实验性设计”课程的教学实施过程，从教师的角度谈如何一步步设计教学计划，如何执行教学任务，如何在日常的教学和实践教学活动中逐步完成既定目标。本文不仅是对一门教学课程的梳理，更多的是对过去的教学总结与反思，从而探索出更有效的教学方法与人才培养策略。

一、服装行业的发展迫切需求创新型人才

进入21世纪，由于人类不断探索、不断发现，科学技术日新月异，互联网技术得以快速发展，“互联网+”改变了人们的生活，快节奏、快时尚、个性化，促使我国的服装业发生翻天覆地的变化。随着人们生活品质的提高，对高品质、个性化的服装产品需求量不断增加。高品质、个性化催生了新技术、新设备、新工艺、新材料的诞生，服装行业对专业人才的需求也越来越大，特别是创新型服装设计人才。服装设计、面料设计、纹样设计、配饰设计等都需要大量的有创新意识的设计师。

二、国内高校服装设计人才培养现状及存在的问题

自从20世纪80年代开始，我国高校设置服装设计专业，服装设计人才培养已经经过30多年的发展，虽然培养了许多设计师，但我国的服装高等教育仍存在许多问题。

1. 传统的教育模式

与发达国家相比，我国服装专业高等教育在人才培养模式及教育观念上比较陈旧，存在重知识轻方法、重理论轻能力、重应试轻应用、重占有轻创新、重传统轻反思、重书本轻实践等现象，不能适应中国服装产业的快速发展。教育模式的一成不变，或是喊口号、写文章式的改革，知行不一，再加上服装行业节奏快的特点，有些教案教材还没编写好内容就过时了，因此，高校服装设计教学模式滞后造成了设

① 刘荣.当代中国美术院校的创新创业教育模式探索[D].西安美术学院博士学位论文,2017.

计人才的短缺。

2. 高校人才培养处于"应用技术型"的定位较多

众所周知,改革开放这40多年,服装行业得以快速发展,我国成为世界上最大的纺织服装生产国和出口国,"MADE IN CHINA"的字样随处可见。服装企业的规模化、科技化,导致大多数的服装企业只停留在比较基础的加工服务阶段,来样加工和来料加工是最主要的工作内容。在这样的环境下,出现了很多奇怪的现象:比如企业压根就不招聘设计师;设计师工资不如车间员工的工资高;招了设计师但工作岗位不做设计等等,设计师到企业无用武之地,原因是企业在做加工生产。车间工资高是因为老板目光短浅,只顾眼前利益,车间每天缝纫多少件衣服,老板就能直接挣到多少钱,这样的指导思想就会导致企业不能健康成长。再说高校为了争取高就业率,也不得不顺从企业,并且盲目地按照企业所谓的需求,调整教学内容等,只追求眼前的利益,从而导致很多高校成为企业的"岗前培训班",高校不搞研究不就成为职业培训班了吗?当下,我国的服装行业平均利润率低,附加值不高,近年来生产成本又在逐年上升,在人民币升值的情况下,中国服装不能维持升值前的外币标价,因此企业只能以压低利润率的方法进行出口贸易,这给我国本来利润率就不高仅靠"薄利多销"为支撑的服装行业造成了巨大压力和冲击。我国的服装企业正处于"转型升级"的特殊时期,但"转型升级"不是口号,"中国制造"转变为"中国创造"需要大量创新型人才。

3. 培养创新型人才的教师匮乏

教书育人,教师是关键。"中国制造"转变为"中国创造"需要大量创新型人才,那么谁来培养创新型人才呢?不错,是高校,那么高校的创新型教师又是哪里来的?企业处于转型期,企业缺少创新型人才,高校同样缺少创新型的教师,高校创新型教师队伍的建设更是当务之急。

三、创新型人才培养要素分析

创新型人才培养其重点是培养具备创新意识、创新思维及创新能力的人才,那么,创新型人才要具备哪些要素呢。

1. 创新意识

意识是先导,意识是由热点、话题、兴趣、重视程度决定的,意识会潜移默化地指导行动。创新意识就是从热点话题开始,逐步提高的一种意识形态。所以,创新型人才培养的前提条件就是要有创新意识。

2. 知识结构

创新型人才需要旺盛的求知欲、渊博的知识。知识储备的深度与广度是创新的必要条件,要打破专业的壁垒,用跨界的态度去探索不同专业学科的奥秘。把专业的学习与知识面的拓展联系起来,不能被专业局限住,只有学科的交叉、碰撞,才会产生新的创意。因此,创新型人才培养需要深厚的文化底蕴与知识储备,知识的深度与广度直接影响设计作品的创意及内涵的表达。

3. 开拓精神

开拓精神才是创新的本质,只有具备开拓精神才能打破常规、突破传统,否则就不会有新思维、新方法的诞生。实践证明:要打破常规、突破传统就要面临巨大的压力,并且创造、实验的过程也需要长期不懈的坚持,没有坚强的意志和不懈的开拓精神,必将半途而废,一事无成。

四、"实验性设计"课程概况

南艺设计学院近十几年来在邬烈炎院长的带领下,大胆尝试,发展迅速,教学改革成果显著,实验性课程已经成为南艺设计学院的特色课程,笔者从一名任课教师的角度来介绍这门课程。

服装设计专业的"实验性设计"课程是一门具有创新、跨界、探索性质的课程,课程的宗旨是激发学生创新性思维,从"反传统""反常规"的角度,打破传统的思维定式。注重教学过程的实验性,使学生在探索中体验设计的无限可能,体验"跨设计""超设计"的内涵意义与表现形态,研究设计的前卫性、未来性、概念性等方式,通过设计过程,在方案中呈现设计的不确定性,体验设计问题的"可行解"与"唯一解"。课程在展开的过程中给予学生大量空间和自由度,形成具有丰富性和无限可能的探索状态。

1. "实验性设计"课程教学目的

通过讲授、分析与实践,学生在探索中能体验设计的无限可能性;体验"跨设计""超设计"的内涵意义与表现形态,研究设计的前卫性、未来性、概念性等方式;通过设计过程,在方案中呈现设计的不确定性,体验设计问题的"可行解"与"唯一解"。

2. "实验性设计"课程教学重点

能够清楚实验性课程的意义,搞清相关的概念,学会收集资料、分析资料,学会自立研究,能够用材料表达出自己的概念及思想。

3. "实验性设计"课程教学难点

调动学生参与实验的激情,成为实验的主体,使他们能够保持高度兴奋的状态,积极思考,积极动手研究。准确地分析出各类优秀设计作品的语言更是关键。

4.“实验性设计”课程的理论讲授

课程的理论讲授，一是要求教师对一些必要的概念进行解读，比如实验性设计的定义，经典设计与实验性设计、市场化设计与实验性设计的区别；二是分析实验性设计与实验性建筑、先锋小说、前卫电影、现代与后现代音乐的本质联系；三是对一些风格的解读，比如概念性设计、先锋性设计、虚拟设计、未来主义设计以及“反”设计的设计等。

5. 设计分析

设计分析是对各种特点的实验作品，一是进行基本特征分析，比如原创性的变革生成、趣味性的游戏规则、前瞻性的预想启示、思辨性的哲理意念、荒诞性的趋向图示、纯粹性的形式语法等。二是进行创意方法分析，比如扩散性思维与边缘化构想、超现实联想与浪漫诗学句法、逆向性思维与颠覆性手法、“有意味的形式”与抽象性表现、“反”的意味与非理性、偶发性想象等。

6. 经典案例分析

教师要有很强的专业热情与教学的责任心，只有这样教师才能不断学习，阅读大量资料，收集经典设计案例，并能够详细解读案例，让学生从中受到启发。

比如分析徐冰的《天书》《凤凰》《新英文书法》，蔡国强的《故乡》等实验性作品案例。

五、“实验性设计”教学实践解读：以《阿依达》主题为例

以歌剧《阿依达》（Aida）主题为例，详细解读“实验性设计”课程的教学过程，可以体现出教师如何领会与贯彻教案精神并在每一次课中的执行情况。（此部分的实践解读仅为笔者个人教学方法，不能代表其他老师。）

通常笔者的开课方式都是以问题形式导入创作主题，这样可以激发同学对课程的兴趣，从而区别于传统的“灌输式”教学，“灌输式”教学会抑制学生自身创新思维“成长”。那么换一种上课方式，让学生参与互动，比如教师只是设定问题，答案是要在第二次课程中学生自己回答（以PPT形式），或是师生讨论出答案，这样的安排有利于激励学生思维的发散和学习的积极性。学生不但要想尽办法找资料，还要汇总、分析找来的资料，至于是上网找还是去图书馆，这都可以，关键是要找到资料。同时通过PPT汇报，更能训练学生整合资料的能力以及口头表述创作思路的能力。最关键的是，这样做，学生就自然而然地成为学习的主体，学生的学习由被动变为主动。另外，对于时间的安排与管理也是第一次课上一项重要工作，老师要求学生订立工作计划表，要求学生在第二次上课时上交。

（一）教学过程描述

1. 课程要求

要求以《阿依达（Aida）》故事人物为原型，结合自己对故事人物身份、性格等特征的分析，提炼表达故事人物的关键性元素，以实验性的创意方法、形式语言，来演绎一套"纸服装"。此处，学生最容易问的问题就是：《阿依达（Aida）》是什么？阿依达的资料哪里有等等。无需回答，只要布置任务，要求同学们在下次课上带PPT来汇报。让他们先动下脑筋，不要养成依赖与索取的习惯。这样，作业就有两个：一是关于《阿依达（Aida）》是什么的了解；二是工作计划表。

教师预先准备的答案：

《阿依达（Aida）》故事梗概

《阿依达（Aida）》描写了埃及和埃塞俄比亚两个交战国，双方国王的女儿同时深爱着一位恋人（拉达梅斯），两位公主从而展开生死选择的故事。古埃及法老统治时代，埃及和埃塞俄比亚发生战争，埃及军队统帅、青年将领拉达梅斯率军迎战埃塞俄比亚入侵军队。他的恋人阿依达原是埃塞俄比亚公主，因战败被俘，隐瞒身份成为埃及公主身边的女奴。拉达梅斯凯旋归来后，埃及法老欲将女儿许配给拉达梅斯，可是拉达梅斯的心上人是阿依达。无奈之下，阿依达劝拉达梅斯和自己一起逃走，事情败露后，拉达梅斯因卖国罪将被活埋于神殿下的石窟。得知消息的阿依达先其一步藏身于石窟，导致一对情人窒息而死。

《阿依达（Aida）》故事情节极为感人，威尔第把它创作成歌剧，成为他老年时期的杰作，其创作水平之高，使人惊叹不已，在各方面都达到了极高的水平。

教师在备课时预先准备的工作进程表：

第一周 （9月1—7日）	第二周 （9月8—14日）	第三周 （9月15—21日）	第四、五、六、周 （9月22—10月5日）	第七、八周 （10月6—10月19日）
理论讲解 认识课程 了解任务 收集相关资料 分析、讨论	明确方向 深入收集资料 深入分析资料 解读、讨论	概念表达 头脑风暴 尝试方法 讨论	研究、表达、完善、讨论	自我解读 互动、探讨 完善 展示 评课

2. 汇报、讨论关于对《阿依达（Aida）》故事的了解

由于寻找资料的途径不同、用心程度不同，课上会出现各种版本，由同学逐个汇报后，再进行师生讨论。因此，汇报与讨论成为前期上课的主要形式，这种形式会潜移默化地调动学生参与课程研究的热情。

3. 创作、实验过程的管理至关重要

创作、实验过程的管理与传统的课程作业展不同,传统作业展注重的是最后展示效果,缺少对过程的管理,经常会出现没有过程就直接出结果的同学。后来发现,这类的作品很容易出现抄袭或是找枪手代工。因此,只要老师加强对创作、实验过程的管理,就能避免出现不好的现象。过程丰富,结果自然就会好,作品的原创性就会增强。当然,这样做需要教师平时的大量付出。

4. 实验过程的展示

实验过程的展示(见图1—图9,图为张雯超同学的创作实验过程)是学生日常必做的工作,要求学生每天到教室的第一件事就是整理桌面,整理每天自己的研究成果和发展顺序。这样整理的好处是:一方面每天都在梳理思路;另一方面可

图1 图牛角翻模

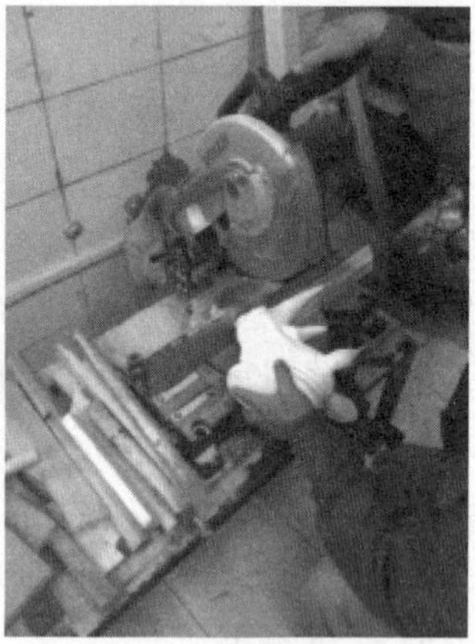

图2 图牛角解构

图3 图牛角定型

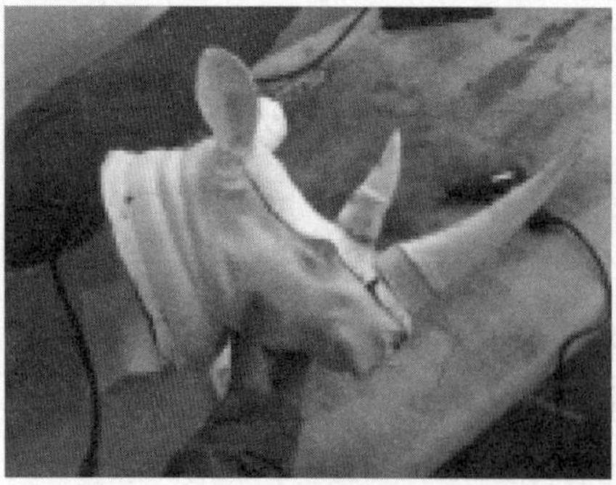

图4 图翻模成型

图5 图折纸

图6 图面体

图 7　上身（正面）

图 8　上身（背面）

图 9　最后完成作品

以启发后面的实验，养成非常好的工作习惯。

5. 跨界实验体现各种可能性

跨界实验是获取原创作品的重要训练环节。有人说“服装是移动的建筑”，这说明建筑与服装存在一定的联系，特别是在廓形与表皮肌理上有共通之处，因此，很多设计师会把建筑当着服装创作的重要灵感来源。

案例：李璜同学作品灵感源于《阿依达（Aida）》歌剧中守卫战士的形象，为了表达出守卫战士的威武感、庄严感，结合了建筑的廓形与表皮，巧妙地利用三角形的稳定性结构使得设计作品能够表现出守卫战士的特点。作品利用白色卡纸的折叠演变，结合形式美法则运用渐变的效果，使作品具有独特造型的同时又不失细节感。建筑的廓形让服装无处不充斥着对比，但最后又巧妙地融合在整个服装系列里（如图10）。

图 10

6. 作品展示及评课

这部分内容是课程结束时的必要环节，所有同学的作品都要展示，然后进行评课，评课的步骤是由设计师先讲述自己的创作理念、创作思路以及作品的设计靓点，然后再由同学提问和教师点评。这样做，一是同学之间可以交流；二是通过评课可以客观地了解自己作品的问题。如果课程结束，只是交个作业、打分数，学生是很难清楚地了解自己的设计水平，对后续的作品修改或思路调整很难有帮助。

案例：灵感来自对《阿依达（Aida）》歌剧中的埃及军队统帅、青年将领拉达梅斯的理解，吸收古埃及建筑方尖碑的廓形，在材料上选取纸绳子，白色纸绳子由一股合成两股，再由两三股合成四股，以此类推，编织成大小不等的数条绳子，经过重叠、来回穿梭，绳子本身有粗糙的质感，与埃及建筑表面相呼应，表达出拉达梅斯作为将领的英勇与感情的细腻（图11，图12）。

图11　图周沙风作品

图12　图周沙风作品细节

点评：本作品表达拉达梅斯作为将领的英勇与感情的细腻，设计师是通过古埃及建筑方尖碑的廓形来表达拉达梅斯英勇阳刚的一面，用细致的编织手法来塑造感情细腻的一面。作品完成度比较高，细节处理比较丰富。

六、创新型人才培养的几点思考

服装设计创新型人才培养就是培养学生的创新意识、创新思维和创新能力。

实现创新能力的提升，是新时期人才培养的目标。那么，如何做到对创新意识、创新思维和创新能力的培养？

1. 传统的人才选拔方式

我国高校人才选拔模式过于单一，限制了学生创新性思维的培养与创造性的发挥。[①]众所周知，国内高校美术统一考试一般都是考素描与色彩，训练学生的造型能力、空间想象能力、审美能力等，这样做对纯绘画专业没有问题，但对于服装设计专业的同学，仅有绘画能力是远远不够的，拥有设计思维更为重要。创新型人才的选拔应该考查学生的综合素养、创新性思维和解决问题的办法与能力，以尊重和发挥学生的个性为重点，因此，在选拔人才阶段就应该把控好，如何选出具有创新思维的学生值得思考。

2. 教师应该具备创新意识、创新能力与探索精神

培养创新型人才需要创新型教师，教师的创新意识与创新能力至关重要，这是必要条件。那么，如何保持教师持续不断的创新创意思维与能力，这就要求教师具备不断学习的意识与探索精神，能够主动到工厂去学习行业里的新技术、新方法，去先进的院校交流学习新的教学方法，到发达的国家学习先进的教学理念，与时俱进，防止知识老化。

3. 探索适合创新型人才培养的教学方法

培养学生创新能力的关键因素就是教学方法问题。传统的知识“灌输式”讲授，会使学生变懒，坐在课堂做笔记，觉得记下来了就学到知识了。“灌输式”教学中，显然老师是主体，老师就像演员一样在上面不停地表演，有没有人听，听进去多少都不关心，重要的是把自己准备的内容讲完。而在服装设计教学中，如用“问题式”教学法，只向学生提出设计好的标准，第一时间不提供任何答案，这样逼着学生独立思考、独立想办法解决问题，潜移默化地训练学生收集资料、分析资料、总结资料的能力，从而养成学生从不同角度看问题的习惯。

4. 教育环境

教育环境分为两种类型：一是大的教育环境，包括与教育相关的政策导向、高校的办学理念、领导的支持等。二是小的教育环境，即教室、图书馆、自习室、工作室、宿舍等。这些环境都会影响教学活动。因此，我们要从小事做起，从整理课桌开始，师生共同来营造一个好的教育及学习的环境。

5. 创新型人才要有丰富的知识结构、终生学习的意识以及不懈的开拓精神

随着科学技术的迅猛发展，创新成果层出不穷，但大多数较重大的科技创新会

① 张辉，焦岚，李颖. 创新型人才的剖析和塑造[J]. 黑龙江高教研究，2012(6).

出现在学科交叉领域的新专业。不同学科间的交流，不同思想、方法和技术手段的碰撞，容易产生创新思想的火花。这就要求创新型人才必须具备多样的知识结构。

总 结

十年树木，百年树人，创新型人才培养并非一朝一夕的事。创新型人才的培养是高校一项重要的、持久的且难度较大的工作，高校应该紧抓创新型人才的培养，承担起培养具有创新精神、创新思维和实践能力的专门人才的任务，促进社会主义现代化建设更好、更快地发展。服装专业创新型人才的培养也是一个系统工程，要向国际上发达国家的高校学习成功经验，提高创新能力的教育水平，作为一名教育工作者，要学会比较、分析、研究，探索出一套适合我国高校服装设计专业创新人才的培养模式。

室内设计专业方向创新型人才培养模式研究与实践*

姚翔翔**

摘　要：文章从专业创新型人才的定义出发，结合室内设计专业原有课程设置，依托教学实践经验，对本专业未来的培养模式按四年本科教育的时间范围，分成有序、递进的四个阶段，并就每个阶段的课程设置、重点内容、本土化特征，包括培养目标及关注点进行了详细介绍。

关键词：创新型人才　培养模式　本土化　实验操作

专业创新型人才意指在本专业领域具备开拓与创造能力，有意识、有潜力能为专业发展开创新局面、取得创造性成就的人才。创新型人才通常思维灵活开放，富于实验冒险精神，挑战性强，且精力充沛、想象力丰富，极具韧性和专注力。

针对上述特征，室内设计专业的专业创新型人才培养目标锁定了下列三个核心定位：

（1）催化求知欲，启发好奇心；

（2）强化自主学习与自主探索能力；

（3）专业知识面广，专业水平优，专业协作强。

因此，在培养模式上，室内设计专业改革采取了0.5∶0.5∶2∶1的安排，即设计基础、专业基础、专业重点、专业综合（毕业设计）分别占据0.5、0.5、2、1个学年的时长。将四年的本科学制划分为四个阶段，每阶段对应不同的教学目的，采用符合东方思维习惯，体现东方本土特色，符合我们自己的认识观，进而易于接受、理解、把握、操作的课题形式，以阶梯式提升的方式，完成总体人才培养定位目标（详见表1）。

基础部分的教学重点着重于培养学生的设计思维、探索想象力和培养好奇心。

---

* **基金项目**：江苏省教育厅高校哲学社会科学研究基金项目"高校空间课程本土化改革模式研究"（2018SJA0365）。

** **作者简介**：姚翔翔（1972—），女，南京艺术学院设计学院副教授。

表 1　课程群设计

<table>
<tr><td colspan="2" rowspan="2">学年</td><td>1</td><td>2</td><td>3</td><td>4</td><td>5</td><td>6</td><td>7</td><td>8</td><td>9</td><td>10</td><td>11</td><td>12</td><td>13</td><td>14</td><td>15</td><td>16</td><td>17</td><td>18</td><td colspan="3"></td></tr>
<tr><td colspan="18">上午</td><td colspan="3">下午</td></tr>
<tr><td rowspan="2">一年级</td><td>1</td><td colspan="6"></td><td colspan="6">设计基础1</td><td colspan="6">设计基础2</td><td>设计原理</td><td>设计史</td><td>计算机辅助设计1
（CAD SU，PS基础）</td></tr>
<tr><td>2</td><td colspan="8">设计基础3
（名作解读＆图纸、模型呈现）</td><td colspan="2">计算机2
（Vray Lumion）</td><td colspan="8">设计基础4
（空间认知＆围合操作）</td><td>设计原理</td><td>设计史</td><td>环境艺术设计概论</td></tr>
<tr><td rowspan="2">二年级</td><td>3</td><td colspan="6">室内设计制图
（基础知识＆人体工程学）</td><td colspan="6">室内设计表现
（手绘、高级表现＆版式创意）</td><td colspan="6">建筑设计1（建筑设计1）
（功能、透明性、拓扑变化）</td><td>设计创意与
方法</td><td>现当代艺术史</td><td></td></tr>
<tr><td>4</td><td colspan="6">室内模型（建筑设计2）
（结构技术＆模型创意表现）</td><td colspan="6">建筑设计2（建筑设计3）
（设计方法、概念–形式）</td><td colspan="6">（课题＆文本与背景：传统与现代）</td><td>设计创意与方法</td><td>世界文明史</td><td>建筑与室内设计史</td></tr>
<tr><td rowspan="2">三年级</td><td>5</td><td colspan="6">室内材料与构造</td><td colspan="6">家具设计</td><td colspan="6">室内要素设计（建筑设计4）
（建构、实验性＆时代焦点：人物与主题）</td><td>设计批评</td><td>设计管理与实务</td><td>计算机辅助设计3
（Rhino 数控技术）
讲座</td></tr>
<tr><td>6</td><td colspan="6">室内系统设计</td><td colspan="6">室内系统设计</td><td colspan="6">展示设计</td><td>设计批评</td><td>设计管理与实务</td><td>照明设计
（案例分析讲座）
讲座</td></tr>
<tr><td rowspan="2">四年级</td><td>7</td><td colspan="2">设计调研</td><td colspan="8">实验性设计</td><td colspan="8">主题性设计</td><td colspan="3"></td></tr>
<tr><td>8</td><td colspan="18">毕业设计　毕业论文</td><td colspan="3"></td></tr>
</table>

注：表格内“黑体字体”为目前课程名称，“楷体字体”为课程内容，“仿宋字体”为计划增加课程。

室内设计专业将一年的基础教学时段划分成两块：“设计基础+专业基础”，构成培养模式的前两个阶段。力求在宽泛设计领域内的形式造型能力强化基础上，增加专业内容，预热专业知识。

Phase 1：0.5 year

第一阶段的设计基础是针对入学新生，弱化各专业属性的总体形式造型能力培养，由设计学院统一安排，此处不作赘述。

Phase 2：0.5 year

从第二阶段起，针对已有初步专业方向意向的学生，设计学院统一将“设计基础”改良为“专业基础”。室内设计专业与景观专业同属于空间设计领域，因此两个专业的专业基础课同为围绕空间认知等专业内容，设置一系列基于东方认知习惯，以培养学生空间思维、探索空间想象力、激发空间认知好奇心而单独探索空间各属性、性质、特征的综合课题。学生在专业教师理论讲解、示范演示、课堂点评的引导启发下，通过各自擅长的二维或三维技术探索、描述和交流他们对空间的认知、设计想法。

在这一阶段的课题设计上，我们希望经由一系列既严谨又充满乐趣与挑战的实验性课题，尝试推动对空间认知与表达方面可能的现实界限，对基础空间问题（包括经典空间认知）以手绘硫酸纸、电脑辅助制图，以及创作概念模型、视频影片等不限定的表达方法作出回应。

专业基础1（原设计基础3）的主题是“空间·概念与图绘”（详见表2），从设计大师经典案例着手，研究“生活行为”与“承载行为的容器—建筑空间”的关联性，

表2　专业基础1（8周）课题设置安排

<table>
<tr><th>建筑案例</th><th>设计师</th><th>教学时长</th><th>教学比重</th><th>作业内容</th><th>辅助讲解</th></tr>
<tr><td>萨伏伊别墅</td><td>勒·柯布西耶</td><td>2周</td><td rowspan="2">教师按步骤带着学生完成</td><td rowspan="5">图纸部分：建筑平立剖、分析图、拼贴表现图
模型部分：两种材质表达的三维实体模型</td><td>CAD基础2次</td></tr>
<tr><td>巴塞罗那德国馆</td><td>密斯</td><td>1.5周</td><td>SU基础2次</td></tr>
<tr><td>湖滨别墅</td><td>理查德·迈耶</td><td>1.5周</td><td rowspan="2">教师提供参考图，按需要指导学生完成</td><td>PS基础1次</td></tr>
<tr><td>母亲住宅</td><td>罗伯特·文丘里</td><td>1周</td><td>PS拼贴表现</td></tr>
<tr><td>住宅Ⅵ</td><td>彼得·艾森曼</td><td>1周</td><td>学生独立查找资料并完成</td><td>个别指导</td></tr>
<tr><td colspan="6">最后一周作为进度调整、作业点评及布展准备</td></tr>
</table>

尝试理解大师的空间处理方式；在“行为——物理属性”研究认识基础上，针对本土文化重感知体验的特性，引导学生进一步关注、思考、强化对相应物理空间“空间感”方面的理解与把握；引入空间设计图示概念和基础软件操作，督促学生尝试基础空间设计图示的绘制（包括模型制作）。

专业基础2（原设计基础4）的主题是“空间、感知与表述”（详见表3）。基于专业基础1的空间初步认知，顺应东方本土思维意识习惯，将空间感知觉体验与营造作为课题关注的重点，从空间和空间感两个概念出发，帮助学生进一步厘清概念，了解空间设计的本质（满足行为需求基础上的感知呈现）；同时，适时介入计算机辅助教学，启发学生探索和发掘空间设计高阶表达的可行手段。

针对课程主题和学生能力，安排设置了三个必做基本课题及两个选做拔高课题。

众所周知“预习”对于知识点学习的重要性。专业基础课的课题设置正是吸取、借鉴了传统教学中强调“预习”这一环节的经验，将专业知识与专业技能化整为零融入课题中。学生可以“一知半解”，也允许“囫囵吞枣”，并鼓励“另辟蹊径”。目的是先接触，烙下印记，方便在后续的专业重点课程分类细解时，知识点更易被学生领会和接受。

Phase 3：2 years

大二、大三两个学年（即第三阶段），是专业重点课程的学习。主要设计类课程共12门，均是以6周为一个时段展开。

1. 室内设计制图

作为专业基本技能，制图课需解决“制图与识图基础知识”以及“人体工程学（设计尺度、功能空间依据、设计基本依据等等）”相关内容。针对艺术类学生感性好于理性的特征，培养、加强学生的严谨精神亦成为课程重点。

2. 室内设计表现

兴趣是最好的老师！表现课突破以往专注手绘能力的训练，将“手绘”“高级表现”与“版式创意”融合起来，鼓励结合具体空间情节作为表现内容的多元手法表述，既丰富了成果内容，又因符合本土思维习惯而易于被学生接受。

示范案例——Sculpturing in Time（及时雕刻）

使用手绘、影片、动画、物理建模等多元手段，来探索建筑与时间的关系、空间对话、历史与文化等等，并通过“拼贴”“合并”“重组”，产生更为神奇的可能性。

表3　专业基础2（8周）课题设置安排

课题名称	时长	内容概述	作业要求
"我的光影捕捉器"	1周	根据课堂讲解PPT所呈现的光影感觉，在一系列边长为10 cm的立方体黑色卡纸盒子内部模拟对应的光影关系	系列模型、硫酸纸草图（感知文字表述）
"立体派"的3D正解	课外	选择巴勃罗·毕加索、费尔南·莱热、乔治·布拉克三位立体主义大师的作品任意一幅，仔细观察画面，硫酸纸草图做画面元素"前后关系"的解析尝试，最后以三维"解构"形式加以呈现	SU模型渲染、三维线稿硫酸纸描绘、模型表现均可
"嘿，园林！竖起来好么?"	3周	1.水平、垂直、错层，折&叠，流动空间（格局）讲解；中国园林空间特征介绍； 2.给定参观地点，预先规划好参观流线（可以在SU中模拟），体会在流动空间内穿行的感受，用草图把过程速写式记录下来，最后在硫酸纸上按行进序列一幅一幅描绘出来； 3.将过程随机分成4—5段，选择典型感受，弱化或删减掉"不和谐"的画面片段，使得每段空间主题明确，形成4—5个"主题区"； 4.在500 mm×1000 mm的底板中缝处竖立一面高600 mm的"墙"；给定单块面积不大于250 mm×700 mm的水平"楼板"4—5块，将它们"挂"在"墙"的两侧，分别对应上一步中的空间"主题区"；制作透明或不透明立方体块若干以及宽不大于300 mm、高度50 mm—120 mm的透或半透"矮墙"，作为"隔景""障景""分景""框景"的材料； 5.按照2、3两个步骤的体会和归纳，结合传统园林景观处理手法，运用第4步骤制作好的构件，发挥创意，将建筑空间感受表达在自己的"垂直园林"里	图纸部分： 线稿空间分析、氛围表达；电脑表现图（可拼贴） 模型部分： 材质自定义，清晰表达空间构想

续表

课题名称	时长	内容概述	作业要求
“既简单又复杂的空间……”	3周	1.“加法&减法”手法讲解； 2. 设定立方体边长为180 mm，自由“下刀”(X、Y、Z三个轴向各2刀)，如此形成3×9个部分； 3. X、Y两个轴向上的2×2刀，各选1刀，将其变成间距不大于10 mm平行的2刀，得到6面垂直墙； 4. 块体自由平移，墙体按需截断或设置洞口和长短； 5. 经过上述3步的操作，每人都得到了一个“立体抽屉”；研究“抽屉”之间的关系，按照每层大：中：小=1个：(2—3个)：(5—7个)的原则决定各层空间的面积分配；有意识地设定各部分空间从“开敞”到“封闭”的不同属性；用“挖除”，以及围合材料的“透”“半透”或“不透”加以表达，得到每个人的工作草模； 6. 将两个人的草模“有思想”地结合起来(允许廊桥连接)，想想“加法”原理，形成一个更为丰富的空间模型； 7. 分析“空间设计”专业的授课性质，如果有这样一个学习空间真实存在，你们会如何安排1—4年级的学生？将分析的思路在每个人的硫酸纸上徒手表达出来，最终形成可行性方案； 8. 按组讨论方案的优缺点，最终在SU里形成最终定稿构思	图纸部分： 线稿空间分析、氛围表达；电脑表现图(可拼贴) 模型部分： 材质自定义，清晰表达空间构想
“模拟城市”	课外	“加法”原理 高阶技能探索；步骤略	计算机表达

说明：灰底色一栏为选做拔高课题，“内容概述”中灰底色部分为可选步骤。

3. 建筑设计1(原建筑设计1)

建筑空间是室内设计的基础与依托。建筑设计1总结了对空间设计最有帮助、最易入手的三个方向(关注点)，从解决功能出发，领悟透明性、拓扑变化的手法，结合功能秩序简单清晰的个案设计，让学生顺利通过“基本空间组成”—“透明叠

图1 （建筑设计1）课程作业

加丰富"—"拓扑造型"三个步骤，获取满意的设计结果（图1）。

4. 建筑设计2（原室内模型）

室内模型课突破了原先单纯模型技法讲授的教学内容，与建筑设计结合，成为实际的建筑设计2。课程需关注"结构技术"与"模型创意表现"两个关键点。内容除了基本的模型材料、制作技术讲解外，还需包含建筑结构相关的基础知识介绍，使学生了解结构基本概念、建筑结构关系、构筑法则等等，在此基础上，再灵活运用材料，合理、有章法地建构出体量模型。

同样出于顺应本土思维习惯的考虑，课程还鼓励将以前制图课学到的技能融汇进来，"既有图画又有模型。摒除当前将绘图和模型区分开来的工作方法，用'modello'的方式把这些表达方式综合运用起来"（摘自巴特莱学院课程介绍）。将模型作为学生"讲述"自己研究建筑项目的手段（图2）。

5. 建筑设计3（原建筑设计2）

二年级下的建筑设计2，关注点是空间设计方法。包括结合建筑大师介绍在内的"形式—空间""概念—空间""叙事—空间"等多个空间生成手段的课堂讲解和设计尝试。目的是经过多个途径的实验展开，让学生们在实际操作中发现自己更擅长、更有兴趣的空间操作办法。

示范案例——空间身份的定义

建筑内部的空间和"身份"定义可以被认为是一系列动态、分层抽象事物彼此间的作用。作用的结果也使其本来的意义或多或少发生着变化。对“概念—空间”感兴趣的是如何构建“身份”和“空间”,对空间的冥想如何能够启发对“身份”的认同,形成头脑中的某个“概念”。

图 2　模型课程作业

可选方向还包括:

- 另类关系
- 行为—转译—构筑
- 隐喻之下
- 空间叙事
- 诗意构造

……

6. 室内空间设计

在经过了第二阶段空间认知和第三阶段建筑空间设计的训练之后,室内空间设计课将广义的空间缩小到直接针对本专业。课程围绕“文本与背景—传统与现代”,关注主题“新与旧”,兼顾“材料和构造”,衍生出创意设计思考,展开“实践课题”。

可选方向包括:

- 以物质为依据——在材料和构造层面上,认识空间上下文之间的连续和共鸣。
- 文化交织的空间——研究,发明,与空间推测,兼顾个性化及创新表达。

……

7. 室内材料与构造

严格来说,这门课程和制图课一样,属于专业基本技能“get”课。然而,为了学生能够更好地接受,在授课时需要将理论与操作结合:从材料及构造基础理论入手,使学生获得建筑、室内常用材料,从尺度、属性到构造关系的基本认知;选择合适的节点（或局部空间），让学生发挥创意，合适地运用恰当的材料和构造方式表达创意。以打造实验室的名义搜集、储备室内设计常用材料也是接下来的计划工作之一。

示范案例——材料"显现"

正如"material"是由"mater"，即"mother"派生而来，"材料"由何处而来？它们能被如何转换和应用？这需要我们认真思索并了解。

什么样的材料造就了多样化的空间表皮？设计师如何参与到材料塑造空间的过程中，并注入创造力？有必要挑选（指定）合适的案例，在分析的基础上，对其进行更进一步的材料探索（包括试错）。

8. 建筑设计 4（原室内要素设计）

原室内要素设计课拟变更为"建筑设计 4"。主要目的是顺应信息化、网络化的现实要求，以"建构性""实验性"为特征，包括"时代焦点一人物与主题"，介绍最新热点、年度人物及先锋作品等等。课题以思考型、实验性、数字化为主，注重分析方法和分析图例及过程表达。

示范案例 1——虚幻领域中的冒险

媒体—模型、绘制—制作、数字—模拟、技术—心理、社会—感性、虚假—真实，创作的整个过程宛如在各个不同领域间游弋，这些领域亦构成了整个创作过程。

转译（误译）— 扭曲 —转译（误译）— 拼合（耦合），空间畸变意味着诱惑和机会。在虚幻领域中寻找多重人格可能得以栖息的微妙差异空间。

示范案例 2——构造前卫

探索大自然非凡几何体与材料复杂性，探索极端条件下的空间解决方案。鼓励以编程的方式，专注解决当代关键问题，并运用物理模型制作来研究。

……

9. 家具设计：按原教学大纲，基本不变（略）

10. 室内系统设计：按原教学大纲，基本不变（略）

11. 室内类型设计：按原教学大纲，基本不变（略）

12. 展示设计：按原教学大纲，基本不变（略）

小结：Phase 3 的每一门专业课都将符合本土思维习惯作为课题设置的重点考量内容，以帮助每个学生开发他们自己的实践、实验能力，包括寻找日后适合他们自己的思考模式、设计方法和工作方式作为教学终极目标；注重实验性和操作性对设计潜质的培养极为重要，而有兴趣地介入、易于理解更成为教学进程顺利的强有力的保障；强化材料和工艺的实验操作方式相较传统设计方法而言，也具备更充分的实现可能性。实践证明，这样的教学模式和教育方法成效显著。

Phase 3（第三阶段）课程还有一个突出特点——鼓励“风险”尝试，即便设计

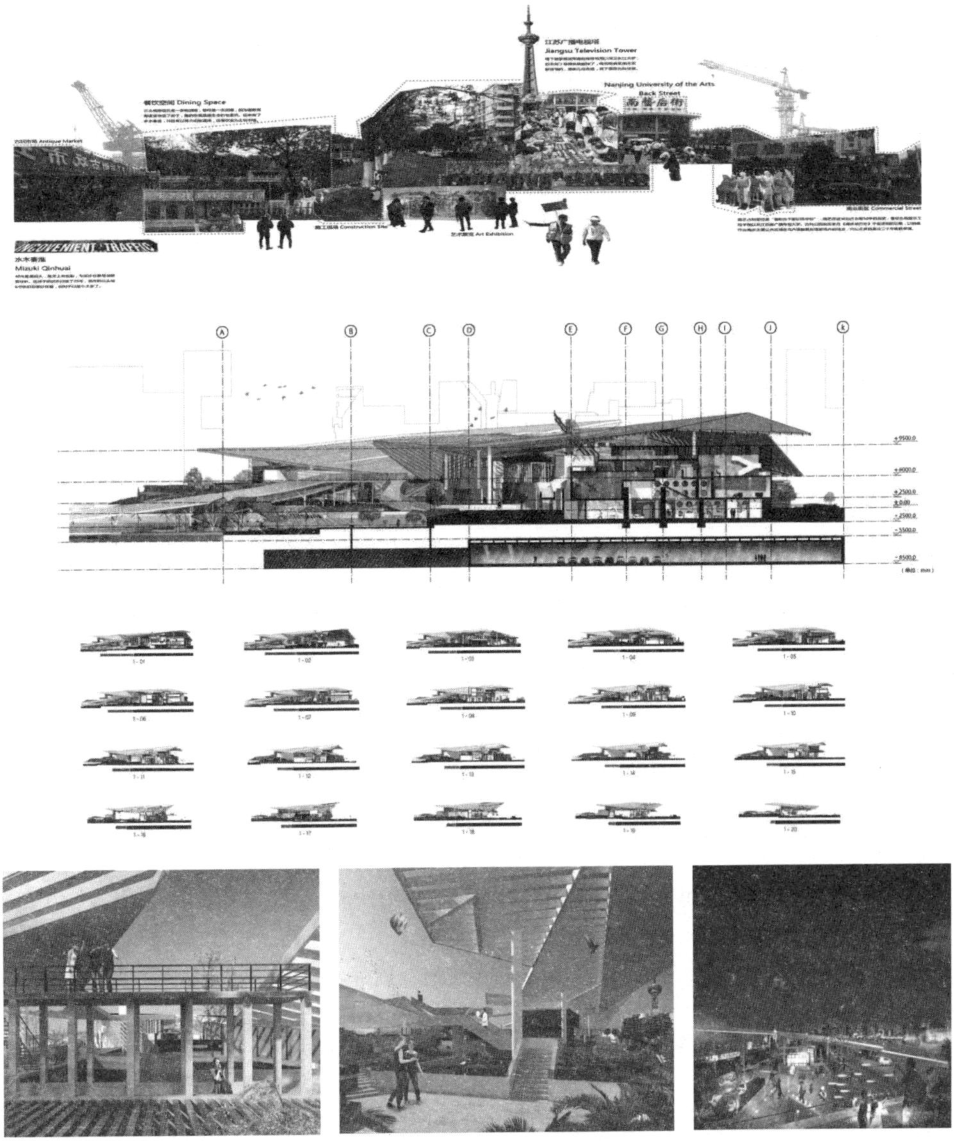

图3　毕业设计作品（“危机进行时”）

结果难以预测也不建议中途放弃。目的是为寻找每个学生可以发展(发明)自己有效的设计“媒介”,并按照自己的意愿和条件控制设计进程中思路进行与转化的方式。

phase 4：1 year

最后一个阶段(第四阶段)为期一年,包括设计调研、实验性设计、主题性设计在内的三门课程实质是并入毕业设计阶段,按照毕业设计要求进行的。

作为本科学习的总结性阶段,毕业设计的要求更加严格。学生需要融汇前三个阶段的所学,选择不同研究方向的导师做有针对性的设计实战演练。具体的设计方向和设计范围、项目情况由导师主导,内容不拘一格(参见图3)。

除了与专业直接相关的四个阶段设计课,作为前沿知识的补充和扩展,后续拟开设的内容还包括“计算机辅助设计3—— Rhino 数控技术机器人”“照明设计——以案例分析形式介绍室内光环境”等实时讲座,以及不定期举办的前沿工作坊课程。

有理由相信,依托这样的课程结构,顺应本土化思维习惯,室内设计专业创新型人才的培养必会迎来前景灿烂的明天。

参考文献

[1] 赫兹伯格. 建筑学教程[M]. 天津: 天津大学出版社,2015.

[2] 龚恺,等. 东南大学建筑学院80周年院庆系列丛书[M]. 北京: 中国建筑工业出版社,2007.

[3] 蔡永洁,王一,章明. 同济建筑设计教案[M].上海: 同济大学出版社,2015.

[4] 格鲁特,大卫·王. 建筑学研究方法[M]. 王何忆,译.北京: 电子工业出版社,2015.

[5] 菲德勒,费尔阿本德. 包豪斯[M]. 查明建,梁雪,刘晓菁,译. 杭州: 浙江人民美术出版社,2013.

[6] 帕拉斯玛. 碰撞与冲突: 帕拉斯玛建筑随笔录[M].乔丹,译.方海,校.南京: 东南大学出版社,2014.

[7] 布劳恩. 建筑的思考: 设计的过程与预期洞察力[M].徐伟,蔡凯臻,译.北京: 中国建筑工业出版社,2007.

[8] 艾伦,等. Bartlett设计: 关于建筑的思索[M]. 杨睿,张旭,译.北京: 电子工业出版社,2013.

[9] 伊丽莎白·迪勒,等. 库伯联盟——建筑师的教育[M]. 台北: 台湾圣文书局股份有限公司,1998.

“产品开发设计”类课程质量评价机制与标准研究*

李亦文　薛　琳**

摘　要：现今，设计类专业课凭感觉上课的现象比较普遍，缺乏对教学大纲的认真解读、教案的合理性撰写，以及课程评价体系的针对性研究。因此在上课内容、教学方法和评价体系上千篇一律。特别是“产品开发设计”和“产品设计”这类看上去较为接近的课程更是同质化情况严重。本研究将从“产品开发设计”与“产品设计”概念界定的源头入手，在验明“产品开发设计”内核的基础上，剖析“产品开发设计”类课程的目的和教学内容，尝试针对性建立“产品开发设计”类课程质量评价体系，即机制和标准，旨在改善目前“产品开发设计”类课程的教学水平。

关键词：产品开发设计　课程质量　评价机制　评价标准

对于高等教育质量建设而言，课程建设是核心，也是控制人才培养质量的关键环节。那么，课程质量评价就是课程建设中不可或缺的重要组成部分，建立科学合理的课程质量评价体系是提高课程质量的长效机制的需要。[1]特别是对于艺术设计专业中新的拓展类课程，只有针对性地建立系统的、科学的、实用的课程质量评价体系，才能够使新型拓展类课程的设计更为合理，课程教学更加有效。现今多数院校都已开设了“产品开发设计”类课程。

一般来说，“课程教学”可分为四个主要步骤：确定课程目标；根据课程目标选择课程内容；根据课程目标组织课程内容的教学与实践；根据课程目标评价课程教学结果。而“课程评价”主要包含七个阶段：其一，课程教学目标认定；其二，与课程目标相对应的教学计划行为和内容认定；其三，实现目标的课题实践认定；其四，完成课题实践的方式认定；其五，完成课题实践的量化指标认定；其六，评估记

* **基金项目：**2016年度南京艺术学院教改重点课题（项目代码JWLYWCP17，编号2016JYZD11）。

** **作者简介：**李亦文（1956—），男，南京艺术学院工业设计学院教授，研究方向为产品设计；薛琳（1982—），女，南京艺术学院工业设计学院教务办主任，研究方向为教学管理。

分单位认定；其七，获取代表性样本的手段认定。[2]当然有关“产品开发设计”类课程质量评价体系的建立，无疑应该在一般课程教学和课程评价的基础上展开。

一、背景

就产品设计专业的核心课程而言，主要是由“产品设计”类课程组成，如“产品形态设计”“产品语意设计”“产品风格设计”“产品设计工作坊”等。这里的课程相对比较传统，大家亦很熟悉。随着设计业的快熟发展，学校招生量的不断扩大，设计的触角越来越广，许多院校在“产品设计”类课程基础上拓展出一些视角更宽、知识面广、与市场经济更为贴合的“产品开发设计”类课程，如“产品系统设计”“产品服务设计”和“产品开发与管理”等。

由于“产品开发设计”和“产品设计”这两类课程在设计大类、设计对象和课程性质等方面看上去比较接近，多数人疏忽了它们在概念上的差别，所以出现了这两类课程泾渭不分的现象，使得“产品开发设计”类课程教学没有跨出“产品设计”类课程的知识范围，失去了设立“产品开发设计”类课程的意义。因此，我们有必要针对目前在“产品开发设计”类课程教学中的问题进行系统化剖析，尝试重新梳理“产品开发设计”类课程质量评价机制和标准，从而提升目前“产品开发设计”类课程的教学质量。

二、“产品设计”与“产品开发设计”的区别

就“产品设计”类课程而言，主要是围绕产品本身的设计教学。也就是说，是具体考虑产品的功能特征、产品的形态特征、产品的材料、工艺与技术特征、产品的语义特征、产品的交互特征、产品的环境和产品生态诸因素特征的教学活动。

而“产品开发设计”类课程，却是通过提供产品思路、盈利途径和项目运作方案，从而帮助企业确立长远有效的发展机制的设计策划和管理的教学。因此，从概念上看，它们之间的区别是非常大的。“产品开发设计”教学不是一般意义上的产品设计教学，不只是单纯地教授产品本身的创新问题、产品本身的设计问题、产品本身制造的问题和产品本身的市场问题，而是在统筹这些问题的基础上，教授有关企业产品整体思路、竞争特色和盈利模式方面的决策方法。也就是说，“产品开发设计”类课程的教学，必须从全产业链的视角，让学生学习综合考虑产品创新、产品战略、产品设计过程管理、产品筛选评估和产品市场导入决策等方面的知识和技能。

三、"产品开发设计"类课程的特征分析

在解读了"产品开发设计"概念的基础上,再来分析这类课程的目的,就不难看出其特征为培养学生的产品"全产业链"意识(即从产品策划、产品调研、产品设计、产品生产、产品销售到产品回收的整个过程)。所以"产品开发设计"类教学案例和模拟实践课题与产品设计类课程是有很大区别的。"产品开发设计"从商业战略高度和全产业链视角来认识产品策划和运营管理的价值,是让产品本身的价值最大化,所以更多地是注重学生系统思维能力和综合管理能力的培养。

由于"产品开发设计"所涉及的是产品策略问题,所以在教学内容上亦不同于"产品设计"类课程。一般来说,"产品设计"类课程的教学内容主要涉及的是产品本身,知识点相对比较集中。而"产品开发设计"类课程所涉及的内容是有关产品商业化过程的全产业链,知识面相对比较宽,作业行为相对比较多元,以至于课程质量评估机制和标准亦相对比较复杂,因此教师的备课量亦相对比较大,阶段化讲课内容的切换和作业设计就显得十分重要。

四、"产品开发设计"类课程质量评估机制研究

什么是"产品开发设计"类课程质量的评价机制?简单地说,就是指看待"产品开发设计"类课程质量评价问题的视角和处理"产品开发设计"类课程质量评价问题的定位。虽然近年来设计学科的课程质量评价所采用的评估机制,在规范上有了可喜的成绩,但从"元评估"的视角出发,现行的评价机制还存在诸多可讨论的地方。我们认为有以下几点:

第一,目前我们所推行课程教学评价机制是以教育行政领导、专家为主的,"以目标为导向"的外部评价机制。这种评价机制缺乏教师和学生的自评作用,也就是说缺乏目标与过程并重的"教与评融合"的评价机制。

第二,在评价方法上,对质量评价的理解有偏差,形式化定量现象严重,致使"档案袋"评价方法(学生作业汇集册)成为课程评价改革的标准。这种评价机制流于形式,是一种"以甄别为导向"的选拔评价机制,缺乏"教与进融合"的评价机制。

第三,评价内容主要局限在专业作业表象输出层面,只注重以学生作业外显量化指标为导向。这种评价机制忽略了学生内在质量指标的评价,如对学生的专业情感、学习态度、价值观等方面关注不够,甚至完全无视,缺乏"教与学融合"的评价机制。

针对以上问题,我们把"产品开发设计"类课程质量评价机制概括为四个融

合:“教与评融合”“教与进融合”“教与学融合”“内与外融合”。

“教与评融合”是指教学全过程与即时评价相融合。在教学过程中充分发挥评价在促进教学活动中的作用,建立教学即评价的意识。

“教与进融合”是指教学与师生共同进步相融合。我们说评估不是简单区分学生的优劣,而是促使教师和学生的进步。评估应该是动态的、积极的和面向未来的。所以,促进步、谋发展是评价的根本目的。[3]

“教与学融合”是指授课与学习态度的培养相融合,教与学是密切相关的整体,二者之间存在着相辅相成、相互促进的关系。教学的目的是培养学生学习的主动性和自觉性。因此从教与学的整体效果出发进行评价才是客观、科学的评价。

“内与外融合”是指内部教学规律和外部职业规律相融合。也就是说,由于“产品开发设计”类课程是关乎产品商业化过程的全产业链,所以我们除了要关注常规的课程设置和教学管理等方面的内在质量指标外,还应特别强调商业规律和社会发展职业新导向的外在质量评价指标,建立内外融合的多元化评价的量化度量模型才能使课程评价更贴近人才培养的要求。

五、“产品开发设计”类课程质量的评估标准研究

一般而言,课程质量评估标准多采用由评估目标、评估指标体系和量化度量模型相结合的方式。[4]评价的基本标准是看课程实际结果与课程预期目标的吻合度。简单地说,评价就是为了找差距,从而确保课程体系能够得到及时更新和完善,让课程教学能够跟上时代的发展。

课程质量评价一般是从课程目标、课程过程和课程结果三个维度展开,对于“产品开发设计”类课程质量评价也不例外。

目前多数课程采用的是多级指标评价体系[4],而针对偏设计管理和策划类的“产品开发设计”课程而言,我们从两级评价指标体系入手,建构基本框架。基本思路是将“教学态度”“教学内容”“教学方法”“教学效果”设定为一级评价指标(项目)。在一级评价项目确定后,我们配置了相对应的二级评价指标项目要素。

“教学态度”其实对所有的课程来说都非常重要,不过对“产品开发设计”类课程有其特殊的意义。教学态度决定了教师会不会认真解读“产品开发设计”类课程的真正目的,因为这类课程很容易上成大家所熟悉的“产品设计”类课程。我们希望教师有端正的教学态度,去认真解读“产品开发设计”类课程的重点,真正把培养学生管理、策划和沟通能力作为重点。同时能够建立融洽的师生关系,培养和发挥好学生学习的主动性。所以教学态度对这类课程非常重要。

“教学内容”上,比起“产品设计”类课程而言,“产品开发设计”类课程的“知

识面”涉及产品的全产业链，并且围绕产品的商业化全过程展开，所以教师在教学内容上应该紧扣“产品开发设计”类课程的目标，注重教学内容的知识跨度、知识迭代和更新。同时还要强调实践课题训练与课程目的贴合度，以及过程与作业量的合理配置等。

“教学方法”是实现课程目的的手段，由于“产品开发设计”类课程涉及的知识面较宽，教学资料的先进性、教学方法多元化、阶段性作业与最终考核的有机结合，以及课堂教学和作业互动点评的有机结合等，都是实现教学目标的关键。所以“产品开发设计”类课程的“教案”就显得非常重要。

“教学效果”的评价是“产品开发设计”类课程质量保证的重要环节，是鉴别该课程是否达到了预期的教学目的，是否实现了预期的人才培养目标的试金石。首先是确定学生对“产品开发设计”概念的认知度，这一点非常重要，这是学生是否从“产品开发设计”角度思维和作为的基础。其次是学生良好学习习惯的养成。课程教学的作用不仅在于专业知识的获取，更重要的是学生主动学习能力的培养和正确价值观的形成。所以教学效果的评价，除了从专业上对作业过程和课题成果进行职业形态方面的能力评价外，还应对学生学习和作业的积极性、主动性，以及对个人价值观提升等方面进行评价。

与“教学态度”相对应的二级评价指标有3个要素，与“教学内容”相对应的二级评价指标有4个要素，与“教学方法”相对应的二级评价指标有5个要素，与“教学效果”评价项目相对应的二级评价指标则有6个要素，具体见表1。

表1 “产品开发设计”类课程质量评价体系量化度量模型表

一级指标		二级指标			评估等级				
评价项目	权重	序号	项目要素	权重	优秀	良好	一般	合格	不合格
教学态度	M1 0.2	1	教学目标控制程度	M11=0.3					
		2	师生关系融洽程度	M12=0.4					
		3	教学纪律执行程度	M13=0.3					

续表

一级指标		二级指标			评估等级				
教学内容	M2 0.3	1	教学内容的宽度	M21=0.2					
		2	教学内容的先进程度	M22=0.2					
		3	实践课题的贴合程度	M23=0.3					
		4	作业量的合理程度	M24=0.3					
教学方法	M3 0.2	1	教材、资料选用的先进程度	M31=0.2					
		2	课程教案的合理程度	M32=0.3					
		3	授课方式的多样性和先进程度	M33=0.2					
		4	案例教学的生动程度	M34=0.1					
		5	课堂教学和作业的互动程度	M35=0.2					
教学效果	M4 0.3	1	学生对本课程目的的认知程度	M41=0.1					
		2	学生积极性和主动性的提高程度	M42=0.1					
		3	学生正确价值观的提升程度	M43=0.1					
		4	相关知识的掌握程度	M44=0.2					
		5	综合技能的熟练程度	M45=0.2					
		6	课程作业的完成程度	M46=0.3					

注：评价等级标准为五级：优秀（100—90）、良好（89—80）、一般（79—70）、及格（69-60）、不及格（60以下）

六、结论

其实，建立"产品开发设计"类课程质量评价体系的目的，主要是针对目前产品设计专业在具体专业课教学中仅凭经验和知识僵化现象的反思。该研究客观地比较了"产品设计"类课程和"产品开发设计"类课程的区别，并根据"产品开发设计"的内涵、知识架构、职业形态特征，推演出一个"产品开发设计"类课程质量指标量化度量模型评价体系，并对评价机制和评价标准作了较为详细的论述，该评价体系只是一个初步形态，还需经过具体的课程实践验证后进一步地细化和修正，这里仅供大家参考。

参考文献

[1] 彭济根，朱旭，许晓革，等．制订课程质量评估指标体系的六个要素[J].中国大学教学，2010(9)：34-36.

[2] 董剑利．高校本科专业实践教学质量评估体系研究[J].教育进展，2017，7(1)：49-54.

[3] 肖雄亮，方月娥．理实一体化课程教学质量评价体系研究[J].现代职业教育，2015(15)：29.

[4] 宁波．高校课程质量评价指标体系的研究[J].教育探索，2008(3)：41-42.

"传统造物创新设计"课程的三次实践

——传统造物思想启迪下的创新产品设计人才培养

郑昕怡*

摘　要：为了响应高校"三位一体"人才培养模式研究的号召，本文从设计学创新人才培养的角度，希望从一名普通一线教师的课程实践出发，通过三次创新课题的实践过程，为设计学专业类创新型人才培养模式的研究与实践提供一些抛砖引玉的案例与参考。

关键词：课程实践　创新设计人才培养　传统造物创新设计

在中国经济发展以及现代高等教育大众化的背景下，高校人才培养模式的改革创新被提上了日程，南京艺术学院作为国内一流综合类艺术人才培养基地，针对"三位一体"人才培养模式也提出了具有自身特色的解读。而作为一名奋战在一线的普通产品设计专业教师，我认为日常设计课程的创新理念与实践，也是关乎高校创新人才培养的一个重要组成部分。因此，本文从产品设计的日常教学视角，提出自己在教学中习得的一些看法和体会，期望能够为设计学专业类创新型人才培养模式的研究与实践提供一些抛砖引玉的参考。

自2016年起，在南京艺术学院工业设计学院，新开设了一门本科生专业必选课程"传统造物创新设计"，这门课程的产生源自于工业设计学院创始人何晓佑教授的研究课题"中国传统造物智慧启迪现代产品创新设计研究"（目前该课题已作为李立新教授所负责的国家社科重大项目"中国传统造物设计思想当代实践研究"中的子题，笔者也有幸成为该课题的课题组成员之一）。这门课程的主旨是通过课程的学习，让学生尝试用互补设计方法，从研究传统的角度思考未来创新设计，通过对过去传统造物的观念、材料和工艺的准确把握，获得对其传统价值的认同、尊重和肯定，在充分体味过去的经验，从历史传统中去寻找灵感的同时，更必须关注现代人的生活方式、心理方式和行为方式，衡量当前的走向，放眼时代潮流，以获得不断创新的动力。丘吉尔说过"你能看到多远的历史，就能看到多远的未来"；

*　**作者简介：**郑昕怡（1984—），女，南京艺术学院工业设计学院讲师。

鲁迅先生也曾说过"越是民族的越容易成为世界的",这两句话在设计艺术领域也同样适用。当代设计已成为社会各类生产制造重要的价值组成部分,因此,当中国设计作为一种中国文化表象时,设计文化必然引起每一位设计者深入思考,而作为一名艺术设计教师,如何在理论与实践中彰显中国传统特质的设计,并能将系统性的传统设计思维引入教学工作中,指导学生在学校乃至进入社会后致力于做属于真正中国风格的创新设计,亦是一件有价值且富有深远意义的事业。

自2016年笔者开始担任这门课程的任课教师后,2016年、2017年、2018年——连续三年的时间,尝试将不同的创新设计课题和创新设计理念引入该课程。在三年的教学实践过程中,除了让学生通过这门课程能够更深入地关注和研究某些专门领域中的中国传统文化与造物思想,同时在教学实践过程中不断探索和积累,以形成一套切实可行的教学方法,帮助学生更好地掌握创新设计思维和设计方法。从这门课程的教学结果来看还是收到成效的,学生的作业品质有所保障,设计完成度较高,设计的过程具有一定的研究性和推导性,设计所呈现的结果在保留了中国传统造物特点的同时也能兼顾当下时代的功能需求和审美精神。下面是关于三次课程实践的内容简述。

2016年:传统符号的形态创新——传统智慧与审美符号的提炼

教授这门课程的第一年,笔者更多地将教学重心放在传统文化符号的产品形态化表达上。根据由王琥教授担任主编,何晓佑教授、李立新教授、夏燕靖教授担任副主编所编撰的《中国传统器具设计研究》[①]系列丛书中的研究方法和路径,将课程划分为两个组成部分:一是对具有代表性的中国传统造物的案例选取、研究、梳理与分析,这一部分的研究内容包括案例概述、结构设计分析、工作原理分析、材料工艺分析、视觉设计分析,以及设计特点分析(如图1)。二是延续了何晓佑教授在开设研究生课程"传统造物启迪现代创新设计"中所运用的研究方法和设计路径,将第一部分中的研究成果提炼成为传统设计智慧,将这种设计智慧运用到现代设计中。这种研究方法和设计路径是笔者此后三年教学实践中的研究基础和依据。除了在课程中完成以上教学主旨外,笔者也始终关注传统美学符号在产品设计教学中的应用,在该课程教学中加入了中国传统美学与当下现代生活审美如何融合的教学内容,因为研究传统器具设计的目的在于服务当代,也因此开启了南京艺术学院教学研究立项课题"产品造型设计教学中关于中国传统美学造物思想探索与实践的研究",这部分内容是从两个层面进行的:第一个层面是从历史传统文献资

① 王琥,何晓佑,李立新,等.中国传统器具设计研究[M].南京:江苏美术出版社,2004年.

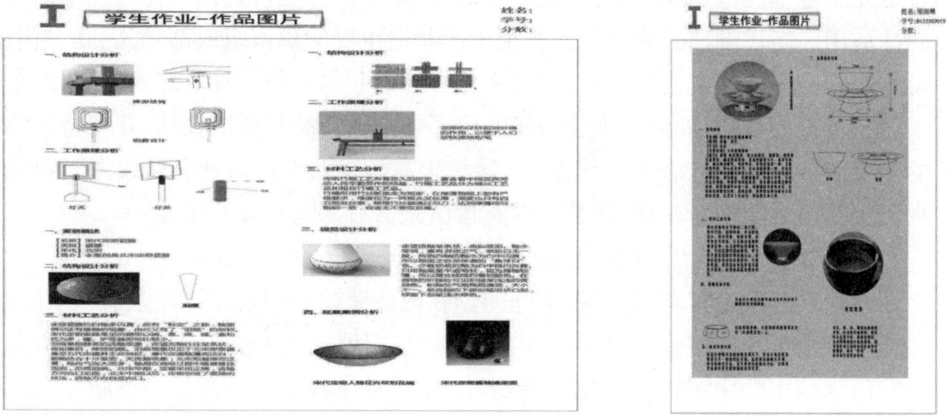

图1　传统造物的案例分析示意（作者：梁月、梁雨姗）

料层面上，通过中国传统造物智慧及其美学符号进行系统的梳理、廓清，并将这些传统造物的审美思维符号分析并提取出来；第二个层次即实践层面，将这些符号化的民族文化标识应用在产品设计中，尝试探索一种将已有的传统审美文化符号形态化的可能，并为中国现代产品设计所用。更重要的是教会学生如何汲取传统造物智慧和美学符号，并恰当地运用到现代设计中。比如这套名为"井然有序"的茶具设计（如图2），是源自中国传统水井的造物智慧以及美学符号的现代茶具设计，就将轱辘的传统使用方式和形态符号巧妙地结合到现代茶具泡茶的过程与行为设计中，强化了泡茶的步骤性和仪式感，增加了饮茶的趣味性，简练的造型设计让使用者清晰地感受到传统文化以及现代设计的呈现方式。再如这套借鉴自中国剪纸和皮影戏结构的十二生肖木制玩具设计（如图3），极富中国传统特色并由于其具有剪纸和皮影戏特征的结构，增加了木制玩具更多的可玩性和观赏性。

2017 年：传统与现代的交集——江苏非遗创新实践

为了进一步充实这门课的授课内容，2017年笔者和该课程的另一位任课教师徐博文老师共同尝试将江苏非遗引入课程中，并邀请了两位非遗大师，分别是扬州漆器传承人童兆鹤先生和南京云锦传承人周双喜先生，通过与他们的直接接触和学习交流，深入了解扬州漆器和南京云锦的工艺，在了解其工艺的可行性和局限性基础上，尝试与现代工艺进行结合。和一般的文化艺术不同，虽然"非遗"项目传承的内容都是千百年恒久不变的东西，但传承的手段应该是灵活而且现代的。说到底，就是如何让"非遗""活过来"——很多"非遗"传承人空有一门手艺，但却难

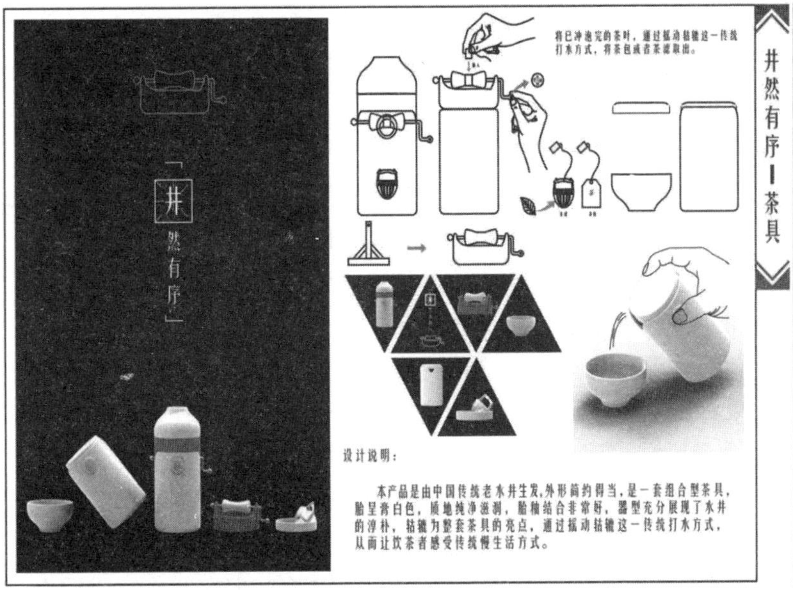

图 2 “井然有序”茶具设计（作者：张友）

图 3 “十二生肖”木制玩具设计（作者：张晓瑞）

寻伯乐。而要做到这一点，关键是要让更多的人参与进来，让“非遗”文创产品具有一种体验的真实性，与当下人的现代生活产生真实的交集。

（一）工艺

课程的第一个难点在于如何在尊重“非遗”传统工艺的基础上，进行创新再设计。比如在和周双喜先生交流的过程中，笔者能感受到他的一些困惑与无奈——在云锦纹样的创新过程中，很多年轻设计师在不完全了解云锦工艺的前提下，做出了许多符合现代人审美的淡雅纹样，可是这种纹样实际却极其浪费人工成本且失去云锦本来的特色。“非遗”传人都迫切希望自己掌握的传统工艺可以通过现代设计方法产生一些新的变化，但这种变化是需要建立在敬畏与尊重传统的基础上进行的，如果将云锦图案以一种极为廉价的不恰当的方式使用，会让这些“非遗”传人感到愤怒，认为从某种程度上玷污了他们引以为傲的传统工艺。因此，要打破“非遗”与人们的距离感，同时也要维护非遗工艺的地位，需要我们设计师在传统工艺与现代生活之间搭建一座沟通和具有包容性的桥梁。譬如这件名为“锦绣”的耳环（如图4），就是基于我们了解到云锦价值极高，但在制作完成后仍会存在一些边角料，直接丢弃未免可惜，因此我们想到使用这些边角料，结合中国传统吉祥寓意制作一些具有中国传统审美特色的耳环，就是取人生四喜中的金榜题名之喜，形式以月之圆缺代表事业的节节高升。另一件运用扬州漆器工艺设计的加湿器，则是将传统工艺的漆器与现代的玻璃材料相结合，漆器的内胎选用成本较低、易获得的塑料材质，降低成本的同时也丝毫不影响漆器的工艺外观效果。童兆鹤先生

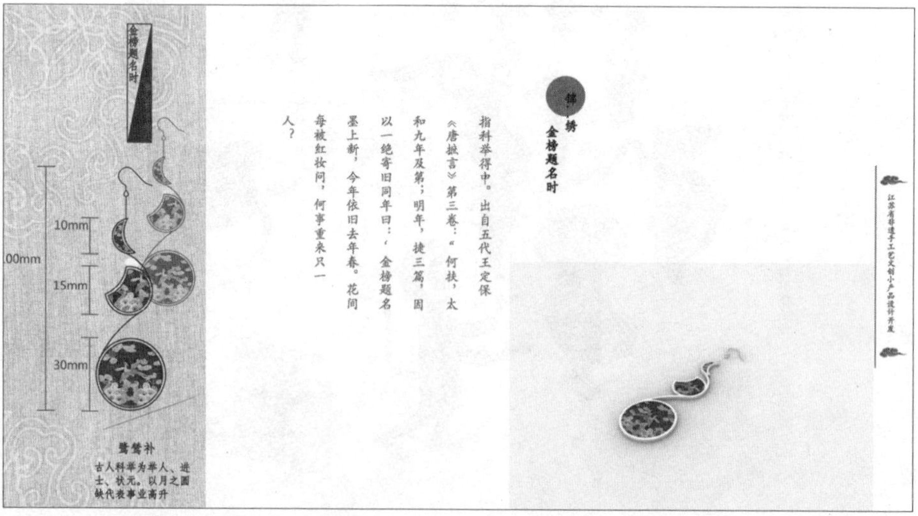

图4 “锦绣”之金榜题名时（云锦耳环设计）（作者：郭郡怡）

也很赞同这样的做法，事实上他自己也正在尝试将扬州漆器的工艺与手机壳做结合，他所用的内胎就是塑料。

（二）功能

课程的第二个难点则在于如何从功能设计上，让这些非遗文化产品与现代人的日常生活进行接轨。如果仅仅让非遗产品停留在观赏层面，那么他们仍然是陈列在玻璃柜中的精巧摆设，他们与我们的生活之间，仍然隔着一道难以逾越的屏障，从某种意义上说，这种观赏品的“权威性”必须被消解，才能进一步拉近非遗与现代人之间的距离。因此在课程上，我们希望能够在设计中充分地引入创意，让非

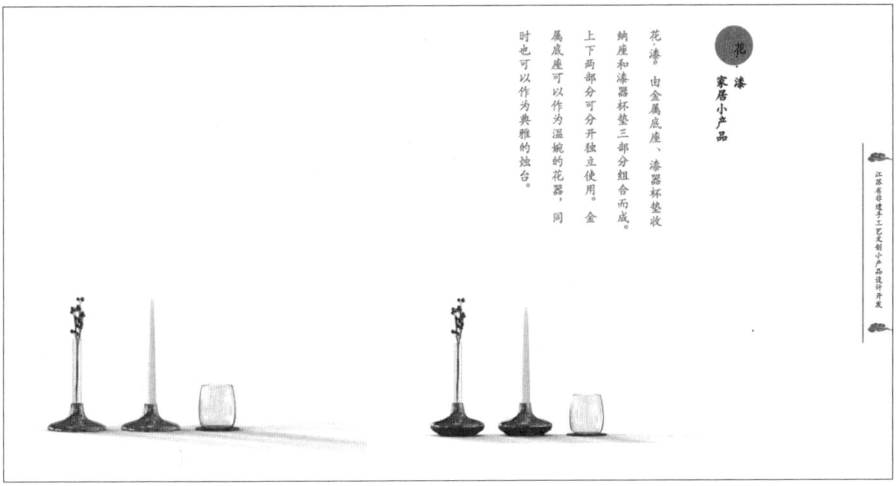

图5 “花·漆”家居小产品（作者：周建东）

遗文化产品呈现出更多的活力，比如图5这件使用扬州漆器工艺制作的“花·漆”家居小产品，就是将花器、烛台以及杯垫三种功能结合起来，通过不同的组合方式，实现多样的功能性。

（三）审美

当中国设计作为一种中国文化表象时，设计文化必然引起每一位设计者深入思考。解决设计的中国符号问题，文化传统审美就必须是我们要首先深入思考的问题之一。因此设计成为一种社会产业时，形成中国设计的关键所在也就是将隐形的文化意义和美学价值转化为显性的设计思想和设计形式。例如云锦系列的耳环设计，就选取了“吉祥”为意向主题，这是一个延绵几千年的永恒性主题。“吉祥”本意为美好的预兆，吉者福善之事，祥者嘉庆之征。《周易·系辞》有“吉事有祥”之句，《庄子·人间世》也有“虚室生白，吉祥止止”之说。由此可见，吉祥是对未来的希望和祝福，具有理想的色彩。吉祥是中国人对万事万物希冀祝福的心理意愿和生活追求，它从一个方面反映了装饰至善至美的本质。再如，实践课程中的另一件加湿器产品则选取了南京大报恩寺琉璃塔作为外形符号（图6）。以琉璃塔代表南京寺庙，当加湿器打开时，水汽涌出，如同寺庙中源源不断的香火一般，象征着源源不断的财气与福气。机身配以少量的烫金边线作为点缀，电源按钮也采用了与佛教文化相关的莲花造型，中间的花瓣为电源键，两边分别为定时的按钮控制与雾量大小的按钮。造型美学强调中国传统意蕴的同时，也是一件具有现代气息的生活用品。

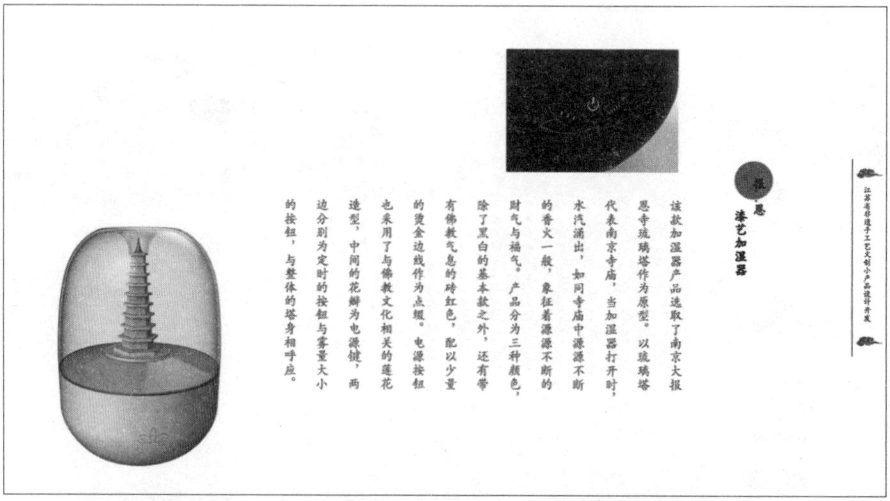

图6 “报·恩”漆艺加湿器（作者：吴雪薇）

（四）课后思考

传统造物思想、传统美学可以说是一脉相承的，是一种物质与精神的凝练与积淀。凡是生命力旺盛而又持久的文化，都是对自己传统历史文化取积极传承和阐扬的态度。许多非物质遗产譬如扬州漆器，虽然制作精良，工艺考究，但从造型到使用方式与现代生活关联甚小，虽然精美，却只能放在橱窗中观赏，无法真正融入现代人的日常生活中。正因为有这种明显的距离感，人们实际上无法与之产生情感共鸣，也无法从心底真正喜爱这些“非遗”产品。因此我们需要从现代设计的角度，提出符合当下人审美和生活方式的文创产品设计方案——通过与对应的“非遗”传承人学习与交流，深入了解该“非遗”工艺的可行性与局限性，并充分理解“非遗”工艺的灵魂与核心，在尊重与敬畏的基础上，代入现代人的审美与生活习惯，进行创新设计。通过这次课程，我希望通过现代的、年轻的视角，在尊重传统的基础上，重新审视传统“非遗”的工艺、形式以及使用方式，与现代人的生活方式产生更多交集，让“非遗”真正融入现代社会，或许能让“非遗”长久地“活下去”。

2018年：传承的未来——传统与时尚的转译

2018年，是笔者教授“传统造物创新设计”课程的第三个年头了，在总结了前两年的教学经验后，我对于传统与创新的关系有了更加深入的认识，在教学上也有了更加明确和清晰的思路和目标，于是在2018年的课程中又进行了一些新的尝试，尝试将南京传统文化的“回眸”与时尚潮流进行结合。

（一）课程主题

笔者将这次的课程主题设定为：“传承的未来——传统与时尚的转译”，试图在传统美学与时尚审美之间寻求一种平衡与新的突破——从年轻人的视角解读传承的意义。我们正处在一个技术与认知不断迭代的历史关捩点，如何在传承中与未来相处，或许可以听一听年轻人独特的声音。未来是属于年轻人的，现在的亚文化或许将成为未来的主流文化，历史不是割裂的，而是一个流淌的过程。在这个过程中，我们似乎有必要将视角更多投向年轻人的世界，尝试用更多年轻的审美语言去丰富和传承中国的传统美学与造物智慧。课题的内容是让学生们各自选取南京不同的文化元素，为18—25岁的年轻人设计实用型现代文创产品，期望通过这次课程的尝试，让文创产品从功能创意到造型审美与当下年轻人的现代生活产生更多的交集。

（二）任务路径

确定“南京文化元素”主题后，设计任务路径主要细分为“三个阶段，六项任务”，课时上，由于该课程作为专业主修课程，因此笔者强调必须在课程教学过程中完成所有设计内容，这样可以保证与学生有充足的设计讨论的时间以及设计修改的余地。其中，关于设计主题的选择仍是比较自由的，只要是能够体现出南京文化的地域特色，能够起到一定文化推广效应的设计主题，并具有一定的逻辑自洽性，都可以纳入设计主题的选项。但学生在研究和实践过程中，须遵循整套完整的任务路径进行，因为任务的设定本身也是按照一般的设计流程进行操作的，而遵循设计流程进行设计也是学生今后设计生涯所需要掌握的基本方面。

1. 第一阶段：调研（20课时）

任务一：这一阶段的任务是选取一个具有南京地域特色的文化元素，进行深入调研，考察其文化寓意并提取其符号特征。需要注意的是，选取的文化元素不能过于抽象，需要有具体的形象符号作为物质承载，因为该课程训练的目的是明确的，即引导学生完成一件具有完成度的设计作品，而这件设计作品需要具有较高的南京地域文化识别度，因此选取具有可考价值的南京具象文化符号是本次课程调研阶段的基础。

2. 第二阶段：转译（20课时）

任务二：二维向三维的转译；

任务三：传统审美向时尚审美的转译；

任务四：传统功能向现代功能的转译。

这一阶段需要完成三个转译任务，首先是维度的转译，其次是审美的转译，最后是功能的转译。需要注意的是，这三个转译任务其实是同步进行的，相辅相承，互为参考。根据任务一的调研结果，研究如何将二维符号向三维形态转译，在转译的同时需要参照任务三，将传统文化元素的具象化符号向时尚审美的三维形态进行转化，而这一转化过程也必须参照任务四完成"传统功能向现代功能的转译"。因为转译的目的就在于实现从符号走向实体形态，从传统走向创新，将抽象传统理念翻译转换成实用的现代设计理念。产品设计的目的是为人服务，因此产品的创造要适应社会的发展与未来的趋势，要关注现代人的生活方式、心理方式、审美方式和行为方式，在这一阶段的三个任务，实际是要求学生在转译的过程中，从自身出发研究当下年轻人的生活生存方式，以及审美需求，关注潮流时尚趋势，并将这些时尚趋势整理成可在后期设计中使用的符号、形态功能以及CMF表达（图7）。

3. 第三阶段：转化（20课时）

任务五：产品设计。

该任务要求学生将以上四个任务所得的成果转化成一个反映现代产品设计的视觉形象，并符合现代人使用需求，呈现的设计结果应该富有年轻、创新的时代精神。学生应该明确地认识到，设计的出发点应该是解决问题，在这门课中，由于课时问题，我们更多把问题聚焦在如何让传统文化与现代生活的共存更为和谐，并为当下的时尚年轻人所接受并推崇，譬如可以针对辟邪这类南京地标形象进行创新设计，辟邪在现代人的生活中如仍作为玉器符号出现，很难真正融入现代生活中，特别是难以与年轻潮流文化产生交集；再如空竹这种中国民间传统文化，在南京地区也颇受中老年人欢迎，但却与年轻人的距离很远。如何让这些传统文化与现代潮流时尚产生更加积极和富有创意的碰撞是这次课程亟需探讨的焦点。此外，

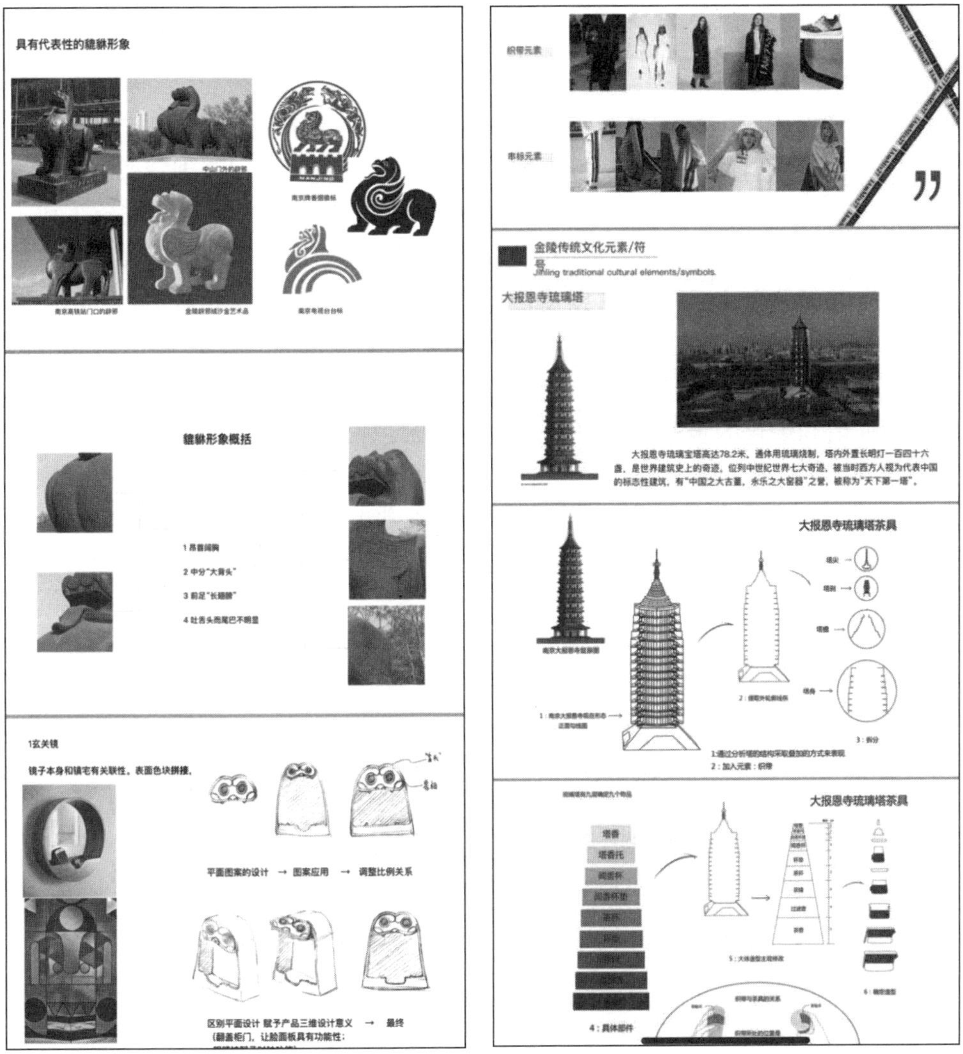

图 7　转译阶段示例（作者：刘佳敏、林舒婷）

产品设计的题材也要关注潮流技术的发展趋势，比如智能化的可穿戴设备在年轻人中颇为流行，鼓励学生可以多尝试将此类设计题材与传统造物思想进行结合，如此，传统文化在当下与未来才会拥有更多的生存空间。

任务六：版面宣传设计。

最后的任务要求学生针对自己的设计作品制作展板，具体呈现形式为一张宽700 mm、长1 800 mm的宣传海报，内容包括选取的南京文化符号、概念解说、草图过程以及效果图和使用说明。海报设计需要配合产品整体风格进行，需呈现出年轻时尚感，以匹配本次设计课题的目标人群，即18—25岁的年轻人（图8）。

结　语

通过三年“传统造物创新设计”这门课程上的教学实践，笔者对于如何启发学生的产品设计创新思路有了更多的经验与积累，通过不断引入创新课题和设计理念，逐渐开始在教学思路上进行更加系统、路径化的探索与尝试，并最终形成了“三个阶段，六项任务”的教学框架，让学生在课堂实践中更为清晰明确地学习和掌握一套基本的产品设计流程，以及学会运用互补设计思维，从传统造物思想中汲取养分，从而更好地启发自己的创新设计思路。当然，要形成一套完备、成熟的创新人才培养模式还有很多工作需要完成，特别是从传统到创新的推演过程中，有更多需要厘清和细化的步骤以及需要更多创新设计理念的导入，这也是这门课程今后的实践任务。希望通过这门课程的三次教学实践，为“传统创新设计”课程积累实践经验，为今后构建更加系统完善的课程框架和教学档案提供参照和基础，也能为其他相关创新设计课程和创新设计实践以及创新人才的培养研究提供更多的案例和参考。

参考文献

[1] 王琥，何晓佑，李立新，等．中国传统器具设计研究[M]．南京：江苏美术出版社，2004.

[2] 张峰．试论现代建筑装饰设计中传统手法的应用[D]．山西大学设计艺术学硕士论文，2007.

[3] 肖玮．传统纹样的吉祥观念与现代纺织品设计[J]．消费导刊，2010(6).

[4] 王仲，高悦．“非遗”视野下的扬州文化创意产业发展模式探析[J]．设计，2016(5).

[5] 汪广松．非物质文化遗产的创意价值[M]．北京：中国社会科学出版社，2015.

[6] 赵淑红．关于非物质文化遗产保护与传承的思考[J]．速读·上旬，2014(1).

[7] 陈思琦．非遗文化衍生产品开发策略研究[J]．四川省干部函授学院学报，2015(2).

图 8　最终产品呈现示例（作者：刘佳敏、郭耀、林舒婷、柏文洁）

基于"生态观"的建造教学实践

——以木结构装置作品《笼 / 12.65M³》为例 *

施煜庭 **

摘　要： 本文深入介绍了基于"生态观"指导下的实验性木结构装置作品的设计理念和形态生成、装置的结构设计和构造节点的逻辑关系分析，最终采用适宜的木质材料进行等比例建造。同时我们在作品中引入了"声景"的概念，将自然界的鸟鸣声、流水声以及摩挲的风声弥漫于作品之中，试图调动观者除视觉以外的听觉感官，以增强作品的生态属性。

关键词： 生态观　木结构装置　建构　声景

一、绪论

"生态"一词源于古希腊语，原意指家或者环境，现在是指一切生物的生存状态，以及它们之间的环环相扣的关系。在"一定空间内，由生物成分和非生物成分组成的生态学功能单位"就是所谓的"生态系统"[1]。人类所在的生态系统，包含了人和人的环境，这两者并不是简单的叠加，而是一个具有自我调节能力的，有物质能量和信息流动的动态的、有机的系统。

人类长期以来的粗放型资源利用和建设行为，导致了生态环境的急剧恶化，也使得能源危机逐步加剧，这迫使人类重新审视自身的行为以及需求。近年来，作为人类栖息地的人居环境随着人们活动范围的扩大和活动强度的逐渐增强，日益产生了严重的问题，这促使各国学者们不得不就"人居环境科学"进行深入而系统的研究。人类在改造自然的同时也要尊重自然，并遵循自然规律，才能够实现居住环境和自然的良性互动。因此在人类的各种建造活动中导入"生态观"的概念也就

* **基金项目：** 江苏省高等学校优秀科技创新团队项目"参数化技术创新设计研究"，项目编号：DGZHPCS17；南京艺术学院教学研究立项课题"建构理论指导下的创新教学方法与实践——以环艺专业系列毕业设计作品为例"，课题编号：2016JYZD13。

** **作者简介：** 施煜庭（1975—），女，南京艺术学院设计学院副教授。

成为必然。

正是基于这样的理念，近年来我院环艺专业的毕业设计进行了一系列的教学实验与实践，糅合了建构理论，以真实的材料和真实的空间尺度进行建造教学，建筑的形式通过材料的运用清楚地表达了结构体系和构造节点，取得了丰硕的教学成果。

二、新型木质建筑材料的发展

建筑材料是建筑物的物质表现手段，也是人类自古以来建造活动的出发点。

木材因其天然美观的纹理、优良的保温隔热性能以及易加工等材料特性，很早就被广泛地应用于各类房屋和建筑中。但是，由于天然木材自身固有的一些材性缺陷（比如：易变形、易开裂、易燃易腐等等），使得木材在建筑中的应用受到了较大的限制。近几十年来，随着木材科学和木材加工技术的长足发展，出现了多种新型木质工程材，如定向力刨花板、单板层积材、胶合木等，这些木质工程材具有更好的力学性能，特别是伴随着工厂化预制技术的出现，其在现代建筑中的广泛应用成为可能。由于新型木质工程材的种类繁多，且各自具有不同的材质特性和力学性能，因此与其相配套的细部构造和建造技术也得到迅猛发展，建造的规范等也进一步得以完善，这更进一步促进了新型木质材料在现代建造活动中被广泛应用。

三、基于生态观的实验性木结构装置作品的实践

优秀的建筑作品应该是技术和艺术结合的产物，从理论上说，当各种技术发展到一定的程度时，建筑自然会产生与先进的技术结合的需求。“笼/12.65M^3”是环艺专业“实验性木结构设计研究方向”毕业设计小组师生的一次实验性建造教学尝试。该方案要求在校园内选择合适的项目处所，设计并等比例地建造一个可供师生休憩停留和评图展览、具有一定集会功能的公共空间，并使之与周边环境能够共生的现代木构装置，该构筑物能够从多个方面、多种手法展现“生态观”的理念。

（一）基于生态观的木构设计原则

1. 对自然环境的顺应与尊重

对自然环境的顺应与尊重是本次实验性木结构装置设计的出发点，也是一种环境共生想法的体现。这一原则首先要求学生们充分理解什么是“生态观”，要能够正确地认识到自己的作品仅仅是整个环境中的一部分，必须以谦逊的姿态和方法去处理作品与环境的关系。这种姿态和方法主要表现在以下几个方面：对设计场地的选择；充分考虑构筑物的形态、体量、朝向和布局；对地形的利用；环境中植被的考虑等。

2. 对使用者的了解与引导

建筑物是联系使用者与自然环境的一座桥梁。生态设计重要的原则之一就是应尽可能多地将自然的元素引至使用者的身边，对使用者的关心表现在以下几个方面：更多地利用自然的方法创造宜人的温度和湿度；创造良好的自然空气循环系统；创造宜人的自然采光系统和良好的声学环境；尽量减少能源消耗的同时保证建筑物良好的舒适性；给使用者提供一个空间布局合理、尺度适宜的居住和工作环境。

3. 对材料与技术的选择

生态技术和新型材料是生态建筑的重要支撑。虽然到目前为止，并没有足够理想的技术和材料来支持生态建筑的设计实践，但至少应认识到大力开发环保技术和材料对生态建筑是起支撑作用的。建筑设计中应积极采用适用技术和环保技术，采用新材料、新产品，促进建筑业的现代化，使建筑和居住环境符合现代人的物质需求和审美需求。

建筑能耗是建筑物对自然界造成影响的重要因素之一，也是评价生态建筑的重要标准。因而如何尽可能多地降低建筑物的能耗成为生态建筑设计和研究的一个重要课题。在设计中我们应尽量考虑可再生能源的利用，如太阳能、光电转换技术、自然采光和通风等，此外还包括尽可能利用本土材料以降低建筑物建造成本等。

（二）场地分析

图1　设计学院广场平台（自摄）

设计小组成员对项目场地进行了为期一周的观察和数据统计，深入而全面地对项目场地进行了分析，发现场域中能够让自己感动的元素，建立了自己对场地独特的理解和思考。本项目选址于南京艺术学院设计学院教学主楼广场（图1）。设计学院教学主楼位于校园南校区的中轴线上，与北京西路的南大门遥相呼应，广场的西侧是设计学院图书馆。整个主楼广场东西跨度约80米，南北跨度为30米，占地面积约2 400平方米，是一个非常规整的长方形广场，是南校门进入设计学院教学大楼的主通道，承担重要的集散功能（图2）。在充分考虑到周围的场地条件和功能需求，以及进行视线分析、景观分析、建筑体量分析、交通流线分析后，设计组成员做了多轮的实体工作模型，最终我们将装置作品的外观尺寸确定为：长16米、宽8米、高4米。

图2　场地分析（自绘）

（三）形态生成

一般来说，对于建筑装置形式的表达可以归纳为象征的、抽象的和建构的这三种基本形式。而不同的空间限定要素（体块、板片和杆件）所产生的空间都具有各自的空间特征和形式表达特征。如杆件作为一个空间限定要素和形式要素，它的基本特征是“线”状物，表面特征不明显。杆件对于空间和形式生成不同于体块的“占据”，也不同于板片的“界定”，而在于对空间的“调节”，即对于空间的密度和韵律的调节。

原木锯材作为一种生物质材料，是典型的“杆件”式建筑材料，它在建筑装置的空间设计中可以表现出一种强烈的结构性特征，以及条理清晰的逻辑关系，因而能够形成一种独具魅力的语言形式。因此，本方案最终确定采用不同规格的原木锯材作为建造材料，探讨多个杆件以某种特定的方式相互连接而形成一个稳定的空间结构，并借鉴彼得·艾森曼的“建筑生成语法”，以解构的手法将装置的生成过程表现出来。设计方案以点、线、面为基本元素，发展出一系列独特的结构形式——梁、柱、墙体以及建筑表皮等，简单的几何形体中蕴含着丰富的建筑语汇；方案强调木构装置是由许多本身不具有任何象征意义的建筑符号以重组逻辑关系进行排列组合，并且更关心装置本身的空间节奏、疏密关系和视觉张力，而非功能。（图3）

（四）实体建造

木构装置的方案确定后，我们进行了等比例的实体建造。在多次工作模型试验后，确定了基本的结构体系和构造方式，再做局部结构的等比例建造试验，以确定整个结构体系的合理性和可行性，然后讨论搭建的先后顺序，以确保整个建造的顺利进行。

在建造过程中，我们采用了符合“生态观”的“材料加工法则”，将木材杆件的规格以模数的关系设计，使得规格材料可以任意组合成所需的梁、柱、表皮等不同

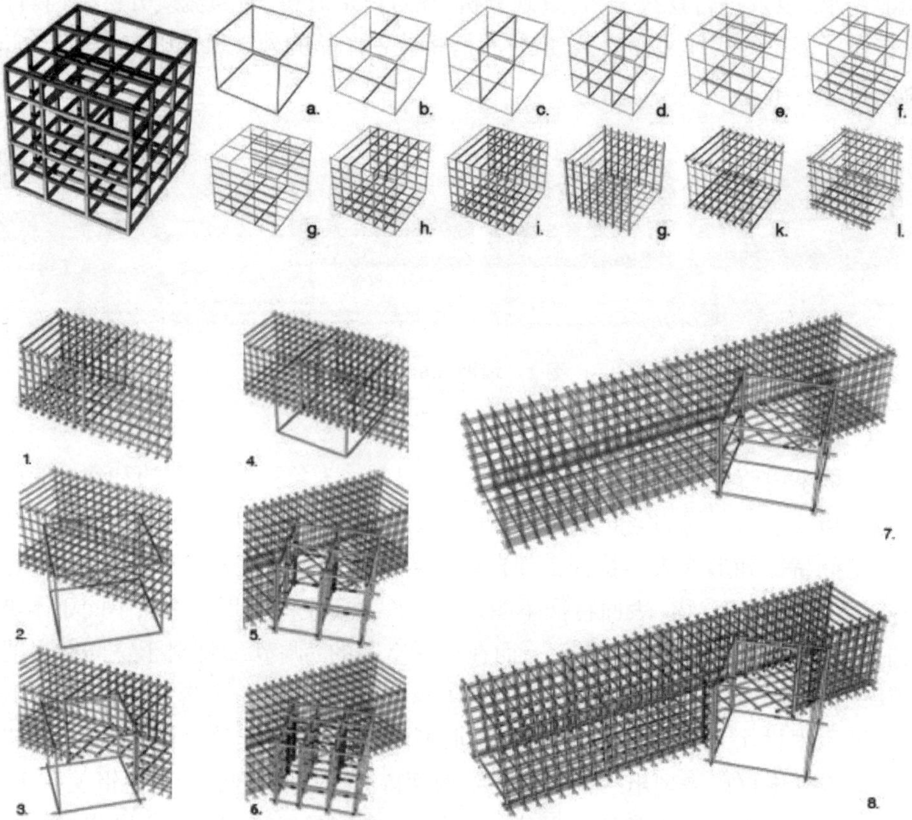

图 3　木构装置的形态生成语法（自绘）

尺度的结构件，以合理而简单的连接方式连接，并在实验车间里提前预制部件，这样既可节约成本又能提高效率，还能大大降低建造周期内的能源消耗，在施工现场以快速装配式的搭建方法，有效缩短了工期（图4）。

（五）"声景" 的应用

声音是人类获取自然界信息的重要渠道，也是人类用以表达自己和与他人沟通的媒介。"声景" 是近几十年来兴起的一个多学科交叉的的研究领域，它将声音、环境和听者这三者置于心理学、环境声学、社会学、历史学和艺术学等多门学科背景下进行研究，重视听觉在环境中的感官体验。我国古代文人在很多诗词的创作中也不自觉地运用了 "声景" 的概念以渲染作品的意境和氛围，如王籍的 "蝉噪林逾静，鸟鸣山更幽"，辛弃疾的 "稻花香里说丰年，听取蛙声一片"。这里的 "蝉噪" "鸟鸣" "蛙声" 等自然界所特有的声音令人仿佛置身于诗人所描述的林间美

图 4　木构装置的等比例建造过程（自摄）

景中。

因此，在作品的跨学科实验性研究方面，我们引入了“声景”的概念，将自然界中清脆的鸟鸣声、潺潺的流水声、树叶的摩挲声弥漫于作品之中，混合以松木所特有的松脂香，试图调动观者除视觉以外的听觉感官和嗅觉感官体验，以满足观者的心理和行为舒适度的统一，用多种手法来增强木构装置作品的生态属性（图5）。

图 5　装置作品展示（自摄）

四、结语

这是我们环艺专业师生基于"生态观"的一次实验性建造教学实践，以原木锯材杆件为建造材料，探讨其独特的空间特征和形式表达语言，作品更关注的是装置本身的生态属性、空间节奏、逻辑关系和结构特征，而最终作品的形态和结构之间也产生了一种必然联系——"结构即形态，形态表达结构"，两者相互衍化、相互依存。

参考文献

[1] 朱建军，吴建平.生态环境心理研究[M].北京：中央编译出版社，2009.

[2] 樊承谋，等.木结构基本原理[M].北京：中国建筑工业出版社，2008.

[3] 侯建芬，等.现代木构建筑技术的发展与空间应用特征[J].室内设计与装修，2006(1)：110-112.

[4] 刘一星.木材视觉环境学[M].哈尔滨：东北林业大学出版社，1994.

[5] 李坚，等.木质建材与微环境设计[M].北京：化学工业出版社，2009.

[6] 陈飞.生态意义的理解与表达——从吉巴欧文化艺术中心看待生态建筑的创作[J].建筑师，2005(12)：78-82.

二、美术学类人才培养模式研究与实践

美术学专业创新型人才培养模式的研究与实践

——以南京艺术学院美术学院"中国美术史"课程为例

费　泳*

摘　要: 通过"建立严谨科学的基础教学体系""以科研促教学""合理引入跨学科学习机制""促进教材和多媒体教学的不断完善""加强国际交流,开拓学术视野""建立有效的学习与应用机制"这六个方面的内容,探讨中国美术史专业创新型人才培养所面临的相关问题,在教学实践中总结经验,以期推动本科人才教学工作水平与教学质量的不断提升。

关键词: 中国美术史　创新　人才培养

随着知识经济和信息时代的到来、招生规模的成倍扩大,客观环境对高等美术教育如何适应新形式变化,提出了新的要求。特别是《国家中长期教育改革和发展规划纲要(2010—2020年)》的实施,对高校创新能力的提升提出了新的要求:"要创新人才培养模式,建立学校教育和实践锻炼相结合、国内培养和国际交流合作相衔接的开放式体系,探索并推行创新型教育方式方法,突出培养学生的科学精神、创造性思维和创新能力。探索不同模式的拔尖创新人才培养机制,形成拔尖创新人才培养的良好氛围。"

纲要明确了当今高等教育创新型、国际化、应用型人才的不足。对比"纲要"的要求,高等艺术教育在人才培养目标、教学方法、教学手段等方面,需要有所改进或变革,传统的"传承式"美术人才培养模式和教学管理制度,在当下的这个特殊历史阶段,似不能完全适应社会需求。以南京艺术学院为例,培养复合型、创新型、应用型三位一体的综合性人才,已成为新形势下高等美术教育如何与社会需求相适应,探索符合全面素质教育、培养创新人才的高等教育改革与发展的方向。

艺术人才培养模式,实际是一个极为复杂的系统,模式中的多种因素互为因果

* **作者简介:** 费泳(1971—),女,南京艺术学院美术学院教授。

关系，动一发而牵全局，这个系统受制于教育发展自身的规律和客观环境的变化，经长年逐渐形成，且不完全以人的意志为转移。模式因素具体包括办学理念、培养目标、专业设置、课程设置、教材选编、教学方法等内容。其中，办学理念和培养目标是核心，专业设置及课程设置是重点，教学方法的改进是关键。

南京艺术学院设定的培养复合型、创新型、应用型三位一体的综合性人才方向，已明确了人才培养的目标，接下来需要在专业设置、课程设置、教材编制、教学方法等方面，进行积极有效的改革与探索，使新的艺术人才培养模式建设得以完善，进而使高校艺术教育和人才培养质量获得较大提升。

具体结合中国美术史的专业人才培养来看，如何坚守传统和致力创新，并将之与培养复合型、创新型、应用型三位一体的综合性人才相结合，应是探索的必由之路。主要包含：①建立严谨科学的基础教学体系；②以科研促教学；③合理引入跨学科学习机制；④促进教材和多媒体教学的不断完善；⑤加强国际交流，开拓学术视野；⑥建立有效的学习与应用机制。

一、建立严谨科学的基础教学体系

专业基础是专业的立身之本，南艺中国美术史专业及主干课程的设置，得益于上海美专百年的优良传承，从近代中国撰写美术史的第一人姜丹书开始[①]，到滕固、黄宾虹、潘天寿、郑午昌，再到俞剑华，都与我国最早成立的上海美专有着关联。[②]这些前辈先贤在不同阶段为中国的中国美术史研究打下了坚实的基础。

但是我们仍要看到，专业基础并非一成不变，特别是当社会发展处于高速运行状态下，对“基础”的建设实际是提出了更高的要求，没有坚实的基础，是很难长期高速发展的。随着全球一体化的进程和中国城市化、现代化目标的推进，美术史实物资料不断被发现，加之新研究方法的注入，创新认识相应而生。对传统认识的反思，以及现有中国美术史专业学科基础的再建设，已成为新形势下中国美术史专业发展的常态。

南艺中国美术史专业的基础建设包括研究和教学两个方面：

基础研究是教学的前提，具体需做好对传统的疏理研究和新形势下理论的开拓性建设。

综合疏理近代国内外撰写的中国美术史通史、断代史著作，国内而言，从1917年商务印书馆出版姜丹书的《美术史》开始，继而有陈师曾的《中国绘画史》（1925

① 姜丹书.美术史[M].上海：商务印书馆，1917.

② 林树中.近代中国美术史论著与上海美专[J].南京艺术学院学报（美术与设计），2011（6）.

年)、黄宾虹的《古画微》(1925年)、潘天寿的《中国绘画史》(1926年)、滕固的《中国美术史》(1929年)和《唐宋绘画史》(1933年)、郑午昌的《中国画学全史》(1929年)、郑午昌的《中国美术史》(1935年)、傅抱石的《中国绘画变迁史》(1931年)、苏亨吉的《中国绘画史》(1933年)、秦仲文的《中国画学全史》(1934年)、朱杰勤的《秦汉美术史》(1934年)、王钧初(胡蛮)的《中国美术演变》(1934年)、史岩的《东洋美术史》(1936年)、俞剑华的《中国绘画史》(1937年)、刘思训的《中国美术发达史》(1946年)等,其中的多位学者任教于上海美专。

外籍人著的中国美术史,有大村西崖的《东洋美术史》(1906年),中村不折、小鹿青云的《支那绘画史》(1913年),伊势寺一郎的《支那绘画史》(1921年),波西尔的《中国美术》(1923年),金原省吾的《东洋画概论》(1924年),大村西崖、田边孝次的《东洋美术史》(1930年),下店静市的《支那绘画史研究》(1934年),内滕湖南的《支那绘画史》(1938年)等。①

通过美术史著作疏理,可以明确国人在近代意义上的中国美术史研究中所处的地位,同时可以明确理论研究上的平衡发展,以及在学术上奉行中外交流、取长补短的重要性,促进有建设性、独创性及长效发展的基础性研究。

基础教学方面,注重知识点的平衡,逐步形成按时代顺序以专题形式讲授的教学模式,有利于学生对美术现象的判断力和综合分析问题能力的培养。但传统中国美术史教学多以叙述的方式讲授,少有对未知问题的揭示和探讨,这种单向灌输的教学方式长期持续,会让学生渐趋失去对专业的兴趣。让学生在本科阶段接受知识的同时,就形成问题意识,对日后学生独立治学和研究能力的提升将有所助益。

中国美术史专业的人才培养要有前瞻性理念作指导,把握国内外学术发展动态,揭示自身学科、专业的探索空间,树立创新意识,才有可能培养出符合学科自身发展规律且不失创新精神的中国美术史专业人才。

二、以科研促教学

科研是教学之本,中国美术史也是人文科学的一部分,要经得起怀疑、探索、求真的检验。要不断探索、复原真实的历史,使中国美术史得到更加清晰地呈现,并为今人的认识和实践提供借鉴。

上述近现代有关中国美术史的编著,是经一代代理论工作者的耕耘不断被充实完善,充分体现了中国美术史基础研究工作的重要性。一个学科的发展,往往需

---

① 林树中.近代中国美术史论著与上海美专[J].南京艺术学院学报(美术与设计),2011(6).

要几代人披荆斩棘、夯筑奠基，许多美术史中的认知难点被逐一攻克。只有在科学研究中突破、解决一个又一个问题，才能够达成学术界的共识，在教学上得以应用。

在本科教学中，及时让学生们了解最新的前沿研究状况，全面掌握新发现的实物材料，也是很重要的，在学生了解基本知识点的同时，培养其怀疑意识、问题意识，以激发学生独立探索的学习能力和好学敬业的自主精神。特别是具有创新意识的科研探索，应得到教师的呵护和指导，使之得到张弛有度的良性发展，最大限度地造就和培养学生在专业上的独立创造能力。要能够将一些好的研究课题，应用于本科生的结课论文及毕业论文中，并辅以相应的评议和激励机制，依据先易后难的原则逐步推行。

三、合理引入跨学科学习机制

新技术、新媒介下的美术教育环境正在使传统教学方式受到冲击，人们可以通过互联网，快速获取不同国家、不同学科的文化知识，学科交叉衍生随时可能发生。但这同时也带来许多新的问题，这些问题可能是个体的教师或传统专业门类未曾遇到和无法解释但又合乎当下社会发展需求的。为适应这一需求，当下强调跨界学习交融，已成为一种流行于中国高校的新的现象。

需要慎重看待专业和跨界二者的关系，专业性是根本，少了扎实深厚的专业能力作基础，跨界也就难有作为，所以面对专业学习和跨界学习，需要有正确的认识，在应对新形势的冲击时，才不致于顾此失彼。

南京艺术学院是江苏省唯一的一所综合性高等艺术学府，自上海美专创立以来，与时俱进发展至今，有着合理的多学科配置建构，并且十分注重专业特色和独立性发展，造就了得天独厚的学术生态环境，这也为当下的跨界交流打下了良好的基础，为跨学科学习提供了现成的实验场所。

从中国美术史专业的人才培养模式来看，跨界学习的选择内容可能会因人而异，这其中可能还会包括合理与否的论证，但一定数量的非专业、跨学科课程的开设，诸如文化史、宗教学、考古学、人类学、历史学、哲学等相关课程的选修，带来的不同学科立场会对中国美术史提供新的认知角度，也可以为学生提供开拓视野及增进自身学养的机会。

四、促进教材和多媒体教学的不断完善

教材是间接经验的载体，如何不断充实和完善教材内容，是学校适应新形式发展应当重视的问题。教材的编写亦需遵循美术史研究成果的发展状况，基于新实物资料或文献资料的重大发现，或新的研究方法、研究视角的有效应用等。

中国美术史的发展脉络，也是一部图像演绎史，教学中对图像的再现和实景观察有着特殊的要求。与专业教材的编撰相配合，新技术条件下，可以引入数字化技术下多媒体辅助教学手段，图像资料的呈现，力求以实景再现的方式传达，使学生宛如身临其境，真切地感受中国美术作品的艺术魅力，提升学生的学习兴趣，这样可以弥补教师语言描述的不足。

高校艺术教学方法，不同程度地存在硬件陈旧、教学手段落后等问题，特别是在教学方法的多样性和灵活性方面，多有不足。从硬件配置上，设立更多可让学生接受关于教程内容的多方信息渠道，将有助于打破现有教材的局限，便于学生找到或发现教材中的兴趣点，开阔学术视野，使每一个学生都能获得适合自己的提升渠道，让课堂教学不仅仅限于教师的单向传递。学生接受知识渠道的变化，表面看是教学硬件铺陈的结果，实则是对学生获取知识能力的培养和其思辨能力的提高，这将有助于创新型人才的产生。

五、加强国际交流，开拓学术视野

现代意义上的中国美术史专业，因其历史原因，在研究方法上主要受到欧美、日本等国家的影响，并且中国美术史中的大量实物和文献资料仍分藏在海外各大艺术博物馆、图书馆中，这其中又多为精品。

国人以现代科学的方法研究中国美术史已逾百年，在许多领域也打下了坚实的基础，推动国内外美术史领域的定期或不定期的相互交流，从长远来看，可以起到取长补短的作用。而且，国外的相关研究成果也并非一成不变，新的认识也在不断涌现，所以研究中国美术史，必须具有国际视野。

中国美术史的发展历程是一个有机的整体，而研究者的切入点可能不尽相同，将相对独立的研究成果通过交流，互通有无，消弥隔阂，也是开拓学术视野的有效途径。

六、建立有效的学习与应用机制

学校的专业设置与社会需求二者之间，始终存在着一个微妙的平衡。学校的课程设置，须兼顾人类文明自然凝聚的产物与社会发展之需两者的关系，通常来看，课程设置和人才培养都有长远规划，毕竟保护优良传统、引领社会发展、向社会输送人才，是高等教育机构的基本办学诉求。高等院校办学对国家的政治、经济、科学、文化等领域的贡献，其周期可能相对较长，但面对新技术革命的今天，社会需求格局正在发生着剧烈变化，这变化又在一定程度上波及学校，对人才培养定位提出新的要求。

一方面,南京艺术学院在人才培养、专业及课程建设所体现出的中长期办学举措,需要眼光长远,践行稳健,许多传统深厚的专业和课程得到了妥善的护植,尤其是中国美术史课程,这些举措的正确性在社会的发展中得到证明,这些传统型专业和课程逐渐成为学校的特色,并在科研、高校评估及社会应用中屡获佳绩。然而另一方面,如一味地适应社会需求,有可能使办学的道路愈走愈窄,最终趋同于职业化学校教育,当然学校也不能完全忽略短期社会需求。

具体来看,在当前学校专业配置前提下,复合型应更加强调一专多能。创新型应包括专业内创新或跨学科交叉创新。应用型更多地体现为学以致用。培养中国美术史专业复合型、创新型、应用型三位一体的综合性人才,若创建诸多与培养目标相对应的实践性平台,供学生选择,或更有助于目标的实现。

实践性平台的建立可以包括以下几个方面:①学校内部新增部分社会适应性较强的、有持续发展潜力的专业。②学校与社会对口用人单位有选择地建立联系,设立就业前培训基地。③学校辅助建立教学科研成果应用研发推广基地,相关平台可供中国美术史专业学生选修和就业前培训,为学生适应当下社会需求、沟通高校与社会的密切联系创造条件。④沟通嫁接与国外高校相关艺术史专业的学习交流渠道,逐步实施通识课程内容对接,组织学生出国交流学习,甄选海外教育资源合作办学,聘请学科内前沿研究学者来校讲学等。通过不同层面交流平台的搭建,使人才培养模式的外在社会交流环境趋于完善。

油画工作室教学的一些实践问题

蓝　剑*

摘　要: 借鉴国内外院校的有益经验,油画专业工作室在复合型人才培养和专业创新实践方面进行了一些探索,并梳理一些学科和教学现实问题进而探究原因。

关键词: 工作室教学　人才培养　实践问题

2003年南艺取得教育部本科教学评估优秀的成绩,而南艺美术学院也正在国画、油画两系推行工作室教学试点工作。当时油画工作室由沈行工教授和陈世宁教授主持,两位先生在主持工作室教学工作中先后被评为“江苏省教学名师”。油画系教学结构的主体就是专精的工作室学习模式,本科生通过一年的基础部训练学习后,二年级分流进入专业方向工作室学习。这一模式很大程度上是借鉴了中央美院等国内外院系教学的经验。中央美院教务处处长王晓琳对传统专业工作室教学进行了总结:工作室教学一方面强调了专业教学的特点;另一方面发挥了名师的示范作用,突出了导师的学术特长以及教学经验的影响力。工作室教学有利于发挥教师的教学积极性,增大学生专业学习的自由度,有利于学生艺术个性的发展。多年的实践证明,这一教学模式有利于推进专业教学的深层次发展。①

十几年来南京艺术学院美术学院也在不断调整工作室教学,近年学院提出复合型、创新型、应用型人才培养定位的“三位一体”人才培养模式,油画工作室在建设和发展上也进行了一些探索和实践。

一、油画工作室在复合型人才培养上的教学导向

油画工作室始终坚持传统绘画教学的完整性和系统性。人像人体写生、外出写生课程等传统课程在油画工作室课程中保持较大比重,艺术史类课依托美术学系的学术支持保持了较好的授课水准。这些年国内油画毕业创作成绩不是太理想,这是由于一些好的传统没有保持和发展。

油画系曾组织部分师生赴俄罗斯列宾美术学院交流,那里古典有序的深厚教学传统令人神往。梅尔尼科夫教授会用数个半天时间不厌其烦地布置课堂模特,他主张学好艺术首先要学习传统,这是学院教学的主要课题。西方美院在布置课

题、色彩调配技术甚至颜料和画底的制作等方面，往往有文化传统的内涵也有人格的培养因子：

“工作室提供专门的技法空间，在地下室有做布工作室，做布可以请教做布工作间的老师，有指导老师，学生自己动手做……有木工房和木工设备，对老师和学生开放，可以咨询技术问题。技法的学习只在技法工作室，老师讲课。包括胶水、乳胶，颜色怎么调出来，油的配置多少等内容。工作室的老师有做圣像画的，有做壁画的，均按照大纲和教学计划去做……”①

“技以载道”，通过学院经典专业的学习，最后还是回到人本身，这是互为因果的。复合型人才培养的本质还是人的“自我完成”：人的最高程度的自我完成就在于在一种职业中发挥他的作用，即是高度专业化的作用。②

传道在名师。目前南艺油画系设立三个工作室：第一工作室为意象油画方向工作室，主任为张新权教授；第二工作室为写实油画及技法方向工作室，主任为邢健教授；第三工作室是具像表现绘画工作室，主任为毛焰教授。油画工作室的名师配置不仅在省内，甚至在国内也具有相当实力，今后进一步发挥名师的作用和中青年人才培养是关键。不过，国内外院校有终身延聘一些名师担任导师的传统，绘画是个长线专业，有教学经验和社会影响力的退休教师继续参与油画工作室教学也是必要的。另外，美院和油画系多次邀请了中国美协油画艺委会副主任陈坚先生、江苏省美术馆副馆长金田先生等名家来工作室讲课指导，旅美抽象画家潘企群指导抽象材料创作和系友弗吉尼亚大学教授张乃军校友主持古典油画技法专修课等内容也丰富了课堂教学和学术氛围。

由于时代和社会的发展，绘画艺术发展也面临不少新问题，在后现代主义创作为主流的巴黎美院工作室仍然开设油画技法、色彩、湿壁画、马赛克及铜版画这些传统技法课程。在写实主义绘画的教学方面，近年美国各地流行的工作室教学方法就是在艺术家工作室里开课，由画家教课。因为除了纽约两所艺术学院教授较高水准的写实风格绘画以外，几乎所有的美国艺术学院不是没有此类风格的绘画，就是水准很差，南艺的海外留学生也反映传统油画课程在许多国家很不完备，甚至由于宗教等原因禁止人体写生内容，所以个体工作室教学填补了学院这一空缺。③当然，复合型人才培养的评价也不能局限于一时一地，学术价值观非常重要。

长期以来油画专业只重视专业技艺的培养，导致学生知识结构体系不完整、视

---

① 刘娟. 中央美术学院油画系材料工作室教学研究[D]. 中央美术学院，2011：65.

② 帕森斯. 社会行动的结构[M]. 张明德，夏翼南，彭刚，译. 南京：译林出版社，2003：615.

③ 常宁生，蒋奇谷. 美国当代艺术学院教育[J]. 美术与设计，2011(3)：13.

野狭窄，脱离社会实际需求。复合型人才培养也需要在本专业学习基础上，引导学生在多样化知识技能上寻求发展。经过几次调整，油画专业工作室的专业必选课程有10门（27学分），专业限选课程群有19门（56学分），保证了专业技能课时的充分和强调传统的基本功训练，而跨院系的专业任选课程（13学分）和公共必选课程10门（33学分）、公共任选课程（一般12—20学分以上）使得文化理论类课、跨专业课被忽略的局面得到改善。专业必修课和非专业选修课比保持在6：4左右。

油画系主动安排其他院系老师上工作室的专业任选课：史论系的“摄影观念史”、传媒学院的“图像技术基础”、壁画系的“漆画基础”等深受同学欢迎。第二工作室试点“丹培拉技法”课程邀请了现在海外留学的工作室毕业同学辅助教学并成功举办系列展览，受到来访的意大利乌菲齐美术馆馆长艾克·施密特先生和中国美院许江院长的好评。由于专业任选课不设上限，只要时间允许，任选课学分有可能超过必修课，所以鼓励上更多的任选课是个方向。

复合型人才的培养有一个“通”和“专”的矛盾，不仅艺术院校如此，其他类型的院校教学也面对这样的问题。北京大学哲学系先刚教授认为“专业”意味着限制、约束，意味着专注和深化：“以走马观花、蜻蜓点水的方式浪费许多时间在大杂烩上面，再去选定一个所谓的专业，那时已经迟了。这种模式出来的学生，既不‘通’，也不‘专’。我们北大20多年前搞过的‘文史哲大师班’就是这样，当时招的都是各省尖子生，其实就是把文史哲的基础课都学一遍，浅尝辄止。”[①]

学界一直对“专业知识结构”的认识有不同看法。从文化史角度看，达·芬奇多方面“天才”成就在于当时的艺术创作本质上是宗教文明影响下科技探索的一部分，其艺术表现的登峰造极来自于高度专业的科技水准。与此类似，中国古代书画大家首先是杰出的文人士大夫，其次才是艺术家。“功夫在画外”，辩证地讲，“画”是“小道”即专业的外在表现。

二、油画工作室是创新型人才培养的“孵化器”

目前油画工作室教学观念与方法上重视学生综合素质培养，倡导艺术个性的创立和艺术形式上的创新。调整后的专业培养目标也体现了创新型人才的培养方向：掌握绘画艺术创作方面的基本能力，在此基础上结合社会发展需求培养具备创造性的开拓艺术创作和文化产业的能力。工作室教学的实践模式一定程度上印证了情境学习理论（situated learning）：

学习的实质是个体参与实践，与他人、环境等相互作用的过程，是形成参与实

① 先刚．哲学是哲学史［EB/OL］.https://www.douban.com/ group/topic/110090510/，2017-11-28.

践活动的能力、提高社会化水平的过程。[①]

毕业创作展、教师备课展、优秀学生作业展和校外的各类学术展览相结合，多元化地推动了工作室创作教学。近十五年来的全国美展、全国青年美展、百家金陵油画展和国家艺术基金（青年）项目等全国性展项中都有南艺油画工作室毕业生入选和获奖。全国青年美展获奖作者汪莺莺老师、百家金陵油画展金奖作者沈彬斌都是油画工作室本科毕业的同学。第十二届全国美展油画入选的青年作者中有8位南艺美术学院油画专业毕业的同学。南艺5·20毕业展和省美展、江苏油画展等展览中有多件油画毕业创作获奖并被美术馆或其他机构收藏。

教学中一个班级的学习风气往往决定了班级的整体水平，这在巴黎美院“鲍扎”体系中被称为“团体精神”，并将其作为工作室方法的一个重要因素。[②]实践表明，导师主导下的工作室“小班教学”，比其他实行班级制的专业同学“团体意识”更强，而国际化交流也给工作室学习团队带来了新气象：留学生进入工作室促进了文化多元性，同时越来越多的同学申请到了短期访学项目。有访学的二年级同学在意大利接触了许多绘画、雕塑等材料课程，通过微信来分享自己的学习。第三工作室的同学把在伦敦进修的媒体材料内容运用在自己的油画毕业创作中。利用各种交流资源，学生在校内外自发组织和参与一些活动，甚至去北京、上海、伦敦、巴黎、马来西亚等地展示作品，取得了较好的社会效应。

各类艺术创作组合和文化艺术区活动是工作室创新型人才培养上的实践场域。油画系的三个工作室是艺术创作和教学团队，既有不同特点，又是一个整体。油画专业有良好的下乡写生传统，第一工作室的老师发挥自身优势更多地承担起三个工作室这方面的课程，一定程度上影响和推动了全国“油画风景写生热”。而同学们在校期间跨院系和工作室自发成立了各类艺术组合，如“及物艺术空间”“尚隐艺术公司”“丹培拉小组”“贰拾叁岁”等等，可谓形式变化多样，活动丰富多彩。油画系多位教师有自己的大型专业创作画室，这也是工作室教学又一个课堂，其示范效应极大地推进了同学的创造意识。在名师画室的影响和历届毕业同学推动下，南京形成了一些文化艺术区，如幕府山、江心洲、南艺后街、金鹰当代、方山、凤凰山等等，这些地方也成为一些工作室在校生和毕业生艺术创作以及文化事业的重要舞台。工作室的“孵化器”效应一定程度上影响了南京的文化生

---

① J. Lave，E.Wenger. Situated learning：Legitimate peripheral participation［M］.Cambridge：Cambridge University Press，1991：115.

② 顾大庆.中国的“鲍扎”建筑教育之历史沿革——移植、本土化和抵抗［J］.建筑师，2007（4）：126.

态。

作为“孵化器”的工作室将学和用结合起来，学生在社会性互动与协作中与老师一样进行思考和实践，这是一种情境学习。李·切瑞劳特在其《情境中的课程》中提出情境化教与学的特征，将学习内容跟学习者的经验联系起来：

“促使学生积极学习；能够使学生有机会自主学习；鼓励从个人经验和集体经验中建构个人化的意义；在真实情境中评价学习结果，并允许从个人经验的角度去解释多元的意义。”①

油画工作室教学90%是实践课程，以强调实践的体验和培养动手能力，长期“心—眼—手”协调训练也提升了学生观察事物和解决问题的综合能力。下乡写生是南艺油画特色实践课程，本科阶段必须完成四个学期8—10周的外出风景写生课程（这还不包括基础部的校园风景写生和毕业创作的独立采风课程），成立工作室以来这门课程得到了充分重视，并在太湖、山西、查济、婺源等地建立了固定的实践基地。工作室有数位教师均是风景油画领域的名家，下乡写生是他们重要的创作形式之一，这门课程呈现了创作与教学的良好互动，一些本校学生升入研究生后与外校考来学生相比，风景写生课题方面的优势明显。每学期采风结束后都会举办作业汇报展和微信推广活动，一些机构会慕名来工作室或展厅选购同学们优秀的作品。另外，学生也参加人文学院等校内外组织的艺术品拍卖活动，在这些过程中部分学生开始走上了职业艺术家的道路，一些毕业生去北京、上海等地发展自己的艺术创作事业。

工作室制外在实现了从“重教”到“导学”的转变，内在上促进了技能技术等隐性知识的流动和迁移。②历史表明，与中世纪作坊内的学徒训练相比，文艺复兴时期工作室内研究和讨论哲学、文学和科学理论知识的内容（如米开朗基罗对于大自然知识的了解即来源于他和学生的讨论），更容易培养术业成功之人。事实上，意大利语中“Studio”释义为“Room for Study”，即“研究的场所”，与“Study”同源于“Studium”。③工作室教学模式具有自由开放性的一面，学习内容也不局限于技能学习，更加有利于学生创新实践能力的培养。

---

① 李·切瑞劳特. 情境中的课程——课程与教学[M]. 杨明全，译. 北京：中国轻工业出版社，2007：6.

② 韩亮. 论美术院校工作室制的教育学意蕴[J]. 美术研究，2016(2)：82.

③ 詹笑冬. 建筑教育中的工作室教学模式研究[D]. 浙江大学，2013：9.

三、工作室教学的一些现实问题

“Do tempori”即“我向时代让步，我屈服于时尚”。在这个意味深长的格言中，较早倡导班级制教学的古罗马教育家昆体良（Quintilianus）提出“时代”造成情境中的个人所面临的问题。[①]工作室教学也是处于贡布里希提到的“名利场”逻辑之中。

近几年南艺绘画专业本科生就业率为92%左右，一定程度上体现了毕业生就业能力。本科生升学率（免推、考研、留学）为10.92%，历届工作室毕业生中有考取央美、国美、川美、中国油画院、首都师范大学、巴黎美院、佛罗伦萨美院等知名学府研究生的。除了职业艺术家和在画院、高校等创作教学机构获得工作机会外，毕业生就业呈现出广泛性和综合性，主要岗位在美术馆、出版社、设计公司以及各类企事业单位和机构，而自主创业也成为潮流。

简单用一个教学模式和标准去对应多元化的就业是不合适的。学生在入学考试和学院学习中接触的知识技能也只是人类文明和现实生活中非常小的一部分。学艺术的学生需要什么基础？这个问题在美国教育界争论很大，而且没有一个圆满的结论。[②]面对复杂多变的现实世界，工作室只是一种有限的教学形式，这是一个永远的挑战。

中央美术学院在工作室教学方面一直是全国的标杆，其面临的一些问题有一定代表性：

“工作室没有以化学基础知识为背景的技术人员，可以配合教师以实验室为平台实验传统材料，发展、改造油画的技术基础，探究绘画新材料。学院的设备不能共享，也会造成工作室设备采购批复经费有限，设备使用率低、更新慢。因此，虽然油画系成立材料工作室十几年，并没有在真正意义上实现对本科生的教学目标，实际上还站在起跑线上，或者说刚刚冲出去。”[③]

“油画系的教师，同时也都是画家，都在不断创作参加展览，对教师的评价往往与教师的艺术创作联系在一起，这就使得教师不能不正视自己的艺术实践在全局中的位置……教学效果不明显，占用精力过多又影响教师自身创作，各方面不出成绩，就面临生存的危机，这些压力使得工作室必须找寻出路以破解这些难题。”[④]

---

① Harold Edgeworth Butler. The Institutio Oratoria of Quintilian［M］. Harvard：Harvard University Press，1976：51.

② 常宁生，蒋奇谷.美国当代艺术学院教育［J］.美术与设计，2011（3）：17.

③ 刘娟.中央美术学院油画系材料工作室教学研究［D］.中央美术学院，2011：26.

④ 戴士和.教师与画家［J］.美术研究，1990（3）：22-23.

同样，南艺作为省属综合性艺术院校，其下属非独立建制的美院建设工作室更是困难重重。尽管如此，十几年来工作室教学没有停止。目前油画系“油画技法”课为国家精品课程和第三批国家级精品资源共享课程，油画专业教学已纳入了国家互联网教学创新模式中；“绘画教学创新型人才培养”获江苏省高等教育教学成果奖二等奖。当然这不代表现实问题的解决，工作室建设任重道远。2017年全国高等美术院校基础教学研讨会上，四川美术学院油画系介绍了取消油画工作室建制的举措。他们认为中国美术专业的教学是以经验教学为主，由于教师个人修养以及知识积累的差异，技艺操作、画风、创造性思维方式不同等，致使工作室内部教师的教学存在差异，西方文化土壤形成的工作室模式未必适合我们。

工作室教学在新的历史时期还有许多变数，央美、川美甚至列宾美院等国内外院校都面临名师退休等原因离开了工作室教学岗位，其原来的教学系统难以为继的现实问题。名师的形成是时代的产物，有其不可复制性，某种程度上讲工作室模式就是一种“师徒制”教学，而作为学院教育使命的传承也是个难题。

“以东南大学建筑学院为例，到了20世纪80年代中末期，‘文革’后毕业的一批已经成为教学的主体。即使是在这样一个有深厚教学传统的学校，这新一代教师已经与老一辈没有太多渊源关系。良师不再，师徒制便只见其弊而不见其利。而且，传统的师傅带徒弟的年轻教师培训方式逐渐被大学学术资历的竞争机制所取代，教学不再成为衡量一个教师的主要标准，于是出现了一代‘自然放养’成长起来的教师。”①

其实工作室模式在中国高等教育中较早的实践者是中央大学建筑系（东南大学建筑学院前身）。主持建筑系的杨廷宝等先生在宾夕法尼亚大学求学时期的绘画训练就是从基础课一直延续到高年级，分量要远超现在。老先生们推行这套“鲍扎”（Ecole des Beaux-Arts，法国巴黎美术学院之谐音）系统，最主要的考虑当然是对绘画训练的重视，这套系统更早可以溯源到巴黎美院的“图房”，这是一种通过比较间接的方式靠学生悟性来传授技能的师徒制方法。②“垂直式”工作室制度的

① 顾大庆.中国的“鲍扎”建筑教育之历史沿革——移植、本土化和抵抗[J].建筑师，2007(4)：127.

② 顾大庆.美院、工学院和大学——从建筑学的渊源谈建筑教育的特色[J].建筑师，2015(6)：17.

原型就是“鲍扎”。[①]西方历史上的美术学院是以古典艺术学习为主的，工作室模式也是这个文脉的载体，今天列宾美术学院依然推行这样的体系。

希腊艺术对人体的精通并不意味着古埃及雕像就没有意义了，人文传统和艺术也不能用“进步”概念来衡量。[②]工作室只是一种教学形式，大学名师和学术传承也是一个价值系统的问题。近年来张华清等老先生多次谈到了南艺油画写生教学的断档问题，而北大哲学系先刚教授从学术传统上对比了中德教育，认为90多年来北大哲学史、德国古典哲学的传统没有很好坚持，没有凸显出自己的优势。德国大学不会因为新的学术潮流而改变自己有学术积淀的研究体系，他们对传统的维护体现在课程设置和教授编制上：

“在图宾根大学哲学系一共设有七个教授席位，前四个是固定教席（Lehrstuhl），规定了第一只能由康德专家来坐，第二只能由黑格尔专家来坐，第三、四虽然没有明确规定，仍然要求在德国古典哲学或者古希腊哲学方面有卓越的建树。这些固定教席的设置保证这个传统永远都不会丢。像研究海德格尔很有名的菲格尔，在图宾根哲学系任教期间，虽然是七个教授之一，但一直没能坐上第四交椅。其实在德国，历史悠久的大学都有自己的传统，像海德堡大学的传统是离不开黑格尔的，绝对有席位留给黑格尔专家；但它又是浪漫派的大本营，海德堡代表的德国浪漫派和图宾根代表的德国唯心主义严阵相对，形成思想的交锋。弗莱堡大学则是研究现象学（胡塞尔、海德格尔在这里建立的）、尼采的传统。你会特别感觉到德国人的敝帚自珍，他们觉得有几十年的东西就应该传下去，更不用说几百年的传统了。”[③]

---

① 垂直工作室：可以跨级的工作室称为垂直工作室，打破了年级的界限，这种混合编组的教学模式有利于不同年级的学生相互交流。国外一般除了低年级的基础工作室外基本设置为自选工作室，或是由师生双向选择，这样能调动学生自主学习的积极性。“鲍扎”方法的另一个独特之处是工作室空间的安排，即不同年级的同学共处一室上课，相互帮助。对此，有关中央大学教学的回忆中有明确的描述。在早期，中央大学的学生每届仅有数人到十多人，全部加起来不过三四十人，安排在一间教室足矣。高年级安排在靠门的位置好让低年级的同学每天经过时观摩学习。从宾大的“图房”到中央大学的“大平房”，其间自有一脉相承的关系。见张致中《建筑系的大绘图房》及萧宗谊《57年前建筑系掠影》，收入《东南大学建筑系成立七十周年纪念专集》一书。

② 贡布里希.艺术发展史[M].范景中，译.天津：天津人民美术出版社，1991：342.

③ 参见先刚.德国古典哲学和我的人生[EB/OL].https://www.douban.com/group/topic/83155666/，2007-4-23.

无论在人文学科还是艺术院系，西方大学传统追求真理、追求学术自由的独特品格由来已久，相比之下我国大学的价值取向和行为规范很大程度上要依靠教师个人学术目标来实现，这给工作室教学带来了许多不确定性。

插画实践教学模式改革与创新能力培养

孟子茹*

摘　要: 近年来,随着社会需求和专业发展,插画系的课程设置不断进行着调整和完善。对应高校应用型改革的趋势,实践教学改革也已经基本形成特色。目前,我系通过电子图书实验室的建立和教学实践基地规模的不断扩大与发展,插画系的实践教学模式与教学手段的综合性、探究性、应用性等特点得以展现。同时,我系以培养复合型、创新型、应用型人才为目标,注重课堂教学与艺术实践密切结合的教学模式,使得学生有更敏锐的视觉沟通触角,推进基础技能的学习,培养综合性人才。

关键词: 插画　电子图书　艺术实践

一、学科建设与改革

插画系是美术学院较新的系科,也是本院应对插画艺术创作与推广传播日益兴盛,迫切需要插画艺术专业人才的形势,借助本院传统绘画专业教学的雄厚实力,由传统主导课程向综合运用方向发展的一个专业增长点。我系教师在时任美术学院副院长周京新教授的带领下,把握发展机遇,本着锐意改革、服务社会的教学探索精神,于2005年创立了全国高等教育首个插画专业,并于2007年建系。近年来我系积极开展了一系列与行业、地方政府及多个机构合作的实践教育教学活动。参与并完成了多个省部级重要项目,屡获嘉奖。插画专业的实践性教学获得可观的实践成果,并培养了服务于各个传播门类的专业人才。我系在实践中积累了大量操作性强、应用性广的教学思路和实践模式。

美术学院具有悠久的教学历史和雄厚的师资力量。在本院绘画专业师资中,有许多优秀教师,同时在插画艺术领域也取得了优异的成果,他们具有丰富的插画艺术实践和教学经验。在此基础上,插画系又聘请了多位在当今中国插画界享有盛誉的插画专家与研究者参与教学互动。同时,我系拥有丰富的社会实践资源,学生在校期间即可将课堂学习与创作实践有效结合,使专业课程教学稳健而有活力。

---

* **作者简介:** 孟子茹(1992—),女,南京艺术学院美术学院教师。

在专业教学中，强调基础与创作训练并重，学习传统与锐意创新并重，立足根本与拓宽视野并重，力求在教学、科研与应用密切结合的整体发展中，创建出能够体现本学科专业精神的插画艺术品牌。

近年来，随着科学技术的发展，插画艺术人才的市场需求量持续增长。随着文化传播和人们阅读习惯的变化，插画艺术的应用从书籍、报刊等传统媒体，逐渐广泛深入到现代生活的方方面面，比如：动画设计、产品包装、网页设计、电视广告、工业设计等。也就是说，经济、文化的大发展使得插画艺术的载体从传统的样式转向数字、电子等领域。技术的革命促成插画艺术在创作形式上也产生了巨大的变化，从传统的工具盒材料到数字化创作手段，从传统题材到新兴艺术领域的广泛涉及，都表现出插画学科交融性强、涉及范围广、应用度深化的特点。

在科技文化大发展、专业插画人才市场需求显著加大的形势面前，高等院校的插画专业人才培养教育，必须紧跟时代的步伐，时刻了解和把握当代插画艺术发展的新方向，并将此课题引入日常的教学与教研中来。必须加大和深化实践教学的改革，优化插画教学，进一步推动插画艺术实践教育中心的建设完善，从多层面、多角度推进插画艺术学科教育发展。

我系重在培养艺术插画创作、研究、教学、媒体编辑的专门人才。学生能够熟悉国内外插画创作与研究现状，掌握了解艺术插画基本技能、知识、源流等，努力在艺术插画的独立编创方面有所推进。培养具有乐观向上的创作态度、勤奋求实的探索精神，具备能够掌握插画设计、绘本制作、书籍装帧、文学修养等方面的知识，能在多种媒体出版部门、儿童图画书领域、广告等传播领域，从事插图设计、绘本创作、文创产品设计的应用型、复合型、创新型人才。

二、教学模式的多元化发展

（一）突破仅有传统媒材展现的课堂教学模式

基于电子图书实验室的建立，我系插画的课堂教学由传统媒材表现趋向更现代、更丰富、应用性更广的模式发展。信息时代的社会背景要求插画的专业培养既要紧跟当代艺术思想潮流，也需注重与多种艺术门类之间的交互性，学习研究插画艺术在实际生活中的运用，并利用艺术创作手段加以理解与表达。

首先，现当代插画的发展与传播已经逐渐突破了传统的纸质载体。伴随着新媒体的快速发展，各种形式的电子读物中经常出现插画。这些新的数字媒体技术的广泛使用，让插画的阅读与传播方式发生革新。这种革新在高校外的商业环境中可能会被敏锐地捕捉到，但在高校内，却未能很快地展开。其原因在于学院的教学模式比较强调延续性与系统性布局，特别是对于传统的美术学院造型专业来说，在教学内容上往往更倾向于传授基础性的知识，以求知识的纯粹性和完整性，因此在知识更新方面，较商业环境下的插画传播显得缓慢。其次，对于新媒体技术的课程的认识还缺乏系统性，种种原因使得新媒体插画课程未能充分展开。但是，电子读物的飞速发展以及新媒体读物插图的广泛应用，让我们不得不重视起在学院内进行数字插图教学内容的教学。

（二）电子图书实验室的建立助力教学模式的多样化

电子图书实验室的建立，既是我系教师对教学模式创新性改革的实践，也对培养出更符合信息时代背景下的插画领域人才提出了更高的教学要求。我系借助全国首届电子读物插图展的契机，利用电子图书实验室初建成的信息设备，通过师生的共同探讨和作品调整，突破绘画仅以纸质为载体的模式，让学生作品从静态向动态延伸，在保留作品原有的艺术美感和细腻画风的同时，配以恰到好处的动态调整，让作品呈现出更有生命力的艺术魅力。通过此次将传统插图向电子读物插图的数字化实验，师生都在实践中收获了对插画艺术更多元化呈现的思考。如何利用数字手段拓展作品的艺术内涵，以下几位学生的作品便是本次教学模式创新性实践的佐证（图1）：

1. 动图作品The missing world。其原画是一组黑白插画作品，这幅作品中的新媒体技术体现在只作画面的局部动态变化，追求以静为主，静中有动，动只是相对克制的动。最后作品以动态视频的方式呈现出来，在静态的画面之上融入了缓慢的时间流动性。这里面对于画面哪里动、动多少，要把握好分寸感，需要根据画面内容与作品气质反复推敲讨论。

2.《逝》。这件作品是基于iPad的一件艺术插画作品，是电子读物插图创作的又一个方向类型。纸面作品主要是通过琥珀这一带有象征意味的符号，展现的是对于时间与记忆的思考。这件作品通过重力感应将iPad颠倒是为了体现沙漏的流动，屏幕滑动的方向与速度是为了控制画面中木马的旋转。静态画面与动态影像相结合的插画数字化实验，使得传统插画本身具有的艺术美感得到放大和延伸，让插画这一“跨界”艺术的魅力在广阔的数字世界得到更精彩的绽放。

3.《船说》与《归》。这两件作品运用了增强现实技术。我们将其视为连接传统读物与数字世界的一个桥梁。通过打开预装在iPad或手机上的应用程序识读纸面画面作品，触发动态画面，使得静态的画面得到极大的拓展，从而增强作品的表达空间与信息含载量。作品《归》则在增强画面动态视觉体验的同时加入了更为主动的互动内容，例如表现之一是熙攘的车站画面，用iPad识读时画面中的站牌会闪烁，点击触摸后会弹出新的动态信息，使作品的内容含量得到扩展，也增加读者的参与度。这两件作品正因为有新媒体技术的加入，使得作品意境内涵得到更

The missing world

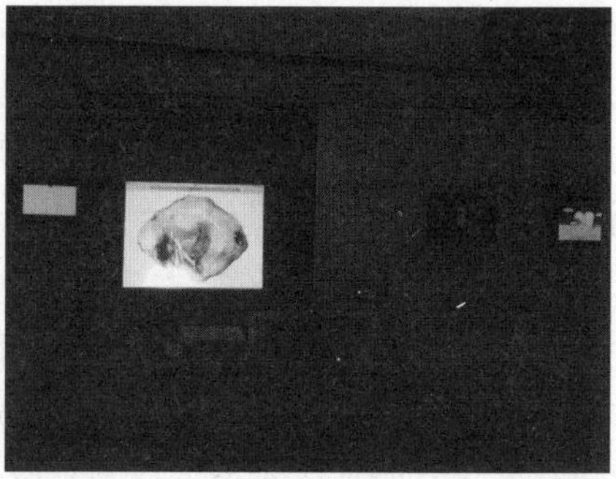

《逝》

《归》

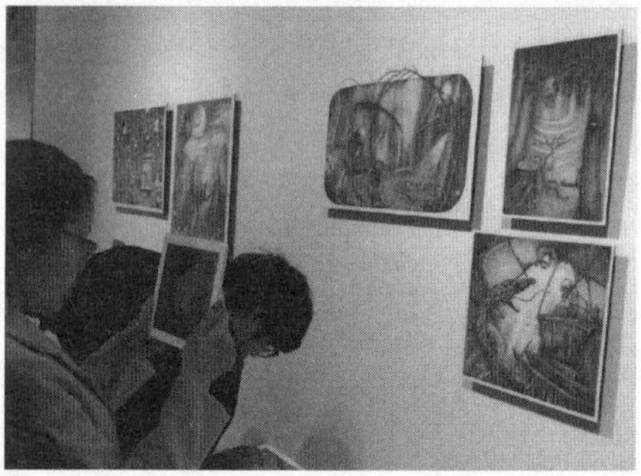

《船说》

图 1

好的展现，也为读者提供了新的观看体验。

本次指导学生参与电子读物插图展的教学实践，说明我系的教学模式创新性改革已初见成效。这次的尝试也为我们的创作和教学提供了崭新的施展空间，参与全国首届电子读物插图展，是我们迈开数字化时代插图实践教学的第一步。

三、对学生创新能力培养的综合探索与实践

（一）注重产学结合的人才培养模式

插画艺术根植于社会生活，除了专业理论知识的学习和科研创作，更要注重与市场的结合和实践的应用。产学结合是当代高校人才培养的创新性举措之一，也是促进高校专业设计和市场经济相匹配的重要途径。加快插画艺术实践教育中心的建设，能更好地促进校企之间的深度合作，更好、更快地为插画艺术创造社会效益和市场价值。

插画系的实践教学，可以具体到针对一个书系的教学指导，帮助学生创设一种属于书中角色的性格类型，既是掌握一种绘画技能，也是一种人文的熏陶和精神传

达。在当下插画领域众多的类型中，教学中就单件作品，帮助学生分析产生不同插图类型具体差异化的表现方式，指导学生对不同类型的作品进行思考、探索，锻炼技能的同时提高文学修养，对其日常作业的观察予以引导、挖掘、提升……而在产学结合的人才培养模式背景下，这样的教学模式也有助于帮助出版界寻找到对应作品气质技能的学生作者。随着实践教学基地规模的不断发展，我系部分学生已参与到各出版社系列图书的创作之中，如江苏教育出版社的“小橘宝图画馆”系列图书（图2、图3），此系列共有图书100本，是根据传统选题针对低年龄段读者创作的有关民间故事和成语故事的系列图书。参与创作的学生需要在了解传统文化的同时，借由适合读者年龄段的艺术创作，使传统故事有所传承。江苏少儿美术出版社出版的《刘健屏文集》共有图书6本，书中需要大量插图，其中包含对以往版本插图的扩充和新插图的创作，学生需要通过自己的理解和创作将几十年前的生活展现在的小读者眼前。江苏少儿美术出版社出版的《中国童话》系列共有10本，如何通过艺术处理让小读者从视觉上接受人类在童真稚拙年代的想象力，是创作者所要面对的最主要的问题。春风文艺出版社出版的《大头儿子》系列则有20本体现当代现实生活的图书。由于此系列图书中的主人公基本不变，我系安排了两组学生分工合作，分别负责草图、线稿和上色，形成了一条创作流水线，在短期内完成几百幅画风基本一致的插图……学生在参与出版物创作的过程中，不仅锻炼了专业技能，也建立起了结合不同载体的语言表现方式，并逐渐明确了对书籍形态的认知，积累了对设计美的认知经验。

图2 “小橘宝图画馆”《草船借箭》

图3 “小橘宝图画馆”《荷花荷花几月开》

（二）实践活动推进创新能力培养

针对我系学生创新能力的培养，我们在课程体系内安排了一系列的实践内容。我系教师深知，只靠书本上的理论内容并不能真正开发学生的创新能力，一定要培养学生的动手能力，在实践活动中感受创新的真正魅力，让学生真正的掌握一门新技能，激发学生自主思考的能力。因此，我们开展了"豆本工作坊""涂画图话""最美的书"等实践活动。

1. 豆本工作坊——南京风物志

豆本工作坊是以绘画为主要内容、以绘本的文图关系呈现的小型绘本，选题背景会从绘本的历史、豆本的缘起两个部分呈现。豆本工作坊的主题是以南京人文历史以及风土民情作为创作背景而展开。此工作坊以"南京风物志"为主题，由插画系漫画方向、书籍装帧方向及绘本方向的三位老师共同指导，插画系7位在读本科生与研究生参与。要求参与工作坊的每位同学现场独立创作一本8个单页的原创豆本（图4），集中表现南京的历史文化、名胜古迹、风俗民情，通过豆本独特的翻阅方式及艺术性的描绘实现艺术与生活的结合。在豆本的内容选择倾向中，人文景点主要集中在主城区的玄武、秦淮等区，其中环玄武湖、秦淮河沿岸以及夫子庙三大区域，东郊的钟山风景区和北部的燕子矶则分别以山岭和江景取胜；在传统节俗上，侧重于衣冠文物盛于东南和都市大气之特色，有深厚的文化内涵，儒雅之气与豪杰之风并存。此工作坊首先融合项目背景介绍，然后进行PPT演示，接下来引导参与者互动交流。

豆本工作坊的活动（图5）举办之后，收到非常良好的效果，荣获由中华人民共和国教育部主办的全国第五届大学生艺术展演活动大学生艺术实验工作坊一等奖，此次工作坊的指导教师唐彦、薛晗、周尤也荣获江苏省第五届大学生艺术展演活动"指导教师奖"。

2. 涂画图话——当代高校插画教学与实践

南京艺术学院插画系集合了历届学生的优秀作品（图6），与苏州工艺美院数字艺术系的插画精英们进行一次插画教学实践活动，既是南艺插画系建系8周年以来一次全面的梳理和总结，亦在探究当代高校环境下插画教学更多的可能性，促进南京艺术学院插画系与苏州工艺美院数字艺术系之间的学术交流，提高两校学生的研究、创作水平，为两校插画专业的教学建立一个长期可持续的实践展示平台。

3. 最美的书——中德当代书籍设计展

"世界最美的书"是目前全球最重要同时也是最受关注的书籍设计评选活动之一，距今已有近百年历史。该活动由德国图书艺术基金会主办，每年在德国莱

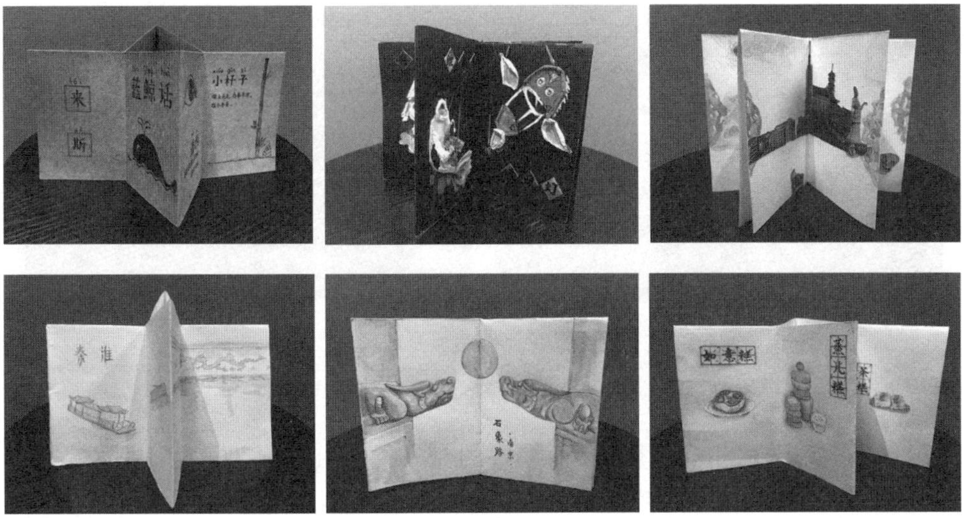

图 4　学生作品

图 5　豆本工作坊展览现场

图6 涂画图话展览现场

比锡书展上评选出相应的奖项，而参评的对象就是由各国选送设计的"最美的书"（图7）。中国自2003年参加该评选以来，已经有多人获得"世界最美的书"的相应奖项，中国的书籍设计受到世界的关注。本次展览汇集了中德书籍设计中的优秀作品，分为三个独立单元展出。第一单元是"视角——德国最美的书2016—2017"，该单元将呈现2016年和2017年荣膺德国国家级图书装帧设计最高荣誉——"德国最美的书"的50本德国书籍；第二单元是"设籍——江苏书籍设计邀请展"，邀请七位在宁从事书籍设计的专家，作为书籍设计的中青年力量，他们不仅在中国设计和艺术领域有着重要影响，同时活跃在世界书籍设计的舞台；第三单元是"书图·同归——中德插图设计邀请展"。这一单元由我院插画系全程组织参与，主要探讨插图艺术与书籍设计之间的关系，该单元邀请中德从事插图艺术的艺术家，有插画师、版画家，也有设计师，我系的教师和学生也参与其中。本次展览展现了教学上新的视角，展览和架上绘画有很多不同但却融入了绘画的元素和概

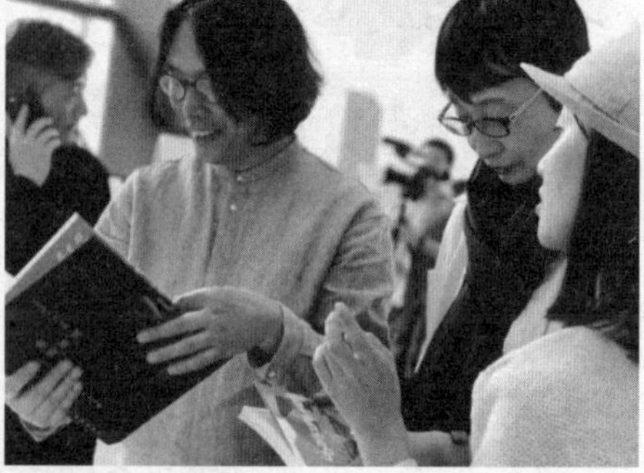

图7 "美丽书——中德当代书籍设计展"展览现场

念，作品中体现出的完整性、作品拓展性很值得美院各专业同学们借鉴。

插画系亦同步延伸了“系列讲座”及“工作坊”形式的“学术周”活动。分别邀请了艺术家吴祎萌举办“迷你书设计与拼贴”工作坊交流活动，著名艺术家冷冰川、赵清、朱赢椿举办“学术周”活动。

四、总结

插画专业与时代的关系非常紧密，但也不可丢失学院内的专业审美与学术感觉，我系在课程设置与创新实践中紧紧把握这一点。电子图书实验室的运行既是辅助传统教学模式，也是一种具有开拓性、创新性的教学改革。总结这次实践，我们也更加意识到了在电子读物插图这一新领域中跨学科、跨专业是其重要的特点，也是必然的选择。艺术与技术结合是电子读物插图创作的基本实现方式，这也要求我们在本就强调跨学科多能力的插画专业教学中必须打破原有的专业界限，发挥团队优势，以适应电子读物时代为插图创作和教学带来的新挑战。在教学与实践的不断探索中，我系将“创新”作为核心，培养学生的创新能力，是延续和发展插画专业生生不息的动力。根据此宗旨，除了与教学实践基地合作出版系列图书之外，我们先后开展了“豆本工作坊”“涂画图话”“最美的书”等实践活动，让每一位插画系的学生参与进来，将插画课程中学到的东西，引用到不同的载体之上，发挥不同的视觉效果。我们深知，插画系面临的问题，是能不能把握时代的脉络，能不能不断更新课程设置，因此，在一条道路上，我们将会越走越远，设置更加丰富的时间创新课程，与更多专业进行跨系交流与合作。

文物修复专业方向的现代教学模式探究*

刘 晔 邱 敏**

摘　要：随着国家对文物保护的大力重视和社会对文物修复人才的迫切需要，自2005年起，各地院校相继设立了文物修复相关专业，培养文物修复人才。但经过十多年的探索和发展，文物修复专业的人才培养模式依然存有多方面的不足，在人才培养与教学方面还有很多值得探讨的问题。高等院校的文物修复人才培养，不能仅仅满足于熟练掌握某项技能的层面，还要着眼于人才研究能力、科学探索能力的锻造。应该科学与传统相结合，加强研究性教学，运用现代教学理念与方法，创造新的教学模式，强化实战训练，及时获悉用人单位的实际需求，有效培养出文物修复的优秀人才。

关键词：文物修复　人才培养　教学模式

文物修复作为一门传统古老的技艺，在中国具有悠久的历史。长期以来，师徒口手相传成为传统技艺延续的主要方式。随着文物修复人才的紧缺以及国家对文物保护的大力重视，自2005年起各地院校相继设立了文物修复相关专业，如文物鉴赏与修复、文物保护与修复、文化遗产保护与修复等，逐渐形成了由专科、本科、硕士等不同层次的文物修复人才培养体系。开设文物修复专业的院校规模也在逐年扩大、增多，院校教育已成为文物修复人才培养的主要模式。

然而经过十多年的努力，文物修复专业尚处发展阶段，院校在文物修复人才的培养模式方面依然存有诸多不足，如专业师资匮乏、毕业生对口就业率低、科学研究不充分、各教育层次区分不明显等。文物修复专业作为一门新兴专业仍在不断摸索与积累经验的阶段中，在人才培养与教学方面还有很多值得探讨的问题。

* **基金项目：**本文为课题“美术学（文物鉴赏与修复、文化遗产研究）专业复合型人才培养模式研究与实践”项目的阶段性成果，课题编号：2016JY2D07。

** **作者简介：**刘晔（1964—），女，南京艺术学院人文学院副院长、教授；邱敏（1987—），女，南京艺术学院人文学院教师。

一、传统教学模式下的弊端

高等院校开设的文物修复专业主要涉及陶瓷、书画、古籍、青铜、壁画、古建几大类。其中古陶瓷修复技艺、装裱修复技艺（书画、古籍修复技艺）、青铜器修复技艺被列为国家级非物质文化遗产名录[1]，由此决定了传统修复技艺在教学上的特殊性，不但如此，它还肩负起培养非遗传承人的重要使命与责任。因此，当文物修复作为传统技艺进入现代课堂，代替旧有的师徒传授制，传统的教学方法与模式也受到了挑战。

1. 从师徒传授到一师多生后的学生水平参差不齐

传统师徒制曾是修复技艺延续的主要模式，但也存在保守和技术壁垒的问题[2]，如今传统的修复技艺虽被引入高校课堂，但传统修复在传承中存在的一些问题并没有得到根本解决。

当传统技艺进入课堂教学，就会出现学生水平与能力参差不齐、教师因人数较多难以面面俱到等问题。而早期师徒制传授模式中固有的一些弊端，今天依然在课堂教学中存在。传统师承中信息相对闭塞，多一家之言，难以博取众长，虽然师承有序，但也容易造成技术单一、视野狭窄。另外，因早期受经济条件及环境影响，师徒传授中仍存在一些落后的思想观念与方法手段。但随着科技的发展，现代社会信息传递的便捷，国内外有关文物保护与修复技艺的前沿内容需要进一步获悉，现代修复课堂还需要进行更多的转变。

2. 教学方法与形式单一造成的学生被动学习状态

教学方法与形式对教学效果起着至关重要的作用。传统教学中往往存在教学方法与手段落后的问题，大多数教师满足于课堂讲授的灌输式教学，但作为内容“受体”的大学生，已具备较强的学习自主性和独立性，因此应从简单的传授、灌输转变为对学生学习的指导和启发。传统修复技艺的授课形式一般以讲解与演示为主，教学方法少有创新与变化，学生常处于被动的学习状态，部分学生很容易陷入枯燥无味、机械操作的循环中，对修复技艺的深层次问题无法形成思考，就个体发展与创新思维而言难以得到训练。大学生的学习不同于基础教育阶段，学生具有较强的能动性，学习的最大特点在于学习过程的研究性，科学研究的思维方式、研究方法和手段植入教学过程中，将有利于激发学生的学习兴趣，化被动为主动。因此，在教学方法与手段上的探索与创新可以为文物修复专业的教学起到事半功倍的效果。

3. 教学内容以技艺为主导导致的学生缺乏问题意识

教学内容对教学质量有直接影响，传统修复课堂主要以技能传授为主，较少涉及系统的理论及其他内容，一般以学生熟练习得技艺为主要教学目标。从每一年的毕业班论文可以发现，有一半的同学选择撰写修复类文章，但大部分学生论文内容单一，偏技能陈述，缺乏问题意识与新意，少有对某一修复问题展开深入研究与探讨，在修复方面缺少自己独到的见解与深刻感悟。

造成教学内容单一的主要原因在于，一方面师徒口耳相传的模式使得传统型文物修复专家多以实践经验为主，较少涉猎理论研究；另一方面这与大部分学校设定的专业培养目标有关。培养目标是教师教学的参照标准。笔者调查了几所艺术类院校开设的文物修复专业培养目标，结果显示部分国内修复专业的人才培养多注重知识与技能的习得与训练，主要以适应社会需求为人才培养的主要目标。

然而较国内院校不同，西方专业学院化发展起步比中国早几十年，人才培养方面的发展比较成熟，具有重要的借鉴作用。以伦敦艺术大学为例，其修复学科教育历经40年的发展历史。文物修复专业硕士培养目标集中体现在以下几点：①为在高级纸制品的修复领域提供学习机会。②为文物修复的初始者获得相应恰当的知识和技能。③提供恰当的学习环境并且掌握熟练的专业技能。④拥有在变化的全球化大背景下思考文物修复角色转变的能力。⑤激励个人的才智和发展。⑥与修复界的相关境况相联系来定位个人操作实践。⑦提高创造能力、对专业性机会的反应程度，以及未来的学习和研究能力。[3]除对专业技能提出要求外，另一半强调的并不是局限于某一个专业，或某一阶段应具备的技能要求。而是关注人的终身学习发展与能力要求。此目标虽是硕士培养目标，却能为国内本科修复专业的人才培养及教学内容提供重要参考与思路。

基于以上问题的分析，我们在思考文物修复专业技能教学的同时，不禁自问：文物修复课程只是技能知识的传授吗？我们是否能够给予学生更多？学生在传承技能的同时需要形成、具备的综合能力也是教师在教学中需要关注与引导的。同时，教授过程中现代化的教学理念与方法应融入专业课堂。如何科学有效地进行修复技艺的传承与教学是我们需要进一步探讨的内容。

二、文物修复专业方向教学实践之探索

意大利文物保护专家布兰迪在《修复理论》中提出，修复是着眼于将艺术作品传承下去，使它在物质依据上、美学和史实双重本质上，能被认可为艺术作品的方法论环节。[4]修复不仅在于形质上的恢复与还原，也包括修复前的多项准备研究，包括材料、美学、史料等内容的分析。因此，高等院校的文物修复人才培养，应不仅仅满足于熟练掌握某项技能的层面，还要着眼培养具有一定研究水平、科学探索能力的文物修复人才。

1. 科学与传统相结合,加强研究性教学

传统修复教学中有很多操作凭借修复人员的经验来完成,如修复材料的选择、纸张的厚薄、补色的深浅等等,缺少客观的判断标准与科学依据。随着科学技术的发展,各院校逐步建立了修复实验室,相关检测仪器将成为修复教学的有效辅助设备。如早期纸质文献选用修复材料多凭借经验或手感,在显微分析仪使用后,科学检测使传统修复变得更加规范化。

传统的修复教学重在学生操作技能的训练,高校文物修复专业培养的人才,也是未来潜在的非遗传承人,但仅仅满足于继承与掌握,技艺的代代相承将难有实际突破与发展。所以对修复人才的培养必须提出更高的要求与目标。高校的职能之一是发展科学,本科生有能力在掌握技能的基础上,对技艺的相关内容进行科学研究与探索。例如对不同种类技艺的发展加以调查与梳理,对不同材质的修复材料进行科学检测与分析,知其然还要知其所以然。不仅要熟悉修复的具体操作流程,还要知道采用不同修复方法的原因。在修复中能够进行思考与变通,发现其中的问题是学生应具备的能力,因此研究性教学显得尤为重要。

研究性教学是指在教学过程中由教师创设一种类似科学研究的情境和途径,指导学生在独立的主动探索、主动思考、主动实践的研究过程中,吸收并应用知识,分析并解决问题,从而培养学生创造能力和创新精神,提高学生综合素质的一种教学模式。[5]研究性教学可以有效激发教师与学生对文物修复技艺的深层次理解与探索。就学生能力发展而言,研究性学习过程也是学生自身构建的过程,学生在发现、分析、解决问题的同时,创新思维能力、探究能力、合作能力等得到训练,由此获得终身学习的能力。就教师教学而言,研究性教学对教师提出更高要求,如关注前沿的专业领域动态与问题、对陈旧教学内容的重新整合与设计、对已有教材的重新编写或修订,研究性教学最终将推动学生与教师的双重发展。

2. 现代教学理念与方法的融入,激发学生学习兴趣

现代教学理念强调学生学习的自主性,教师作为引导者,激发学生的学习兴趣。现代教学应呈现出开放的教学态势,拥有更多的教学资源供学生探索与学习。

传统的修复课堂可以注入一些新型的教学形式与方法,如以课程项目化作为新型课程范式,是激发学生自主学习、培养学习能力的有效方式。项目化课程以工作项目为载体,教学围绕某一项目来开展,极大地改变了过去教学“重理论、轻实践”的积弊;通过采用以学生为中心的教学组织形式,创造类似于生活中某种特定的“情境”,让学生在职业学习环境中积极主动地学习,倡导学生参与教与学的全过程,促进了学生对知识产生和学习过程的体验,强化了学生的学习动机。相对于传统课程实践,项目化课程实践形式实现了多方面的转变和创新:以知识向度向

以能力向度为主的转变；以教师为中心向以学生为中心的转变；以教材知识为中心向以任务为中心的转变。[6]项目化课程的学习方式打破了传统课堂的诸多局限。例如2016年，北京城市学院文物修复专业本科生参与由中国文化遗产研究院主持的"南海Ⅰ号"出水瓷器修复项目。学生在广东海上丝绸之路博物馆学习长达两个月，在项目组专家的指导下，学生按照科学方法进行翻模、配补、打磨、上色等工作，获得了指导专家的认可，最终修复了20余件瓷器。这种修复实践既强化了学生理论与实践相结合的能力，又是对陶瓷修复课程效果的评估，有利于专业教学水平的提升。[7]项目化教学为学生的实践能力提供了检验平台，学生有机会接触到最前沿的仪器设备、科技手段、修复方法与理念，从而拓宽自己的视野。

另外，信息化教学的课程开发也是推动文物修复教学的有效手段与方法。传统技艺的操练与学习有时较为枯燥，将新型课堂教学形式引入传统修复技艺的课堂，能增强学生的学习兴趣，提高课堂效率。如微课教学、慕课教学以及翻转课堂逐渐进入高校课堂，教师要及时转换自己的教学思路与教学模式，打破传统单一的教师满堂灌、学生被动听的授课模式，尤其在专业实践课程中具有一定的可行性。例如，教师将重要、难操作的技艺步骤录制成微课，供学生课后反复观摩、练习，甚至做成系列慕课，以专题形式让学生在线进行学习。

3. 强化实战训练，学有所用服务社会

学校教育与社会需求之间往往存在一定断层，不少高校因条件所限，院校毕业生通常缺少丰富的实践经验，接触经典修复案例的机会较少。实践基地的建设有利于实现学有所用、用合所需的社会要求。院校应积极与各公共馆藏单位建立实践联系，例如各省市级博物院、图书馆、档案馆、拍卖机构等均可成为各高校建立实践基地的潜在资源，借助实践基地的人力资源、信息资源、先进设备及管理理念等优势资源，为学生开展专业实习，提高学生的专业素养，在加强修复技能的同时，学生在人际交往中的沟通能力得到了锻炼。部分专业青年教师也可以定期在实践基地进修与交流学习，及时获悉用人单位的实际需求。

大学的重要职能之一是为社会服务，艺术院校文物修复专业的学生具有独特的优势与资源。作为非物质文化遗产的陶瓷、书画、古籍修复技艺，在学生学有所成之后，可以深入到社区、学校开展"非遗进校园"的活动，同时也可以扩大本专业的影响力与辐射面。如南京艺术学院学生为栖霞寺整理、修复古籍经卷，各院校开展的非遗传承人培训班，参与的学生不仅在专业水平上获得实践锻炼，也完成了自我价值的提升与认可。

此外，结合文物系特色专业如陶瓷、书画、古籍修复，"文物修复诊所"的建立具有一定的可行性。以学生社团形式建立，集合部分专业水平成熟的学生，提供线上线下的咨询、修复等相关服务。在此过程中，学生在加强专业基础的同时，提前进入未来工作状态，并逐渐形成一种职业担当与专业精神，同时为学生创立了良好的实践平台。修复专业发展成熟的院校还可考虑建立产学研为一体的修复中心，更好地为社会提供相应服务，为学校提供实践与科研的平台。

文物修复技艺从师徒传承模式发展到现代课堂教育，以不同的形式代代相传，延续至今依然焕发着生命力。如何有效培养出文物修复的优秀人才，培养好非遗传承人，从文物修复专业的现代教学模式进行思考，需要我们把视野投向各个不同的教育层面，投向迅猛发展的高科技，投向社会文化建设对人才需求的不同声音，这些都还有待于我们去做进一步的探讨与研究。

参考文献

[1] 俞蕙，刘守柔.传统修复技艺类“非遗”项目的保护与传承研究[J].遗产与保护研究，2017(5)：61-67.

[2][7] 李冰.我国高校陶瓷修复教学情况研究[J].艺术教育，2017(17)：163-164.

[3] 侯郁然.英国修复专业及其教学情况管窥——以伦敦艺术大学为例[J].文津学志，2012：389-391.

[4] 布兰迪.修复理论[M].上海：同济大学出版社，2016：75.

[5] 刘伟忠.研究性教学中的难点与实施重点[J].中国高等教育，2006(24)：36.

[6] 邱德雄，谢武纪.学为中心：高校课程实践变革的核心要义——以课程项目化实践为例[J].大学教育科学，2015(1)：50.

项目制教学法的应用研究

——以南京艺术学院艺术管理专业为例[*]

陆霄虹[**]

摘　要：艺术管理专业对于实践环节的要求使得项目制教学模式具有明显优势。通过实践，项目制教学对于课程选择、实施方法、考核方式提出了独特的要求，教学效果则体现了该教学模式的优势和问题。

关键词：艺术管理专业　项目制教学　实践能力培养

在我国高等教育发展过程中，艺术管理专业的发展历史并不长。经过十多年的积累，目前的高校艺术管理专业经常采用两种教学模式，一种是以基础知识教学为主的"课程制教学"模式，又称为传统教学模式，是以课堂为主要场所，以课本为教学内容，以落实教学大纲中的知识点和技能点为教学目的的"课程制"教学模式。另外一种教学模式是以一个完整的项目为单元，整合各种知识，通过系统的训练，达到教学目标。这种教学模式，国外称之为"项目制教学"。"课程制教学"模式和"项目制教学"模式都是教学模式中的一种，这两种模式在实际教学运用中有各自的特点、各自的优势及互相之间的异同点，妥善处理好两者之间的关系，有选择、有步骤地消化吸收项目制教学，才能对教学改革起积极作用。

一、项目制教学与艺术管理专业

项目制教学是通过项目的形式进行的教学，让学生在教师指导下独立地完成完整的"任务"，在解决问题的习得中掌握教学计划所规定的教学内容时所采用的教学方法、途径和手段。教师把教学计划所讲授的内容科学地划分为一个个完整的教学项目，在教学过程中以一个项目为主线导入，把教学计划中的知识点融入项目中，并贯穿于专业课程的教学始末，实现"项目为主线，教师为主导，学生为主

*　**基金项目：**南京艺术学院教学研究立项课题"艺术管理专业实践化教学模式创新"（课题编号：2016JY2D15）。

**　**作者简介：**陆霄虹（1978—），女，南京艺术学院文化产业学院副教授。

体”的教育理念。[1]这种“行为引导式的教学方式”,是一种通过组织学生真实地参加项目设计、履行和管理,完全在项目实施过程中完成教学任务的过程。它是一种以现代企业的职业行为为目标,强调对学生综合能力作全面培养的一种教学方式。

艺术管理专业是一门新兴的交叉学科,其历史可以上溯到19世纪40年代的英国大不列颠艺术委员会(Arts Council of Great Britain),其作用是促进、发展和管理本土文化,因而成为世界上最早开设艺术管理课程的机构。1966年美国耶鲁大学戏剧学院设立剧院管理专业,这是开设艺术管理领域的第一个科目。而我国的艺术管理专业历史是从2001年中央戏剧学院和天津音乐学院率先成立艺术管理专业开始的,至今不过十多年的历史。艺术管理专业涉及艺术学、管理学、经济学、营销学、法学、心理学、新闻传播学等多个学科,所以课程设置上学科跨度大,专业领域宽。此外,艺术管理专业是一门理论与实践结合十分紧密的学科,突出对学生实际操作能力的培养。在这样的教学要求下,采用任务驱动和项目导向的教学方式可以大幅度地提高教学效率,提升教学质量。在实际教学中,艺术管理专业的实践课程越来越受到教育界的重视,因而推动了项目制教学法在该领域的广泛应用和快速发展。

二、项目制教学法的应用——以南京艺术学院艺术管理系为例

项目制教学在各个专业教学中的应用落实为不同的具体方法。南京艺术学院艺术管理系(下称“南艺艺管系”)办学从2006年至今已经经历了十多年,在此过程中,项目制教学逐渐与本专业结合,形成了自己的特点,即在总体课程设计上,高年级专业课程设置逐渐向工作室制过渡;在具体的课程教学方法上,建立多个实践平台为学生提供项目选择。

1. 课程设置

工作室制是艺术院校经常使用的教学模式,通常在技法类艺术专业,例如绘画、设计、音乐、舞蹈等,使用较为广泛。工作室制教学意味着同一个学习方向课程可以提供给学生不同的风格选择,学生可以根据自己的擅长和兴趣进入合适的工作室学习,修完必须的学分。南艺艺管系在多年的教学过程中,认识到艺术管理专业的学生必须紧密结合理论学习与实践经验,因而在高年级的课程设置中逐渐向工作室的管理方式靠近。通过前两年的学习,学生已经掌握了艺术管理专业的基本知识,对于自己的兴趣和长处已经有所了解,因而可以让学生选择未来进一步学习的方向。艺术管理专业将专业课程纳入演出市场管理和艺术品市场管理两个工作室方向,便于学生能够建立明确的专业概念。工作室阶段课程设置一方面强调

学习内容的具体性，即相关课程与工作室方向高度一致，让学生能深入了解相关领域的最新动态和管理方式；另一方面强调学习内容的实践性，即该阶段大量安排了需要实践操作课环节的课程，推动学生提升理论联系实际的能力。

2. 课程实践平台

所谓项目是指为了创建一个独特的产品、服务或结果所做出的一种临时性的努力。[2]项目具有临时性属性，有明确的开始和结束的时间。此外，每一个项目必须具有一个特定的目的。这些属性使得项目制教学非常适用于一些侧重于实践操作，并且对理论知识的运用有综合要求的课程。

在实际教学中，项目实施可以成为一些课程的主要教学方式，也可以成为另一些课程的辅助教学内容。工作室阶段的部分课程，比如：艺术品投资与经营（拍卖）、艺术筹资方法研究与实践、展览策划与执行、艺术类组织管理、艺术市场调研、毕业展演等，具有一些共同特点，其中之一在于需要学生在一个学期的课程中完成一个完整的活动或者项目。这些项目都是针对教学内容而设计的，其目的在于促进学生在实际工作中掌握和加深对所需知识的理解，并且从中获知自己的不足，推动学生主动学习。以艺术品拍卖课程为例。该课程是为了使学生能够通过实践理解艺术品拍卖的各个环节，学习不同工作部门之间的合作，需要学生具有拍卖法、艺术品鉴定、作品征集、宣传推广、财务、筹资、拍卖师工作等多方面知识的综合运用能力。这样的较为复杂的课程如果只是通过课堂教学讲授，虽然能将每个步骤告知学生，但是学生并不能获得深刻感受，而通过项目制教学实施，就能取得较为理想的教学效果。作为对接社会的教学项目，南艺竞买会自2010年以来已经举办了13届，历届艺术管理专业学生都参与了正规的拍卖流程中。

另一部分传统专业课程，例如：美术史、音乐史、美术鉴赏、音乐鉴赏，可以加入项目以提高学生的学习效果。这些课程可以加入的项目主要是艺术家工作室访谈、艺术市场管理人员访谈等。

南艺艺管系为学生的项目实践建设了多个平台，包括实践类平台：学生实践画廊、商务实验室、拍卖和微拍实验室等；沟通平台：艺术家工作室访谈、艺术机构管理者访谈、国际工作坊等；传播平台：艺管系公众号等。通过这些平台，艺管系为学生提供了多角度的项目实践方式，提高了学生的学习主动性和积极性。

3. 项目实施方法

项目制教学的实施，需要教师指导、学生执行两部分完成。这里的教师指导工作，主要分为两个阶段。第一阶段是课程开始阶段，包括课程的基本要求、基本知识点和项目策划。这一部分由校内教师指导学生完成。每一门课程都有自己的具体教学目的，以及相关的理论知识，这部分内容需要在课堂中完成，保证学生在项目选择和策划中不会偏离教学要求。教师指导学生撰写策划方案，始终要求所有的项目能够围绕课程目标和内容。根据项目的大小，教师可以要求学生分成几个小组分别独立策划和完成各自的项目，比如小型展演项目；也可以要求全班学生共同完成一个项目，比如艺术品拍卖项目、毕业展演项目。第二阶段是学生完成项目实施。在项目策划方案的基础上，这一阶段将以学生为主完成。在学生执行过程中，学生需要借助于校内教师或者校外兼职教师的指导，协助团队完整落实项目。校外兼职教师一部分是学生自行请教的业内专家，另一部分是通过外聘的方式前来任教的行业管理人员。业内专家的指导弥补了校内教师实战经验不足的缺陷。学生必须在规定的学期内完成项目，才能获得该课程的成绩和学分。

4. 项目考核方式

在实施项目制教学的过程中，学生的大部分时间并不在教室里，并且实践时间相对机动灵活，其具体表现教师不可能及时充分掌握。因此课程考核方式不能采用一般的试卷形式完成，而需要更加多样化。从实施情况来看，考核成绩可以采用以下几种方式综合打分。一是参考学生自评。根据具体课程要求，教师应当指定学生撰写自评报告的内容。学生根据自己在项目完成过程中的工作情况和心得体会写成总结报告，对收获、不足以及未来的学习方向提出自己的看法，这一部分评价相对主观。二是参考项目组中的总负责的同学对其他同学的评价。项目组在共同完成一个项目的过程中相互了解最充分，这一部分评价相对客观。而总负责的同学与指导老师之间的沟通相对比较频繁，指导老师能够对总负责同学作出评价。三是参考项目组的策划方案的撰写质量、创新情况等，这一部分评价相对客观。最后还要参考每一个项目的完成情况，是否能够实现策划方案的设计，是否能够达到课程目标的要求。结合以上几个角度，实施项目制教学的课程考核才可能比较合理客观。

三、项目制教学在艺术管理专业的优势与问题

1. 项目制教学的优势

对于艺术管理专业来说，项目制教学是一种较新的教学模式，比传统的课堂教学拥有更多的自主权和更广泛的实践教学环节。这种新型的项目制教学机制主要将传统的以班级或专业为单位的封闭教学机制，转换为以项目为基础的学生可以自主选择发展方向的灵活的教学运行机制。每一个团队成员因为共同选择的项目而主动组织起来，项目本身有明确的专业方向，围绕项目实施有具体的操作体系。学生可通过双向选择加入团队，参与项目的实践过程。

总体而言，项目制教学在艺术管理专业具有以下优势：

首先，项目制教学使学生获得及时激励和反馈。适当的激励反馈能够提升学习的效果。教师在教学过程中需要设计激励环节，例如学期结束的考试成绩，以激发学生的学习动力。项目制教学的优势在于激励反馈比较及时。一般来说，每一个项目都是由具体的工作环节组成的，每完成一个环节，成果显而易见，反馈也十分及时，并不需要等到期末考试。艺术管理专业的项目都是涉及受众反馈的，一个展览的观众人数和现场反应，一个演出的节目质量和观众反响，都能直接衡量项目的完成质量。学生在实践现场就能即时接收到受众对于项目的评价，不断修正自己的行为，激励自己的继续学习。

其次，项目制教学指向明确，便于管理。理论上每一个项目都是非常明确的一项任务，学生在策划项目的时候就已经对自己的工作目标提出了要求，对于如何完成目标也做了明确的步骤规划。例如，一次演出的规模和级别在策划方案中就已经作出了明确的规划，团队中每位成员的分工也已经事先安排清楚。因此在实施过程中，每个学生的工作和任务都是清晰、明确的。在管理的过程中，负责人需要做的基本上是按照规划步骤实施，控制进度和落实工作。

最后，项目制教学使学生有了实践学习成果的平台。课堂学习的效果往往需要通过学期考试、课程论文等方式体现，对于学生的实际运用能力考查不足。通过项目操作，学生能够在实践中使用和检验自己平时的学习成果，积累实战经验。对于艺术管理专业的学生来说，课堂学习所获得的知识，例如营销学、传播学、管理学等方面的基础知识，在项目操作中是需要实际转化为行动，并且能够真实检验实施效果的。在项目实践中，具体到一个宣传文案的用词风格、一个海报的宣传用语，都能综合检验学生的思维能力。通过阅读量、转发量、评价情况等数据统计，教师和学生都能检验项目效果。

2. 实施中的主要问题

项目制教学方式的实施，带给一部分课程新的教学思路和教学形式，取得了较好的教学效果，与此同时也存在一些问题。

（1）师资队伍建设不足的问题。一是校内专业教师自身缺乏实际操作的实践经验，导致对项目制教学方法的控制能力不足。在项目的落实过程中，由于大部分专业教师管理经验不足、动手能力不强，缺少机构工作经验，造成项目策划方案不够现实，实施过程没有条理，老师和学生需要一起探索，学生无法按艺术机构的标准来要求自己。二是兼职教师不足的问题。兼职教师应由艺术机构具有丰富工作经验的人员担任，由课程组按照课程要求从校外聘任，但由于多种原因，课程团队中往往没有或很少有艺术机构人员进入，学生只能以私人身份请教业内行家，项目选择、制定、落实、现场指导多由本校教师担任，教学效果经常不够理想。

（2）理论类课程与项目结合的方式。在艺术管理专业中，教师需要不断探索新的项目实施方式。有一部分以理论为主的专业必选课程，应当以项目为辅、课堂教学为主，如美术史、音乐史、财务管理、艺术市场营销等，这些课程的主要目的，就是为学生对艺术管理专业的学习范围有所了解和认识，同时也为以后的专业技能学习打基础。这一部分课程更加适合于"课程制教学"模式。"课程制教学"模式的特点就是在教学过程中主要偏重理论教学，以原理讲述和课堂讲授为主。这种教学模式比较适合低年级的学生，他们知识面不广，接触的知识量也不多，又能在较短的时间内获得立竿见影的教学成效。如何在理论类课程中融入部分实践项目，使学习过程更加直观？南艺艺管系目前的做法是在这些课程中加入访谈类的项目。这类项目所需时间、精力较少，又能补充课堂所学理论知识。学生在访谈之后做好访谈总结，并在公众平台发布分享，为艺管系学生提供更多的课外信息和知识。在未来的教学工作中，我们希望不断找到更加合适的项目，与课堂教学相互补充，形成有效的教学方法和教学体系。

（3）项目来源问题。学院自创项目为多，企业引进项目为少。作为院校课程体系的一部分，采用项目制教学的课程也必须是围绕教学大纲展开的。因此在项目开展的时间和规模上都受到教学安排的限制。对于企业来说，除非是每年有固定时间段安排的项目，否则在时间上较难与学校的教学工作相契合。就目前而言，艺术管理专业所设计和实施的项目大部分是自创项目，是从项目的策划开始，通过对外寻找合作场地、筹集资金等方式完成的。企业引进项目虽然在资金和规格上都有优势，但是往往只需要学生参与其中的一部分工作，不能充分赋予学生自主权，因此这类项目并不能达到理想的教学目的，在数量上也很少。

（4）项目制教学模式自身的缺陷。由于项目制教学所涉及的知识面比较广而且知识点分布不均衡，在有些项目中无法覆盖大纲规定的所有知识点，且深度也不够。除此之外，每个项目由于分工的区别，必然使得每个同学不可能涉足所有的岗位，导致了学生对负责岗位之外的业务无法深入体验，因而造成无法更好达成教学目标。所以，项目制教学的推行也需要与之相配套的外围环境，它不可能在任何环境下都发挥作用。在推行项目制教学时一定要清楚地了解其特性，避免盲目实施。

四、结语

在高校教育中，实践环节的目的始终是为了激励和加强学生对基础专业理论的理解和掌握，为了使学生具有继续学习和深造的能力，同时培养学生快速对接就业要求的能力。若片面强调项目制的作用，将使高等院校沦为职业培训。在此前提下开展项目制教学，教师就应该重视学生的创造性、独立思维能力和组织管理能力，而不能使学生满足于对单一岗位的认知，否则学生只能成为操作熟练的技术人员，与复合型人才的要求相去甚远。

参考文献

[1] 刘芳. 项目教学法在艺术管理专业教学中的应用研究——以沈阳音乐学院艺术管理系为例[J]. 艺术研究，2015(2): 149-151.

[2] (美)Kathy Schwalbe. 项目管理导论[M]. 廖良才，高峰，译. 北京：清华大学出版社，2007: 4.

跨专业艺术实践教学体系初探

——以南京艺术学院艺术管理专业为例*

张　谦**

摘　要: 本文以艺术管理专业为例,对跨专业艺术实践教学体系的构建进行了思考与总结。根据具体的教学实践,分析了跨专业教学与实践融合的双平台教学模式和灵活多样的教学方法,对提高跨专业艺术实践教学的有效性以及双师型教师队伍的建设提出了自己的看法。

关键词: 艺术院校　跨专业　实践教学　教学模式　双师型教师

实践教学在当今高校教育中的重要性已是不争的事实。《中国教育改革和发展纲要》中指出:高等教育要“加强实践环节的教学和训练,发展同社会实际工作部门合作培养,促进教学、科研、生产三结合”。艺术的实践性特征使得各艺术院校对实践教学更是异常重视。然而,作为兼跨艺术学与其他学科(如教育学、管理学等)的跨专业艺术学科门类(如艺术教育、艺术管理等),其实践教学又有着完全不同于单科艺术专业的特殊规律。

以艺术管理为例。艺术管理作为运用一定的管理技能,为艺术的发展需求提供“服务、协助、帮助”的工作[1],其对艺术管理者自身的艺术专业和管理实践素养均有着极高的要求,它不仅要求从业者熟悉乃至精通某种或某类艺术专业,同时还需要具备相应的管理实践技能。正是艺术管理专业所兼有的艺术与管理专业的跨专业性质,以及艺术型和应用型专业的双重特征,让很多院校在实际教学过程中,不得不面对两难之境:

1. 如何将艺术专业教学与管理实践课程有机结合?

2. 如何在教学中同时提升艺术专业与管理技能的应用性和有效性?

3. 如何根据艺术管理的跨专业特性培养及配备合格的师资?

***基金项目:** 本文为江苏省2009年高等教育教改立项研究课题“艺术院校实践教学体系的构建研究”阶段性成果之一。

**　**作者简介:** 张谦(1978—),女,南京艺术学院电影电视学院副教授。

以上这些问题,在历届全国艺术管理教育年会上都会引起各院校代表的热议。显然,只有在教学中妥善处理好这些问题,艺术管理专业才会像其他单科艺术类专业一样显示出旺盛的生命力。

南京艺术学院于2002年成立艺术管理系(音乐艺术管理,以下简称艺管系),是全国最早设立艺术管理系科的高校之一。依靠江苏文化大省底蕴深厚的文化资源和繁荣兴盛的文化建设优势,在学院领导的大力扶持和关心下,艺管系针对以上难题,在教学实践中逐步摸索出了一套从教学到师资建设行之有效的以专业核心价值为中心充分尊重学生主体性的跨专业艺术实践教学体系。

以下将以艺术管理专业的实践教学为例,分析研究跨专业教学与实践融合的双平台教学模式和灵活多样的教学方法,分析提高跨专业艺术实践教学的有效性以及双师型教师队伍的建设。

一、双平台教学模式——跨专业教学与实践的融合

艺术学与管理学都是实践性非常强的专业门类。如果说"艺术"是让人仰望的阳春白雪,相比之下,"管理"就成了混迹于市的下里巴人。然而,艺术管理专业却偏偏要求学生既能精通艺术的阳春白雪,又要有混迹于市的管理才能。艺术管理专业的跨专业特征,使得在教学过程中是否能同时兼顾这两类完全不同性质的实践技能的培养,成了能否达成专业培养目标的关键所在。

1.跨专业的教学平台——学生主导的实践课程

在艺管系办学之初,专业课程设置上主要分为艺术通识类、艺术技能类和管理类课程三大块。然而,这种艺术与管理两张皮互不相干的课程设置很快就显出了弊端:学生在掌握了一定的艺术技能之后,对管理类课程的学习完全不屑一顾,想当然地认为既没有必要,也没有实际作用。那么如何才能让学生在学习中有效掌握跨专业的技能?

建构主义教学理论的一个核心观点就是学生是自我控制的知识建构者,"通过他们自己的心智活动、环境中的体验和社会性互动,建造与重构其周围世界的图式"[2]。他们所获取的知识和技能是在学习过程中通过自我选择、加工和处理而建构起来的统一体。因此,要让学生切实认知到艺术和管理技能在专业学习中的同等重要性,教学除了为学生提供明确的理论知识外,还必须为学生营造一个帮助他们构建专业认知的环境体验和社会性互动,这个环境既可以充分发挥他们的主动性和创造性,又可以实现相互探讨、合作和知识的共享,从而获得自己对专业的见解。基于这样的认识,艺管系在每学期的课程里专门安排了"管理实践课",根据不同年级的课程内容和深度,度身定做了相应的实践内容和考核规范。这门课

程与所有理论课程同步展开，比如，在大二开设的“剧院团管理Ⅰ”上，学生初步了解了剧院团的架构，在实践课上，教师就会安排他们参访部分剧院团，获取直观的认知；而大三学生在“剧院团管理Ⅱ”中所学到的剧院团管理方法，随即就会在系里安排他们深入剧院团实习的过程中得到实践的检验。

正是通过与专业课紧密贴合，循序渐进的“管理实践课”，学生成了学习的主体，看似没有教师的教学，却让学生有了“以实践为师”的主动性；艺术和管理的跨专业技能在各项实践中产生了自然的融合，不需多余的讲解，学生在眼观六路耳听八方的过程中，全方位、立体直观地认知了艺术管理的跨专业特性和核心价值。

2. 跨专业的实践平台——社会主导的校外课堂

跨专业的艺术实践课程往往比艺术单科实践具有更大的综合性和应用性。艺术管理专业实践需要同时兼顾对学生艺术和管理两种技能的培养。偶尔的一两场演出活动并不能满足专业的综合实践教学需求，因此，有必要为学生打造一个固定的应用性和包容性兼具的跨专业实践平台和教学基地。可是，学生作为行业生手，很多文化单位都避之不及，不愿主动合作；而艺术管理的实战性又要求学生深入文艺一线去接触、碰撞和学习。因此，艺管系只能走出艺术象牙塔，根据社会的实际文化需求，以社会为主导为学生搭建这样的实践平台。

近年来，随着公共文化服务体系建设的全面展开，公共文化服务的触角不断向社区延伸。社区文化工作量的加大以及工作要求的提高，使得公共文化服务力量明显不足。社区公共文化服务正急切需要具有艺术专业知识和创新活力的大学生加入。而群众文化管理又是艺管系的专业方向之一。于是，在国家公共文化服务体系建设专业委员会副秘书长、江苏省文化馆副馆长戴珩教授的积极倡议和牵线搭桥下，艺管系与南京市鼓楼区文化馆共同建立了“学生社区文化实践基地”。艺管系与文化馆根据每届大三学生的课程设置详细制定了社区文化调研、群众文艺组织等实践课题和具体实践计划，双方各配一名指导老师全程督导（具体做法详见下文）。为了充分调动学生在实践过程中的能动性，院馆双方还尝试建立了一整套考核和奖励机制。[3]

自2004年合作至今的实践平台让艺管系的实践教学与社会文化需求实现了双赢的良性循环。一方面，学生在社区文化一线的环境中系统掌握了许多在课堂上无法学到的综合操作技能，确立了对自我和专业的交互认知；另一方面，学生的艺术专业知识和技能也为社区文化建设带来了新的活力，促进了城市社区文化建设的繁荣与发展。

正是这样一套分别由学生和社会主导的跨专业教学和实践双平台教学模式，让艺管专业的实践教学同时兼顾了艺术和管理两种技能的培养，也稳固构建了一个学校实践教学与社会实际效益双赢的应用型实践平台。

二、多样化教学方法——跨专业综合实践能力的培养

艺术类单科(如器乐、声乐、绘画等)实践比较注重专业技能的操练,而跨专业艺术学科的实践教学则更注重综合实践能力的培养。学生不仅需要掌握某一种或某一类艺术专业技能,更需要融会贯通地运用艺术专业知识和经济、社会、心理、环境等综合知识解决复杂的问题,完成综合性任务。这既是对学生综合素质的要求,也是对教师教学方法和教学水平的考验。单一的教学方法显然不能适应综合型实践教学,也无法满足学生主体的多样化需求。因此采用既能有效调动学生主体学习意识又能适应综合实践能力培养的多样化教学方法无疑是跨专业艺术实践教学成败的关键。

1."社区文化艺术节"——以自我教育为目标的现场教学

艺术管理专业需要学生能够运用艺术专业技能,结合管理、经济、社会、心理等综合知识,"为艺术家和观众达成一个具有美感的契约,使更多的人能从艺术中得到最大的满足和收获"[4]。而这个"契约"的达成,必定是一个兼涉艺术和管理等多方面知识技能的动态过程。艺术管理实践教学的目标就是让学生在实战中独立完成,进而掌握这个动态规律。"自我教育"理论的开创者,前苏联著名教育家苏霍姆林斯基就认为"只有能够激发学生去进行自我教育的教育,才是真正的教育"[5]。课堂上的知识只有在实践中被学生亲自体验与证明,才能内化为他们的职业信念与操守。因此,为学生搭建一个逼真有效的实战平台,并促使他们在其中实现"知识内化"的过程就显得十分必要。

作为2002年被国家文化部命名的"全国文化先进区",南京市鼓楼区一年一度的"激情鼓楼"社区文化艺术节不仅是内容丰富的群众文化品牌,更是培养艺管学生综合实践技能的社会大课堂。既然他们早晚是要走向社会、接受现实的检验,那何妨让他们在"课堂"上就经历一次实战呢?只是这个"课堂"设在了文化艺术节的现场。除了专业教师,艺管系特聘了文化馆夏文飚馆长作为指导老师,共同进行现场教学。在准备阶段,专业教师结合"群众文化管理"专业课对学生进行社区文化的理论讲解,同时在文化馆指导老师的带领后,学生实地参观,深入了解鼓楼区社区文化的发展现状。课内课外的双向互动为学生下面的实践做好了充分的知识和心理准备。活动正式启动以后,若干个实践小组分别按照系里和文化馆制订的周密计划,在各组正副组长的带领下,分步参与组织策划文艺活动3—4场,并独立完成一项文化主题调研活动。活动期间,教师与指导老师会根据学生遇到的实际困难和疑问,适时进行现场指导与讲解,在学生充分发挥学习主体性的基础上,深

化学生的知识和技能认知。整个活动结束以后，系里和文化馆将共同组织一场报告会，各个实践小组将撰写一份不少于4 000字的实践总结报告，以自制影像和图文的方式，对本组的活动进行自我总结，教师与参与的指导老师将对各组的实践进行点评。七年来，由学生自己编辑的群众文化实践报告，已出版了6辑，近20万字。

这样一种自我参与、自我教育、自我总结的现场教学方式，明确了学生的主体性，教师的辅助教学与监督让艺术与管理等综合学科知识在学生的亲自实践中得到了充分的整合，专业知识和技能真正得以内化为学生自身的心智财富。

2. 剧院团实习——以师生互动为核心的情境式教学

知识需要展现真实的语境。情境教学理论认为，教育的任务是引导学习情境，以利于个体学生的知识建构。如果说以自我教育为目标的现场教学偏重于培养学生艺术和管理的实际操作技能，那么以师生互动为核心的情境式教学则更多地为学生真正走上艺术管理工作岗位，提供了一种动态、逼真、实战的综合实践氛围。尤其是作为跨学科中的管理学从经济到社会从专业知识到人际关系等综合技能更是让学生在特定的实践教学情境中遭遇无遗。

真实的教学语境不仅是需要运用到专业知识的特定场所，更是可以产生社会交互与合作的真实世界。因此，系里在剧院团管理的教学中，专门安排大三学生深入江苏省演艺集团下属的剧院团办公室进行为期9周的专业实习。为了避免实习场所沦为学生的“参观单位”[6]，任课教师专门对实习做了与课堂教学一样周详的实践教学计划，只是这个计划更偏重于强调师生的互动：在特定的教学情境中，以教师主体的经验和前见为基础，通过教师与学生、学生与学生之间对话交流等方式，引导学生获取并建构属于“我的”知识与技能。

首先，教师在带领学生熟悉剧院团组织和人员等环境的过程中，让学生充分与未来的“领导”和“同事们”沟通。随后，教师会在与学生的交流讨论中，根据每个人的具体实际，帮他们共同确定日后的具体工作计划、学习目标和注意事项，以此帮助初出茅庐的学生们快速融入实习环境。在接下来几周的实习中，剧院团逼真的实践环境使学生与社会和其他个体自然地发生着交互作用，这种交互中有付出，有学习，有抗拒，有碰撞，而这一切无不是学生锤炼专业技能和综合技能，确立自我职业身份的有力推动。教师会根据剧院团的反馈和学生的实际表现，不定期地召集“讨论会”。在讨论会上，学生们畅所欲言，教师既是主持人又是聆听者，听学生的牢骚、感想、领悟以及学生彼此之间的出谋划策。教师适时对他们的想法和表现予以专业上的肯定和指导。

这一系列以师生互动贯穿始终的情境式实践教学，寓知识技能于真实的工作情境，不仅培养了学生解决各种实际问题的技能和适应社会的能力，更让学生在这样一种专业氛围里确立了自己未来的专业身份和职业目标。

三、双师型教学队伍——实践型教师团队的建设

在构建跨专业艺术实践教学体系的过程中，创建一支教学实践兼擅、专业与业务素质高、结构合理、相对稳定的“双师型”教师团队，是整个体系可以正常实施运转，从而实现应用型艺术人才培养目标的重要保障。由于兼跨两门专业的特殊性，艺术管理专业的实践教学对教师队伍的建设也必然有着与单科艺术专业不同的要求。教师自身既要具备过硬的艺术专业知识技能，也必须具有将艺术专业和管理专业在实战中充分融会贯通的综合实践能力，只有这样才能在指导实践教学的时候，针对不同的教学情境和实践主体，以多元化的方式，有的放矢地引导学生完成“自我的知识”的构建。

1. 以内为主——充分赋权的教师教学管理

跨专业的艺术实践教学的“双平台”教学模式使得教学情境的设定更为逼真、复杂，教师一方面要固守课堂教学的理论知识阵地，另一方面也要拓展实践教学的操作实战技能。比如，艺术管理的专业课教师通常都需要承担理论课程的讲授，也要带领学生进行相关的专业实践。因此，系里必然需要以学校教学为本，以教学目标为基础，以开放、灵活的教学管理方式，通过充分赋权，恢复教师在教学中的主体性和能动性。在保证学校正常教学秩序的前提下，尽量减少来自科层组织的管控和干预，从而使教师获得更多的专业和实践教学自主权。系里教务员针对教师对各自专业课理论和实践的分布要求，设置了不同的课程安排，如，“剧院团管理Ⅰ”会将课堂教学和实践教学交叉安排进行；而在“剧院团管理Ⅱ”中，则会安排学生统一完成9周的课堂教学任务以后，由教师带领他们完成余下的剧院团实习课程。

无论在课程安排、教学计划，还是在考核内容和标准上，系里都充分尊重并配合教师个人的教学规划，帮助他们承担起多重角色——指导者、协调者、促进者、咨询顾问等，让他们在宽松的教学环境中，积极主动地进行研究、探索和创新，自如应对师生互动与交流，从而更好地完成课堂和实践教学的双重任务和双向互动。

这样的赋权，虽然为教务的具体操作增添了一定的麻烦，但是，经过一段时间的运作后，反而因为从中摸索出的教学规律，实现了教学效果和教学管理的双赢，此外，还为教师在教学过程中实现自我提升与成长，乃至双师型教师的养成，提供了发展机遇和空间。

2. 以外辅内——全面合作的教师培养机制

由于传统的工匠型和权威型教师教育范式正在被建构主义范式所取代，对跨专业的艺术实践教学而言，在特定的教学情境中以交流对话的方式引导学生实现

知识和技能的充分内化，就成了一种更为有效的教学手段。这种教育范式的转变相比较之前灌输式的宣讲教育，对教师自身的理论知识、实践经验、教学水平等综合素质提出了更高的要求。

在强化知识结构、提升学术水平等一系列学校内部造血运动之外，通过院（剧）团合作、院（文化）馆合作，建立“教师实践基地”，以外聘的方式，引进业界经验丰富、实战技能高超的艺术管理专家参与实践教学，为专业教师安排“实践导师”，就成了提高教师理论与实践、专业与教学等综合素质，大力培养“双师型”教师的最佳途径。为此，系里一方面鼓励艺术专长突出的青年教师在完成教学任务的前提下，充分参与到剧院团、文化馆、艺术中心等艺术管理第一线，丰富跨专业实战经验；另一方面，聘请曾在或仍在剧院团、群众文化管理第一线，具有较深的业界资历、实践经验和学术造诣的艺术管理专家充实兼职教师队伍，让他们作为青年教师的“实践导师”，亲身传授实践和教学经验，培养实践与学术双过硬的带头人，以此来建设一支实践能力较强的师资队伍。

这样一种在管理上以学校教学为本、充分赋权的教学管理方式，调动了教师的积极性与创造性，适应了跨专业艺术实践教学的灵活与多变；同时，以教学为基础，通过与社会文化单位的全面合作，以外辅内、外引内培的教师队伍建设和培养机制，也为“双师型”教师创造良好的成长环境，保证了高质量的跨专业实践教学的实现。

以上通过艺术管理专业的实践教学体系建构，总结了跨专业艺术实践教学可资借鉴的一般性经验。然而，作为跨专业艺术学科，其自身艺术型与应用型融合的双专业特征，又决定了其实践教学体系的形成与建构必然是一个不断摸索、不断更新的艰巨工程。如何在具体的教学模式、教学方法上，实现跨专业知识和技能的充分融合，同时提升两种专业的实践技能，以及如何建设教师队伍和配备师资，这些问题的解决仍然需要跨专业艺术学科在实践教学中共同思考和探索。

参考文献

[1] 宗晓军.艺术管理在艺术发展与传播过程中的作用与影响[J].人民音乐，2008(10).

[2] 莱斯利，斯特弗.教育中的建构主义[M].高文，等译.上海：华东师范大学出版社，2002：336.

[3] 戴珩.文化馆牵手艺术院校[N].中国文化报，2004-12-9.

[4] John Pick.Arts Administration[M]. 2nd ed.St.Edmundsbury Press，1996：16.

[5] 苏霍姆林斯基.给教师的建议[M].杜殿坤，编译.北京：教育科学出版社，2005：341.

[6] 朱连生，王红梅，刘晴晴.基于社会需求导向的应用型本科院校教学改革的探讨[J].教育理论与实践，2010(2).

三、戏剧与影视学类人才培养模式研究与实践

艺术类高校传媒艺术国际化教学研究与实践

——以南京艺术学院传媒学院国际合作项目为例*

孙　为**

摘　要：当代互联网与数字技术不仅改变了广播、影视等媒介生态，而且给传统高校传媒艺术专业的教学模式带来了极大的冲击。随着传媒艺术教育的国际化发展，国内高校中外合作办学发展迅速。本文结合南京艺术学院传媒学院国际部合作办学项目的现状分析，并借鉴传媒学院在传媒艺术教育中的"多学科交叉融合""跨专业联合""实践为用"的教学特色，提出了媒介融合环境下传媒艺术教育国际化教学的新思路，打破学科之间的壁垒，整合传媒艺术范畴下的学科和专业资源，整合校内外优秀教学资源配置，从办学指导思想、培养目标、创新教学思维、课程设置等方面提出了跨学科视阈下传媒艺术国际化教学模式的设想。

关键词：传媒艺术　国际化　课程改革　创新思维

传媒艺术教育的国际化模式与实践是当下中国艺术类高校普遍探索和研究的领域，有着很强的现实意义。为实施教育国际化战略，助推我校高等教育国际化，推动我校开放办学，提升国际化办学层次和水平的人才培养创新与实践，南京艺术学院传媒学院不断研究和探索传媒艺术教育的国际化模式。学院目前已开设了三个国际合作办学项目，分别是2016年、2017年与英国一所大学开展的数字媒体艺术专业3+1中外合作办学项目；2017年与美国两所大学开展的广播电视编导、影视摄影与制作专业1+2+1双向交流项目实验班。这三个国际合作项目目前招生规模达到每年150人，四年后三个专业的国际合作项目学生总人数将达600人。

---

*　**基金项目**：南京艺术学院教学研究重点课题"跨学科视阈下传媒艺术复合型人才培养模式研究与实践"（项目编号2016JYZD04）；江苏省教育科学"十三五"规划2016年度重点课题"传媒艺术网络课程开发和网络学习平台建设研究"（项目编号T-b/2016/05）。

**　**作者简介**：孙为（1973—），女，江苏南京人，南京艺术学院教务处教授。江苏省"青蓝工程"中青年学术带头人。

根据教育部《中外合作办学条例》和《中外合作办学条例实施办法》等法规的要求，学院需要对国际化办学做好顶层设计和整体规划。在贯彻落实《国家中长期教育改革和发展规划纲要（2010—2020）》，结合国务院颁布的《中外合作办学条例》中确定的“扩大开放、规范办学、依法管理、促进发展”的16字中外合作办学工作方针的基础上，学院从办学指导思想、人才培养目标、国际化教学模式等方面进行尝试和探索，从而对国际合作项目的教学管理、教学质量进行规范，以提高国际合作项目的办学水平。

一、“国际化”办学指导思想

传媒学院国际部的办学指导思想是打造江苏留学品牌，促进中外人文交流，适应时代变化，创新办学机制，突出学科交融，注重实践教学，提高核心竞争力，为把我校建设成为“国际知名的艺术大学”奠定坚实基础。

——精准定位，做好顶层设计。南京艺术学院是国内知名的综合性艺术大学，融合了美术、设计、音乐、传媒、影视、舞蹈等数十个专业，学院的办学特色是“综合性”。因而，在国际合作项目的建设上也突出学科交融、专业互补的特色，强调跨专业联合作业。以跨学科视阈下传媒艺术复合型人才为培养目标，对三个国际合作办学项目进行重点建设和精准培育，加强与国际知名艺术院校和机构的交流与合作，加大教师参与国际教育教学、创作实践的力度，引进国外优质资源推动本校相关专业的课程建设和师资培育，进而带动学院整体影响力的提升，构筑在国际传媒艺术教育领域中的重要地位。

——内涵建设，走南艺特色的国际化传媒艺术教育发展之路。目前国内开设传媒艺术教育的高等院校有数百家，报考人数逐年增加，特别是广播电视、传媒艺术、影视等专业社会关注度高，受到考生和家长的认可，报考人数最多，就业压力也最大。面对这种情况，一些院校普遍存在盲目扩大招生人数、教学质量整体下降的情况，往往毕业后的学生很少出现“精英人才“或”卓越人才”。而国外艺术类院校普遍招生人数少，实行小班化教学的精英教育模式。因而，学院的国际合作项目需要综合考虑中外院校的差异、学生素质的差异及教学方式的差异，强化培养学生的艺术创意能力，提高学生的专业技能和综合艺术素养，培养能够对传媒行业提供前瞻性、针对性、建设性引导力的高端人才。

——质量立校，努力提升国际部专业教学质量。传媒行业的发展日新月异，从体制、内容生产、经营管理到人才需求都不断变化。国际化传媒艺术教育应能够与业态发展紧密结合，拓展人才培养的视野和知识结构，提升他们的专业水平和专业化程度，能创造性地转化欧美国家传媒研究的最新成果，从而在学院内起示范、带动和辐射作用。教学质量是国际合作项目的重中之重，学院始终以全面提升国际合作项目的质量和水平为中心任务，进行相关的资源配套、师资队伍建设、课程建设和管理制度建设。

二、“传媒全球公民”的培养目标

通过国际合作办学项目，我们将通过课程和师资的引进及双语授课的模式，学习借鉴欧美等国艺术高等教育先进的办学经验和理念，促进我校本科教育教学改革，创新人才培养模式，提高人才培养质量，一方面为我院师生创造更多的境外研修机会，另一方面培养出一批具有国际视野的优秀传媒艺术青年人才。

国际部将以国际传媒创新创业教育为特色，以“跨学科视阈下传媒艺术复合型人才培养”为定位，面向国际传媒行业、组织和企业提供国际传媒人才培养计划。

三、优势互补、资源共享的创新教学思维

——跨界融合的课程设置

南京艺术学院有优秀的艺术教育资源，在国际合作项目的课程设置中，坚持以国际化视野下具有南艺特色的艺术教育为特色。传媒学院国际部三个合作办学项目的教学计划由中外双方共同研究制定，课程的设置以教学目标为出发点，并充分体现中外合作办学项目的特色。与学院其他专业相同，国际合作项目实行学分制教学管理模式，在课程设置中更加注重专业教学，注重艺术实践，注重文化素质培养。国际部中英合作办学项目的学生前三年在国内学习，最后一年去英国学习，并完成毕业设计和毕业论文；两个中美双向交流项目的学生第一年在国内学习，二、三年级赴美学习主要专业课程，最后一年回国内完成毕业设计和毕业论文。学生境外学习之前打下良好的专业和英语基础是前期国内学习的重点，学院在设置前期课程时充分考虑这方面的需求，课程安排既能够体现外方专业课程特色，又符合国情，开设必要的通识类课程，同时结合艺术院校的特色，开设数百门公共任选课。专业必选课和专业任选课由中外双方专业教师共同开设，按照教育部《中外合作办学条例实施办法》的规定，合理设置引进外方专业核心课程和外籍教师授课的专业核心课程的门数和学时，同时开设与专业相关的讲座、研讨、工作坊和实践活动，为学生赴境外学习打下坚实的基础。

——多元化的师资结构

国际化项目教学的师资由国内院校本专业专任教师、合作外方院校专任教师、行业导师等组成，这些老师一部分是艺术家或本学科的学者，另一部分具有丰富的

媒体从业经历，在教学之外也从事本专业相关的实践创作和研究，与当下传媒行业有着紧密接触。学生不仅可以学到本专业的基础理论知识，也可以在创作实践中掌握相关技术和技能，并扩展知识面。

——国际化实践教学

传媒行业需要具有宽知识结构基础、扎实理论功底和创作能力的跨学科、复合型人才。传统按专业划分的教学模式不能适应当代传媒艺术人才的培养需求。通过跨学科的项目化教学，提升传媒艺术相关专业的教学水平，形成专业特色，总结教学方法和体系，广泛借鉴和吸收其他学科的研究成果、方法和思路，提升传媒艺术创作水平，提升教育质量。国外传媒艺术专业非常重视学生的实践应用能力，许多院校与业界合作融洽，直接为媒体提供节目内容。国际部许多课程都是在实验室、机房里进行，特别是广播电视编导、影视摄影与制作专业，一些摄像、节目编导、制作等都是在演播室中完成。学生以小组分工的形式，分任一个节目组中不同的工作，从文案策划、小组讨论、确定分工，到选择演员、拍摄、剪辑、后期制作、成片修改完成的全部流程都在教师和行业导师的指导下完成。合作院校美国北亚利桑那大学与地方电视台合作，为学生提供真实的实践环境，他们的编辑平台与电视台的供稿系统相连接，学生制作的节目可以直接在频道播出，一方面提高了学生的学习积极性，另一方面为他们毕业后进入媒体行业打下了基础。

四、结语

媒介融合环境下，艺术类院校人才培养的目标是加强传统媒介理论教育与当前媒介技术与实践的融合。一方面，国际化传媒教育的观念更新，与当下媒介业态、新媒体技术对接，提升了学生跨学科背景下的多重技能，使其具有在纸质媒体、电子媒体及新媒体行业从业的能力；另一方面传媒艺术教育的国际化也是引进国外先进的教学模式、教学经验和内容与本校的教学、科研、艺术创作的发展紧密结合，促进学校的学科建设、科学研究，其长远目标是在教学组织、课程体系、教学方式、教学内容、教学管理等方面形成国际传媒艺术教育的特色，并结合学校自身特点在办学模式、管理模式、人才培养模式以及国际合作等方面形成制度化管理，对其他学科和专业教学产生良好的影响及辐射作用。

艺术院校“跨学科”实验教学模式的实践与探索

——以南京艺术学院传媒艺术实验中心群为例*

方梦阳**

摘　要：全国高校几乎都面临着跨学科与复合式教学体系建设的迫切需求，艺术院校对“跨学科”实验教学模式正进行着各种的探索和尝试。本文将以南京艺术学院“跨学科”传媒艺术实验中心群（数字媒体艺术实验教学示范中心、数字音频实验教学示范中心、虚拟现实艺术实践教育中心、传媒艺术跨学科综合训练中心）为例，根据其三年建设相关数据探索“跨学科”模块化实验教学模式在本科生与研究生教学中进行教学科研一体化的实践效果与可行性。

关键词：“跨学科”　实验教学模式　高校艺术类实验室　模块化

当代艺术发展不断打破传统艺术形态的疆界，呈现互相融合的趋势。同时艺术教育也面临着如何进行学科之间的交叉教学的问题，特别是以数字媒体艺术为代表的新兴艺术学科，其教学也进入一个实验性很强、技术和艺术深度交汇以及知识更新快速的新领域。因此，在相关人才培养中，从教学理念、教学方式和手段、新技术内容更新、教材编写、实验项目设计等方面都存在着不断变化、不断拓展的特征。调查发现，在这个过程中，一类高等艺术院校注重类似“跨学科”（cross-disciplinary，指超出原本学科的边界，涉及其他学科的学习和研究）理念上的教学模式改革，如“联合实习模式”“跨域融合”等；另一类注重实验教学改革（“实验教学原指教学过程中使用一定的设备和材料，通过控制条件的操作过程，引起实验对象的某些变化，从观察这些现象的变化中获取新知识或验证知识的教学方法。在物理、化学、生物等学科的教学中比较常见”[1]）。前者的探索精神值得称赞，但很

* **基金项目：**基于高等艺术院校实验教学示范中心的跨学科实验课程研究，江苏省教育科学“十二五”规划2015年度课题青年专项（重点资助，C-a/2015/002）。

** **作者简介：**方梦阳（1984—），男，南京艺术学院传媒学院讲师。

多仅仅是将传统工作室、工作坊教学模式的改头换面；后者的优势在于所处于的综合性大学的文、理、工、艺术学科门类皆有，实验室教学与管理具有丰富的经验，但艺术却是其院校非重点发展的学科，难以发挥跨学科优势。我们以为，只有将“跨学科”与艺术类实验室相结合的实验教学模式才是更有探索价值的研究方向。南京艺术学院的“跨学科”实验教学模式的探索是在艺术类实验教学蓬勃发展的基础上，又面对快速发展的数字媒体艺术等新兴艺术学科的需求建立的，其最大的特色是依托单位包含了艺术学门类下所有学科，也具备了以三类不同功能的教学示范中心（实践教育中心、综合训练中心、实验教学示范中心）为平台的艺术类实验室，通过来自南京艺术学院传媒学院的多年的实验教学实践（传媒学院自身的多学科属性和专业设置使其表现出麻雀虽小五脏俱全的特性，且学院创建时间短、团队年轻，因此能够高效快速地去探索多学科联合、沟通，新技术与艺术的结合，创建综合团队等道路）发现，目前最优化的实验教学模式在于将其模块化区分，不应期望能够总结出一个适用各方的万能模式，而是每个院校应该找到适合自身学科和专业教学发展需求的几大模块，然后在各个模块中解决一个个小的问题，一点点进步，寻求突破，实现整体实验教学模式的优化。本文通过各个相关艺术高校对于其“跨学科”或者类似概念的实验教学模式的论文、调查报告等文献，分析其模式的利弊；再通过对南京艺术学院传媒艺术实验中心群近几年的实行模块化实验教学模式的课程、教案、实验平台、教学成果及社会辐射等方面的研究，以论证模块化实验教学模式是综合性艺术院校目前的最优选择。

一、“跨学科”实验教学模式的研究现状和意义

《国家中长期教育改革和发展规划纲要（2010—2020年）》中明确提出：教学科研团队建设方面“要促进高校、科研院所、企业科技教育资源共享，推动高校创新组织模式，培育跨学科、跨领域的科研与教学相结合的团队。促进科研与教学互动、与创新人才培养相结合”；教育结构优化方面要“优化学科专业、类型、层次结构，促进多学科交叉和融合”。在此背景下，许多高等艺术院校正不断探索、开创新型的艺术类实验教学模式。如中国传媒大学影视艺术学院提出的“联合实习模式”，该模式以影视专业人才的协作能力培养为重心，逐步形成“以课程规定的实习实验作为‘点’，以学期、学年的课程成果汇报作为‘线’，以联合毕业作品作为‘面’，致力于建立‘点线面’相结合的校内实习实验体系”[2]。陈倩在其《基于“跨域融合”理念的实验教学改革与艺术教育研究》中提出的“跨域融合”的实验教学改革重点在于“增强创新意识培养、提升环保创作意识、注重激发学生潜力、学生成本意识培养等方面”[3]。李振鹏在其《跨媒体艺术教学模式探索》中分析中国

美院的“跨媒体艺术教学模式”[4]的三个特点：跨媒介的专业选修、跨学科的主题式教学、跨文化的导师联合辅导制度。这一类观点看到了现代艺术教育对于“跨学科”“融合”的重要性，但其教学单元主要以传统的工作室为主，未从实验室教学的角度去思考。少数学者也在从其他学科实验室教学的角度去探索，如于亚楠认为艺术类开放式实验教学模式的优势在于能够打破空间和时间上的限制，实现教学内容的混合应用等，但同时他也承认开放式实验的管理存在很多问题，尚在摸索解决的阶段。李四达认为，在数字媒体艺术教学模式的探索上，“跨学科”的重点在培养多学科学生团队的配合，不但融合了大部分的艺术学科，而且需要拓展到与媒体技术相关的理工科。可以看出第二类观点仅适合在综合性大学多个学科门类具备的条件下深入实践。

我们认为，“跨学科”实验教学和复合式教学体系一样，培养的人才要求具有扎实的基础理论、宽厚的专业知识和较强的操作能力，并使个性得到全面发展为目标。要实现“跨学科”实验教学，必须满足两个基本条件：实践性和跨专业性。实践性要求学生不局限于课堂要求，要能够到课堂外去拓展能力；跨专业性要求学生不局限于本专业的教学要求，对完成业界要求的其他相关专业能力也必须要有所涉足。在实验教学改革过程中，很多艺术院校将传统的艺术教育中的“工作室”这样一个基本单元，拓展为能够为更多学生进行实践、自主利用的实验室。如清华大学艺术与设计实验教学中心、四川美术学院艺术实验教学中心、西安美术学院版画影视动画实验教学中心等。各艺术院校在进行实验室化改革中，因本身教学条件、人才队伍、设备环境等情况不同需进行具有自身特色的模式探索。如四川美术学院艺术实验教学中心提出的“跨域融合”的核心思想、西安美术学院版画影视动画实验教学中心改革思路立足于“服务地方经济文化事业，培养具有当代视野的复合型美术人才”等，可以看出以实验室教学为基础，在类似“跨界”“跨域”等概念上依照自身特色发展成为多个艺术院校的共同特征，也说明了“跨学科”本身是新时代艺术教学和人才培养不可回避的重要课题。

传媒艺术实验中心群包含了南京艺术学院国家级数字媒体艺术实验教学示范中心、数字音频实验教学示范中心、虚拟现实艺术实践教育中心、传媒艺术跨学科综合训练中心以及传媒艺术跨学科虚拟仿真中心等国家级、省级以及校级实验教学示范中心。对“跨学科”实验教学的探索最重要的需求之一缘于当代数字传媒相关艺术的快速发展。现代社会处于全新的网络化、数字化的新媒体时代，在强调跨界、互动的数字化产业格局下，数字影像学科日益受到重视，其艺术形态和技术革新日新月异。目前发达国家的经济增长重要依托已经由近十年的IT领域转向创意产业，英国、法国、日本、韩国等发达国家已经明确指出创意产业的发展已经成为国家经济增长的新的动力来源。而艺术学科正是未来经济新动力——创意产业的重要推动力,因而在发达国家亦被给予高度的重视。国内现有的理论与实践基础相对比较匮乏,必须学习国际先进的研究方法与理念,不断引进和学习新的数字媒体的技术手段和表现形式,才能使我们的教学、科研始终保持领先的步伐。

二、基于“跨学科”理念的模块化实验教学模式实践

基于“跨学科”理念的模块化实验教学模式的实践以南京艺术学院传媒艺术实验中心群为载体,依托于传媒学院和相关科系。学科层次包括:“数字媒体艺术博士后科研流动站和博士点、广播电视艺术学硕士点,以及广播电视编导、动画、录音艺术、数字媒体艺术、摄影、广告学和影视拍摄与制作7个本科专业。现有在校生本科生、硕士生、博士生1 700人左右。”[5]传媒艺术实验教学顺应现代数字媒体技术、信息技术在传媒领域快速发展的趋势,具有适应全球数字化艺术传媒发展的前瞻性特点,传媒学院的实验室为“跨学科”式创新人才培养提供了重要实验教学与科研平台。

目前,传媒艺术实验中心群的“跨学科”实验教学模式以艺术理念为主导,以数字传媒技术为支撑,意在拓展艺术教学的新空间。“跨”不但代表“跨专业、跨学科、跨导师,还要跨团队、跨组织”[6],交叉整合传媒学院特色学科和专业,强化传媒技术与艺术形式之间的渗透,进一步充实和完善视频、音频、动画、互动、网络和新媒体等媒体形式的实验教学平台,并注意与南京艺术学院传统的美术、音乐、设计、舞蹈、影视等艺术门类相交叉融合。传媒学院目前拥有的一个国家级数字媒体艺术实验教学示范中心和三个省级实验教学示范中心(数字音频实验教学示范中心、虚拟现实艺术实践教育中心、传媒艺术跨学科综合训练中心)共由数字媒体艺术实验室、数字音频实验室、影视高清工作室、三维动画工作室、数字渲染农场等17个实验室或工作室组成。这些实验室与配套设施基本覆盖了数字媒体艺术的主要领域,构成了学生学习中的联合作业、功能互补的紧密协作与平台共享。体现了综合性、设计性和创新性教学,培养了学生的主动性和积极性,锻炼了学生的综合艺术创作能力和创新意识。本校国家级实验教学示范中心主任庄曜教授首先提出把实验教学融入完整教学环境中,以此构建了五个不同功能模块,组合成一个多维度的、艺术与科技相结合的、能够培养学生完整知识结构和不同能力的实验教学模式,该模式以本科生实验教学为主,同时培养研究生在实验室的科研能力和创新能力。

1. 专业交叉性课程体系模块。通过艺术类理论与技术课程、各类交叉学科课程及人文课程的教授,以实现宽口径、厚基础、强化交叉性综合专业素养。

2. 各类实验室为平台的实验模块。通过多学科、多类型、具备新科技设备的实验室平台实现学生对于新技术手段和动手实验能力的掌握。

3. 实验教学课题项目与创作实验项目驱动引领模块。该模块通过实验课程项目、原创艺术实验课题项目及科研课题提升学生思考和解决问题的能力及创新思维能力的培养。

4. 资源优化应用管理模块。通过网络信息平台和交互学习平台，实现教学过程中对资源的调配、整合、共享和保存，同时培养学生获取、交换信息的能力。

5. 多形式的学习与实践方式模块。通过指导老师制、学生团队制和校企联合制，以综合设计型实验和研究创新型实验为主，实现学生团队意识与社会交往能力的培养。

“跨学科”要求课程设置上在实现“跨”的同时必须符合专业自身特性。以数字游戏专业方向为例，该方向实验实践的基础必须依靠数字技术，其产业环境几乎也是纯数字环境。从学科融合的角度上，数字游戏专业人才需要涉及美术、音乐、平面设计、三维动画设计、剧本写作、计算机编程、交互设计等多个学科的知识。一款游戏的设计完成也要求各个专业特长人才的团队协作和鼎力配合才能够实现。更重要的是，该专业的发展历史非常短，世界各国的相关专业都处于“产业+学院”的协同人才培养方式，产业的协作关系一变化，学院的教学方式就需要调整。在这不断更新、不断创新的过程中，对新兴的“跨学科”实验教学来说是一个重要的研究对象。因此，数字游戏专业方向的课程设置更能够体现其人才培养的基本逻辑和价值引导。素描一、素描二、数字媒体技术基础、数字媒体创意、视听语言、实验造型、设计心理学大纲、色彩、三维专业软件、平面基础软件、构成与表现、多媒体专业软件、数字媒体艺术概论、当代艺术思潮等是数字游戏设计专业必选的基础课程设置。其中，无论是数字技术手段，还是艺术理论教学都以美术、设计两大学科为核心，而这正是游戏设计的视觉表现基础艺术表现能力的培养。也可以看出该专业在承托艺术院校的基础上，将自身特色与中心放在了视觉设计。

“跨学科”要求师资团队的专业背景构成多元化。实验室教师来自美术、设计艺术、工艺美术、音乐、计算机、管理学、传播学等不同的学科，形成了相互渗透、相互依存、相互影响、技术与艺术融为一体的交叉学科环境。逐步建立了一支教学、科研、创作和管理能力兼备、核心骨干相对稳定、结构合理、勇于创新的教学团队。这个教师队伍承担着南京艺术学院20余个学科专业的实验教学任务，每年接待大量校内外各类实验学生，形成了立足学院、服务全校、辐射全国的规模化集群效应，直接推动了传媒学院乃至整个南京艺术学院的人才培养、科研创作和学科建设。

丰硕的艺术创作成果表明“跨学科”实验教学模式具有较高的实行意义。示范中心从2011年至2013年的三年建设中，师生充分利用实验室，创作了大量的具有创新意识的动画、游戏、专题纪录片等多种形式的艺术作品。在国际国内的各种重要比赛中取得丰硕成果。获得包括第十一届全国美展动画金奖、第五届克拉斯费斯特电影节组委会最佳实验作品奖等在内的国际比赛和全国大型比赛奖项共99个，省级专业比赛奖项共133个。其中大部分获奖的艺术作品都是团队合作的结果，而团队中至少包含了两个专业的学生。以获得第27届江苏省电视金凤凰奖长篇纪录片类一等奖的大型电视纪录片《大时代的记录者：吴印咸》为例，参与师生来自广播电视编导、录音艺术两个专业，从前期策划、台本写作、器材准备等，两个专业的师生就需要进行配合，每一集内容表达的主题和文本表达的情绪都需要对应的音乐和音效。拍摄的阶段，现场录影、录音更是需要两个专业的学生紧密地作为一个整体来运行。而在后期编辑阶段，影像和声音的组合如何完美的剪辑，一方面需要创作人的主持把握，另一方面需要两个专业结合专业知识共同完成剪辑和视效制作。在另一个获奖的数字媒体装置艺术作品《光衍》中，音乐和影像结合了现代数字艺术互动特性，音乐与影像的表达不再是平行表现，而是互相影响，将视觉艺术和声音艺术的界限模糊。创作团队由数字媒体艺术专业和录音艺术专业的师生组成，如果没有其他专业的配合，这样的具有视听结合互动效果的现代艺术作品就难以完成。

传媒学院在实验教学中与社会紧密接轨，为学生创造了大量的实践机会，并创作出了大量的艺术作品。与许多校外企事业单位建立了长期稳定的合作关系，例如江苏省广播电视总台、安徽省广播电视总台、江苏省演艺集团、苏宁云商集团、北京闪图科技有限公司、南京科技广场动漫技术有限公司、江苏省广播电视局、中国电信江苏公司等。与这些单位的合作，不仅可以让学生将平时在学校的学习与社会需要相结合、加深对理论知识的应用理解，增强社会责任感，还直接为学生拓宽了实习与就业的机会。从实际的艺术创作成果和人才对社会的输出成果来看，基于艺术类实验室的“跨学科”实验教学模式具有相当的可行性，更值得艺术教育改革者深入讨论和研究。

三、当前实验教学模式需解决的问题与方向探索

传媒艺术相关的产业技术发展与传统实验室教学还有一些难以化解的矛盾和问题。首先，因缺乏足够的新兴技术设备，目前高校的数字媒体技术高新技术实践与应用相对薄弱，应用能力较低，以较低端技术为主要数字化影像创作的低水平重复现象严重。在数字化环境下进行艺术创作有别于传统形式，必须提供可供创意实践的、具有相当数量和层次的高新技术设备的实验室环境，在艺术设计观念已经

大幅转变的新媒体时代，艺术创新精神与高新技术息息相关，学生无法再采用以往的个体的有限的能力和资源，而设备资源缺乏成为阻碍数字传媒艺术创作的主要瓶颈。其次，数字影像作为艺术领域的最新表现样式面临许多新的探索空间，相关的课程体系、教育方式、创作途径等都处在起步阶段。我国艺术院校普遍使用高新设备的机会有限，导致技术与艺术的融合生硬，数字传媒艺术领域几乎所有的环节都深受高新技术影响，艺术院校学生长期缺乏紧密和系统接触高新技术设备的机会，创意大多停留在方案阶段，不能有效形成创作的终端，创作与制作脱节，未能有效发挥学生的原创能力。传媒艺术是需要以大量具体实践开展的艺术创作形式，具有高技术性、高综合性、团队合作性的鲜明特征。有别于传统课堂教学式的艺术设计形式，充满了开发性、实践性、实验性、交互性、产业应用性等特点，目前的数字媒体技术高新技术与高校教学、人才培养、社会辐射结合十分有限，未能形成良性的产业格局，而校外的相关企业也暂时无法提供数字艺术创意、研发、生产、实践的基地，现阶段需以实验室平台为形式作为教学研究、试验创意、产业研发和应用实践相结合的纽带。

数字时代背景下的传媒艺术、动画艺术和新媒体艺术等逐渐成为实验性很强、技术和艺术深度交汇的领域，也是一个发展迅速、知识更新快速的新领域。因此，在我们的人才培养中，从教学理念、教学方式和手段、新技术内容更新、教材编写、实验项目设计等方面都存在着不断变化、不断拓展的特征。虽然有了几年时间的实践经验积累，但对于“跨学科”实验教学模式的完善才刚刚开始。教学示范中心面临的主要问题有：不同专业课程内容的关联性衔接有待进一步完善，如广播电视编导专业的MV创意制作与音乐创作专业歌曲创作课的同步协调等；年轻师资队伍自身素养和知识更新需进一步提升，需要加强轮流进修培训计划的实施等，强化教师知识更新；教材和教学内容需要与时俱进。在人才培养过程中，需要更加注重基本原理、艺术特质、文化内涵等深层内容的教学，打好学生的综合素质基础。高层次创新人才培养与引进是“跨学科”实验教学模式的重点。“跨学科”意味着需要有能够统领和掌握不同专业领域知识和技能的人才，只有这样的人才才能驾驭不同专业学生进行团队合作、协作创作。一个专业内的学生进入另一个专业往往摸不清方向，如果教师只懂各自专业领域，则无法正确指引学生。教学示范中心的下一步深化“跨学科”的具体方案有：引进世界著名艺术大师进行工作坊模式教学，引进美国加州艺术学院实验动画课程体系，邀请国际著名大学的教授来中心进行讲学。教学示范中心教师队伍以青年教师为主体，在经验积累方面特别需要有国内外著名学者为他们进行培训，以开阔青年教师的学术视野和专业技术技能，只有具备了这个条件的教师队伍才能进一步引领学生进入“跨学科”的道路。

参考文献

[1] 李伯光.实验教学法[J].湖南教育,1986(6).

[2] 宋昭.影视艺术实验教学新模式的探索与思考——以中国传媒大学影视艺术学院联合实习教学为例[J].现代传播,2010(5).

[3] 陈倩.基于“跨域融合”理念的实验教学改革与艺术教育研究[J].艺术品鉴,2016(6).

[4] 李振鹏.跨媒体艺术教学模式探索[J].新美术,2013(10).

[5] 王方,祁雅婕.数字时代艺术类院校“跨学科”实验教学研究——以南京艺术学院传媒学院为例[J].传播与版权,2015(3).

[6] 许永,魏葳.数字媒体艺术“跨界”人才培养研究[J].新闻爱好者,2012(10).

录音艺术专业创新型实验教学的探索与实践

范 翎*

摘 要: 南京艺术学院录音艺术专业始终坚持以"创新型实验教学"为核心,经过多年来的不断改革进取,创立了一整套科学而有效的教学模式。本文介绍了南艺录音艺术专业教学实践方面所采取的一系列行之有效的举措,希望对国内录音艺术专业的改革与发展提供一定的借鉴。

关键词: 录音艺术专业 教学模式 实验教学 课程体系

南京艺术学院录音艺术专业建立于2005年,其前身为南艺音乐学院作曲系下设的计算机音乐方向。2005年,南京艺术学院成立传媒学院,将动画、广播电视编导、摄影、录音艺术等专业进行整合,为跨学科的联合教学与创作奠定了坚实的基础,也为录音艺术专业的健康发展创造了良好的条件。多年来,依托南艺传媒学院优质的教学软硬件资源,南艺录音艺术系为江苏乃至全国的各行各业培养了一批又一批优秀的录音艺术人才,他们广泛活跃在广播电视、影视制作、游戏制作、音乐创作以及出版发行等专业领域,受到了用人单位的一致好评。与此同时,通过十多年的学科建设,南艺录音艺术专业也已确立了在省内乃至华东地区的核心地位,并对兄弟院校相关专业的学科建设提供了一定的借鉴作用,其领先地位与辐射作用正逐步彰显。

作为一门新型的交叉学科专业,录音艺术专业具有鲜明的多学科融合特性,同时也具有极强的实践特性。回望专业建设之路,南艺录音艺术专业始终坚持"以创新型实验教学为核心"的教学理念,以课题引领教学,在教授专业理论内容的同时强调课程的实验性与实践性,注重学生实际动手能力的培养,将教学与创作紧密结合,在培养优质人才的同时孕育了一大批优秀的声音艺术作品。在全体师生的不懈努力下,南艺录音艺术专业目前为"江苏省高等学校品牌专业",并于2013年获得江苏省教学成果奖(高等教育类)一等奖。

* **作者简介:** 范翎(1980—),男,南京艺术学院传媒学院副教授。

一、创新课程体系

南艺录音艺术专业自建立以来，始终把培养掌握先进的数字录音技术和现代传播理念的文化产业急需人才定位为本专业的培养目标。为此，在课程体系建设方面，本专业始终以信息时代的数字技术平台为依托，以培养艺术审美为导向，一方面着力于提高学生的理论素养和实践动手能力，另一方面则不断强化学生的综合艺术审美能力。

录音艺术专业课程大都带有运用数字技术的显著特征，这些课程是近些年来在国内外逐渐出现的新型课程。本品牌专业建设中的课程体系改革依托江苏省“数字音频实验教学示范中心”，使课程的教学着重体现实验性、实践性及学生的创新性。通过十多年的不断探索与调整，录音艺术专业的课程已经相对系统和完善，主要分为三个大类：

学科基础课程：主要包括学科与专业导论、音乐文化概论、影视声音艺术、音响美学等。

专业基础课程：主要包括基本乐理、视唱听音、录音声学、电子技术、歌曲写作、录音艺术基础、音序软件、音频软件、音频硬件、音频硬件系统集成、扩声基础、数字效果器应用、音乐录音基础等。

专业实践课程：主要包括数字音乐与声音设计、现场同期音乐录音、分期多轨音乐录音、影视录音、数字音乐作品创作、音乐录音作品创作、影视录音作品创作等。

录音艺术专业自成立以来经历了多次教学计划修订，其目的在于紧跟学科发展的前沿动态，强化专业课教学，同时能够为学生选课提供更大的自主性。

由于南京艺术学院一贯实行高度自主化的学分制教学体系，考虑到学校多学科综合性的特点，录音艺术专业将视听语言、广播电视概论、传播学等学科基础课的学分转化为专业基础课学分，这样一方面加大了专业课程群的学分比例，使学生能够将更多的时间和精力投入专业学习中；另一方面，学生也可通过专业任选课选择真正感兴趣的与本专业学术背景相关联的理论课程，从而在确保专业教学质量的同时加强学生选课的自主性。在专业课程设置方面，为紧跟时代发展的要求，顺应社会人才需求，本专业密切关注相关行业的前沿动态，通过各种渠道不断借鉴学习国内外兄弟院校的先进办学经验。除新增了“数字效果器应用”“影视声音艺术”“扩声基础”等专业课程以外，还将原有的“音乐录音”课程群1–3细化为“音乐录音基础”“现场同期音乐录音”以及“分期多轨音乐录音”。同时，除框架体系的改革以外，通过教学研讨和交流，鼓励教师不断更新具体的教学内容，将最新的软硬件技术、声音审美理念以及声音创作技法融入实验教学中，优化内容结构、推陈出新，使教学内容始终与行业前沿保持一致。

为了更好地体现以人为本的理念，促进学生知识、能力、素质协调发展，我们把创新型实验教学融入完整教学环境中，构建了五个不同功能的培养模块，组合成一个多维度的艺术与科技相结合的创新人才培养框架，体现着对学生完整知识结构和不同能力的培养：

（1）专业交叉性课程体系模块——包含艺术理论与技术课程、各类交叉学科课程与人文课程。体现了艺术与科技的复合型知识结构和综合专业素养的能力培养。

（2）以多种类型实验室为平台的实验教学模块——包含以新科技设备为平台的各种类实验室，培养学生使用新技术手段和动手进行艺术实践的能力。

（3）实验教学课题项目与创作实验项目驱动引领模块——以综合设计型实验和研究创新型实验为主，培养学生思考和解决问题及艺术创新的能力。

（4）网络资源优化应用管理模块——通过建立管理型网站，培养学生获取、交换信息的能力。

（5）灵活的教学与学习组合方式模块——以综合设计型实验和研究创新型实验为主，培养学生的团队意识与社会交往能力。

创新的课程体系使学生既能熟悉广播电视及音乐音响方面的基础常识，又能掌握最新的数字录音及数字音频编辑与创作的技术手段，在实践过程中掌握声音的艺术创作技巧和一般规律，在言传身教中不断提升学生的艺术审美品位。多年来，创新型实验教学的人才培养模式取得明显的效果，实验室成为学生和教师最重要的实验技术示范、创作研究、创意制作和艺术创作的完成基地。学生的知识构成得到了较全面的发展，培养了较强的动手实验实践能力。学生的综合素质和创新能力得到企业和用人单位的认可。

二、多学科专业间的交叉联合

南艺传媒学院将媒介和传播的方向定位在新媒体，掌握新媒体的技术前沿，把握媒介未来发展的方向。目前，传媒学院建有"国家级数字媒体艺术实验教学示范中心""江苏省数字音频实验教学示范中心""江苏省虚拟现实艺术实践教育中心"和"影视高清实验室"等实验教学基地，构成了传媒学院的实验室集群体系，为教学提供了重要实验平台。通过实验室建设，打通了系科之间的学科壁垒，让不同专业的学生通过实验室教学和项目教学形成合作体制，通过联合作业来实现艺术人才的"跨界"培养，使学生紧跟新媒体环境下艺术创作和传播的新理念、新技术的发展，培养具备较好艺术潜质和科学严谨作风、掌握实验技能、具有艺术创造性，以及综合发现、分析和解决问题能力的应用型、复合型和创新型人才。

依托南京艺术学院综合性艺术学院所特有的多学科特点，录音艺术专业经过多年的摸索和实践，在专业方向的多元化、知识传授的系统化、服务社会的全面化等方面取得了明显优势。在教学与创作方面，本专业鼓励师生之间跨专业、跨学院的联合作业，强调与学校相关专业的联合教学、联合作业，始终与广电编导、动画、数字媒体、游戏以及音乐表演等专业紧密联系。除完成本专业课堂教学中的实验项目以外，积极与其他专业进行联络，互通有无，力求以跨专业联合的综合实践项目带动教学，在艺术实践的过程中巩固课堂中所学的知识。目前，录音艺术专业通过跨专业的联合作业，除完成了音乐学院、流行音乐学院、南艺附中等单位参报金钟奖、文华奖以及全国大学生艺术展演等大型比赛的多种类型的音乐录音以外，也联合广播电视编导、动画、数字媒体、舞蹈编导等专业完成了多部大型的影视、动画、原创舞剧以及电视作品的声音创作与制作。这些作品的录制不仅极大地锻炼了本专业师生的实践创作能力，也为兄弟专业的学科发展提供了强有力的技术保障，与此同时，部分成果也获得了本专业相关领域的诸多奖项，为南京艺术学院赢得了良好的声誉

三、注重培养学生的创新精神

新媒体是时代的特征，是数字发展的产物，也是当代艺术重要的存在方式。录音艺术专业的实践课程与时代结合紧密，紧紧抓住时代的脉搏，培养新媒体发展所需要的新媒体人才。

在整合优势资源的前提下，南艺录音艺术专业在强调实验教学的同时，始终将“声音艺术表现”作为重要的教学方针，并以此为目标鼓励师生大胆进行创新实践，一方面在加强理论教学的同时，倡导以实验巩固所学知识，并在此基础上作进一步探研；另一方面则在教授专业技能的同时，积极拓展相关技术领域的科研与学习，并结合历史、文化、哲学等多领域广泛地开展声音创作。

录音艺术本科专业下设三个专业方向，分别为数字音乐与声音设计、音乐录音、影视录音，而“数字音乐作品创作”“音乐录音作品创作”与“影视录音作品创作”课程则是三个不同方向的创作实践课程，自专业建立以来，凭借其明确的指向性对学生的毕业创作起到了至关重要的作用。

按照南京艺术学院人才培养的要求，每位毕业生都需要完成一定的毕业创作任务，并获得毕业设计学分方能毕业，因此，录音艺术专业也对这三个专业方向的毕业设计提出了具体的要求：

（1）数字音乐与声音设计

影视配乐作品1部、原创歌曲作品1首、仿真管弦乐作品1部、自由创作作品1首、电子音乐作品1首。

（2）音乐录音

分期多轨录音作品2首、同期多轨录音作品2首、多轨缩混作品1首。

（3）影视录音

担任主创的影视作品2部、参与创作的影视作品3部。

按照以上要求，创作实践课的任课教师一方面整合校内与校外的优势资源，为学生创造各种实践机会；另一方面则身体力行，对创作进行现场指导，并对后期制作的各个工序进行严格把控，以确保学生能够高质量完成作品创作。

与此同时，创作课程的指导坚持以启发式教育为主，在教学方法上则始终坚持以学生作为创作主体。从创意讨论、团队构建和方案制定，到项目实施、后期混录，创作的主体始终以学生为主，而教师则充分鼓励学生提出个性化的创意，同时从不同的角度提出意见和建议，从而确保创作的有序进行。

创意来源于对生活的观察，来源于多元领域的交流和拓展。为进一步拓宽学生的学术视野，培养学生的创新精神，录音艺术专业鼓励学生观摩和参加各类艺术展、学术会议以及比赛活动。与此同时，本专业也十分注重与各院校及专业团体之间的合作交流，近年来与中央音乐学院、上海音乐学院、北京电影学院、中国传媒大学、美国俄勒岗大学、美国瓦尔帕莱索大学、美国海岸大学、英国剑桥大学等国内外高校建立了良好的合作交流机制，同时也与中国录音师协会、中国电影电视技术学会、中国音乐家协会电子音乐学会、中国电影家协会电影声音专业委员会等专业团体保持着密切的联系，为学生搭建了良好的交流学习平台。

四、以实验教学为核心，加强教学实践

录音艺术专业自建立以来，始终坚持“以创新型实验教学为核心”的教学理念，以课题引领教学，在教授专业理论内容的同时强调课程的实验性与实践性。2009年，录音艺术专业下属的“数字音频实验中心”被评为“江苏省高校实验教学示范中心”。为加强教学实践，自中心成立以来，本专业对原有的教学场所与实验设备进行了科学的整合，品牌专业的专项经费主要用于实验设备的购置及教材建设。另外，从多种渠道筹集包括国家支持地方高校建设专项经费在内的实验室专项建设经费共计1 000余万元。目前，录音艺术专业建有ProTools HD3数字录音棚、STUDER800 Ⅲ 24轨模拟录音棚、MIDI音乐制作教室、数字音频制作工作室、数字音频创作实验教室、影视多声道环绕声缩混棚、影视拟音配音录音棚、互动音乐实验室以及电钢琴教室等实验教学空间。教学实验硬件条件已达到省级广播、电视

台设备标准，形成了一整套与国际接轨的、国内一流的数字音频教学实验系统，成为南京艺术学院全校艺术实践的重要基地，形成了立足学院、服务全校、辐射全国的规模化集群效应，直接推动了传媒学院乃至整个南京艺术学院的人才培养、科研创作和学科建设水平。

录音艺术专业的发展始终依托“数字音频教学实验示范中心”，把培养学生的实际操作技能和动手能力作为人才培育的首要目标，各项教学制度与管理制度的制定及实施须紧密围绕本科教学中的实践环节。中心倡导将实验教学同理论教学紧密结合，科学设置实验课程，形成适应学科特点及自身系统性和科学性的、完整的课程体系，全面培养学生的科学作风、实验技能，以及综合分析、发现和解决问题的能力，使学生具有创新、创业精神和实践能力。同时，中心将与目前社会相关媒体单位的实际使用平台相接轨，尽量保证学生走上工作岗位后，能够在最短的时间内适应工作的实际需要。并以此为平台辅助教学，配合不同专业的教学及艺术实践，使学生掌握音频应用的基础技术。

目前，依靠实验室为教学提供基础设备与实验环境，本专业较好地完成了原先制定的各项教学任务。配合各专业学生的实践课题、毕业设计等，学生在实验中心完成了大量的声音录制、音乐编辑、音频编辑、音乐创作、声音创作教学实验项目。从实际效果看，学生的动手能力与投身科研的热情都得到了显著提高，极大地激发了学生的实践创新能力。同时，随着实验教学的摸索和教学改革的推进，目前实验室已形成一整套科学系统的实验课程体系，基本做到了基础课实验教学与理论课教学有机结合、独立设课，形成配套、科学的实验教学课程体系。中心对实验内容和形式进行了一定的调整，进一步增加和充实了综合性、设计性、创新性实验项目。

五、注重产学研相结合，全方位开展创作实践

立足于录音艺术专业技术与艺术相结合的学科特点，本专业始终坚持以行业需求为导向，鼓励在校学生利用课余时间参与行业一线的创作实践项目，整合社会资源服务于教学。为拓展校外实训基地，本专业与共青团中央网络影视中心、江苏省广电总台、江苏大剧院、江苏省演艺集团以及江苏音像出版社等多家单位建立密切的合作关系，建成了多个学生实训基地。多年来，在校师生曾经服务于江苏省政府、江苏省广电集团、共青团江苏省委、苏宁集团等企事业单位，参与了青年奥林匹克运动会、中国艺术节、全国运动会、江苏卫视跨年演唱会等大型活动的文艺创作，也参与了《狙击时刻》《王朝的女人·杨贵妃》《爵迹》《锦衣之下》等影视作品的声音创作。多渠道的产学研结合不仅有利于切实提升学生专业实践能力，同时也很好地体现了高校科研创作服务于社会的宗旨。

为进一步拓展学生的学术视野，促进作品创作与交流，多年来，录音艺术专业积极组织和参与国内外重要的学术活动和专业比赛。2006年以来主办了"录音艺术人才培养暨无线拾音技术交流研讨会""2015中国影视声音艺术教学研讨会""交互型电子音乐大师工作坊""中国录音师协会第三次理事会议暨录音技术发展高层论坛"等全国性的学术活动，也曾多次承办中国艺术教育促进会、中国音乐家协会电子音乐协会、北京国际电子音乐组委会等联合主办的"中国青少年电子音乐创作大赛江苏站比赛""北京国际电子音乐节江苏赛区的比赛"，以及江苏省音乐家协会主办的"江苏数字音乐创作大赛"等多项赛事。针对"声音学院奖""中国大学生计算机设计大赛"等重大赛事，本专业通过导师推荐—系内遴选评议—多轮次修改提高—统一报送等一系列举措，群策群力确保参赛作品的高质量，而报送过程本身也为师生提供了相互交流、共同提高的良好平台，在积极参赛的同时形成了良好的内部竞争氛围。

总　结

相比于其他高等教育教学的传统学科和专业，录音艺术专业尚属于一门新兴的交叉型学科专业，存在着历史沿革较短、体系规模不足等客观问题，在全国范围内还未形成定位准确、特色鲜明的声音学科高等艺术教育办学格局。南京艺术学院录音艺术专业所创立的培养模式是中国录音艺术学科教学模式发展的一个缩影。多年来，我们博采众长，在实践中反思，在开拓中践行。诚然，南艺录音艺术专业还存在着教学硬件和空间不足、国际交流与合作较少以及教材建设亟待提高等一系列问题，但相信通过未来的不断改革与创新，我们定能开创出一条富有成效、特色鲜明的教学新路。

参考文献

[1] 姚国强，赫铁龙. 声音学科中的录音艺术相关专业历史发展探轶（上）[J]. 现代电影技术，2017(1).

[2] 姚国强，赫铁龙. 声音学科中的录音艺术相关专业历史发展探轶（下）[J]. 现代电影技术，2017(2).

[3] 井泉. 中国特色录音艺术学学科建设的回顾与展望[J]. 艺术教育，2016(9).

[4] 曾荣. 录音艺术在高校音乐专业教学中的作用和意义[J]. 艺术科技，2016(10).

[5] 姚国强，赫铁龙，梁婧. 创建与传承：中国影视声音学科及录音专业的发展历程与思考[J]. 现代传播（中国传媒大学学报），2016(3).

[6] 姜燕. 首届中国电影声音高层学术论坛综述[J]. 电影艺术，2015(1).

[7] 居佳英. 录音艺术专业特色学科发展模式探索[J]. 文学教育（中），2013(5).

广播电视编导专业实践课程的创新与应用*

魏　佳**

摘　要： 南京艺术学院广播电视编导专业2005年成立，至今已有13个年头，培养了10届毕业生，近1 000人。在教学过程中，实践课程一直是广编专业的特色课程，本文详细论述了其实践课程在课程设置、教学平台、项目课题、教学方式以及专业拓展上的创新与应用。广播电视编导专业的实践课程与时代结合紧密，紧紧抓住时代的脉搏，培养新媒体发展所需要的复合型人才。

关键词： 广播电视编导专业　实践课程　新媒体　艺术表现

南京艺术学院是江苏省内唯一一所综合类艺术院校，拥有艺术学学科全部五个一级学科博士点和博士后流动站。2005年，南京艺术学院审时度势、厚积薄发，整合学科资源成立了传媒学院，开设6个本科专业：广播电视编导、动画、数字媒体艺术、摄影、广告学、录音艺术专业。广播电视编导专业是因应当今社会数字技术、新媒体的迅速发展，为适应现代传媒人才需求而建立的。专业以培养具有现代传媒理念，掌握数字技术和现代广播电视表现手段，拥有策划、编导能力的复合型专业人才作为目标，充分实现了教学和实践的深度结合。

广播电视编导专业在建立初期，就确定了三个发展关键词："新媒体""影视艺术表现"和"短片创作"，并在十几年发展中始终秉承这三个关键词。我们一直践行着实践教学与理论教学并重的教学方式，从大一开始就设置了大量的实践课程，让学生们从动手中去思考问题、解决问题。

一、实践课程设置上的创新与应用

从2005年建系以来，广播电视编导（简称"广编"）专业一直在横向比较全国

---

*　**基金项目：** 本文为江苏高校"青蓝工程"中青年学术带头人项目资助。

**　**作者简介：** 魏佳（1980—），女，南京艺术学院传媒学院副教授（广播电视编导系系主任）。

的相关专业，力图从实践课程的建构中寻找自己的特色，从学科定位和发展上就与其他院校形成了错位发展。在多年的教学中，广播电视编导专业的实践课程体系设置已经逐渐清晰，并树立了自身的特色和地位。

1. 实践课程的“前瞻性”

新媒体是时代的特征、数字发展的产物和现代人生活不可缺少的技术，而广播电视编导专业的实践课程与时代结合紧密，紧紧抓住时代的脉搏，培养新媒体发展所需要的新媒体人才，力图打造一个具有新媒体特色的广播电视编导专业。正是基于新媒体的交互性、移动性、内容的互相包容性等特点，“短、频、快”已成为今天影像的风格。所以我们的实践课程的要求，都是从短片创作来要求学生。

2. 实践课程的“艺术表现”

南艺在百年的发展历程中，已成为全国闻名的艺术类高校，艺术学科齐全，综合水平高。广播电视编导系在这样的学校氛围里，结合艺术综合学科的优势，影视与艺术充分结合。实践课程设置中的“艺术表现”特色，是体现百年艺术院校的特点、培养学生艺术创作能力的重要方面。

3. 实践课程的“系统性”

课程的系统性体现在，首先，课程完全打破传统，不再由一门老师上一门课，而是划分老师的知识结构，多个同上一门课或者由一位老师上若干门课程的相关部分，达到知识教授的系统性和递进性。如一门综合实训课里包括策划、剧本、拍摄和后期制作，每个部分由专门老师负责，所谓术业有专攻，发挥老师的专长，学生也更加得益。

其次，实践课程注重影视艺术表现的课程系统架构，或按照创作表现技能划分，如“影像实践Ⅰ、Ⅱ、Ⅲ”就是影像的实践在层次上的递进；或按照创作类型划分，如“纪录片创作”“剧情短片创作”“非情节短片创作”，在加强理论知识铺垫的同时，专项技能和综合技能都能做到有层次的实践训练，注重课程训练的梯次和层面。

4. 实践课程的“联合性”

在系统理论的指导下，按照行业的需求，采用灵活机动的教学模式，打通相关的课程，通过课程的系统性、联合型来培养宽口径、精专业的学生。传媒学院自成立起提出了关于“1+2+1”的教学模式，一年级多安排基础课程和通识课程，打造学生“宽”口径知识面，基础课是传媒跨专业的通用基础课程，主要是挑选传媒广普性的课程为学生的专业知识打下在传媒领域宽广的基础。二年级和三年级多为专业主干课程，来打造学生知识面的“深度”和“精度”，学生可以根据自己的特长和优势，选择更有针对性的专业方向，向学科的深度拓展学习。四年级以与社会直接接轨的实践课程为主,加上综合反映四年成效的毕业设计和论文,作为进入社会的桥梁。

广播电视编导专业课程设置实行集群式,共分为四个课程群,分别是史论类课程群、技法类基础课程群、专业基础类课程群和专业课程群,课程设置的时间与学院的培养理念匹配。课程与课程之间系统交叉,课程群之间联合递进。广编专业的实践课程在这种精神指导下,实现了各类课程之间的"联合性"。

二、实践课程教学平台的创新与应用

以国家级实验室"数字媒体艺术实验教学示范中心"作为依托,采用集群式实践教学方式。

广播电视编导专业实践课程的另一大创新是教学平台的创新,我们依托了国家级的"数字媒体艺术实验教学示范中心",采用了"实验室"教学方式。

南京艺术学院"数字媒体艺术实验教学示范中心"是全国最早设立的综合性艺术实践教学基地之一。其前身为南京艺术学院影视高清工作室,数字图像实验室,二维、三维动画工作室,数字音乐实验室等专业工作室和实验室机构。2004年,为了更好地整合资源并加强管理,贯彻落实好学分制教育教学改革,全面实施素质教育,实现人才的科学培养,在上述工作室和实验室的基础上,南京艺术学院正式成立了数字媒体艺术实验教学示范中心,2009年度,该中心被评为国家级实验教学示范中心。其下设数字媒体艺术实验室、数字音频实验室、影视高清实验室、三维动画工作室、二维动画工作室、偶动画工作室、数字图像实验室、游戏研发工作室、CG动画实验室、数字绘画工作室等10个工作室。

中心拥有281个机位PC机房和200个机位苹果机房、大型电视演播厅、大型数字录音棚、多媒体观片大厅、数字渲染农场等相关辅助设施,形成了立足学院、服务全校、辐射全国的规模化集群效应,直接推动了传媒学院乃至整个南京艺术学院的人才培养、科研创作和学科建设水平。

后续,传媒学院又陆续建立了"数字音频实验教学示范中心""虚拟现实艺术实践教育中心"和"传媒艺术跨学科综合训练中心"等三个省级教学示范中心,这些与"数字媒体艺术实验教学示范中心"形成了南艺独有的传媒艺术实验教学中心群,这个中心群"交叉整合传媒学院特色学科和专业,强化传媒技术与艺术形式之间的渗透,进一步充实和完善视频、音频、动画、互动、网络和新媒体等媒体形式的实验教学平台,并注意与南京艺术学院传统的美术、音乐、设计、舞蹈、影视等艺术门类相交叉融合"[1]。

随着互联网的发展,传媒学院的教学示范中心不仅仅局限在真实的教学平台上，更为注重开发虚拟教学平台。2015年成立的省级实验室“传媒艺术跨学科综合训练中心”是“一个资源整合与共享的数字化网络教学平台，依托高端的互联网教学及云制作平台、线下实验室集群，以线上数字化网络教学平台和线下实体实验室相结合，共同构成传媒艺术跨学科的教学和实验集群体系”[2]。我们会在这个平台上开发一系列网络课程，如无人机航拍、超高清影像拍摄、绿背抠像课程等。2019年我们正在开发的微课制作中心、微课云平台APP都即将建设完成，未来传媒学院将利用微课制作中心、网络课程云平台、索尼4K直播平台联动，完成跨学科的线上和线下的课程教学互动，完成网络课程、直播课程、跨学科实验教学的线上课程群，与线下实验室教学课程群形成完整的教学系统，这在艺术教学中是全新的领域。

广播电视编导专业的发展依托了传媒艺术实验教学中心群，在实践课程的教学中，我们采用实验室制，很好地在理论课程、专业技能基础课程和综合实践类课程中实现对接，让学生在创作的同时更好地消化理论类课程。而同时，我们平时的很多大型项目也都是老师带领学生在实验室中完成。从我们毕业的学生来看，广电系的毕业生因为扎实的基础、突出的动手能力以及对于新媒介的熟悉深受用人单位的好评。

三、实践课程项目课题的创新和应用——项目带动实践

在实践课程的项目课题创作中，广编系将项目课题融入教学环节是另一大创新与应用。

短短几年中，广编系的实验课程在项目创作中有着比较辉煌的成绩。在各类项目课题中，来源多种多样。首先，有学校或者院系自身开发的教学课题，如2010年南艺举办纪录片比赛“身边”，我们就把这个比赛和实践课程“纪录片创作”结合起来，项目带动教学，最终取得良好的成绩。2016年，我们把这个模式复制，与苏州的东山纪录片小镇合作，拍摄以东山的人和事为主体的纪录片，最终四部纪录片获奖。

其次，与外校或者其他媒体合作开发的项目，如8集电视专题片《财富江苏》就是广编系和江苏省国际频道联合制作，最终在国际频道播出；人物专题片《大时代的记录者——吴印咸》是央视十套和我们合作的项目，最终在《探索·发现》栏目播出；8集专题片《历史的印痕——版画百年》是和中国美术家协会合作的项目。还有一类是其他公司或媒体与我们联合创作，2017年，传媒学院与南京维系元年文化传媒有限公司、京戏说文化传播有限公司等联合摄制的儿童短剧《童言有戏》之《成语新说》第一季，主创都是广播电视编导专业的师生，该片12月在爱奇艺上

线。

与业界的联合、项目带动教学是现在很多高校的课程实践，而对于艺术类学科更是适合，因为艺术来源于生活而高于生活。打开校门、开门办学，“产学研”结合，这样高校的科研才能走在社会实践的前端，而高校在艺术创作中也能与社会接轨，为学生在校学习和毕业就业铺就一条畅通的道路，也为学校、学院在社会上树立了良好的形象。

四、实践课程教学方式的创新与应用——跨专业联合、团队合作

跨专业联合、团队合作是广播电视编导系实践课程在教学方式上的创新和应用。

2014年，传媒学院在原有6大专业的基础上，又建立了影视摄影与制作专业，结合南京艺术学院其他美术、音乐、设计等众多艺术院系，广编专业在实践课程教学方式上，充分发挥其他院系的综合实力，实现实践课程的联合创作、团队合作。

广播电视编导系在实践课程教学中，提倡跨界人才培养，“通过成立跨学科的团队导师队伍，开展多学科的合作、交流，实现优势互补，更新优化知识结构，拓宽研究思路、方法，加强研究能力、创新能力”[3]。我们将艺术类专业看成一个大综合，打破系与系、院与院的界限，支持不同院系间的艺术合作，大力培养学生团队合作的能力。平时，我们鼓励广编的学生在学有余力的情况下，多多选修其他院系的课程，既拓展视野，也广交朋友。广编系利用学分制的灵活机动，在保证主体专业课程的情况下，尽可能地打造宽口径、精专业的学生。

每年广编系的毕业设计就是典型的跨专业联合作品的制作，影视是视听结合的艺术，所以我们最先联合的专业是录音艺术专业。随着媒体技术的进步，我们也逐渐在作品中加入动画、数字特效等其他技术，所以与动画系、数字媒体系、摄影系等专业的联合乃至南艺其他院系专业的联合也颇为常见。入围了第六届温哥华话语电影节“红枫叶奖”的2018届毕业作品《明日殊途》就是一个典型案例，这部作品讲述了关于一起医疗纠纷引发的一连串案件的故事，联合了多个院系、多个专业，是跨专业跨团队合作的典型体现。

五、实践课程的拓展和应用

首先，建立展映平台，扩大专业影响力，提升竞争力，树立了专业在全国的地位。

广播电视编导系实践课程在拓展和应用上也做到了可圈可点，我们建立了理论和实践的平台，不断扩大自身专业的影响力。

传媒学院从2007年开始举办了江苏省高校数字短片大赛，一共举办四届，这个大赛既很好地体现了专业特色，也是教学成果实践的窗口。2013年我们和中国传媒大学联合主办第四届中国大学电视节，2015年与中国高校影视学会合作了第十五届年会暨第八届"中国影视高层论坛"，同时中国高校影视学会将二级学会网络视听专业委员会秘书处设在南艺传媒学院，我们的影响力逐步扩大。另外我们还联合凤凰出版集团打造了杂志《新媒体》，将理论研究的阵地进行了新的拓展。

其次，广播电视编导专业老师和学生共同创作，积极参与专业实践，取得了优异的成绩，创作成果遍地开花，在国内外各项大赛中获奖近百次，我们主编和参与的电视作品等多次荣获包括国家级"骏马奖"、"金鹰奖"、省"五个一工程奖"等各类奖项。为纪念反法西斯战争暨抗日战争胜利60周年，广编专业和江苏电视台共同策划，江苏电视台承制、制作了12集大型电视专题片《血捍长空》；为纪念中国版画的发展，创作的大型专题片《历史的印痕——版画百年》获得高校影视学会奖等等。另外我们有多部作品在各类媒体上播出，《大时代的记录者——吴印咸》《武生》在央视十套、九套播出，8集电视专题片《财富江苏》在江苏电视台国际频道播出，我们还和江苏省中西医结合医院拍摄剧情短片《本草舞者》，和省公安厅合作拍摄江苏省第四届"最美警察"人物评选影片《居广奇》等。2014年，由传媒学院制作并发行的电影《狙击时刻》在全国院线上映，这部电影有广电系多位师生参与，实现了从短片到大电影梦想的实现，获得中国高校影视学会"学院奖"特等奖，并入围了2015年度上海国际电影节和中美电影节，在央视六套电影频道播放多次，网络点击率达8 000多万次。

广编电视编导专业在实践课程的不断创新、优化和应用中，逐渐提升了核心的竞争力，树立了其在全国相关专业中独特和领先的地位。未来我们还要在网络课程、微课甚至商业课程中继续探索方向，对实践课程进一步深发、细化，争取与时代发展同步，为培养人才添砖加瓦。在实践课程的成果上，我们除了继续探索各种类型各种长度的短片，还会争取更多的机会来实践大电影和大舞台，用优秀的教学成果反过来指导实践课程。

参考文献

[1] 方梦阳.高等艺术院校"跨学科"实验教学模式的实践与探索——以南京艺术学院传媒艺术实验中心群为例[J].南京艺术学院学报(音乐与表演版)，2017(2).

[2] 孙为."互联网+"环境下传媒艺术教育模式探索——以南京艺术学院省级实验室"传媒艺术跨学科综合训练中心为例"[J].传媒，2017(3).

[3] 魏佳.新媒体环境下影视创作类课程设计——以"影视短片制作"课程为例[J].新闻爱好者，2010(11).

数字技术下艺术摄影教学模式改革研究*

曹昆萍**

摘　要：摄影技术的数字化使得高校摄影专业的形态与功能发生了根本性的变化，高等摄影专业教学改革势在必行。本文以南京艺术学院摄影系的教学改革为例，针对艺术摄影教学模式这一改革重心，从艺术摄影教学的前期准备、创作阶段以及后期作品推广等方面进行分析论证。

关键词：数字技术　高等艺术摄影教学模式　改革

在数字化进入高校摄影教学体系中的十余年时间，摄影的专业形态与应用功能已经发生根本性改变，摄影教学改革势在必行。近年来，随着留学美国、英国、德国、法国、加拿大、澳大利亚等国家的摄影专业留学生纷纷回国，他们参与到翻译、论著、策展等一系列活动中，为我国的摄影事业与摄影教育带来了先进的知识经验，更主要的是极大刺激了国内高校摄影专业教育。许多学院开始吸纳这些有留学背景的年轻力量，学习借鉴国外较为先进完善的摄影教育模式。其中，英国传媒学院摄影专业研究生何伊宁撰写的《英国摄影教室》，全面描绘了英国当代摄影教育的状况，是国内摄影人士了解英国摄影教育现状的一个很好的途径，让国内高校摄影教师可以学习借鉴到英国摄影专业的教育理念，这势必将弥补我们以往的摄影教学理念与方法中的不足，为学生建立起较为完整的摄影知识体系。

为了适应数字化技术带来的文化冲击，南京艺术学院摄影系从2015年开始对教学内容、课程设置、教学要求目标以及教学模式进行改革。一门课程往往并不只是解决一个基本概念与实践科目，一门课程目标往往能够解决多个理论与实践问题，而解决这个目标需要科学的教学方法和合理的课程结构以及与学生接受能力相匹配的教学进度、训练方法。科学的教学方法能够将专业理论与实践通过最适当的方式传授给学生。为此本文将以南京艺术学院摄影系摄影教学为例，针对高

* **基金项目：**本文为南京艺术学院教学研究立项课题论文。

** **作者简介：**曹昆萍（1979—），女，南京艺术学院传媒学院副教授。

校艺术摄影教学模式改革进行分析论证。为了在逻辑上更容易为读者理解，笔者将教学分为以下三个模块进行论证。

一、艺术摄影教学准备阶段：初步建立自己的摄影知识体系

1.培养学生自学能力

大学教育不同于之前的教育阶段，在很大程度上要尽早培养学生自我学习的能力。这种自学能力养成对终生学习是大有裨益的。但是，艺术摄影专业是以培养艺术摄影创作者为己任的，它所需要的知识结构与体系有别于其他专业，当然亦可借鉴其他相关的艺术专业。摄影大文化的概念涉及的知识面非常广泛，它既要求熟知摄影史、摄影理论的知识，还要通晓艺术史、艺术理论、美学、哲学、心理学、社会学、地理、历史等方面的常识。为此，学生在进入大学之后，应该有一段艺术语境的浸入式学习阶段。在这个阶段中，学生应该研修艺术概论、艺术史、美学、艺术哲学以及当代文化等一般普及型课程，让学生尽快进入艺术语境中，并激发学生对艺术的兴趣与热爱。当然这些课程在一个系科解决是非常不现实的事情。在南京艺术学院摄影专业一般是以开设理论课程、开具书单、定期举办摄影读书分享会等方式普及学生的艺术与文化常识。

目前，南京艺术学院摄影专业理论课程群有四门课程，包括摄影概论、中外摄影史、摄影流派分析、摄影批评与写作，基本上包含了摄影相关的理论课程。但是，相比较国外的摄影专业理论体系，摄影专业的理论课程一是教学时间较少，二是涉及的教学内容较为宏观，三是缺少具体的、涉及摄影与其他学科关系的课程。在《英国摄影教室》这本书里，基于摄影理论的跨学科课程设置非常多元化，与摄影直接相关的包括摄影史、摄影研究、策展等课程，各个学校还根据自身的特点开设了诸如医学摄影、摄影与海洋、摄影与都市文化遗产、摄影书制作、后制品与挪用、身体、摄影人种学等。

此外，开具书单是理论课程教学的有力的补充。由于教学课时的限制，学生通常在课上只能理解基本概念、重要的知识点，很难建立起自己的摄影知识体系。书籍只是书单的一部分，还包括网络平台上的专业知识，比如，现在的微信公众号、个人网站、艺术网站等都有大量的专业信息，里面不乏有做得非常专业的网络平台。比如，荷兰的FOAM、日本的Japan & Asia等国外专业网站会发布摄影的最新资讯，国内的如上海的瑞象馆、北京的三影堂、影艺家等微信公众号通常邀请国内最重要的学者、艺术家结合当下最重要的艺术事件撰写文章。当然，还有专业的图书馆、画廊、摄影节等，这些都是建立自己知识体系的重要途径。老师在开具书单之后，应配以读书笔记、读书会等形式让学生逐渐掌握专业理论知识，不断地激发学生对

专业学习的热情，找到自己的研究方向，有针对性地进行深入研究，并将这些研究成果有效地转化为艺术创作。

2. 培养学生的问题意识和独立思考的能力

事实上，培养学生的问题意识和独立思考的能力，不只是艺术专业学生应具有的素养，而是所有接受高等教育的学生应具备的基本素质。问题意识就是发现问题、提出问题和解决问题的意识及能力，只有具备了独立思考和批判性思维的学生，才可能具有问题意识。教师是培养学生思辨能力的关键，引导学生提出问题，利用分辨、分析、求证、归纳、评价等方法解决问题，教师用平等、民主、开放、理性的教学理念引导、影响与鼓励学生，这样才能培养学生的思辨能力，提升整个社会的创新能力。问题意识和批判性思维对艺术摄影专业的学习更加重要，艺术的学习首先应该具备独立思考、敏锐观察的能力，其次是将观察与思考到的现实、现象通过各种方法转化成艺术作品，这些艺术作品是真正与“我”有关的作品，也就是经过自己思考、贴合自己生活的作品，还是经过大量考证、分析、研究，创作出具有学术深度和创新性的作品。

3. 建立艺术摄影工作室

不同的教学空间决定着授课方式和教学成效的不同。艺术教育最初的形式是工作坊，采取的是师傅带徒弟的教学方式，但是现代学校的产生，让更多的有艺术追求的学生可以走进课堂，它的教学方式更多是以大课堂的方式进行，这样的方式对艺术基础课程较为适合。一旦进入到艺术专业学习，对某一领域进行深入研究时，艺术工作室更能适应教师与学生的互动教学方式，它既能实现教师一对一的教学辅导，也可以让学生们在固定的空间互相促进学习。为此，许多纯绘画专业纷纷成立工作室，比如，中央美术学院率先成立了第一、第二、第三……油画工作室。南京艺术学院也于2008年左右成立了油画第一工作室、油画第二工作室……。目前，我们系科开设了艺术摄影工作室和商业摄影工作室，进入工作室的学生更有研究方向，更有针对性对某一领域进行深入研究，工作室的教学基本是以师生互动、教师一对一为主，也可以邀请一到两位艺术家参与、学生互评等较为灵活的方式进行，工作室的目的还是围绕摄影创作展开，通过作品的展示与讨论，逐渐培养起学生对于从创作方法到作品展示的每一个细节的完善与修正。

二、艺术摄影教学创作阶段：“研究作为实践”和引导式教学

1. 培养研究型的艺术创作者

我们系科开设的艺术摄影工作室，其教学目标是：培养具有学术研究能力的艺术创作者。所谓学者型艺术家，不论生产何种类型的摄影作品，除了针对性的摄

影技术与审美的学习,更为重要的是需要学习与该学科、专业相关的学术理论来提升作品的深度和表现力。这不仅是当代艺术家的自我要求,也是高等艺术摄影教育的目标之一。在当代艺术观念已日益成为主流创作的今天,“研究作为实践”的理念仍旧恰逢其时,艺术家的创作需要有理论的支撑和转化。摄影教育让学生并非把大量的时间用在学习各种摄影技术、审美修辞上,而是学习内容以一个个“项目”的形式存在,学生将较多精力用在理论研究上,针对该项目所需使用的摄影技术、审美修辞方法、呈现方式学习来完成作品。

2. 项目式的摄影教学

项目式学习(Project-Based Learning)是一种以学生为中心设计执行项目的教学和学习方法,从而促进学生的自我学习。在一定时间内,由学生自己选择、计划、提出一个项目构思,通过展示等多种形式解决实际问题。项目式学习是国外教育非常流行的教学模式。

项目式摄影又称为课题式摄影,它由一个个“摄影项目”组成,学生在课程规定的范围内确定一个拍摄项目并付诸实践。项目式摄影不同于传统的创作方式,它具有学术研究的特点,学生需要构思主题后,花大量的时间进行调研,调研内容包括摄影作品、文字资料、影像资料等等,尽可能找到与其相关的资料。其次是对资料的整理与消化的过程,这个阶段最重要的是对优秀摄影作品和理论知识的理解与转化,最后采用自己擅长的创作方式完成此摄影项目。通过项目式摄影,将“研究作为实践”的教学理念和方式代入实际课程教学中,鼓励学生进行深入的学术研究,培养学生的跨学科技能,形成自己的创作方式。

《英国摄影教室》这本书中介绍,每个学期围绕一个“大主题”进行理论课配置,这种手法对国内来说尚显新颖,对南艺摄影专业的教学具有借鉴意义。以伦敦传媒学院艺术摄影本科为例,他们每年的三个学期各自会有一个大主题,如“社会”“心理”“合作”,在大主题下进行不同的理论课配置,学期结束后学生需要独立完成一个项目和1—2篇论文。课程设置上主要包括(以小组或者1对1形式):每周一次的艺术家讲座,每周一次的理论课讲座,个人职业发展课程,不同的工作坊以及选修课程。

3. 强调调研的重要性

在项目式摄影教学中,“调研”贯穿实践的整个过程,由学生的初始观点出发,通过对项目涉及对象的调查研究,学生整理出结果,并将结果与老师和同学分享。在调研的过程中,学生也会逐渐建立起良好的研究习惯,掌握丰富的历史知识,锻炼搜集、挑选、归纳和吸收信息的能力。在此过程中,教师通过引导式教学,同时根据学生的需求,为其提供一切可行的帮助。这种调研的方式和引导式教学能培养学生的独立研究和创作能力，逐步建立起个性化的创作风格。

4. 将技术性教学内容融入实践性课程之中，形成课程群

国内的高等摄影教学一般会专门开设“大画幅摄影”“暗房技术”“摄影布光”等技术型课程，通常安排一至两个学期甚至更长时间来教授，但实际上这些课程中存在大量的交集，而不同老师重复地上相似的内容会造成学生的倦怠。南艺摄影专业教学改革之前，教学内容中摄影技术课程也占据二分之一的比重。为此我们借鉴了国外的摄影创造类教学的方式，将具体操作方法整合纳入某些课程之中，而非单独开设。在国外的许多高校，这些具体的技术并没有开设单独的课程，而是与理论教学、创作教学等一起融入一个完整的课程群里。这样更有利于学生在创作过程中对技术知识的查缺补漏，有目的、有针对性地学习和掌握技术。

5. 建立互评机制

国内的高等教育教学通常采取教师讲授、学生回答问题的形式，当然现在有许多高校开始增加小组讨论的环节，但往往收效甚微，最后很难坚持下去。比如，笔者在讲授摄影史课程时，除了教师讲授之外，会安排学生上台演讲和小组讨论环节，这样要求学生需要课后阅读大量的相关内容、准备课件，以及小组课后讨论，但最后会发现只有少数学生可以参与讨论，与教师互动。当然，除了这样的上课方式学生不太适应以外，还需要学生具有独立思考的能力，所以互评课程很大程度上能够帮助学生在具有批判思考的氛围下更加客观地思考有关摄影实践的诸多问题。

小组评议是国外高等院校摄影课程中常见的一种授课方式，往往由一位导师带领五到六人的小组，通过在小组内展示并互相评论的方式来推动各自项目的进程。每个学生会轮流介绍自己的作品，听取小组各成员对自己作品的意见和建议，最后由导师提出意见。在互评中，每位学生都要对自己以及其他小组成员的作品发表自己的意见，甚至提出质疑。互评最积极的意义是学生之间的相互学习，通常，优秀的学生不仅会给小组同伴提出具体可行的意见，还常常给他们列出书单或是其他摄影师的作品。学生们通过互评机制，可以营造良好的学习氛围，建立自我完善的学习系统。

三、艺术摄影教学展示与自我推广阶段

1. 对其他艺术媒介展示方式的借鉴

在展示阶段，学生的摄影项目要进入编辑、设计与制作等工作环节，并决定最终以何种形式呈现作品。展示方式可以以图书、展览、网站、视频或其他的各种形式。艺术摄影专业的展示方式是非常重要的一环，教师会鼓励学生将不同摄影类型融合起来，还把摄影与其他创作手段或者艺术形式结合在一起，运用合适的媒介

进行创作。比如《英国摄影教室》举例威斯敏斯特大学摄影研究性课程，有一门“非常规实践”，不仅鼓励学生跳出自己熟悉的摄影方式，挑战更多的手法（如蚀刻工艺、电脑三维动画、手工书等）进行创作，还引导学生去思考照片的本体性，质疑照片的有效性，或者拓展至其他视觉表现形式，让学生在不同技术和观念的碰撞中加深对摄影在当代社会和艺术语境下的理解。目前除了较为常规的相框、展墙展示外，摄影书、影像装置和流媒体展示方式成为流行的趋势。新一代的摄影师不再满足于将完成的作品交给出版社进行简单的编排和出版，他们还将摄影书本身作为创作的媒介，选择以自制摄影书，或与独立出版人、小型工作坊合作的形式进入了我们的视野。国内的假杂志、谷仓、三影堂、真姨书房等艺术机构通过举办工作坊、现场活动以及多种网络与实体项目，来推广与研究独立出版的摄影书籍。

2. 对摄影项目策划和评价基本知识的教学

对这一部分的内容教学，涉及的范围广泛，比如，摄影项目计划书的撰写、个人简介的书写、作品的阐述、作品评论等。这些内容非常实用，在国外高等教育中，会开设专门的课程教授。目前，我们系科是安排在摄影理论与批评课程中教授，训练学生的项目书写规范。项目计划书是学生今后进入工作后最常见的一种工作方式，比如商业摄影需要撰写商业拍摄计划书，让客户准确及时了解你的工作内容和工作方式，好的项目计划书是项目申请成功的一半。如果你需要申请国家、地方政府等创作基金，更需要好的计划书来阐述项目的价值。个人简介、作品阐述等都有具体的写作规范，既不能过于繁冗，也不能过于肤浅，这些规范需要对学生进行基本的训练。

3. 自我宣传和营销能力的培养

国外高等摄影教育非常注重培养学生的自我营销能力，为此在作品展示模块通常会有专门的课程指导学生如何推广和宣传自己的作品。除了课程之外，学生还有一些路径可以实现自我宣传和自我推广。一是建立自己的网站、博客或者微信公众号。二是参赛、参展，目前国内外的摄影专业比赛较多，学生需要对比赛的规格、艺术价值、评委阵容进行了解，达到专业与艺术水准的比赛对自我推广是有益的，比如三影堂摄影奖、Top20新锐摄影奖等摄影奖的评选都是国内摄影专业内认可度非常高的比赛。当然还可以通过参加摄影展览、专家见面会等方式增加自己的曝光率，目前国内的集美阿尔勒摄影节、连州摄影节等都是具有国际水准的摄影展示平台。三是学生也可以通过投稿达到自我宣传的目的，比如《中国摄影》杂志、BROWNIE（布朗尼）杂志、《无像》杂志，还有我国台湾的《摄影之声》杂志等都是有专业水准和学术研究价值的杂志。

参考文献

[1] 何伊宁.英国摄影教室[M].北京：中国民族摄影艺术出版社，2016.

[2] 杨莉莉.研究作为实践——从《英国摄影教室》谈当代摄影教育[J/OL]. https://indiefoto.tuchong.com/

[3] 佩雷斯.摄影百科[M].王瑞，译.北京：后浪出版公司，2013.

电视剧创作课程教学模式探索

张印蓉*

摘 要: 在电视剧创作课程教学中,以"三位一体"人才培养模式为指导,从电视剧创作理论出发,结合实践,探索现阶段更加适应电视剧写作市场的授课方式。将教学与电视剧编剧的行业机制紧密结合,通过课堂演练指导学生明确专业定位及行业走向,从而顺利完成从课堂到职场的过渡。

关键词: 三位一体 电视剧创作 教学模式探索 职业化

电视剧创作课程一般通过理论讲述和写作训练相结合的方式,使学生初步了解和掌握电视剧剧本写作的方法和技巧,以单元练习的方式逐步提高学生的写作能力,为以后从事电视剧编剧创作打下专业基础。

一、课程发展趋势

影视工业的全球化进程必然对影视人才的培养提出更高的要求。美国、英国、韩国等国的电视剧创作领先于我国,这不仅仅是资本运营、技术领先的结果。作为电视剧作品生产的第一步,编剧在剧本创作阶段作出了不可否认的巨大贡献。国外的电视剧写作并没有纳入高校教育课程体系单设专业,影视剧本创作教育更多是通过专门的写作创意培训班进行的,所以国外的影视剧本创作人才教育与我国的高校专业教育有所不同,但国外有的放矢、目标明确的"职业化"写作训练方式却值得借鉴。这也从一定层面提示专门开设戏剧影视文学专业的国内高校,把电视剧创作的职业标准纳入教学体系,对编剧培养的目标方向、教育模式和体系以及教学方法进行更积极主动的探索。

二、课程现状

南京艺术学院电影电视学院戏剧影视文学专业开设电视剧创作课程已近十年,从一开始的理论讲述为主,转化为职业标准下的写作训练为中心,理论与实践相结合。这恰恰与"三位一体"的人才培养模式不谋而合,复合型、创新型、应用型

* **作者简介:** 张印蓉(1982—),女,南京艺术学院电影电视学院讲师。

人才培养的目标定位，是针对本课程进行教学模式探索的目的之一。该课程教学内容包括：概述电视剧的艺术特性，讲述电视剧的叙事类型、题材选择和主题提炼；以经典优秀电视剧为例，分析讲述主题、结构、人物、人物关系、事件、情境、矛盾冲突、悬念、对白、细节等电视剧剧作的基本元素等等。在电视剧编剧理论讲述和个案分析的基础上，更重要的是同时进行相关的写作练习，包括从素材选择、艺术构思形成、人物小传写作、电视剧故事梗概和分集提纲写作直至完整剧本写作。

1. 主要问题

现阶段，本专业毕业生或多或少存在知识、能力、素质与职业内涵要求之间的不适应问题，教学模式的探索与更新将拉近课堂与职场的距离，使毕业生更快胜任工作岗位，体现“应用型”人才的要求。

新时期影视行业的发展对从业者提出了新的挑战，专业学生需要更多的知识储备，但更需要与市场接轨的专业化写作训练，避免象牙塔内的自说自话、眼高手低。培养正确的电视剧创作意识，模拟电视剧创作剧本时普遍采用的团队模式，在教师指导下组建创作小组，进行实战写作、学习写作技巧、提升创作能力及合作意识，显然更适合目前日新月异的市场需求。

2. 解决途径

（1）让理论结合实践令教学变得更科学有效且兼具趣味性。充分调动学生学习的积极性，改变以往“老师讲、学生记”的固有模式，使学生主动参与到课堂教学中来，提高课堂效率，这是实践类主课教师的普遍诉求。但采用怎样的方式方法才能有效地吸引学生的注意力？“趣味性”便是关键。将课堂教学转化为一场“脑力游戏”，老师与学生、学生与学生组队参与，打破讲台与课桌之间隔阂的同时，也突破了传统“听记”模式的界限。

（2）把电视剧行业内创作的成熟模式更好地引入创作课堂的写作训练，明确全新合作平台对“复合型”人才的需求，真正提高电视剧创作的技能技巧。

将趣味性注入成熟的业内创作模式，使学生了解市场的需求，进而了解对从业者不断更新的职业诉求。随着视频网站的崛起，电视剧市场一改往日电视台独大的局面，要想使电视剧获得更多观众的认可和喜爱，编剧素质的提高不可回避。相对于单一面对剧本需求的过往，多平台播出对合作方的要求更为细化：从项目阐述到故事内核，从市场定位到广告中插，甚至直到后期的作品评估及剧目推广宣发，作为编剧都有不同程度介入的可能。这就要求本专业的学生具备“复合型”人才的特质，能从多个角度全方位参与电视剧项目的落地与实施，直至最后完成媒体呈现。

（3）坚持构思的原创性，强调“创新”意识，培养学生在瞄准市场的同时兼具审美意识的提升，关注社会现实的人文情怀和视野，抵御消费社会的过度娱乐化倾向，凸显高校教育的优势，体现“综合性”人才的素质。

电视剧作为视觉艺术，兼具娱乐功能，观众在虚拟的情境中代入自身情绪，体验各种情感，由此可见，编剧对观众心理需求的把握尤其重要。与此同时，编剧给观众造怎样的“梦”，一定程度上是剧作者自身“三观”的体现。“有启迪”的娱乐和“有哲理”的动人，是高校课堂珍贵之所在，也是今后面对庞杂资方市场时，一名优秀从业者安身立命的思维根本。简言之，关注观众心理的同时，拓展自身视野，深入发掘作品内核，全方位提高作品质量，是对学生培养的内在诉求。

另外，虽然近年来影视IP（Intellectual Property）改编大行其道，但在实践课程中，坚持学生所提构思的“原创性”，也是本课程的特色之一。“所谓影视IP，其实就是指那些在观众中形成了巨大影响力并已形成潜在市场价值的故事或创意，制片商之所以看重所谓的IP，无非是看中它巨大的市场潜力。”因此虽然实践操作过程中不建议学生进行IP改编，但并不排斥对成功案例进行专业角度的分析，以此提升学生原创构思的高度和市场定位的精准度。

在“原创”的基础上寻求“创新”，是提高学生内在专业素质及个人审美能力的有效途径。总之，在行业标准指导下，不断探索课程优势，用趣味性强的“实战型”授课模式充分调动学生主动学习的积极性，同时充分发掘自身特长，避免毕业求职时因职业定位混乱而迷失自我，是“应用型”人才培养的最直接体现。

三、课程发展

1. 创新方式

（1）教学模式上，改变传统的理论知识灌输和作业讲评单一模式。模拟业界创作模式，任课教师指导学生组建创作小组，指导学生阐述创作构思，组织构思的相互PK，最后保留优胜者构思，作为小组构思展开“项目”式创作过程。

现阶段电视剧创作课程的设置贯穿大二下及大三上两个学期，每学期18周共计72课时，占4学分。144课时内需完成的教学任务是从原创构思开始到单集完整剧本写作定稿结束。剧本要求为10集连续性剧集，单集时长45分钟左右。课程开始的前段，由每位学生提供3个左右简短的原创构思，经过口头表述及互提意见，每位同学保留可操作性最强的一个构思进行修改，继而借助多媒体PPT的形式上讲台阐述。PPT内容一般包括原创构思的类型定位、编剧个人阐述、故事千字大纲、主要人物设置以及人物关系图表。此轮阐述结束之后，视创作小组数量进行差额投票，通常情况下每4位学生为一个小组，得票数较多的构思，成为小组共同构思，共同构思提出者任创作小组组长。在此环节中，主课老师同样参与投票，且单人持有多票数，其目的在于平衡所选电视剧构思的类型选择，尽量避免题材相似或类型重复。

共同构思按票数差额产生之后，随即进行第二轮投票：组长和组员之间双向选择，组长可选多名组员，组员选择一名组长。此轮投票结果两两对应者自然成组，未对应者按每组差额再次投票解决或协调解决。

此轮环节，主课老师不参与投票，不给予意见，最大限度保证组别选择的自愿与自主性，为之后的团队合作创造良好的民主氛围。

两轮投票之后，本课程前期工作基本告一段落，各“项目”小组在组长的带领下组织小组讨论，修改细化PPT内容，为顺利进入下一创作环节做好相应的准备工作。

（2）教学方法上，放大具体指导学生创作的空间，任课教师参与学生小组的每一个创作环节并给予具体指导，电视剧创作的理论在具体指导过程中结合实践讲述，提高理论指导实践的有效性。

课程中段，每个项目组由剧情梗概切入，进入相对独立却整体连贯的创作环节。

小组需以团队的形式，完成项目的整体故事大纲、人物小传、主要人物关系、分集故事大纲、分场直至完整剧本。在此过程中，项目组组长既是参与者又是组织者，在课堂时间之外，由组长负责召集组员召开多种形式的项目讨论会，分工合作、汇总意见，在专业课堂上按组别呈现剧本创作阶段性成果，听取主课教师的点评。

这一阶段，是最体现“实战性”，也是多方意见碰撞最激烈的一个阶段。借助项目组成员之间的激烈讨论，主课教师指导学生的空间将被最大限度地延伸，每位成员的意见都将在经过讨论会的反复推敲之后，以文字的形式呈现在课堂上，结合小组主讲人的介绍，得到老师的关注。相对于传统授课模式中单一的理论讲述，针对每位学生个人观点的课堂综合点评呈现出深入浅出的特点，紧扣每位学生对同一知识点的不同反馈，因材施教，大大提升了理论指导实践的实效性。

在掌握知识点的同时，学生能够切身感受到电视剧创作过程中团队协作的重要性，参与度和配合度的提高将为其“职业化”道路奠定良好的基础。各项目组成员分工合作，在组长的协调下，兼顾个人所长，分条块完成各个环节中的创作任务，之后由组长进行统稿，各组推荐代表完成阶段作业的课堂陈述，此举不仅实现了对编剧理论所含知识点的巩固，在语言表达、协调沟通等多个层面的能力也将得到系统的训练和加强。

（3）教学成果上，在主课教师的指导和参与下，优秀的课堂训练作业，包括电视剧的创意构思，故事大纲、人物、分集以及剧本等，将寻求机会推荐给影视制作单位，推动作业转化成作品。

课程后段，通过一系列的团队合作，在完成分阶段作业之后，每位学生必须面对一集完整剧本的独立写作。单集剧本字数要求不低于12 000字，有效场景不低于40个。每位组员完成此作业之后，需由组长进行内容及格式的统稿。电视剧单集剧本定稿后，合并之前共同完成的故事梗概、剧本大纲、人物小传、主要人物关系以及分集大纲打包合成各项目组的学期作业，并注明每位成员所承担的具体工作量。主课教师将通过此作业甄别学生在电视剧创作过程中的实际操作能力，给出相应的学期考评成绩。力争在了解每一位学生电视剧写作状态的基础上，把握合适的时机带领或推荐专业素养较高的学生参与电视剧剧本创作，为学生的职业走向做好铺垫。

2013级电视剧创作小组的同学，曾在课程学习期间，以项目小组的形式参与网剧《你好，仙兄》系列之《放开那只魔兽》的编剧工作，该剧制作完成后在爱奇艺平台播出，可视为学以致用的成功案例之一。

2. 保障措施

电视剧创作课程的探索能够顺利推进，需要一系列的保障措施。在师资力量方面：主课教师均具有较为丰富的剧本创作经验，密切关注并了解所处行业的最新发展动态。主课教师只有积极参与电视剧创作的实战，获得第一手的创作体验和市场经验，才能及时将经验反馈到电视剧的课堂教学中去；而在学生层面，老师需要追踪历届毕业生的职业发展现状，对进入电视剧创作行业的毕业生重点关注，对他们的从业状态及成果作出分析，并邀请成绩卓著的毕业生返校分享创作经验。

在课程设置方面：需保证课时量充足，便于组织学生效仿团队模式全方位体验编剧工作的各个环节。在此前提下对电视剧创作课程的教学方式进行探索，对教学的每一步实施与成效及时作出客观的评估，总结经验，具有针对性地调整方式方法。

在专业实践领域，涉及本课程的师生皆需要对国内外电视剧的创作保持密切关注并进行研究分析，第一时间了解电视剧行业的最新信息和动态，对“暴热”“现象级”“高点击率”的剧目进行多层面、多侧面的深入调研，取其精华作用于自身的专业学习和剧本创作。与此同时，所在院系积极创造条件邀请行业内知名专家学者来校举办讲座和学生进行面对面的交流。2017年，著名剧作家、中国电视剧编剧委员会会长刘和平老师曾来我校举办以“中国故事的情怀”为主题的学术讲座，本专业师生热情高涨，整个会场座无虚席，高质量的学术输出与专业化的现场问答，给在场师生留下了极其深刻的印象。

结　语

在严峻的就业形势面前提升人才培养质量，在课堂教学实践中培养行业经验，强化“三位一体”的人才培养模式，开掘学生的潜力与可塑性，尽量避免高校专业教育与市场需求脱节现象的产生，也必将为学生所学专业的“职业化”之路打下坚实的基础。与此同时，高质量的课程体系和先进的教学模式定会助力其对应学科健康发展，而学科建设的成果及资源又将反馈到人才培养层面，转化为课程的特色和优势。因此，探索多样化、个性化的教学模式，是促进学生主动学习、释放潜能、全面发展的重要举措。

参考文献

[1] 陈晓春，李京.剧本医生——电视剧项目评估与案例剖析[M].张明智，审.北京：人民邮电出版社，2017：49.

[2] 陈立强.电视剧理论与编剧技法[M].北京：中国电影出版社，2012.

四、音乐与舞蹈学类人才培养模式研究与实践

加强视唱练耳课程教学　注重复合型音乐人才培养

滕缔弦*

摘　要: 复合型音乐人才的培养,是南京艺术学院音乐学院新时期所确定的教育目标。注重音乐人才的复合型塑造,对满足社会音乐文化需求具有一定的战略意义。视唱练耳课程教学水平提高与课程改革,是复合型音乐人才培养的核心,是实施这一培养方案和目标的重要环节。本文围绕复合型音乐人才培养这一命题,就视唱练耳课程的教学如何适应这一培养要求提出自己粗浅的看法。

关键词: 复合型音乐人才　视唱练耳　课程质量

为了贯彻和执行习近平总书记新时期坚持为人民服务的文艺思想,以及全国教育大会“培养德智体美劳全面发展社会主义建设者和接班人”的讲话精神,进一步满足人民群众的音乐文化需要,针对音乐学院的办学条件和实际情况,学校对音乐学院提出培养复合型音乐人才的要求,制定并形成了复合型音乐人才培养方案。这不仅对音乐学院今后的办学方向、指导思想、培养模式、人才培养质量乃至学科建设等方面,具有一定的战略指导意义,而且对每一学科、每一个专业乃至每一门课程也提出了相应的要求。视唱练耳学科及其相关课程,在复合型音乐人才培养实施过程中最为核心、十分关键,作为该学科及课程的主要负责人,对此应该有所重视并加以研究和思考,使视唱练耳课程的教学及时跟上学校人才教育模式改革的步伐,适应新形势下的教学要求。

所谓复合型音乐人才,就其功能价值和实施路径而言,我认为应该从两个方面加以理解。首先,在目标定位上,既要树立标杆,培养出在全国乃至国际上有影响的高尖端的专业音乐人才,体现学校专业教育水准,又能立足本土,着眼江苏音乐文化大省的建设、长三角地区的音乐文化人才需求,培养出在音乐表演和创作、音乐理论研究、音乐活动的组织与策划等领域的多面手,为地方音乐文化服务,满足本地区各种不同的音乐活动需要。其次,在人才培养实施过程中,要紧紧围绕这一

* **作者简介:** 滕缔弦(1963—),女,南京艺术学院音乐学院副教授。

目标，深化教学改革。既要调整教学内容，改进教学方法，不断提高教学质量和水平，能够使学生在演唱、演奏、创作、理论研究等各自领域具有基本的专业素养，又要打破具体的学科和专业界限，加强音乐学科知识的融汇贯通，注重学生综合音乐能力及其应变能力的培养，以便能够适应多种音乐文化形态，参与各类音乐活动，满足不同音乐文化的市场需求，最终形成自身的复合型音乐人才培养特色。

毫无疑问，面对这样的要求，在专业结构、学科建设、课程体系、教学内容、教学手段等方面，都必须进行合理的交叉和有效的整合，在教学内容和实施手段上要有所改革和创新。对视唱练耳学科及其相关课程而言，首当其冲的是对其在音乐人才教育实施过程中所具有的功能和价值，要有起码的认知和基本的认识。遗憾的是，迄今为止，在音乐教育领域，尤其在音乐表演专业，对视唱练耳的学术认知及教育作用，还是没有得到足够的重视和深刻的理解。不少学生，甚至是专业教师，都不同程度地认为，只要演奏者或演唱者的演奏、演唱技术，能够达到应有的程度，只要他们对乐曲的表现和处理，能够达到所谓的要求就行。作为音乐基础的视唱练耳课程，是不是一定得认认真真学，是不是一定得按照视唱练耳课程训练计划达到所规定的要求等，并不是十分重要。也正是因此，视唱练耳课程无论是教还是学，都出现学习动力不足、课程结构松散、创新意识淡薄的不良状况。如果对此问题不加以重视，这种重专业要求轻基础知识、重表演技能轻整体素质的错误观念难以得到纠正，不仅现有的专业教学计划和要求达不到预先所设定的教学效果，视唱练耳课程本身的教学价值和地位，终将得不到应有的肯定和提高，从而会在根本上严重影响复合型音乐人才培养理念的贯彻与行动方案的实施。为此，笔者针对这一问题，围绕复合型音乐人才培养这一核心命题，从生源择定、综合教学、课程改革三个方面，提出自己的一点想法。

一、保证视唱练耳录取分值，是培养复合型音乐人才的基本条件

无论事实证明，还是理论推断，视唱练耳在音乐人才培养中的作用是不言而喻的。作为音乐教育领域的一门核心基础课程，因为具有集艺术性、技术性及理论性为一体的学科特征，所以，这一课程中所体现出的知识结构和实训能力，会引起一系列音乐认知关联反应，某种意义上说，直接影响甚至决定了音乐人才的基本素养和综合水平。就像一名声乐专业的学生，音准不稳定、读谱不顺畅、听觉不敏锐，尤其是对音乐表达的信息和符号，缺少起码的逻辑认知，哪怕他嗓音条件再好，情感表现的愿望再强烈、再丰富，即使高超的声乐教育家，也难以将其打造成才。诚如我国著名音乐教育家、小提琴家马思聪先生所说：“视唱练耳不好的，专业不可能好。”

由此可见，音乐专业人才培养具有自身的特殊规律，离不开视唱练耳这一重要的养分。所以，艺考之后所录取的音乐专业学生，虽然在入校之后，能够接受统一的音乐基础课程学习和教育，视唱练耳课程作为基础核心课程的确被纳入统一的教学计划，但考生入学前对视唱练耳学科基础知识所掌握的程度，以及对该学科实训案例所表现的实际能力和水准，对入校后的系统学习会产生直接的影响。因为，“复合型”人才培养，首先离不开基本的音乐视听技能，如果因为生源在视唱练耳方面，连起码的音准、节奏、表情辨别技能都不具备，其在音乐方面的基本素养与其他生源形成较大差异性，非但分层教学的构想难以设定，交叉复合培养手段不会奏效，甚至会打乱该课程教学的系统性与应用性，严重干扰复合型音乐人才培养的教学计划，为音乐学科学生所设定的分层培养、创新实训等一系列复合教学手段和计划得不到顺利实施。

众所周知，音乐的学习和语言的掌握具有相通之处，其受教的敏感期均在低幼时期。实践证明，那些从小开始学习音乐的考生，视唱练耳能力及在音乐上的可塑性，都要大大超过后来学习、起步较晚的学生。当下，由于升学压力，迫于家长和学校的要求，许多临时走上艺考之路的考生，由于接触音乐时间不长，音乐认知能力不足，加上用心研习音乐的自控力差、感悟力低，只得将文化课录取分数线不高的艺术院校，作为自己入学的目标。面对这样的状况，如果在招生录取时，对基本的视唱练耳标准把关不到位，甚至在很大程度上削弱视唱练耳分值，将失去对学生的音乐素养基本的考量和起码的判断，导致录取的音乐考生质量出现严重问题，给日后的教学带来极大的困难，容易在人才培养质量的源头埋下不良的种子。因此，在招生考试中，首先应当重视视唱练耳成绩，必须打破只注重专业水平不注重视视唱练耳成绩的状态，以严格的录取分值来保证生源的视唱练耳水平。对此，著名作曲家赵季平先生，在他出任西安音乐学院院长期间，在提高视唱练耳能力要求和加强学科发展方面，采取了有效的措施。其中，将音乐学院视唱练耳学科，从作曲系里脱离出来，单立成系，特别是加大音乐专业招生的视唱练耳要求，将视唱练耳作为音乐专业不可或缺的基本技能，成为音乐人才培养的重中之重，因为这是择定音乐人才、培养学生基本音乐能力、着眼于后期复合培养的重要前提。

二、注重视唱练耳课程的综合，是培养复合型音乐人才的重要环节

音乐成才之路是漫长的，在教学中，如果不能遵循音乐的本质规律，在教学中不能够遵循视唱练耳实训的科学性，体现音乐风格交叉和不同音乐表现技术的融汇，那么，对学生进行复合塑造的培养计划，尤其是实现人才交叉复合的理想和目标，最终很可能流于形式，甚至会完全落空。为此我们在教学中，既要在纵向上设

定明确的教学脉络，又要在横向上扩充整体的教学视野；既要继承视唱练耳优秀传统教学的精华，加大不同风格、各种经典流派的音乐案例分析，又要汲取音乐学尤其是视唱练耳学科的新成果，再实际运用前沿的教学理念和手段，加强应用、注重复合，直至力求创新。

从相关的研究成果看，视唱教学不仅仅只着重识谱方面的训练，解决音符识别、节奏和音准等简单问题，而是要在整体音乐的术语提示中，学会音乐解码。所以，教师要能够利用所掌握的学科研究新成果，学会解码，形成足够的示范能力，用单声部及多声部视唱，解决学生的音高、节拍、时值等基本问题，从而，最终能够在音符组织、乐句划分、音响想象、风格掌握、情感表现等诸多方面进行交叉，对学生进行整体的复合，以综合的视唱教学手段，在具体的教学实践中，培养学生在乐句表达、风格走向、空间设想等方面进行交叉和复合的能力。就此而言，我们发现，音乐听觉的训练，并不是单纯技能的灌输，在对单音、音程、和弦和旋律听辨能力训练的同时，通过视唱的相互融通来培养学生对所唱所奏的声音的鉴别力和把控力，让学生所学内容与音乐的实际作品产生有机的联系。而这种以听导唱、以唱助听，不仅能够有效提升学生的内心听觉，而且会增加学生对音乐内容的理解和表现，在整体上提高学生音乐认知水平，在今后的表演、创作中，能够以敏锐的音乐审美和鉴赏能力，作用于自己所从事的器乐演奏、声乐表演、理论作曲等各种专业，成为具有复合能力的音乐人才。有了这样一种能力，学生像是插上翅膀，在音乐领域里可以自由翱翔，实现自己的音乐梦想，因此，视唱练耳教师在教学中，加强教学和实训的科学性，注重课程内容和教学法的综合，是培养音乐复合型人才的重要环节。

三、加强视唱练耳课程改革，是培养复合型音乐人才的重要途径

在视唱练耳教学实践中大胆突破、不断创新，是视唱练耳学科围绕复合型人才培养实施的重要路径。首先，要以多重的音乐表现视野和复合要求，更新视唱练耳课程“以教为先”的传统教材。因为视唱练耳课程一方面所涵盖的内容较为宽泛，另一方面教学实训中单元又非常独立，学生在两者之间，容易陷入迷茫，大有“不识庐山真面目”的状态，从而导致恐惧心理的产生。为此，从有利于学生学习的高度，重新编写一部满足学生音乐审美需求、符合学生音乐审美兴趣、适合调动学生自主学习的视唱练耳教材十分重要。

其次，以新的教学手段，来改变视唱练耳教学“重技轻艺”的传统方法。就目前视唱练耳教学而言，仅仅注重视唱练耳课程单纯的技术训练现象还很普遍。那些仅仅将教学重心放在听辨单音音高，听辨音程、和弦的性质和固定音高，听记单声部、两声部旋律等上面，已经远远不能满足当前形势下的教学和人才培养要求。

因为，无论是“互联网+”所提供的教学信息和教学资源，还是现代科技背景下的教学手段，对传统的教学模式都提出了严峻的挑战。其实，在法国，从20世纪70年代末，音乐专业的视唱练耳学科就有所创新，经历了一次重大历史变革。巴黎国立高等音乐学院的作曲家、教育家Odette Gavenlaub教授，认为传统的教学注重单纯的技术训练，导致学生的学习兴趣不高，脱离实际作品的技术训练不能满足学生在专业学习上的需要。她认为，视唱练耳课程的教学重心，应该从技术性转向音乐性，强调视唱练耳教学的最终目的是为音乐服务。这一提议得到法国政府音乐教育部门的重视。早在1978年，法国文化部重新制定了音乐教学大纲，并且把“视唱练耳”这一名称Solfege改为“音乐能力培养”（Formation Musicale）。法国音乐教育家将视唱练耳“重技轻艺”单一传统教学手段，转向“音乐能力”提升的综合教学方式，对我们进行复合型音乐人才培养具有很大的启发性，因为以培养能力为宗旨的综合教学方法，在思维模式和实施手段方面，能够使学生在实践应用中，加以融汇、进行复合，也唯有如此，学生的音乐复合能力才能在不同的音乐文化需求中得以充分的施展，具有南京艺术学院自身的音乐人才培养特色才能得到彰显。

注重视唱练耳技能提高、加强复合型音乐专业人才的培养，既是一个复杂的音乐教育理论命题，更是新时代音乐文化需要中一个艰难的实践命题，它不仅需要我们在长期的教学实践中，不断思考、不断总结，而且要求我们以巨大的教育热情，在音乐人才培养的道路上不断探索、不断追求。唯有如此，复合型音乐人才培养的设想和目标才能得以实现。

民乐表演专业视唱练耳教学研究
——关于三个教学实践层面的教改方案与课例分析*

程璐璐**

摘　要：视唱练耳作为音乐学院学生必修的一门音乐基础课，其在民乐应用型专业人才培养过程中，起着非常重要的作用。文章以“民乐系学生视唱练耳教学需求”的调研为出发点，从三个不同实践层面即“以民乐专业学生为代表的同层次班本科生教改层面”“民乐专业相较于其他专业学生的差异化教改层面”及“面向民乐专业自身个性特色发展的教改层面”来分析现有教学实践问题，提出强化视唱中“音乐分析能力”的培养，突出“多声立体和声听觉思维”训练，优化“民族音乐元素”有效融入的对应策略与方法，并通过课例解析加以说明。

关键词：视唱练耳　民乐专业　分析能力　多声思维　和声听觉　民族元素　民歌

视唱练耳作为音乐艺术院校民乐表演学生必修的一门音乐基础课，其在民乐应用型专业人才培养过程中，起着非常重要的作用。教师在面向民乐专业学生的视唱练耳课程教学时，也应在了解民乐学生的学习现状、课程学习需求以及结合民乐学生专业特色等基础之上开展和实施，以有效达到课程教学目标，起到真正助力于民乐人才培养的作用。这也是视唱练耳教学的真正意义与价值所在。

笔者在南京艺术学院音乐学院承担了十余年民乐专业本科生的视唱练耳课程教学。作为国内知名音乐学府，南艺音乐学院的民乐表演即中国乐器演奏专业为江苏省品牌专业，招收的民乐学生其专业水平可谓出类拔萃，然而学生的视唱听音素质水准却较之相形失色，并且在后期学习的提升空间也存在诸多困难和局限，这也是笔者及其教研团队所直接面对并力图解决的难题。为探因溯源，笔者针对多

---

*　**资助项目**：南京艺术学院校级课题项目“中国当代民族器乐精品之创作研究”，编号：XJ2016003；南京艺术学院教学研究课题项目“民族化音乐元素在高校视唱练耳教学中的实践研究”，编号：2016JYYB02。

**　**作者简介**：程璐璐（1979—），女，南京艺术学院音乐学院讲师。

届民乐学生进行视唱练耳学习困惑及课程需求作跟踪调查,由调查数据分析总结、反馈出民乐专业学生普遍视谱较慢,面对有一定技术难度的视唱曲,存在一定心理负担,缺乏对视唱音乐作品的理解;自身有较强的旋律感,却普遍缺乏立体听觉思维,有进行和声听觉训练的需求;以及由于视唱练耳课程内容与其专业相关度不高,学生对课程缺乏足够兴趣,有希望增加民族化元素和民乐专业相关教学内容等诸多需求。

根据学生反馈情况的分析归纳,笔者及所在团队开展了面向民乐专业的相关教学改革研究。全文力图从三个层面来探讨民乐专业视唱练耳教学,即:一、在民乐专业学生为代表的视唱水平中等层次班本科生教学实践层面,重点强化“音乐分析能力”的培养;二、民乐专业相较于其他专业学生的差异化教学实践层面,针对“单一线性旋律思维”主导的问题,重点突出“多声立体和声听觉思维”训练;三、面向民乐专业自身个性特色发展的教学层面,针对视唱课程与民乐专业相关度不高的问题,重点优化民族音乐元素的“有效”融入。

一、在民乐专业学生为代表的视唱水平中等层次班本科生教学实践层面

以民乐专业学生为代表的视唱中等水平层次班的本科生教改内容,除了通常的各音乐要素技能训练外,重点强化“音乐分析能力”的培养。对视唱中作品分析能力的提升,一方面有助于学生积累大量的音乐语汇,有助于引导学生正确理解音乐作品;另一方面,有助于学生在面对有技术难点的视唱曲时,学会更多地立足音乐层面去思考,从而淡化技术性问题,有效缓解因技术难点带来的心理压力,做到“心知肚明”、有信心视唱。

以民乐专业为代表视唱水平中等及中等偏下的学生,其普遍识谱较慢,面对一些大小调视唱曲,时常调性感模糊;加上民乐学生不擅长嗓音控制与表达,一旦遇到较多的旋律大跳音程,且音区较高的视唱作品时,往往会产生心理畏惧感,而导致视唱困难,不愿意唱或不敢唱。因此,面对这些问题,除了必要的基础技能训练与发声控制外,教师需正确引导学生分析乐曲,帮助学生梳理乐思延展脉络,这成为视唱教学中的重要环节。以下结合部分教学课例作分析说明。

谱例1

谱例1为一条音高旋法上有一定特点的视唱练习曲。教学中，引领学生对乐曲进行综合分析，如乐曲的调性因素有哪些，旋律呈现的基本形态特点是什么，旋律内部的常见发展手法有哪些等。针对以上综合分析可见：乐曲包含a小调（自然、和声、旋律）三种调性综合元素；旋律进行特点由a小调的音阶状线条为主导贯穿，其中的音阶线条包括直观的与隐伏的两种音阶线条，如13—16节，是以属音e为支点，内部呈现一个下行音阶（即2-1-7-6-#5-4-3）隐伏线条，其余乐句旋律均主体呈现直观的音阶上、下行线条；音乐陈述中运用了模进展开、音程紧缩、旋律主题的变形等手法，综合呈现乐思集中凝练的特点。

该曲作为本一民乐新生入学不久训练的一条视唱练习曲，其视唱技术要求并不复杂。通过分析，是为了让学生对乐谱有“全局观”，在对乐谱的综合梳理的基础上，引导学生厘清乐思发展的脉络，明晰唱准该曲的要点，即把控好基础的a小调调性音阶线条。这样，即便对于视唱调性基础薄弱的学生来说，当看到这条“明线”后，视唱起来也自然会变得更有信心。此外，乐曲的综合分析过程，也意在引导学生，视唱时的着眼点不要仅仅停留在节奏、音准等基础技术训练点上，更要多站在音乐的层面上，尝试理解乐曲的发展脉络，理解乐句之间内部的关联，注重对音乐整体形象、情绪等综合把控等。课堂教学通常选择这种乐思集中凝练的短小乐曲片段，进行分析视唱，往往可以起到“一曲多用”的效果，学生视唱起来觉得很有意义，也很有收获。

谱例2-1

选自莫扎特的<<魔笛>>

谱例2–2

谱例2–1，是一条包含大跳音程的视唱曲例，旋律具有器乐化的特点，其中包含上行与下行六度大跳音程，也是学生视唱音准把控的难点所在。教学中，一方面引导学生进行调内六度音程模进构唱；另一方面则通过分析，引导学生将此单声部旋律拆成两个层次来进行分声部演唱（见谱例2–2）。通过将原先单声部旋律进行解析、分层，巧妙地淡化了六度大跳音程的技术难度；且低音声部层次的分化，将自始至终贯穿的弱起节奏特点更细化地呈现出来。通过这种分层视唱，引发了学生以不同的视角重新感受音乐，学生有了新的内心体验。学生不仅能够感受到这种寓于单声部旋律中的多声线条层次带来的趣味，也引发学生体会到视唱时不同声部间音色的变化，以及嗓音需要注意在不同声部层次间的真假声转换等问题。

该条旋律虽短，却可以有效启发学生，视唱中的难点有时看似是"技术"问题，但如果具备一定的分析视角，有时也不易被眼前的"技术问题"所牵绊。这种用立体思维来解构单声部旋律，进行分层视唱的方法，也就好似对音乐进行解码的过程。这种分层往往会使许多看似音高复杂的视唱曲，化繁就简，便于学生可以更清晰、更泰然自若地有信心视唱。

二、民乐专业相较于其他专业学生的差异化教学实践层面

民乐专业相较于其他专业学生的差异化教学层面内容，重点突出"多声立体和声听觉思维"训练，以解决民乐专业学生惯有的"单一线性旋律思维"问题。多声听觉训练，可以帮助学生感受和深入理解多声音响的立体化结构与内涵，如和声框架、音响织体形态、不同层次线条的走向、声部间的对位元素、纵横音响音色特点等。通过多声部视唱与多声部音响的听辩等练习，逐步提升学生立体的和声思维，养成敏锐的"立体和声耳朵"。

民乐学生由于自身所学专业的影响，其听觉上容易对单一的旋律线条比较敏感，这是深受中国音乐线性思维的影响，而相对于西方立体化和声听觉音响来说，民乐学生整体表现出和声听觉感较弱，多声思维相对缺失。面对这些问题，笔者教改实施中，主要解决策略是：开展系列化的多声立体和声听觉思维训练，其具体实

践包括:基础的和声音程、和弦及调内音程、和弦连接听唱;小组重唱、多声部合唱、合作式弹唱、自弹自唱以及多声部音乐的听、唱、分析等一系列内容,侧重培养学生敏锐的和声听觉能力及对多声音乐语汇的解读能力。以下结合部分教学课例解析说明。

和声听觉训练初期,为引导学生建立大小调和声功能感,教学中需要针对民乐学生,进行加强低音声部敏锐性的训练。可采取一种旋律辅助低音衬托的方式,引入功能要素,以启发学生的和声听觉。

谱例3

谱例3,这种以歌唱旋律加低音主、属音衬托方式,可以让学生感受到调式骨干音,即主、属音之间相互依存、相互支持的关系,从而起到有效引导学生建立初步的调性和声功能感的作用。

此外,在和声听觉训练初期,采用“繁简相对,动静结合”声部对位特点的二声部旋律,进行听唱训练,也可以有效启发学生的立体和声思维。

谱例4

谱例4,二声部旋律呈现“繁简相对,动静结合”的声部对位特点。这种声部结合特点,一方面使学生容易感受横向流动的“线”,另一方面又可以有效引导学生

在“线”的流动中，有余力关注纵向声部间音程对位关系。尤其对于民乐学生而言，由于他们平时的习惯听觉是依附于横向流动的“线”，所以结合这样的声部特点，比较容易引导他们去发掘“线”中对应的“点”，感受横向运动中的纵向音响结合的声部特点，需纵横思维兼而有之。这种二声部对位旋律，具备听觉上“动静相融、点线结合”的特点，尤其适用于和声听觉初期构建学生立体和声思维的训练，能有效拓展学生纵横思维，教学效果十分明显。

待学生建立初步和声听觉感后，可根据学生水平，进一步选择一些声部层次分明、和声脉络清晰的钢琴小曲，通过结合实际作品的听、唱、分析，引导学生学会正确解读多声音乐的意义，做到明晰的“唱”与“听”。

谱例5

谱例5钢琴小曲，高、中、低三个声部，线条清晰，层次分明，很适合学生进行多声音响的综合听辨训练。教学中，采取由听进入唱的方式。先引导学生进行旋律声部的听唱练习，针对旋律声部的调性色彩，弱起节奏特点，模进、顶真等旋律展开手法进行启发式分析思考；继而，引导学生去聆听乐曲的中、低音和声层，尤其感知低音半音化的线条走向，再注意聆听中声部属音长音的支持。通过听觉的整体引导分析，在理解乐曲音响层次布局和声部组合方式基础上，进入多声部视唱环节。视唱的要点：侧重加强中、低音的二声部视唱，即中声部持续长音的稳定控制及低音声部半音的音准控制；在协调好中、低声部，确保和声层音准的稳定性之后，加入旋律声部，进行完整的三声部视唱。

课上通过聆听分析，加强了学生对多声部音响声部组合特点的认知，课后学生还饶有兴趣地进行重新配器与多声部演奏。学生能够从最初的聆听分析到之后的多声部唱（奏）实践，很快领悟多声部立体音响的结构意义。应该说，这种结合钢琴小品的听、唱、分析的训练，宗旨也许并非是“唱”本身，而是要求每个学生能够具备指挥家的“全局”思维，具备多声立体音乐语汇的解读能力，并只有在学会清晰地解读乐谱并了解乐谱背后作曲家的真正意图后，才能做到最终准确地听与唱（奏）。

三、面向民乐专业自身个性特色发展的教学实践层面

优化民族音乐元素的“有效”融入，是面向民乐专业自身个性特色发展的教改内容，解决既有视唱练耳课程内容与民乐专业结合度不高的问题。目前，我国视唱练耳教学大多模仿和沿袭欧洲及苏联教学体制，采用以西洋音感训练为基础的教学模式，学生长期接受西方音乐语境下的音乐听觉思维训练，这对于民乐学生专业发展的促进局限颇多。

教学中，如果能够契合民乐学生的专业发展方向，将民族音乐元素有效融入课堂教学，既能很好地传承民族民间音乐文化，促进民乐学生民族乐感的培养，也更能激发学生学习的兴趣和热情，引导学生在加强民族音乐理论知识和民族音乐鉴赏能力的同时，学会用中国传统音乐思维方式去理解他们所学习的民族乐器和中国音乐作品。将民族音乐元素引入视唱练耳课堂，这对于民乐专业学生而言，显得尤为重要。

目前国内音乐艺术院校的诸多同行专家，在民族特色的视唱练耳教学研究与实践道路上都在积极探索。如将少数民族音乐元素融入视唱练耳课程，进行颇具特色的中国少数民族音乐风格视唱、中国少数民族鼓舞节奏训练等内容教学；如将戏曲音乐融入视唱练耳课程，对具有代表性的剧种音乐曲牌、唱腔进行视唱研究与教学实践；如以锣鼓经作为视唱练耳教学的多声部节奏素材，将戏曲打击乐融入视唱练耳课程；如尝试对西方唱名体系进行民族化改造，探索并研究中国民族旋律润腔读谱法，并应用于教学实践等。

笔者及所在的教研团队同样也在积极探索民族音乐元素融入的教学之路。教研团队近年来开启了中国民族音乐领域与视唱练耳教学领域的两个方向的双向研究,这成为团队目前开展民族特色视唱练耳教研工作的重要基础。在民族音乐素材的选择上,我们优选“民歌”作为教学元素,一是由于民歌其自身“歌唱”的演绎方式,可以更容易、有效地融入视唱教学中;二是由于中国音乐与语言(方言风格)、文学(诗词曲结构)关系紧密,中国的器乐曲又是主要依据声乐曲(如民歌、戏曲、说唱)演变而来。正是由于民歌作为民族器乐的重要基础,我们在针对民乐专业学生的个性化教学中,提倡加强民族民间歌曲的视唱比重,以大量民歌素材以及部分中国艺术歌曲作为中国风格视唱的主导内容,将“中国民族风格视唱”作为向“中国民族器乐风格演奏”过渡的重要基础训练环节。在具体教学中,除了围绕调性、音阶、音程、节奏、音高旋律等要素进行的相关技能训练外,“曲调风格”的训练成为民歌教学的重要内容之一。通过引导学生对民歌中的“声调”与“音腔”的模仿视唱,来加强地区风格音乐语言的认知能力。学生有了方言声乐风格认知与体验的基础,将十分有利于他们今后在中国民族器乐风格性演奏方面的学习,很好地实现民族风格“演唱”向民族风格“演奏”的自然转换。

以下仅以民歌视唱教学中的《绣荷包》作为教学课例进行分析说明。具体包括乐谱的视唱分析环节、风格模唱环节、风格对比赏析环节等。

[对乐谱的视唱分析环节]

谱例6

谱例6,是一首云南弥渡民歌《绣荷包》。先引导学生进行分析视唱,通过调式调性、句法关系、音高旋法特点的分析,使学生初步感知音乐旋律特色及内在的情绪。如全曲为五声d羽调式;整体呈现三个乐句结构,每个乐句的落音均在羽音上;旋律音高整体走势,呈现五声调式的大二度与小三度音阶级进模式,且以回旋环绕的音型为主,结合旋律内在旋法特色以及主导的羽调式色彩基调,可以初步体会乐曲内在的一种细腻含蓄的情感。

通过旋律曲调的初步视唱分析后,教师介绍歌曲背景,并播放完整的民歌音频资料,引导学生聆听并跟随音频进行风格性模唱练习,同时感受歌词的意境与内涵。

［风格模唱环节］

谱例7

绣荷包

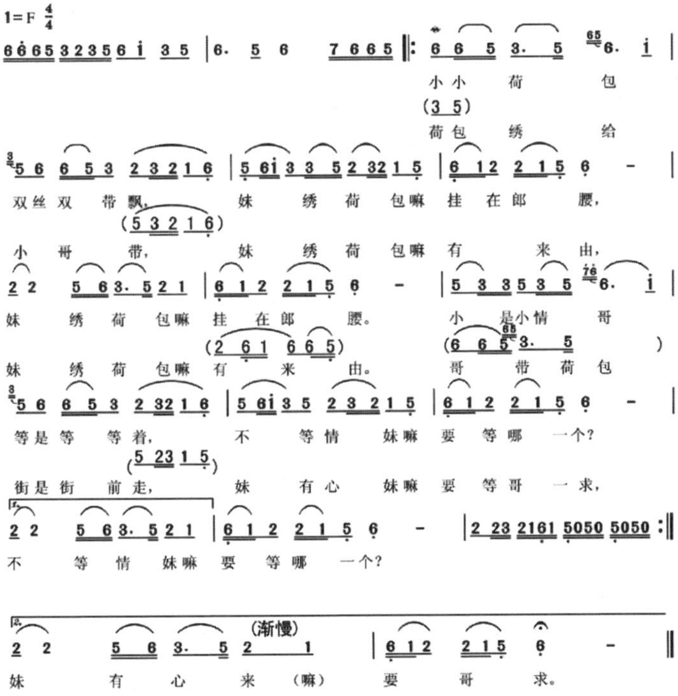

这首云南花灯调《绣荷包》部分句末运用了衬词。衬词衬腔，是地方民歌特有的表现手段之一。其中渗透云南人惯有的说话方式即话尾音加“嘛”的语气语调，如歌词里的“啊、嘛、包嘛、妹嘛”。当这种带有方言特色的衬词融合旋律曲调句尾依字行腔的拖腔表达时，如“妹妹绣荷包（嘛）”，就完全烘托出俏皮活泼的音乐形象，将少女思情郎时的那种娇羞、喜悦的情感淋漓尽致地表现了出来。此外，民间歌曲中常用的各种润腔技法（滑音、倚音、波音、颤音、花舌音等），也是民歌的精髓与韵味所在，如这里的乐句开始的润腔技法如“小”字上的波音、“包”字上的前倚音、“双”字的前倚音等，均是一种唱腔的润饰，民歌视唱中，多引导学生注意这种歌词方言化及唱腔润饰的模仿，体会内在的韵味，以演绎出民歌的“原汁原味儿”。

中国的民歌，因地域不同，同样的《绣荷包》又会有许多不同的版本。除了云南，还有江苏、陕北、山西、山东、四川等地的《绣荷包》，各自风格也有所差异。为了让学生能够更深入了解不同地方的民歌风格，继云南《绣荷包》视唱后，笔者又引入一曲四川的《绣荷包》作对比听辨与风格赏析。让学生进一步去聆听与感受乐曲中的衬词与润腔特色。

［风格对比赏析环节］

谱例8

绣荷包

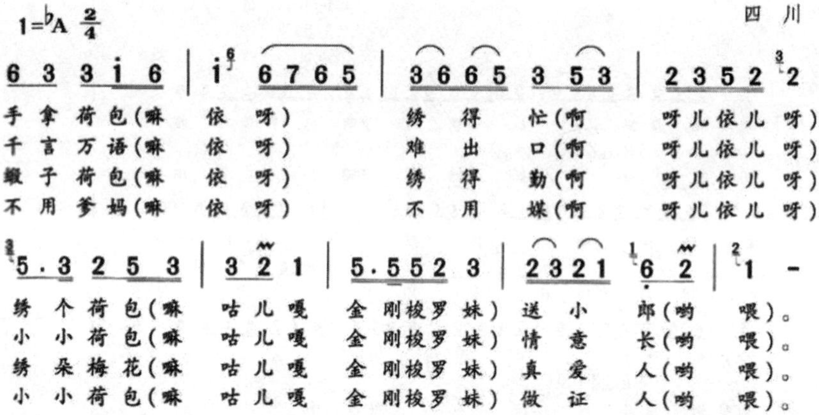

谱例8，是一曲四川《绣荷包》，侧重抓住歌曲中具有四川方言特点的一些衬词如“嘛依呀”“咕儿嘎”“呀儿依儿呀”，以及下滑音、波音等润腔特点，并且在音高旋法特点上与云南《绣荷包》级进环绕的音高走向有所不同，其内部旋律采用大跳音程及跳跃的节奏，比起云南版《绣荷包》内在“含情脉脉、娇羞”的情感而言，这首四川版《绣荷包》更是一种风趣直白的情感表达，更透着一股“辣妹子”味儿，两曲形象性格有所不同。通过不同地区的《绣荷包》对比聆听与风格赏析训练，学生可以了解民歌中“同名不同曲”的风格差异，领悟到方言语调和润腔技法对于民歌风格把控的重要性，进而有助于他们今后正确唱（奏）不同地区不同风格的民族音乐作品。

中国的民族音乐博大精深，民歌是最好的音乐母语，它代表了中华民族音乐文化的精髓，将民歌作为民族视唱的起点与素材，也正是归根溯源，将我们的音乐教育回到“母语”音乐文化的传承与学习中去。笔者所在的教研团队，也将在今后的教学道路上，进一步探究民族音乐元素与视唱练耳教学如何更有效地融合的方法。

结　语

综上，全文通过三个层面的问题分析与方法实践，阐述了民乐专业学生视唱练耳教学的现状以及与之对应的教改方案，文章仅选择部分课例辅以解析说明；随着教学的开展，目前相关教学实践也取得初步成效。论文核心论述的三个层面，也正是笔者教学多年来一直关注的，也是思考良多的。视唱练耳课程作为专业基础课，是专业教学不可分割的一部分。在面对民乐专业学生的视唱练耳教学中，除了注重培养一名优秀的民乐演奏员所应具备的基本素养之外，我们也需要兼顾到民乐专业的特殊性进行针对性的个性化教学。如何将西方视唱练耳教育理论与中国传统音乐特色教学有机结合，如何有效应用双轨教学进行视唱课程训练等，这也将成为笔者及其教研团队今后在教学工作中不断深入探究的方向，并希望探索一条适合两种不同音感体系双轨教学的有效途径，以期逐步完善更适合民乐专业的视唱练耳教学道路，为民乐演奏人才的培养提供有力的保证。

参考文献

[1] 奥斯特洛夫斯基.基本乐理与视唱练耳教学法论文集[M].北京：人民音乐出版社，1957：172

[2] 杨立梅.柯达伊音乐教育思想与匈牙利音乐教育[M].上海：上海教育出版社，2011：218

[3] 龙晓匀.中国少数民族多声部民歌视唱曲目精选[M].北京：中国广播电视出版社，2005.

[4] 龙晓匀.中国少数民族音乐风格视唱作品集[M].北京：中央民族大学出版社，2012.

[5] 龙晓匀.中国少数民族鼓舞节奏训练教程[M].北京：中央民族大学出版社，2014.

[6] 孙晓洁.戏曲视唱练耳教程[M].北京：中国广播电视出版社，2014.

[7] 安亮山.谈戏曲锣鼓经在视唱练耳多声部节奏教学中的运用[J].中国音乐，2005(3)：90

[8] 王亮.中国民族旋律润腔读谱方法研究[M].太原：北岳文艺出版社，2017.

[9] 管建华.中西音乐比较[M].南京：南京师范大学出版社，2014：153.

[10] 管建华.中国音乐教育与国际音乐教育[M].南京：南京师范大学出版社，2013.

[11] 中央音乐学院中国传统音乐理论教研室.中国传统音乐概论课程谱例集(第一册)[M].北京：中央音乐学院出版社，2007.

[12] 杜亚雄，秦德祥.中国乐理[M].上海：上海音乐学院出版社，2007.

[13] 文红宣.民族音乐文化特征与视唱练耳教学[J].中央民族大学学报(哲学社会科学版)，2007(2).

[14] 刘畅.民乐系学生视唱练耳需求调查[D].中国音乐学院硕士论文，2011.

[15] 裴寰宇.试论民乐系视唱练耳教学的研究与思考[D].中央音乐学院硕士论文，2014.

[16] 许洋.论视唱练耳教学中可塑性中国民族音乐元素的运用[D].中央音乐学院硕士论文，2014.

在“不息的变动”中发展

——南京艺术学院音乐学专业建设反思与展望

杨曦帆 *

摘　要：南京艺术学院音乐学专业历经数代学者耕耘，特别是音乐学系建系15年以来，在教学科研方面取得了一定成绩，但同时也有一些需要不断改进的问题。我们希望能够依托于南艺的学术精神，反思专业建设得失，以清晰的专业定位来不断完善，以期有更美好的未来。

关键词：南艺　音乐学　反思

2015年春天，南京艺术学院音乐学专业参加了全院教学成果展示，这也是南艺共12场成果展示汇报中唯一的理论专业。通过对教学与科研的反思，我们认真梳理了南艺音乐学专业的发展历程和现状，逐渐发现其中很多问题都紧密地关联到整个学科建设的种种环节。2015年正值南京艺术学院音乐学院音乐学系建系15年，我们也希望就此来总结过往经验，展望美好未来。

一、学术史回顾

总体看来，南艺音乐学专业的发展大致可以分为三个阶段。

第一个阶段是在上海美专时期，即有相关音乐学教学活动存在，尽管当时还没有严格意义上的“音乐学”。第二个阶段则是20世纪80年代以来，在教学、科研工作的专业化道路上有了较大发展，先后有一大批音乐学者投身于南艺音乐学专业的教学科研工作并取得了辉煌的成绩，80年代初毕业于音乐学专业的硕士研究生沈洽、杜亚雄等后来都成为著名学者；这一时期最显著的专业标志就是1980年由民族音乐学家高厚永教授发起、在南京艺术学院召开的首届“全国民族音乐学学术讨论会”，这一次学术活动已被公认为民族音乐学进入中国大陆的里程碑，学界称“南京会议”。第三个阶段是伴随着进入21世纪，2000年南艺正式成立音乐学系，2002年，中国艺术研究院音乐研究所居其宏、伍国栋教授加盟南京艺术学院，2003

* **作者简介**：杨曦帆（1969—），男，南京艺术学院音乐学院副院长、教授。

年，南京艺术学院申请音乐学博士点成功，翌年，开始招收音乐学博士生；这一时期，还有刘承华、管建华等知名学者也先后加入南艺，结合南艺原有的音乐学专业师资如茅原、陈建华、庄元、庄耀等诸位教授，再加之南艺拥有音乐学博士点之后培养的一批博士生，如冯效刚、杨曦帆、范晓峰、李小戈、钱建明、郑而慷、王晓俊、屠艳、陈洁、钱慧等，或是在获得博士学位后陆续加入到音乐学专业教学科研队伍之中，或是以在职攻读学位的方式丰富、改变了南艺音乐学原有学历结构；另有在南艺从事博士后研究、在出站后留校工作的满新颖、施咏，以及毕业于中央音乐学院的班丽霞博士，上海音乐学院杨健博士等等[①]，一时间，来自五湖四海的各个年龄层次的学者们聚集于南艺，一起壮大了音乐学队伍，同时也展开了一系列有影响的学术活动，如“当代音乐学研究专家论坛”“首届全国音乐学博导论坛”“中国传统音乐学会第16届年会”“南京首届国际音乐教育论坛”等系列在国内外有重大影响的学术会议，使得原本沉寂的学术空气在较短时间内得到改善，这一阶段，被学界有的学者称为“南京现象”。

今天的南艺音乐学专业已逐步构建了老中青三代的学科发展结构，中青年教师均拥有博士学位，数名教师完成博士后研究工作以及国家公派海外访学计划、入选江苏省“333高层次人才培养工程”“青蓝工程”中青年学术带头人、南京艺术学院“薪火321计划”等省级或校级专才培养计划。在学术上，南艺学人注重对学科前沿理论的关注，积极筹划，参加各类学术活动。历经数年、数代学者积淀，共计在各类专业学刊发表论文近千篇[②]，学术专著、教材等百余部。

在学科建设方面，近十年来也取得了一定成绩，列示如下：

2006年　音乐学成为江苏省“十一·五”重点学科建设基地

2009年　音乐学专业被教育部、财政部批准为第四批国家级高等学校特色专业建设点

2010年　“民族音乐学理论与方法”被评为江苏省优秀研究生课程

2010年　音乐学专业通过江苏省教育厅品牌专业建设点验收

2010年　音乐学专业被教育部批准为第二批次国家级特色专业建设点

2012年　音乐与舞蹈学专业类被批准为江苏省“十二五”重点专业

2013年　“民族音乐学理论与方法”被评为江苏省教学成果二等奖

① 曾经在南艺工作过的还有毕业于中国艺术研究院的田耀农博士和短期工作过、毕业于上海音乐学院的王安潮博士。

② 包括每届研究生以“南京艺术学院音乐学院”名义发表的论文。

2014年　　音乐与舞蹈学被批准为江苏省优势学科二期项目建设

另外，还有“西方音乐史”“音乐美学原理”“民族音乐概论”“音乐学文论写作”等四门课程入选江苏省高等学校精品课程，《音乐学文论写作》为教育部“十二五”国家级规划教材。

二、南艺的学术精神

南京艺术学院历经百年发展，逐步形成具有南艺风格的教育理念。众所周知，“闳约深美”“不息变动”是南艺老校长、著名美术家、艺术教育家刘海粟先生的办学理念。“闳约深美”，强调的是培养具有宽阔的知识结构、专一的专业精神、深入研究的学术方法以及对艺术的理想追求。“不息变动”则是刘海粟先生的治校理念，他认为：学校的教学需要依着时代的发展而改进，决不可因循守旧。这样的艺术教育精神贯穿于南艺教学发展的道路，很多专业都是在这样的教育思想下，在变动中求得创新。在教学中，既关注社会所需，同时又使学术活动不拘于定式，而是充满了创造力。

刘海粟先生把艺术教育放在整个人类社会文化中看待，把艺术和社会、人类的发展结合在一起思考，在培育艺术人才专业技法的同时凸显艺术的社会功能与效用。刘海粟早在1924年就提出：“艺术教育就是把艺术的精神，通过教育以培养育化人类美的本能和美的感情；同时还促使这美的本能向上发展和美的感情向外表现，普遍地培育出良善的健全的人类。”“人类有了艺术的陶冶，方能做一个完全的人。”① 或许正是这种具有深厚人文情怀的大艺术观念才使得一百年前一所私立艺术学校能够在历史的动荡中绵延至今，其教育理念也早已成为在当今艺术教育中具有广泛影响的南京艺术学院的办学思路。

南艺的学术精神所强调的是对人才的全面培养，这种全面性就使得教育的眼光不仅仅停留在对单一技法的培训，而是包含了人格养成、艺术修养、专业专长、社会贡献等全方面培养。随着百年荡涤，这样的教育理念也使南艺历史上所培养的诸多人才和艺术大家们，不仅有杰出的艺术才华，同样在人格上也多秉承谦和、诚恳、风雅、坚韧的中国文化风尚，这样的风尚融合于学科气质之中而逐渐形成南艺的学术精神。毕竟，学术的成就最终就是人格的成就。秉承于这样的学术传统，南艺音乐学专业全体同仁在茅原、伍国栋、居其宏等老教授的带领下，历经数年教学体验，从经验中淬炼教育思路，结合于南艺之实际，总结了如下教学理念：

① 刘海粟.刘海粟艺术文选[M].上海：上海人民美术出版社，1987：78.

以塑造坚实的音乐能力，宽阔的人文知识，面向世界的多元化观念为教学方向，突出理论与实践相结合的教学理念，关注研究中的文化视角和理论阐释中的个性品格，追求理论性与实践性、宏观视野与微观方法、形态分析与意义阐释的完美结合。

要做到这一点，离不开全体师生日积月累的努力，正如古人云："不积跬步，无以致千里"。实际上，大学教育最难的还不是举办各类临时性的会议、节庆之类活动，因为这些活动固然也是一个大学生命的组成部分，但终究是临时性应急事务，以热情为之，总能办成。今天的南艺，借助百年校庆之机，校园已有根本改变，常有兄弟院校同仁因来我院参加学术活动而对校园美景常有艳羡，这自然是每一个南艺人的骄傲。但在高楼林立、规划有方的校园中，我们还需要仰望星空，扪心自问：南艺的灵魂是什么？或者说，什么是南京艺术学院的精神？年轻的求学者们能否在这里寻找到艺术的真谛？在笔者看来，一所大学真正最难的还是所谓"内涵建设"，在平淡无奇的日常点滴中积累能量，这需要教师们在教学问题上不以世俗左右，而是以虔诚的学术精神面对教学和科研，从上好每一堂课、做好每一次学术讲座、全神倾力于每一篇论文等等细节入手，长年积累，方能以良好的惯性而形成学风。所谓学风，实为大学之灵魂，是一所大学的个性与核心价值体现。而要靠近这个目标，除了有好的教学理念之外，同时还需要有严谨的教学秩序和良好的校园规范。在日常的教学工作上，我们也秉承南艺严格治学的传统，在岁月的累积中，很多老教师对此都有自己的心得。如音乐美学家茅原教授曾明确指出："教书育人，贵在从严。"[①]以传统音乐研究而著名的易人教授则对音乐学院的教师们提出了自己的希望："教师责任心要加强，教师要因材施教，教师要爱学生。"[②]这些历经多年磨砺出的教学体会，是南艺学术精神的重要组成部分。在今天的现实中，当全社会都在扼腕于大学学风因种种原因而出现不良倾向的时候，我们正在不断努力，力争在教学的投入和学生的收获之间形成良性的发展，同时成为我们不断推进学科内涵建设的根本动力。

总之，"内涵建设"是大学学科发展之根本命题，要达到这一目标，光靠热情是不够的，更需要持之以恒的决心和发展道路上的不断反思；在教学中不仅要秉承

① 茅原.教书育人 贵在从严——记音乐教育家姜希[J].//钱建明主编.名师纪念文集[C].合肥：安徽文艺出版社，2012：135.

② 易人，徐海东.岁月如歌——易人先生访谈[J].南京艺术学院学报（音乐与表演），2009（4）.

严格治学的传统，更要激发学生的学习认同，只有“学习自觉”才可能真正形塑好的学风；在学术上则一方面需要在制度上建构让人坐得住冷板凳的学术氛围，另一方面，还需要鼓励学术的批判精神和学者的独立人格，只有不断反思、不断否定，才可能有真正的进步，才可能在“不息的变动”中发展。在这个意义上，学术就是大学的信仰。

三、专业定位与特色

南京艺术学院音乐学专业的定位与特色，一方面依于专业所需特性；另一方面也和南艺的学脉相承。对于一个专业的定位，意味着需要思考这个专业的内在结构。内在结构有别于外在形式是因为内在结构是以某种简约的形态出现，但对简约的把握却往往需要最深刻的思考。这也说明，对于大学内在精神的掌握取决于对办学内在规律的总结。

对于今天的专业音乐学院来说，音乐学已成为与音乐创作、音乐表演三足鼎立、缺一不可的力量，既与音乐创作、音乐表演相互依存，也与人文学科、社会科学、自然科学存在紧密联系，同时，也是一门学术理论与方法逐渐完备的、具有独立学术意识的现代学科。我们认为，好的教学离不开科研创新的引领，好的科研也离不开教学实践的积累，同样，好的舞台实践不能缺少学术的支撑，艺术院校的学术活动也不能完全脱离于对艺术实践的感性认识。我们追求的目标是：以学术促进教学，教学科研并进，追求一流的学术品质和一流的教学质量。在此层面之上，我们的专业特色以四个结合为基础：即，理论与实践相结合，科研与表演、创作相结合，音乐与文化相结合，学术与现实相结合。

我们希望以此目标来培养：

1. 高品质的音乐文化人才

音乐的终极意义在于深入表现对人性的理解。因此，在教学中实现以培养掌握专业音乐技能，具有人文关怀、文化底蕴的音乐人才为教学目标。我们提倡学习西方音乐理论，关注中国传统文化，关注现实，以多元化的眼光来看待人类的音乐事象。

2. 具有跨学科知识结构的人才

音乐学的学科特征决定学习者必须具有跨学科的知识结构。基于此，我们的教学课程不仅强调与相关艺术门类的交叉，同时也注重培养学生的人文素养，我们希望学生除了拥有扎实的专业根基外，也能涉及更多的人文、社科领域，从而丰富自己的学术眼光。

3. 具有独立学术精神的人才

学术活动的基础在于独立思考能力的养成。在音乐学系的课堂上，我们一直努力建设具有讲授与探讨相结合的互动式教学模式，意在通过对具体问题的不断深入挖掘、辩说，在查阅大量学术资料基础上以形成学生自己的独立思考能力。对于大学教育而言，其核心精神应当鼓励学生在学术上探寻独立判断的能力，如此，才有可能达成所谓创造力与批判性。就这一点，艺术院校相比较于一些优秀的综合大学而言，在教育观念上的步伐已显得有些滞后；有时候，也许是我们过于夸大了专业院校的专业性而忽视了作为大学的普适性原则。

音乐学专业自音乐学系建系以来，非常重视课程建设。经过多年的发展，音乐学专业积累了很多的教学经验，同时也壮大了学科队伍，特别是在2009年由四年制改为五年制后，朝向专业化方向迈出了重要的一步。

南京艺术学院音乐学本科课程结构

系列课程名称	具体课程名称
音乐学概论与音乐学文论写作系列	音乐学文论写作、音乐学概论、学位论文写作
音乐美学与音乐学史论系列	中国音乐史、中国近现代音乐史、西方音乐史、音乐美学
民族音乐学系列	民族音乐学概论、中国传统音乐概论（民歌、说唱、戏曲、民器）、中国传统音乐分析、中国少数民族音乐文化、世界民族音乐
音乐学专题研究系列	中国音乐史专题研究、中国传统音乐专题研究、西方音乐史专题研究、音乐美学专题研究

在本科课程设计上，我们以坚实的音乐知识、音乐技能和人文修养为培养目标。在这一教学方针指导下，音乐学专业课程设计的逻辑包括：以训练专业的写作能力为目标的“音乐学文论写作”；以训练系统的专业知识为目标的“音乐美学与音乐学史论系列课程”和“民族音乐学系列课程”；分别在音乐学最重要的研究方向予以深化学习，以训练学生从一般性知识学习上升为专题性论题探讨为目标的“音乐学专题研究系列课程”。通过四个方面课程群的设置并通过近五年的教学实践，上述课程基本满足了音乐学专业本科学生的专业知识构建，使得学生经过五年学习后基本掌握音乐学知识；另外还有若干特色课程、实践课程也能够为学生提供较为丰富的文化知识和社会实践机会，从而为塑造新世纪复合型音乐人才提供了可能。我们一直持有这样的理念：“我们不仅要培养高、精、尖专业人才，也

要培养合格的社会人；不仅要培养音乐学翘楚，更要教育能够以人文视野和社会科学方法阐释不同音乐现象的音乐普及工作者以及音乐应用人才。”①

四、现实中面对的问题与解决办法

从教学上看，尽管在课程设置上我们向着“尽善尽美”的方向在努力，但是，教学的有效性依然存在很多问题。可以这样说，作为“硬件”的课程设置相对是比较容易达标的；但作为“软件”的课程教学质量，即“内涵建设”要有所实质提升，就远非易事。

尽管总体上在改为五年学制后专业化发展得到进一步加强，但目前还缺乏加强学生适应社会需求的课程，专业课之外的选修类课程也还不够充分，距离培养拥有宽厚人文知识的要求还有相当距离。我们需要清醒地认识到，音乐学的未来发展必然和广阔的文化研究和现实社会有着无法分割的关联，音乐学的教育观念必须面对音乐实际上是属于文化场域的一个方面这一事实，只有如此，才不至于因为学理观念之偏差而把音乐学仅仅等同于某种技艺的存在。有音乐学家指出，尽管“音乐由声响构成，但这些声响却不再是物理的事实，而是人的创造，充溢着人的精神”②。这也就是说，音乐学作为一门学科其最终的目的与学科价值还在于理解音乐的意义，解读人的音乐性。

对于面向现代社会的专业教育而言，我们很大的不足在于我们的专业教育缺乏现实性，或者说我们的教育目标与现实有一定距离，这或许也是当今中国大学文科教育的通病，我们的学生在相当程度上缺乏面对社会的能力，我们的课程设置还无法有效地与现实相对接，我们的音乐学研究还主要停留在象牙塔上。当然，不是说高校不需要象牙塔，实际上，象牙塔是高校存在的标志。问题在于，作为接受教育的学生来说，在专研学术的同时还应当懂得如何面对现实，还应当着力于培养把专业运用于现实的能力。

我们的教学模式也缺乏鼓励学生独立思考、凸显其创造性才能的机制。我们的学生相比较于国外大学学生，缺乏批判性思维和学术的想象力，在面对现实问题时也常常束手无策。同时，目前高校一定程度上存在着“厌学情绪”，当然，这有着复杂的社会语境。相比于国外大学，我们的学生所承受的学业压力还比较小，很多学生并没有全力以赴地投入学习。音乐学专业学生相比较于艺术院校其他专业来说，学生的上课出勤率也许还不错，但这可能只是表象。有的同学的学习是被动的，

① 杨曦帆．音乐学的大学精神[J]．南京艺术学院学报（音乐与表演），2009（4）．
② 杨燕迪．音乐的人文诠释[M]．上海：上海音乐学院出版社，2007：23．

自己对专业的认同、兴趣、热情都不足,也很难激发对专业的求知欲。一方面,这和我国当下的若干社会现状有所关联。但另一方面,教育者必须认真反思:第一,上课方法是否得当?第二,授课上课内容是否过时?是否能激发听者兴趣?如果学生所学与真实的现实之间存在很大间隙,那么,的确很难让学生保持高度的学习热情。这也会进一步导致学术精神失落,厌学情绪蔓延。第三,传统的教学理念是否符合互联网时代学生对知识的掌握与理解?第四,如果说音乐艺术是人文精神的体现,是对人性的关怀,那么,我们的教学是否以此来激扬学生的心灵?或是说,我们还依旧自我遁形于技术的碎片之中?这些问题都需要我们在发展的道路上不断调整,以探索新世纪对教学模式的要求。某种意义上,我们只有以最彻底的学术姿态反思上述种种问题,才能重塑好的教学理念,才能让"有效的教学"重返讲台。

针对种种情况,我们在不断努力调整教学模式。除了专业核心课程之外,在以扎实的音乐功底为基础的原则上,音乐学系还开设有相应的系列选修课程以便于学生扩大知识面,包括用全英文授课的"十九世纪歌剧概论"、理论与实践相结合的"钢琴艺术史""基督教音乐"以及"文化人类学"等课程,以此来增强学生的人文素养和对人文精神探索的兴趣。而在教学中强调音乐学专业的文化基础,是因为我们深感艺术类院校学生人文视野不够宽阔,在学习过程中常有"一叶障目不见泰山"之学习瓶颈。同时,我们也鼓励教师积极参加各类教学竞赛,包括"微课"在内的各种新型教学模式正在改变着传统教学方法。

为了更好地激发学生的学习热情,增强学生的动手能力,音乐学专业积极拓展灵活多样的"第二课堂",包括学生自己动手的《音乐学杂志》,从写稿、组稿、校对、责编,到设计、排版、联系印刷等全套流程均由音乐学系学生承担完成。这样的锻炼,对于以文字为专业的年轻学生来说,提供了一个直接体验文字如何进入社会的机会,这将必然丰富他们对于文字的理解。另外还有"昆曲社""中国作品舞台艺术表演"等实践课程则是以亲身体验方式丰富学生艺术实践。"昆曲社"是以培养理论专业同学对于传统音乐的感知,以及对保护与传承非物质文化遗产的责任感为主要目的,初始只针对音乐学专业学生开展活动;随着影响的扩大,现在除了音乐学院外,还包括人文学院、影视学院、设计学院等学生参加。"昆曲社"邀请了江苏省昆剧院的专业演员来担任教师,效果非常好。另外,音乐学系还积极申报、完成江苏省教育厅"大学生训练计划",以此来逐步培养学生正确认识社会、进入社会的能力,从社会中、生活中发现音乐的意义,使学生能够在现实中体验音乐,在民俗文化中理解音乐。

五、研究生教育

南艺音乐学专业的研究生教育有着辉煌的开端，前文提到的著名民族音乐学家沈洽、杜亚雄教授都曾求学于南艺，接受音乐学研究生教育。经过30多年的淬炼，特别是在新世纪的发展中，南艺音乐学专业在硕士、博士的培养上都取得了进步，当然也存在不足之处。有的不足是和本科生类似的，但在研究生教育阶段则显得更为紧迫。比如，我们的研究生在独立思考、发现问题、解决问题等能力方面都还比较薄弱，缺乏学术兴趣也就必然缺乏创新意识，从而也导致学术反思和批评性精神都还相当欠缺。而要解决这些问题，还需要从研究生的课程结构抓起。

在研究生教学中，我们注意到艺术院校研究生的理论基础和人文知识是相对贫乏的，如果“任其自由生长”，那么，三年研究生生涯就会被功利化地缩减为一篇质量不高的学位论文，教学质量就会下降，研究生在学术理念和治学方法上就不可能有进步。音乐学家杨燕迪教授曾指出：“音乐学研究的知识结构和综合素养主要由理论素养、音乐修养、人文底蕴、语言功力这四个方面的内涵合力构成。”[①]我以为，这对于音乐学研究生而言是一个相当精准的概括与要求。按照这样的标准，我们要紧紧围绕研究生课程建设来提高研究生的学术水平，只有以课程建设为中心，才可能避免把研究生教育等同于“师傅带徒弟”的“私人作坊”式教学状态，也才有可能在理论与方法环节打下较为扎实的基础，尽可能扩展研究生的人文素养。实际上，我们很多研究生对于相关经典学术理论和学术前沿问题都相当陌生。针对于此，我们除了原有各专业方向的课程之外，增加开设了“人文专题研究”和“音乐学前沿”等基础理论类课程。其中，“人文专题研究”所讲授内容以人文、社科知识为主，分别由音乐学院和其他院系教授主讲，内容涉及“西方女性主义”“东西方艺术人格教育的差异性”“阐释学的缘起与现代进行”“人类学的历史与思潮”等等。这些跨院系、跨学科课程在一定程度上弥补了研究生理论基础的薄弱环节，激发了他们的学术兴趣，为研究生形成跨学科的知识框架打下基础。总之，在研究生课程体系方面，我们坚持以培养学术思维能力为目标，突出学术理论与方法类课程，着力于培养研究生的学术辨别能力、独立研究能力和解决实际问题能力。

研究生不同于本科生教育，其重点就在于研究生所需要学习的内容应当多以创新性为目标，不像本科生多为普适性知识，研究生的学习本身就需要有反思能力以及创造性。当下的研究生尽管有着很多自身的优势，比如他们生长在互联网时代、知识的获取更为便利等等。但是，今天的研究生的学术能力在知识爆炸和多元

① 杨燕迪.论音乐学研究生教育的人才培养目标[J].中央音乐学院学报，2005(3).

化时代面前还显得相对稚嫩。相当数量的研究生缺乏老一代学者坐冷板凳的恒心，这也使得他们的学术水平难以在有限时间内获得充分的进步。按照目前相关规定，研究生在校期间需要发表1–2篇学术论文，如此，方可参加毕业答辩。暂不说这一规定是否合理，但就多年观察而言，大部分研究生都是到了最后拿钱发文章，而且，质量也不尽如人意。这说明，对于学术型研究生，无论在理论基础还是应用写作等环节，都还需要认真对待以期有所提高。否则，这一原本出于更好锻炼研究生学术能力的目的，最后却有可能变成了“花钱办事”，不仅没有有效提高研究生学术水平，反而是败坏了学风。

研究生的教育模式决定了研究生导师对研究生有着重大影响，一个好的导师不仅应当有扎实的学术功力，有广阔的学科知识和有创造性的学术能力，还应当对学科的发展有符合学术逻辑的全面判断，对国内外学术界的动态有所了解；不仅能够在研究生选题、开题、中期检查、写作、预答辩、答辩等环节给予专业指导，还能够在平时教学中注重对学生的学理训练，培养学生的学术逻辑思维，为研究生打下较为扎实的学术理论与方法基础。根据已有的经验来看，把学术研讨带到课堂中是提高研究生思辨、探讨问题能力的有效方式。作为艺术院校的研究生教育，除了学术的训练之外，音乐学研究生还应当积极关注音乐表演艺术实践和音乐创作的最新动态，要积极参加艺术实践，不仅要熟悉传统曲目，对于现当代作品也要有所了解，这样才能不断丰富研究生对艺术的认识。

六、对未来的展望

在高校内，系科的划分是为了更好地将专业分类发展。每个专业从狭义上讲，都有其自身的规律、独特性以及专业的边界，因此在这个层面上，系科的设置合理且有意义；但从21世纪以来学科新发展趋势来看，当下和18世纪以来所形成的学科观念已有了很大的变化。站在今天的角度来看，尽管系科依旧是必要的，但专业的组合必须要警惕行政化所带来的封闭、保守等弊端，今天的专业更需要进行符合时代需求的、更具灵活性的模块化组合，以便符合时代的变革和学生的需求。在这个意义上，系科的界限在一定程度上妨碍了专业的新组合。比如，理论专业与表演专业或者是创作专业都需要在课程设置、教学教法等环节有更多互动，但系科似乎成为某种潜在的限制。这样的束缚不仅表现在系科这类行政设置上，同样也表现在观念上，这也使得我们对于其他学科已取得的成绩和进展还缺乏必要了解。

现代高校需要以学术立足，学术不能被简单地理解为仅是理论专业的事情。在艺术院校，学术和艺术是一个硬币的两面。艺术作为人类情感的实践如果没有学术观念的反思，那么就很可能步入“匠人化”的道路；相反，艺术院校的学术活动如果没有紧密联系各类艺术经验的话，也有可能面临在理论话语中"一脚踏空"的险境。在今天，中国的音乐学经过30多年的发展取得了长足进步，大量年轻学人获得学位后进入这个专业领域，如果要推进学术的进步和学科的发展，已经不可能处于"闭门造车"状态，而必须投身于整个学术界的活动，只有在不断的交流、碰撞中才能逐步形塑一个学术单位的基本特色，才可能以学术促进艺术的发展。在发展的过程中，音乐学借鉴其他学科的治学方法所形成的跨学科特征正在受到越来越多的重视，能够主动借鉴其他学科实际上是一个学科成熟的标志。学科的"纵横"与"边界"不应仅只从非此即彼的对立角度看待，二者更应该是相互磨合的辩证关系。如果说，在过去的阶段音乐学主要是从其他学科借鉴了有用的学科理念，那么，在下一个阶段，音乐学也需要思考如何与人文学科对话以及如何为人文学科作出自己的贡献。在这个意义上，学术活动是一个大学的生命线，艺术的进步离不开学术的反思。

在教学方面，过去的大学与学生之间的关系是主导型的，即学生必须适应大学规范，必须使自己成为符合大学教育的人；当然，学生要适应大学规范与大学生活，这本身并没有错，问题在于，在21世纪的今天，被动式的教育所造成的最大后果就是学生缺乏创造力，艺术院校学生如果没有独立性、没有创造性，那么，其所从事的艺术也必然是呆板的、没有生机的。今天的大学教育应该是不断地革新，以适应学生的多样化教育需求，以符合时代发展所需，这样的教育理念实际上就是要用对能力培养的重视来代替单一的分数指标。在21世纪的今天，我们的大学教育理念不能依旧停留在19世纪，尽管大学是从历史中发展而来，但在全球化的今天，我们的培养目标应当是拥有世界观念的新一代学生。

如果说，2009年南艺音乐学专业由四年制调整为五年制，其表象的背后实质地表达了当时音乐学系在建系十年后希望走向专业化道路的心情。专业化无疑是一个专业的立足之本，但我们在走向全面专业化的同时也要避免将专业化做狭义理解，专业化不是单一化。站在今天的学术发展来看，专业化除了狭义的专业技能之外，同时还可以理解为更专业地面向世界、面向多元文化、面向传统、面向跨学科的能力。今天，在跨学科这一理念已被大多数学人所认同的情况下，我们应当更进一步思考，如何结合南艺这一综合艺术院校的优势，使学生能够得到更多的不同种类艺术的滋养，从而使得跨学科、多元化这一教学思路能够在"家门口"得以实践。也就是说，我们应该考虑如何培养眼界更宽阔，对于不同文化、艺术有更丰富的理解和驾驭能力，而不是视野狭窄的青年学生。

把高校形容成"象牙塔"有利弊的两面性。一方面，"象牙塔"的作用在于把一群致力于学术的人和社会做一个相对的隔离，使这批人能够在和社会保持一定距离的情况下来思考社会的问题。这样做的目的，有点类似古人云“不识庐山真面目，只缘身在此山中”的意味，就是说，完全的和社会融为一体就有可能使得人们缺少观察事物真相所必须的“距离感”。但另一方面，这个距离感的意义在于更好地观察、理解社会而不是隔绝于社会，无论是学术还是教学都应该更充分地考虑现实的社会因素。相比于妇孺皆知的如哲学、历史、文学、经济学、法学等文科来说，音乐学对社会的影响力是很有限的，对于大众来说，知道音乐而不知道“音乐学”是一个非常普遍的事实。这说明，我们距离现实社会还非常遥远，我们在学科的现实性方面很可能还沉睡于“象牙塔”之中。

在这个意义上，我们还需要不断调整对于“象牙塔”的理解。一方面，应该让学生学会如何正确认识社会，未来才能知道如何走入社会。另一方面，应该增加与现实社会生活相联系的课程数量，教学中应当着力于学科的应用性拓展。学术的现实性与应用性，就是学术对社会的贡献。在提倡个性的同时也要把个人的兴趣转向当下社会热点，社会检验也应当成为学术研究之成果的衡量标准之一。

结　语

唯有反思才能在“不息的变动”中获得发展的可能。尽管基于南艺音乐学专业全体同仁多年的不懈努力，今天的南艺音乐学具有了一定的学术影响力。但是，我们也必须清醒地认识到，我们的基础还比较薄弱，对于教育而言，任何专业都需要长期的积累，而不可能一蹴而就，我们的教学经验和学术积淀都还有相当大的空间亟待发展。相比较于国内十余所专业院校的音乐学专业来说，南艺音乐学在发展道路上还面临很多问题，还有很多方面需要潜心向其他院校学习。当然，南艺音乐学的现状以及所面临的问题在国内兄弟院校中也有可能存在，毕竟，南艺音乐学并不是孤立发展，而是中国音乐学前行道路上的一个缩影。

面向未来，我们唯有严格于教学、科研的每一个环节，密切于学术动态，保持常新的学术精神，才有可能使南艺音乐学保持良好的发展态势。我们将坚持“以本科教育为基础、研究生教育和科研学术活动为重点、第二课堂为补充”的教学理念；秉承“闳约深美”的校训，遵循刘海粟先生“不息的变动”的办学精神，以南京艺术学院创建“国内一流、国际知名”艺术院校总目标为指引，不懈努力，以敬业的学术精神来打造一流的专业。

论高校舞蹈专业实践教学体系的构建与实施

——以南京艺术学院舞蹈学院为例 *

叶 笛 韩淑英 **

摘 要：实践教学对于高校舞蹈专业有着无法替代的重要功能。它丰富了理论教学的维度，从创新精神与实践能力两个方面型塑舞蹈专业学生的综合素养。实践教学体系的基本内涵可以概括为“五大结合”，即课堂与舞台结合、学校与社会结合、训练与比赛结合、自选与项目结合、教学与自学结合。舞蹈专业实践教学体系必须在培养计划、教学平台、配套机制三方面着力凸显和贯穿全程实践导向，从而构建校内外一体化的舞蹈专业实践人才培养流水线。南京艺术学院舞蹈学院着力推动教学体系的丰富与完善，在舞蹈实践人才培养方面取得了一定的成效。

关键词：舞蹈专业 实践教学体系 创新人才培养

在知识经济时代，社会对高校教学质量的要求明显提升。高素质综合人才的培养需要依靠理论教学与实践教学的有机结合。[1]对于特定专业而言，实践教学的价值甚至犹在理论教学之上。为此，教育部发布的《国家中长期教育改革和发展规划纲要（2010—2020年）》中就明确强调“强化实践教学环节”在高等教育领域的重要性，将实践的能力作为与其学习、创新的能力同等重要的三大能力之一。该政策出台的初衷无疑是将实践教学视为打破理论与实践隔阂、沟通学校教育与社会需求、培养学生综合能力的重要突破口。此后，全国高校掀起了实践教学改革的热潮，并已取得了不少成果。舞蹈是利用身体动作的一种艺术表达方式，是一门

---

* **基金项目**：本文为2015年度南京艺术学院教改课题《高校舞蹈实践课程体系整体优化与教学内容改革》（项目编号：2015JYYB02）的阶段性研究成果。本文中“舞蹈专业”是指《中华人民共和国学科分类》载明的一级学科“艺术学”项下二级学科“舞蹈”中包含的舞蹈理论、舞蹈编导与舞蹈表演等专业。

** **作者简介**：叶笛（1985—），女，南京艺术学院舞蹈学院副教授；韩淑英（1959—），女，南京艺术学院舞蹈学院常务副院长（正处职）、教授。

实践艺术。对于舞蹈专业而言，实践教育对培养学生创新精神与实践能力的作用同样不可或缺，它是舞蹈人才培养体系中极其重要的环节。然而，目前国内部分高校舞蹈实践教学改革仍然以一种零星的“小修小补”的方式推进，在系统性、全面性和科学性方面均有不同程度的缺陷，亟需理念更新、理论梳理与制度构建。

一、构建舞蹈专业实践教学体系的必要性分析

随着社会的发展，公众对舞蹈文化的审美情趣日益多样化，对高素质舞蹈人才的需求也日益增加。在此背景下，高等院校舞蹈专业教育也应该及时回应社会需求，着力培养集舞蹈表演、技法教学、作品创作、理论讲授为一体的综合人才，也就是培养学生的表现力、鉴赏力、创作力与传授力。

优秀的舞蹈人才首先必须具备对舞蹈作品的表现力。众所周知“舞蹈是人体的艺术，不同于其他艺术门类，它所要表达的主题思想是通过人体的肢体语言来表现的”[2]。因此要提升学生的舞蹈表现力就必须通过反复训练，形成肌肉记忆，从而掌握各项舞蹈技能。其次，优秀的舞蹈人才还必须具备对舞蹈作品的鉴赏力。这就需要通过反复观摩优秀作品，透过成功作品表演者的肢体语言来理解作品背后的深层内涵。再次，必要的舞蹈创作力也是优秀舞蹈人才不可或缺的能力。这是借助舞者的肢体语言来表达自己对特定主体的思考与感悟的能力。最后，优秀的舞蹈人才同样需要具备舞蹈作品的传授力。这是将舞蹈作品的肢体语言、背景音乐、舞具等融会贯通之后，以深入浅出的方式传授给他人的能力。表现力、鉴赏力、创作力和传授力需要舞蹈专业学生全程参与、亲自感受、反复训练、理解升华，实践贯穿舞蹈过程的始终。因此舞蹈专业学生的学习过程当然包含实践导向。

舞蹈专业学生的表现力、鉴赏力、创作力与传授力的系统培养要求在教师教学过程中借助校内与校外两个实践培养平台，运用基本知识与技能进行舞蹈作品的塑造与表演，让舞蹈专业学生学习的校内基本知识与技能得到“学以致用”；与此同时，带动学生观摩优秀舞蹈作品，引导学生充分思考，以提升鉴赏能力；以表现力与鉴赏力为切入点，挖掘学生创作舞蹈作品与传授舞蹈知识的潜力。在这个过程中，实践仍然贯穿始终。从学科规律与社会要求来看，实践教学是整个舞蹈人才培养体系中非常重要的一环，也是提高舞蹈专业教育教学质量的重要步骤。对于高校舞蹈专业的重要功能不言而喻：它既丰富了理论教学的维度，又从创新精神与实践能力两个方面型塑舞蹈专业学生的综合素养。[3]

然而，长期以来，舞蹈专业的教学体系重理论、轻实践。实践教学往往沦为理论教学的附庸，没有独立的目标、体系和规划。[4]国内部分艺术院校舞蹈专业推出了以实践教学为核心内容的课程体系优化改革，并已取得了一定的成绩。然而，就

整体而言，这些改革未能在培养方案、课程设置、制度保障等环节共同推进，成效无法最大化。其直接结果是舞蹈专业的教学往往表现为课堂与舞台脱节、校园与社会分离，学生缺乏必要的实践能力，无法满足社会对舞蹈人才的基本需要，适应性不强。“实践教学是培养学生创新精神和实践能力的重要手段，是提高学生综合素质的关键环节。”[5]要提升舞蹈人才培养的水平就必须推动舞蹈专业实践教学体系的构建与实施。

二、舞蹈专业实践教学体系的基本内涵

所谓的“舞蹈专业实践教学体系”是指以学生实践能力培养为核心，以课堂、舞台、社会三个维度为基本切入点，一方面着力训练学生的舞蹈基本技法，从而提升舞台表演技能；另一方面重点塑造学生对舞蹈作品的鉴赏能力与批判意识，从而最大化地培养舞蹈作品创作能力。舞蹈专业实践教学体系充分强调校内外实践场所对于学生培养的重要意义。通过制度化的路径为学生实践能力的锻造提供保障。因此，舞蹈专业实践教学体系的构建必须充分做好“五大结合”。当然，舞蹈实践教学的活动空间较为复杂，目的更为多样，涉及课堂、课外、校外多个场景，涉及知识拓展、技能提高与伦理提升等多个目的，这就决定了舞蹈专业实践教学具有多样性，而且不同场景及类型之间又存在着相互联系的结构体系。[6]

（一）课堂训练与舞台表演结合

强调课堂训练与舞台表演的结合，也就是强调舞蹈专业课堂训练与舞台表演实践相结合。“校内的舞台、校外的舞台都是学生展示自我、展示专业水平的好场所”[7]，是检验舞蹈专业学生课堂教学效果的实践平台。在舞台实践过程中，学生由被动学习向主动表演转变，舞台经验在实践中不断累积，创造力与表现力得以彰显与强化。更为重要的还在于舞台表演教学实践还能为舞蹈专业师生提供展示创作理念与手法的平台，客观上也激发了师生的舞蹈创作热情，进而使得舞蹈创作能力的提升成为可能。故而，在舞蹈实践课程教学中实现课堂与舞台的结合最终将全面提升学生舞蹈创作能力，推动创作出更多优秀的舞蹈作品。

（二）学校学习与社会实践相结合

社会实践由校内实践和校外实践两大部分组成，前者主要是各类校园师生舞蹈活动，后者则包括舞蹈民俗采风、暑期文化三下乡活动、慰问演出、参加各类形式的文化艺术展演、交流及比赛的实践活动等。校内舞蹈实践教学活动是高校舞蹈实践教学体系中的重要组成部分，它区别于课堂训练，主要是学生利用课余时间，基于兴趣爱好设计、推动与实施的校园活动。学生通过校内实践教学活动，既锻炼了自身的实践能力，体现了自身的魅力，又检验了自己所学舞蹈专业知识。而校外

实践教学活动是校内实践教学体系在范围与空间上的延伸。两者相辅相成，不可或缺，共同支撑起了实践教学体系。在推动校外舞蹈实践教学活动中，学生们一方面亲身体验了我国各民族优秀的舞蹈民俗文化，同时还得以获知社会公众对舞蹈人才的具体需求。通过这两个方面的体验，学生可以有效反思自身的不足，并进而进行针对性的提高。在舞蹈实践课程教学中实现课堂与社会的结合最终将全面提升学生舞蹈专业素养，推动舞蹈文化的传承、保护与普及。

（三）专业训练与舞蹈比赛相结合

组织学生在专业训练的基础之上参加各种级别的专业比赛是提升舞蹈专业学生实践能力水平的有效途径，也是提高学校影响力与知名度的重要载体。一般而言，国家级与省级的专业舞蹈比赛周期较长，学生可以在较长的时段内持续不断地反复练习、观摩、表演，其舞蹈表现力与舞台实践经验都会得到飞速的提升。[7]因此，舞蹈专业实践教学改革需要做到专业训练与舞蹈比赛相结合。一方面，“以赛促训”，将专业比赛作为验收日常专业训练的媒介，以比赛促进学生对专业训练的投入；另一方面，“以训促赛”，通过日常专业训练保障在大赛中取得优异成绩。

（四）自选领域与依托项目相结合

舞蹈专业学生还可以通过在参与各种层次的社会实践项目中不断加深对舞蹈文化的理解，提升对舞蹈的鉴赏力与传授力。因此在舞蹈专业实践教学改革中要做到自选领域与依托项目相结合，既无鼓励学生在日常学习生活中对舞蹈专业的特定领域多观察、多思考，也鼓励学生与老师共同申报各层次社会实践项目。借助实践项目的实施，让舞蹈专业学生在采风的过程中对舞蹈实践有更多、更深层次的思考，从而优化舞蹈专业学生实践知识的结构，强化能力的培养。

（五）教师教学与课外自学相结合

教师教学更大程度上只是在有限的时间内对学生进行充分的引导，而学生舞蹈表现能力、舞蹈鉴赏能力、舞蹈创作能力与舞蹈传授能力离不开借助长时间、高频率的反复训练，因此课外自主学习对于舞蹈专业学生的实践能力塑造具有极为重要的意义。在舞蹈专业实践教学改革中还要做到教师教学与课外自学相结合，以制度型塑学生良好的课外习惯，鼓励学生在课后自主利用练功房、多媒体室加强练习，从而充分巩固课堂知识。

三、舞蹈专业实践教学体系的构建与实施

近年来，南京艺术学院舞蹈学院着力推动舞蹈专业，即舞蹈学（师范）、舞蹈表演、舞蹈学、舞蹈编导的实践教学体系的构建与实施。从人才培养方案修订、实践教学平台搭建、管理体制等方面入手，根据舞蹈专业的学科特点，将舞蹈实训、舞台

表演、演出观摩、社团活动、社会实践、专业实习、毕业设计、舞蹈创作、舞蹈比赛等子系统有机结合起来，在舞蹈各专业学生实践能力的提升方面取得了一定的成效。

（一）制订以实践为导向的人才培养计划

人才培养计划是舞蹈教学的指南，要实现舞蹈专业实践教学改革就必须修订原有人才培养计划，突出实践导向。南京艺术学院舞蹈学院以实践教学为导向，全面更新了原有的人才培养计划。

其一，增加实践教学课程的学时。实施由公共实践教学、专业实践教学、社会与艺术实践三个部分组成的实践教学体系。舞蹈学院在修订的教学计划中将实践课程的学分增加至40分，课时达到488学时。同时规定，对于理论性较强的舞蹈学专业而言，实践课程的比例不低于总学时的25%，而对于实践性较强的其他舞蹈专业可以因地制宜地增设实践课程，舞蹈学（师范）、舞蹈编导与舞蹈表演专业分别达到40%、45%与50%。

其二，丰富实践课程的内容。在南京艺术学院舞蹈学院新的教学计划中对专业基训课程提出了改革要求，明确强调专业基训课程需要遵循常规训练、即兴训练、剧目训练有机结合的指导思想，为学生训练成果转化为作品提供校内外展示空间。除了舞蹈各专业的基础与核心实践课程之外，学院针对不同专业的特点开设了贴合专业特色的实践课程，如舞蹈学（师范）在专业必选课程类增加了“教育实习”课程4学分72课时；舞蹈学专业在专业必选课类增加了“田野调查”课程2学分36课时；舞蹈编导与舞蹈表演专业在专业任选课类增加了“艺术采风”课程4学分72课时，从而丰富了我院舞蹈专业实践教学课程的内容。学院课程体系调整的整体思路是强调三大教学模式，即在课堂教学中注重活动教学的模式、情境陶冶的教学模式以及示范模仿的教学模式。

其三，将课外实践纳入培养计划。南京艺术学院舞蹈学院专门制定了《南京艺术学院本科生课外艺术创新实践学分实施细则》，在正常教学计划之外增设实践导向的辅助培养计划，坚持第一课堂与第二课堂相结合的模式，引导学生在社会实践、志愿服务、文化表演、社团活动与公共服务等模块中系统提升实践能力。在总学分中安排10个实践学分，奖励参加校内外演出、各层级舞蹈大赛获奖、对外交流演出活动中有突出贡献的学生。在评定奖学金和研究生推免工作等方面给予课外实践项目加分。具体而言，对积极参加各类社会实践的舞蹈专业学生给予2个学分的奖励，对积极参加各类展演的舞蹈专业学生给予4个学分的奖励，对积极参与大学生创新实验等实践项目的学生给予2–4个学分的奖励。此外，在新生入学之初，由班主任与授课老师言传身教，做到“两个鼓励”：①鼓励舞蹈专业学生在毕业前至少要到现场观看不低于10场的舞蹈演出。②鼓励舞蹈专业学生在课外主动到舞蹈训练室训练。每月公布训练室的使用情况，对于积极完成课外舞蹈实践训练的学生给予表彰。

（二）着力搭建校内与校外两类实践教学平台

“实践教学基地建设是推进高校实践教学改革的基础工程和基本保障，应将实践基地建设作为重要的基础设施建设来抓，通过理顺体制、加大投入、加强管理，使实践基地在创新人才培养中发挥重要的作用。”[7]南京艺术学院舞蹈学院通过校内、校外两个实践平台的搭建，力推舞蹈专业实践教学体系的实施。

第一，加强校内舞蹈实践教学平台的搭建，结合区域和学科特殊的品牌，搭建舞蹈教学创作实验室、舞蹈实践教育基地、舞蹈研究中心，着力为学生校内实践创造良好条件。为此，舞蹈学院在2015年设立了中国现当代舞剧研究中心，中心聚集了一批舞蹈学院的优秀教师，更凝聚了来自国家大剧院、北京舞蹈学院、中国艺术研究院、江苏省文化艺术研究院等单位的专家和学者，使中心成为中国当代舞剧的创作研究基地和人才培养基地，为中国的舞剧事业提供高端的学术指导和充足的人才储备，更形成了南京艺术学院舞蹈学院实践教学的特色品牌。目前，南艺中国现当代舞剧研究中心已先后举办了5次研讨会，如中国当代舞剧研究中心成立暨门文元无锡舞剧创作研讨会、佟睿睿舞剧研讨会、王亚彬舞剧创作研讨会、周莉亚舞剧创作研讨会、万素舞剧创作研讨会。学院并依托中心资源，在学院舞蹈专业任选课程类增加了“中国当代舞剧创作研究专题”课程2学分36课时，课程以专题讲座的形式进行，围绕中国当代舞剧创作的内容展开教学。通过教学使学生对当代舞剧创作的现状和创作理念、方法有较为全面的了解与把握，以当代著名中青年舞剧编导的创作实例入手，从理论的层面讲授有关舞剧创作的基础知识，并结合相关舞剧作品创作的分析，使学生能了解当代舞剧的编创过程、编创规律等，从而促进他们更好地进行舞剧评论及舞剧理论研究。学院还在舞蹈学专业的必选课程类增加了“舞蹈评论”课程2学分36课时，使学生具备舞蹈作品评论的宏观视野，让学生了解新时期舞蹈作品评论自身的历史和当下舞蹈评论的状况，熟悉舞蹈作品评论的具体步骤，掌握舞蹈作品评论自身的多面性和循序渐进的规律，并通过分析步骤、范文评析加之文章批改的综合教学方式，培养学生独立思考的能力，并使学生具有一定的舞蹈作品评论、写作的能力。目前已出版教材《舞蹈评论形态分析教程》（上、下卷）、《舞蹈创作基础理论》《中国当代舞剧创作综论》。目前，“中国当代舞剧研究中心”也为收集与整理中国当代舞剧影像资料提供了良好的操作平台，整合中心负责人及中心成员的学术资源。在今后的工作中，中国当代舞剧研究中心将每年以不少于5人的目标进行资料的数字化存档，形成个人、时期、风格系列，并以多媒体形式为学生进行数字化推送，推进影像资料的全面搜集与便捷查阅。同时,也将完善西方舞蹈文化的资料数字化建设,每年派专人搜集整理、购买西方前沿舞蹈音像和资料,丰富资料室的音像建设,为学生搭建良好的教学平台。

第二,打造精品校外舞蹈实践教学平台,充分与相关文艺单位、文艺团体、企事业单位签订合作协议,为学生提供学以致用的舞台。鼓励教师带领学生走出课堂,走出校园,参加各种有意义的校内外演出活动。在演出中提升学生舞蹈实践能力,也检验舞蹈实践教学的成果。在建构校外实践基地时,舞蹈学院还改变松散的随机合作模式,推动固定的合作模式。一方面,吸收和聘请实践基地依托单位的专家参与实践课程环节的管理与指导,提升实践导向;另一方面,在校外实践中师生要贯彻专业导向,以自身的专业知识为实践基地解决运作中的实际问题与困难,从而实现双方的共赢,不断扩展校外实践基地建设。比如,舞蹈学院与南京小银星艺术培训中心建立了共同培养高水平艺术人才的交流与合作关系。该中心下辖18个分中心,是江苏省规模最大、信誉最好的培训中心。其实践性强,岗位丰富、稳定,满足学生实训要求。

(三)构建"实训—舞台—比赛"的实践能力培养流水线

具体而言,教师利用课堂实训和舞蹈专场演出,对舞蹈专业学生的学习效果进行考查与评定,从中发现优秀学生。选拔这些优秀的学生参加舞蹈团、表演艺术团,积极组织他们参加大型综合文艺晚会的舞台表演。通过这种演出活动,在提高学生的舞蹈表现力及舞台实践能力的同时培养优秀学生与他人合作的协调能力、整体意识和全局观念。[8]由于在校学生平时以接受舞蹈课堂教学为主,缺乏舞台实践锻炼,为给学生提供全面的舞台实践锻炼机会,舞蹈学院以舞台作为教学实践课堂,帮助学生不断积累舞台演出经验,努力培养复合型舞蹈艺术人才。在这个过程中,舞蹈专业学生不仅获得了全面的舞台实践锻炼机会,其舞台演出经验也得以不断累积。2016年为庆祝建党95周年和红军长征胜利80周年,南京艺术学院舞蹈学院整合了较强的编创、表演及音乐剪辑制作团队,历时三个月精心编排和创作了富有深刻内涵思想与艺术观赏性的舞蹈诗剧《青春之歌》。整场舞蹈诗剧的编排、音乐剪辑制作、舞美设计等均由舞蹈学院师生独立完成,参演学生多达150余人。除了《青春之歌》,近年来舞蹈学院还原创了多部舞剧,如《十二秒》《钟声若响》《节气江南》《嫦娥奔月》等,使学生获得了更多舞台实践的机会,在丰富舞台经验的基础之上,根据学生不同的特点,组织参加不同的舞蹈比赛。理顺舞蹈比赛的操作流程与体制,由专人负责各项赛事工作的统筹安排,年初制订参赛的计划表,分时间节点进行动员、选拔、培优工作,在师生参赛时由专人做好充分的后勤保障工作。

（四）构建“课堂—项目—实践”的实践能力培养流水线

在课堂学习中培养学生的基本理论素养和对舞蹈文化的兴趣，结合推出以实践为导向的科研项目，引导学生与教师合作申报社会实践项目，基于充分的经费支持，鼓励学生利用假期到地方采风，增加学生对舞蹈实践的认识和对舞蹈文化的领悟，提升学生的舞蹈鉴赏能力，为舞蹈创作提供充分的素材。同时，形成“课堂—项目—实践”的良性循环，也为学生的升学需求搭建可持续性的、不可或缺的链接平台，在项目、科研中拓宽学生的舞蹈专业知识面，增强学生的实际应用能力，锻造学生的综合能力塑造，将升学课程与实践进行无缝对接。2016年起，南京艺术学院舞蹈学院与四川大学艺术学院、云南艺术学院、贵州大学、贵州民族大学、中南大学、湖南师范大学等高校共建长江流域高等舞蹈教育协同创新中心，以“师生互派”与“特色课程互换”等形式开展长江流域舞蹈文化的项目研究，以科研项目带动舞蹈专业学生实践能力的提升，有效实现三校“课堂—项目—实践”资源的互补互助、双赢发展。目前舞蹈学院在2016年已拿下国家社科艺术学青年项目“长江流域舞蹈文化研究”，并在专业任选课程类增加了“长江流域舞蹈文化研究专题”课程2学分36课时，通过课程的学习，使学生了解长江流域舞蹈文化的基本情况，增加对多元舞蹈文化和民族文化的认识，理解不同民族的文化以及不同文化中的舞蹈事象，熟悉长江流域不同民族舞蹈文化特征，能够在民族舞蹈学基础上结合相关民族学知识，更全面地看待长江流域舞蹈的现状与方法，并且希望学生能以长江流域舞蹈元素进行相关主题的舞蹈创作。

（五）完善实践教学课程体系的配套机制建设

在相关制度中，舞蹈专业实践教学的评价体系因其对师生的导向作用而显得尤为重要。这就要求我们围绕教学的条件、过程与结果三个方面构建详细的、体系化运作的评价指标，从而引导和促进实践教学改革，加强实践教学宏观调控。[9]为此，南京艺术学院舞蹈学院将着手制定《舞蹈专业实践教学体系激励机制实施办法》《舞蹈专业本科生第二课堂课时认定办法》《舞蹈专业本科生毕业设计（论文）管理规定》等文件，贯彻物质与精神相结合、权利与义务相对等的基本理念，以制度推动舞蹈实践教学体系的构建。

结 语

国家“十三五规划”强调文艺作品创作的实质“要狠抓文化精品的创作与研发，破除我国目前在文艺创作中出现的‘有高原无高峰’的现状”[10]。这对于高校培养创新人才的教学机制提出了新的要求。单一的人才培养模式、传统的理论教育主导模式都不利于舞蹈专业创新人才的脱颖而出。为了培养符合国家战略需要的舞蹈实践人才，需建立高校舞蹈专业实践教学体系，通过校内与校外两类实践平台的搭建，从校园、舞台、社会三个维度切入，在实践、认识、再实践、再认识的过程中，激发学生的创作、科研热情，达到培养学生创新能力与创新意识的目的。《国家中长期教育改革和发展规划纲要(2010—2020年)》明确指出："注重知行统一。坚持教育教学与生产劳动、社会实践相结合。"高等学校舞蹈专业的实践教学体系不能变成一句空话，必须具体落实在舞蹈专业教学计划与教学大纲之中，对于实践课程应在学时、学分中有所保证，通过各种实践课程、实践教学环节，让理论知识转化为实践经验，提高舞蹈专业学生的舞台表演、编创等能力；树立系统培养观念，推进本科—社会、本科—研究生的有机衔接，帮助学生缩短校本课程知识与社会实际需求的差距，为我国经济建设培养更多舞蹈复合型创新人才。

参考文献

[1] 朱正伟，刘东燕，何敏. 加强高校实践教学的探索与实践[J]. 中国大学教学，2007(1).

[2] 毛荣. 高校舞蹈编导专业实践教学探究[J]. 音乐生活，2009(3).

[3] 刘进锁，马旺华. 高师音乐教育艺术实践教学模式的探索与思考[J]. 艺术研究，2010(1).

[4] 杨莉莉，路漫漫，寇小洁. 加强实践教学 突出个性培养——关于南京航空航天大学艺术学院音乐表演(歌舞)专业舞蹈课程教学的改革与创新实践[J]. 艺术百家，2009(7).

[5] 张英彦. 论高校实践教学目标[J]. 教育研究，2006(5).

[6] 时伟. 论大学实践教学体系[J]. 高等教育研究，2013(7).

[7] 郑春龙，邵红艳. 以创新实践能力培养为目标的高校实践教学体系的构建与实施[J]. 中国高教研究，2007(4).

[8] 段友芳. "四个结合"实践教学模式的音乐创新人才培养——以黄冈师范学院音乐艺术实践教学为例[J]. 湖北工程学院学报，2013(3).

[9] 程建芳. 借鉴国外经验强化应用型本科教育实践教学[J]. 中国高等教育研究，2007(8).

[10] 金元浦. 创新理念是我国"十三五"时期文化发展的导航灯[J]. 中原文化研究，2016(1).

五、高等职业教育专业课程教学模式研究与实践

迈向大设计时代的高职教育

——艺术设计类课程的准入、建设、评价与淘汰机制研究*

季 鹏**

摘 要：高职学院应该建立起严格意义上符合职教特色的课程体系，并且是先进的课程体系，一整套科学的、行之有效的课程准入、建设、评价与淘汰机制不可或缺。本文以高职学院的艺术设计专业为研究对象，试图从设计课程的准入、建设、评价与淘汰机制等方面探讨职业教育的更多可能性，以适应"大设计时代"设计行业本身的动态发展规律。

关键词：艺术 课程 机制

高等职业教育，是兼容了高等教育与职业教育于一体的教育类型，担负着培养应用型人才的使命。然而，国内高等职业教育长期受到同类高等教育体系的影响，未能真正发展出独立的、符合职教规律的先进教育模式。以艺术设计专业为例，从人才选拔的入学考试开始，长期沿袭人物素描、色彩静物等美术高考的常规套路，课程体系、师资配备更是设计院校本科教学的翻版甚至简化版。然而，高职学院要培养的是相关设计领域甚至跨领域的应用型专业人才，学生本身的勤奋与天资固然重要，学院方面也必须建构科学的人才培养模式、合理的课程体系、有效的教学资源以及教学管理机制。而有步骤地对相关课程推陈出新，适应设计行业本身的动态发展规律，适应"大设计时代"的设计思维，应该成为高等职业教育的常态。

德国乌尔姆（ULM）设计学院早在上世纪五六十年代，就以"社会性优先"的民主思想将科学与人文学科进行系统整合，建构了一套影响深远的设计哲学，即系统设计理论。在今天的"大设计时代"，设计需要解决的问题则更为复杂，设计活动与我们所处的社会、环境、文化、时代和可预见的未来全维度相互关联，从而形成有序的整体。麻省理工学院（MIT）率先消灭了学科的分野，在这里博学是每个人基

* **基金项目：**江苏省教育厅高校哲学社会科学研究基金项目"江苏省高职院校的环境艺术设计课程体系改革研究"（项目编号：2018SJA0362）。

** **作者简介：**季鹏（1972—），男，南京艺术学院高等职业教育学院副院长、副教授。

于自身追求的标配，教育更多的是关注人类本身，技术逐渐沦为附属。反观国内的高等职业教育，跨界仅仅是我们走出的艰难的第一步。随着社会的高速发展，大量的传统职业正迅速地消亡或转型，职业教育的规划必须及时甚至预见性地作出相应的调整。如何在现行体制下，通过不断完善课程的准入、建设、评价与淘汰机制以应对日新月异的社会发展，是高等职业教育应该积极面对的课题。

一、高职学院设计类课程的准入机制

（一）完善现有教学大纲，增加特色课程

长期以来，艺术设计的课程设置过于偏重设计学本身，而对于美术学、文学、建筑学、社会学、材料学、工程力学、植物学、心理学、传播学、历史学以及哲学等相关领域缺乏专业性的认知。从教学层面而言，虽然受学分制体系和课时总量的制约，大量增加非设计学课程并不现实，但在设计类高校人才培养同质化严重的当下，通过增设特色课程不仅可以提高学生的综合设计能力，亦能形成高职学院人才培养的特色。比如建筑学、植物学与环境艺术设计专业的交集；传播学、文学对视觉传达设计、数字媒体艺术专业的补充；材料学、工程力学与产品设计的关系；美术学、社会学、心理学、哲学和设计伦理学等对所有专业方向的影响。又如要提升景观设计专业的职业教育特点，可以增加风景园林植物学课程，可以增加场地测绘课程，也可以增加市政设计的相关课程。设计院校推行的通识基础课程体系和研究型课程体系，并不符合职业教育的需求。职业教育应当加强设计专业的职业化特色，根据各高职院校的自身状况、规划愿景与社会资源，发展出各有千秋的课程体系，特别要加强设计院校相对忽视而设计实践中不可或缺的环节。

今天要有效地解决“大设计时代”的设计问题，更多的是依靠团队的协作。由于社会分工的细化，决定团队工作能力的“长板理论”表明，不可替代的个人能力才是体现团队整体价值的长板，个人短板在团队中往往可以忽略不计。来自不同教育体系的设计师在一起工作，应该形成优势互补的团队合力，并带有毕业院校的专业性印记。然而社会现实却是一方面企业普遍急需设计人才，另一方面相当比例的设计类毕业生无法在设计行业谋生，高职院校片面注重人才培养的规模化却忽视了同质化和低端化的倾向，降低了学生在相关行业中的竞争力。

（二）与时俱进，扩充现有课程的教学内容

多年前，就有学者提出：PC时代即将过去，取而代之的将是无所不在、一目了然的泛在计算（Ubiquitous Computing）。人们获取各种信息就像用手表看时间一样

容易。①虽然“泛在计算”尚未全面影响到我们的日常生活，但是计算机领域的飞速发展，包括人工智能（AI）的开发，却鲜有在高职院校的计算机课程体系中得以体现，更多的依然是常规设计软件应用的学习。我们应当鼓励学生通过网络教程自行学习普通的应用软件，宝贵的课堂教学时间则聚焦于高端的、难度系数较大、应用前景广阔的新软件学习。

以环境艺术设计专业的“计算机辅助设计”课程为例，可以通过更新教学大纲来取代之前的教学内容，因为今天掌握了参数化设计软件Grasshopper和动态虚拟现实软件Lumion的学生，一定比仅掌握3DMax和Sketchup软件的学生更具职场竞争力。再如数字媒体专业，在学习基本的非线性编辑软件的前提下，如果再掌握诸如视频融合技术、影像互动技术、全息影像成像技术、数字影像的编程技术等，则足以在同类竞争对手中保持相当的优势。视觉传达设计的学习则可以适度远离计算机，通过在印刷工艺课程中增加丝网版、铜版或凸版印刷技术的学习，更加全面地理解印刷技术；在书籍设计的课程中通过手工装帧书籍，更直观地了解书籍装帧中各种装订方式的特点以及对纸张的具体要求。

相比增加特色课程与扩充教学内容，拓展专业方向实质上是课程群的系统性建设。比如职场上非常热门的软装设计师与美陈设计师，从业人数众多，人员质量却良莠不齐。因为在高等教育体系中缺少相对应的专业方向，也就缺少了严格意义上的从业标准和质量评定体系。软装设计与美陈设计在商业设计中影响力日益壮大，作为高等职业院校的艺术设计专业，完全可以考虑根据市场需求设立相关课程群或专业方向，培养对口的专业设计人才，以改变目前职场乱象丛生的现状。从操作层面上而言，学院可以提前半年组织系科为单位的教学研讨会提请新课程准入，报学院学术委员会与教务处研讨通过，形成良性的学术互动机制来不断提高高等职业教育学院在“大设计时代”的职教作用。

二、高职学院设计类课程的建设机制

前清华大学校长梅贻琦有句名言：“所谓大学者，非谓有大楼之谓也，有大师之谓也。”同样，高等职业教育设计类课程的建设亦首先在于师资建设，无论是新课程的开设，还是原有课程的拓展与优化，教师都是课程建设的关键。其次，通过教学研讨、学术交流与教学督导工作不断完善课程结构与教学大纲。再者，结合校企合作与联合教学等多种形式，形成高等职业教育的办学特色。

① 迪人.世界是设计的[M].北京：中国青年出版社，2009：67.

（一）加强师资建设，提高教学能力

高职院校体制内的教员是高职教学的主力，然而课程建设要紧跟时代发展的步伐，就要求教员们不断学习新知识，积极参与教学改革与课程建设。首先，稳步提高原有课程的教学水平，不断融入最新专业知识与行业发展动态，在保证课程质量的同时开设符合教学需求的新课程甚至开创新专业方向。学院方面应积极提供学术交流、进修、访学和攻读学位等深造机会，提高教师的教学能力。其次，引进或聘用符合学科建设需求的教师，拓展教师队伍的学科领域并形成梯队。再者，与国内外企业或高校加强学术交流，邀请专家学者以讲学、主持工作坊教学或学术讲座的方式参与课程建设，以弥补学院自身师资结构中的短板。

（二）教学研讨、学术交流与教学督导的介入

任何一门新课程、新专业的建设与发展，都可以借助集体的智慧。可以通过内部教学研讨会，由专业教师针对课程建设提出意见与建议；积极与其他院校或相关企业开展学术交流，将其他院校的教学经验与企业的市场反馈信息，作为课程建设的重要依据；听取督导组资深教师的指导意见，提高年轻教师的授课能力，改进教学方式。在课程单元结束后，结合作业展再度组织研讨，针对实际教学中取得的成绩与暴露出的问题，提出整改与优化的方案。

（三）校企合作与联合教学

校企合作是职业教育的传统特色。形成规模和体系的校企合作，可以落实职业教育中的实践环节，通过企业将学院的课题研究直接转化为生产力，接受实践的检验。能够对接相应的企业参与课程建设，是课程建设的有利条件，也是职业教育与市场接轨的有效途径。联合教学既可以与企业合作，也可以与其他院校合作，包括与德国的高等职业院校（FH）进行深入、广泛的合作与交流。德国的高等职业设计教育与大学设计教育拥有不分伯仲的学术地位，德国的设计教育从德意志制造联盟、包豪斯、乌尔姆设计学院一路走到今天，始终处于国际领先地位。形式多样的联合教学不仅丰富了教学形式，更重要的是通过横向联系，互通有无，相互促进，加强了学科建设。

三、高职学院设计类课程的评价机制

从柏拉图（Platon，B.C 427—B.C 347）将艺术定义为“模仿”到克莱夫·贝尔（Clive Bell，1881—1964）将艺术定义为“有意味的形式”，关于何为艺术的讨论穿越古今，从来没有过定论。20世纪60年代关于设计的定义亦产生了大相径庭的概念，诸如设计是“一种目标导向的问题解决活动”（Archer，1965），“产品各组件和人们相关的协调因素”（Farr，1966），“由现有事实扩展至未来可能的想象力”

（Page，1966），“一种创造性活动——它牵涉将前所未有的新式和有用事务加以具体实现的活动”（Reswich，1965）[①]，这些设计家们的表述虽然没有就设计的概念给出明确的定义，却从不同角度提出了设计活动无限的可能性，也为我们综合评价设计课程提供了理论依据。

设计课程的评价首先来自学院的学术委员会，委员会批准课程的准入可视为对课程整体性的认可。但是，课程的价值体现主要取决于实际的教学环节，教师对课程的理解与对教学进程的把控，最终可以通过学生作业展和课程报告书集中体现，学生评教可以作为一个参考指标，但通常不会涉及深层次问题。高职学院也可以参考东南大学建筑学院和南京大学建筑与城市规划学院的惯例，在作业展上加入评图环节，邀请多学科、跨领域的专家学者参与答辩。高职学院的评图除了邀请不同专业的教师，还可以邀请企业家、知名职业设计师、工程师参与以强化职教特色。类似专家会诊般的评图，可以发现课程建设和教学实践中可能存在的问题，为进一步完善课程建设提供切实的帮助，集体评议还可以让评分更加公平。更为长远的是学生毕业后进入职场，用人单位的反馈信息，以及工作若干年后学生自身的职场感受，同样是评价课程体系的重要依据。

在“大设计时代”的语境中，设计课程的价值还体现在是否具有学科开放性，是否符合国家发展职业教育的宏观规划，是否在相关领域具备学科引领性并具备可持续发展的前景等。高职学院内部定期的教学研讨会是课程评价的重要机制，课程的准入、建设、评价直至淘汰，所有的环节都应该由教学研讨会拿出方案，最后上报学术委员会进行决策。

四、高职学院设计类课程的淘汰机制

通用汽车公司的工业设计模式之所以在设计史上占有重要地位，原因在于经营管理层和设计师一起酝酿出一套迄今为止仍具有强势的产品设计研发制度——“有计划的废止制度”（planned obsolescence），即设计新的汽车样式的时候，必须有计划地考虑以后几年之间不断更换部分设计。“有计划的废止制度”在汽车行业中的成功使之开始在各个行业日趋重要起来。[②]产品的代次更替原本就是设计行业的特点，设计课程虽无法做到完全有计划的废止，然而，随着科技发展与市场变化，淘汰不合时宜的设计课程与开发新课程同等重要，正如英国学者约翰·莫里

① 约翰·克瑞斯·琼斯.设计是什么[M].//《外国设计艺术经典论著选读·上》.李砚祖，编著，北京：清华大学出版社，2006：106.

② 周博.现代设计伦理思想史[M].北京：北京大学出版社，2014：66-67.

森（John Mowison）提出的“设计是植基于人类成就和科技专业的一种不断在改变和推演的过程”[①]。

计算机辅助设计的广泛应用，已经让很多传统课程退出了历史。计算机矢量图提供的精准图纸，便于复制、修改、合作、存档和传输，这一应用在建筑设计与环境艺术设计学科让“制图基础”课程彻底“消亡”了，参数化设计和3D打印甚至让传统的图纸也可以走向“消亡”。早年基于DOS系统开发的3DS软件再也没有了适合运行的环境，各种应用软件每年的更新换代，提供着强大的技术支持，迫使计算机应用课程必须跟上软件升级的节奏。计算机系统及互联网提供的海量字库，也让视觉传达设计课程体系中传统的“美术字”课成为过去。运用排版软件来编排西文字体的版面，普通设计师们可以不必精通字母与字母之间的最佳间距，可以不懂字母的视觉扩张或视觉收缩而必须作出的尺度微调。在科技不断进步的未来，我们今天的很多课程都将被新的课程取代，如果体验、互动和分享都可以成为经济模式，我们又需要怎样的课程体系来支持这样的社会变革呢？

近年来，在网络技术支持下蓬勃发展的微课和慕课（MOOC）[②]，完全可以取代许多应用型专业设置的概论与简史课程，包括一些偏重技艺训练的课程。比如著名的Bili Bili网站上大量的视频教程，让学生有机会反复观摩国际级大师的示范，还可以通过网站的关联推送获得更多的学习资源。微课与慕课通常也由名师主讲，这些共享的优质教学资源往往胜过许多院校重复建设的相关课程。学生们可以像利用图书馆一样利用微信网和慕课网，在老师的引导下自行学习相关知识。即便那些还没有进入被淘汰阶段的课程，也应该结合网络资源，主动调整教学内容，让优质的共享资源帮助提升传统课程的学习体验和应用价值。

“互联网+”以及日臻成熟的人工智能正在根本性地改变着这个世界，大量还很年轻的业态被无情地淘汰出局。然而，对人的教育从来都是最重要的。当年国际象棋大师加里·卡斯帕罗夫（Garry Kasparov）输给人工智能深蓝后组建了全新的国际象棋联盟，将人类与机器之间的对弈变成常态，多年的实践发现，这个地球上最强的国际象棋选手并不是人工智能也不是人类，而是人工智能和人类国际象棋大师组成的队伍。同样的理念也被使用在医学领域，人类医生和人工智能组成医

① ［英］约翰·莫里森，约翰·崔佛．设计的本源和目的［M］．//《外国设计艺术经典论著选读·上》．李砚祖，编著，北京：清华大学出版社，2006：89.

② 慕课（MOOC），即大规模开放在线课程，是“互联网+教育”的产物。英文直译“大规模开放的在线课程（Massive Open Online Course）”，是新近涌现出来的一种在线课程开发模式。

生队伍为患者进行诊断。[①]

时代的转型确确实实带来了机遇与挑战，高等职业教育的职责是培养应用型专业人才，而科学的、行之有效的课程准入、建设、评价与淘汰机制，是建构先进的应用型课程体系的制度保障。高等职业教育同样需要通过转型来从容面对一切皆有可能的未来。

① 参考凯文·凯利（Kevin Kelly）于2017年12月在中央美院“未·未来”全球教育计划“激活创新—圆桌对话”上的演讲。

音乐表演专业应用型人才培养模式研究

孙铿亮 *

摘　要: 本文介绍了南艺高职学院音乐表演专业的相关情况，以及高职院应用型人才培养模式存在的一些问题与思考。通过对前期培养模式的回顾、现阶段培养模式的描述，着重阐述了高职学院应用型人才培养模式的践行方式以及对未来的展望。

关键词: 高职学院　应用型人才　培养模式

一、高职学院音乐表演专业简介

南京艺术学院高职音乐表演专业成立于2005年，是为适应社会发展的需要而设立的一门新兴的交叉学科。坚持具有创新意识的应用型人才培养模式，旨在培养专业素养和职业素质并举、实践能力和创造精神并重、可与社会岗位无缝对接的应用型艺术人才。

本专业以国家对艺术教育专业的基本要求为基础，要求学生掌握音乐表演（演唱、演奏）的基本理论知识，并具备一定的专业技巧与艺术表现及鉴赏能力。以培养音乐表演专业应用型人才为目标，学生应熟练掌握专业的音乐（演唱、演奏）表演技能，具备分析、理解、创作音乐作品的音乐基础理论和相关知识的能力，能够适应现代社会发展需求，培养出具有创新精神的音乐表演专业应用型人才。

表 1　教师情况

专业	专任教师	教授	副教授	讲师	助教
音乐表演	9	0	3	6	0

* **作者简介:** 孙铿亮(1979—)，男，南京艺术学院高等职业教育学院副教授。

表 2 各年级学生情况

专业	2015级	2016级	2017级	2018级	总计
音乐表演	48	49	50	38	185

表 3 生师比情况

专业	学生数	专任教师数	外聘教师数	生师比
音乐表演	185	9	37	4.0 : 1

二、关于培养高职学院音乐表演专业应用型人才培养模式的一些思考

高职音乐表演专业建设与普通高等艺术院校音乐表演专业存在一定程度上的相似，在教学模式和课程设置上借鉴了普通高等艺术院校，但在具体的实施过程中，与普通高等艺术院校办学的思路存在一定程度上的偏差。

在教材使用上，高职音乐表演专业的教材多采用普通学校音乐专业的教材，这些教材在课程内容上与职业标准的对接上相对较弱，主要是缺少理论与实践相联系的环节的内容，与职业岗位要求略显脱节。在实际教学中，存在某些教学内容滞后的现象，不能满足音乐行业的实际需要和职业岗位的要求。

在学校统一的人才引进和师资队伍建设的体系下，采用引培并举的方法，一方面对现有师资加强培训，尤其重视现有师资的教学能力提升，加强案例教学方面的培训，推动教学与科研工作；进一步推动教学科研方面的国内外学术交流，鼓励教师外出学习培训以及参加各类学术活动，同时也不能忽视教师的职业道德教育，进一步强化教师业务考核，加强师德师风建设等活动，并在此平台上凝练高职音乐表演专业的特色化办学方向。另一方面邀请更多具有丰富专业经验的专家学者担任兼课教师，打造高层次、高水平的教学、科研、创作并具有国际视野的教育合作平台，提升我院办学实力及社会影响力。

艺术实践是高等艺术职业教育教学中的主要环节和特色部分。随着近年来高等艺术职业教育的快速发展，应研究如何根据社会文化发展的需要，牢记面向社会、按需办学的职业教育特点，树立正确的艺术实践观念，与专业教学相结合，改革艺术实践的方式、内容，适当降低理论深度，切实提高实践能力。目前，创新实践教学环节与课堂教学环节之间的融合，还有一定的距离。这就要求学生不仅拥有基础的理论知识和实践知识，而且还需要知晓艺术实践的相关技巧，我们现在的人才培养模式更多的是知识传授，实践教学环节相对还有差距。学院在办学思路上抓

住了艺术教育与职业教育的特点，认识到引导和鼓励学生开展艺术实践的必要性和重要性。并且依托江苏省职业技能大赛及职教集团的优质资源，积极引导学生进行艺术实践，同时大力推进高职艺术团的发展，树立学院品牌。现阶段，在实施的过程中，由于学生的实际水平、实践场所限制等问题，实践教学的效果与学校的发展目标之间还存在一定的差距。

高职艺术类音乐专业人才培养目标的定位决不能等同于高师，也不能等同于音乐学院等普通高等院校音乐表演专业的人才培养目标定位。而我们高等职业技术学院是培养社会需求的掌握音乐技术的应用型音乐人才。具体地说，高职表演艺术类音乐专业人才培养目标的定位应是：具有一定音乐理论基础知识，良好的职业技能素质，能够从事群众文化艺术普及、音乐文化场所所需工作的技能型专门人才。在此过程中要遵循高等艺术职业教育的规律，采用先进的人才培养模式，以市场需求为导向，以高等音乐职业教育为特色，紧紧抓住“复合两栖，实用型艺术人才”培养目标，在“保证学生将来就业、发展的职业生涯中不断地完成和完善具体工作岗位的实践能力提高”的具体教学标杆下，造就综合化、多元化、复合化人才。这既是培养目标，也是高职艺术教育适应社会文化实际需要以求生存和发展的唯一出路。加大音乐教学计划中所规定的实践环节的学时量，把艺术实训纳入教学量化管理中并投入相应的经费，将艺术实践放在与课堂理论教学、专业技能教学同等重要的位置，是非常必要的。

在课程的设置上，高职学院以音乐专业技能训练为主线，体现对学生专业技能、专业基础知识的应用和艺术素养的培养。高职音乐表演专业标准的制定要具备创新意识，要体现顺应社会对跨专业应用型专门人才的需求。其归结点就是以创新为思路制定专业标准，体现更加灵活的专业弹性空间，以适应瞬息万变的社会需求。点面结合、多能一专是高职音乐专业基本培养思路。从课程体系来看，可以分成必修和选修两种。在必修和选修的处理上，增加选修课的比例。专业选修课可分为专业技能类、专业理论类、综合人文类课程，以备学生根据自身需要，灵活地选择课程。艺术实践是一种直接的体验过程，在实践过程中感受音乐，对培养学生音乐能力有着非常重要的作用，因此，高职音乐表演专业要有一定量的实践课程。实践课程设置要有具体的目标、有序的组织和丰富的内容。实践环节主要有校内实践和校外实践两大部分。校内实践主要包括表演实践、艺术实践等，校外实践主要包括艺术策划与组织实践。二者要有机结合，譬如校内表演实践和艺术实践的成果可以通过校外实践得以展示，让学生在校外实际演出中得以锻炼。校外实践可借助专业实践基地，如社区、企事业单位、幼儿园、小学等，让学生参与基地晚会演出的节目辅导、节目创编、组织策划等活动，进行实践锻炼。应建设校内外艺术实践基地，并让学生积极参与实践基地的活动。

高职学院的音乐教学设施与教学实际的需要间还存在差距，乐器、多媒体系统、录音、扩音等设备数量显得非常不足。需建立科学的资金管理体系，保障音乐教学设施的配套建设。音乐表演专业不同于其他专业教学，它需要有配套的硬件设施作为保障，面对高职院校办学资金紧张的实际情况，如何有效筹集资金，合理分配资金，是高职院校决策者面临的基础性的重要问题，对此，应当争取学院资金支持，加大经费的投入力度，用于音乐教学的设施配置。

三、培养南艺高职学院音乐表演专业应用型人才培养模式的践行方式

（一）加大经费支持力度，支持人才培养模式改革

1.近期新建和改造的教室数量与种类

表4 教室的数量与种类

教学场地名称	面积（m^2）	数量（间）	设备
教师琴房（系内）	约6	8	钢琴、电声设备、电脑
学生琴房（系内）	约3	12	钢琴
教师琴房（演艺大楼）	约4	8	钢琴
学生琴房（演艺大楼）	约4	流动	钢琴
多媒体钢琴教室	43.67	1	电钢琴、电脑音乐制作系统
高职院301教室	180	1	多媒体设备、钢琴
高职院307教室	166.15	1	多媒体设备、钢琴
高职院304教室	112.9	1	多媒体设备、钢琴
高职院206教室	120	1	多媒体设备、钢琴
高职院209教室	86.86	1	多媒体设备、钢琴
高职院211教室	86.86	1	多媒体设备、钢琴
高职院212教室	63.91	1	多媒体设备、钢琴
高职院213教室	149.54	1	多媒体设备、钢琴

续表

2. 近期新建和改造的实验室

表 5　实验室数量与种类

序号	名称	门牌号	种类	面积(m^2)
1	201剧场	201	实习演出用房	254.67
2	多媒体钢琴室	603	计算机音乐制作	43.67
3	演播室	605	录音实习	119.76

3. 近期新建和改造的教学科研仪器设备

表 6　仪器设备数量与种类

设备名称	数量(台、套或架)
钢琴	41
电钢琴	17
电脑音乐制作系统	17
三角钢琴	1
音箱	6
调音台	1
灯光系统	1
多媒体设备	20
录音设备	1
录像机	2

4. 大力建设校外实习基地

学院注重专业的实践性,将课堂教育与实践教学紧密结合,以完整的实践教学体系贯穿人才培养的全过程,通过构建实践教学新平台,为学生创造更多参与社会实践活动的机会。

学院依托江苏省职教集团的平台优势,与多家中小学、文艺院团、文化公司等签订了实习基地协议。

表 7　校外实训基地

序号	实习基地名称	类型	签约时间
1	南京民族乐团	文艺团体	2012.6
2	南京舞之源文化传播有限公司	文艺团体	2011.9

续上表

序号	实习基地名称	类型	签约时间
3	江苏繁星舞蹈艺术培训中心	培训中心	2011.9
4	南京博莱文化艺术有限公司	文化公司	2013.11
5	南京小红马琴行	相关企业	2014.10
6	南京市栖霞区文化馆	事业单位	2013.9
7	连云港歌剧舞剧院有限公司	文艺团体	2012.4
8	南京麒麟中学	学校	2012.10
9	南京巍峰营文化传媒有限公司	文化公司	2013.5
10	南京汇乐乐器有限公司	相关企业	2012.11

（二）深化课程教学内容改革，不断提高课程内容的科学性、先进性、前沿性

与时俱进，紧跟时代步伐，准确把握专业发展趋势，体现专业与课程的前瞻性，在学习和借鉴国内外同类院校艺术职业教育的先进经验的同时，不断丰富与更新教学内容，提高课程内容的科学性、先进性与前沿性。

立足高职学院的专业特色和优势，逐步将较为成熟的优秀课程建设成为省内特色优势课程，培育一批新的优势课程与专业，充分将实训平台和新媒体平台相结合，加大学生的课程实践与社会需求的对接。

（三）围绕人才培养目标，加强实践教学体系建设

围绕人才培养目标，利用学校学科全、专业优的综合性优势，进一步加强高职学院各专业的综合创新实践能力。

在专业理论与实验教学的基础上，不断加强学生实践技能的培养，全面提高高职学生的专业基本技能和基础理论应用能力。不定期举办国外大师工作坊，计划每学期邀请1—2位国外音乐院校著名专家来我院进行工作坊、大师班教学，丰富实践教学形式，开拓学生国际视野，提升专业教学水准。开设音乐精英讲坛，每学期有计划地邀请国际国内2—3位知名音乐家前来我院开展专题讲座，有助于学生更加明确学习目标，提高学习热情和主观能动性。

实践教学体系建设在职业教育专业建设中占有重要地位。学生如何在学校教育过程中全方位地获得职业体验是我们的研究方向。高职学院依托江苏艺术职业教育集团的广阔平台，与多家学校、文艺团体以及企事业单位、机构签约，形成了稳定而多样的学生实习基地，形成了以教学为基础、以实践促教学的良性循环。通过

实践教学，强化院企合作、课堂与实践结合，着力培养专业素养和职业素质并举、实践能力和创造精神并重的专业人才。近年来，学生们在南京青奥会开闭幕式、“和平颂”大型交响音乐会、“雨花颂”等大型活动中得到非常大的锻炼。

表 8　实习与社会实践明细表

实习单位	参加项目	具体情况
南京市群艺馆	首届华东六省一市新红歌大赛	演唱《美丽之路》获表演银奖
南京电视台	南京市读书节文艺演出	演唱《读书乐》
青奥组委会	第二届南京青奥会	开闭幕式表演
南京市文化投资控股集团	国家公祭日大型交响音乐会	大合唱
南京巍峰营文化传媒有限公司	强音 high 咖大型演唱会	整场演出
南京市委宣传部、南京电视台	雨花颂·信仰	表演《毕业歌》《为什么跟你走》
南京民族乐团	南京森林音乐节	大合唱《和平颂》

表 9　学生专业竞赛获奖情况

序号	获奖时间	姓 名	项目	比赛名称	级 别	获奖等级
1	2015.8	韦嘉琳	独唱	欧洲萨尔茨堡音乐舞蹈艺术节	国际级	银奖
2	2015.6	许鸿赟 张欢	组合	第二届民族器乐大赛	省部级	二等奖
3	2015.2	竹石筝乐团	团体	第二届古筝乐团展演	国家级	最佳演奏奖
4	2015.2	吴昊	独唱	2015 亚洲国际音乐舞蹈艺术大赛江苏赛区声乐类	省部级	一等奖
5	2015.2	曹佳龙	独唱	2015 亚洲华人国际音乐舞蹈艺术大赛江苏赛区声乐演唱	省部级	二等奖
6	2015.6	曹青	独唱	中泰国际“金象奖”音乐舞蹈艺术大赛江苏赛区声乐类	省部级	一等奖

续上表

序号	获奖时间	姓 名	项目	比赛名称	级 别	获奖等级
7	2015.6	张泽毅	独唱	中泰国际“金象奖”音乐舞蹈艺术大赛江苏赛区声乐类	国际级	二等奖
8	2015.6	黄慧	独唱	江苏省茉莉花奖声乐大赛	省部级	优秀奖
9	2014.11	何杨州	独唱	2014金鼎奖全国声乐大赛	国家级	金奖
10	2014.8	陈荔	独唱	2014亚洲音乐舞蹈艺术节	国际级	银奖
11	2014.8	窦昆	独唱	2014亚洲音乐舞蹈艺术节	国际级	铜奖
12	2014.8	王一博	独唱	2014亚洲音乐舞蹈艺术节	国际级	银奖
13	2014.6	何杨州	独唱	第四届全国高等院校民族声乐大赛南京赛区	国家级	三等奖
14	2014.2	王瑶琪	独唱	第八届香港国际青少年艺术节美声唱法青年A组	国际级	一等奖
15	2013.11	王谦	独唱	第九届中国音乐金钟奖	国家级	半决赛入围奖
16	2013.11	王谦	独唱	长三角声乐大赛	国家级	金奖
17	2013.7	黄慧	独唱	全国青少年艺术展演	省部级	一等奖

（四）教学保障体系建设工程

1. 健全本科教学质量监控的规章制度，明确我院教学管理部门质量管理与监控的职责。

2. 重视教学管理队伍建设，建立教学管理人员定期培训、学习制度，实现教学管理人员学习、研修常态化，提高教学管理队伍的整体素质与业务水平。

3. 加强教学质量改进措施和教学质量改进效果的评价、反馈，形成“及时反馈、动态管理、持续改进”的质量改进模式，建立教学质量改进“反馈—再反馈”机制。

4. 建立教学质量考核机制，增强质量改进的刚性约束力，将教学质量监控的结果纳入我院绩效考核，为教学质量的改进提供动力。

（五）紧扣人才培养目标，进一步优化和构建专业课程体系

1. 体现高职特色，在深化专业技能训练与专业素质培养的同时，强调创新能力的培养，这是职业发展的基本需要，也是创新的基本要求。

2. 探讨实践教学工作室制的运行方案与实际操作，解决实践课及术科课之间的衔接问题。

3. 加强各专业间的联系与互动，增加综合性与交叉性课程，增强学生的专业综

合能力，以便更好地适应社会需求。

（六）课程建设

1. 课程建设规划

南艺高职音乐表演专业的课程设置充分借鉴了普通本科艺术教育课程的设置，也充分考虑了本专业高等职业教育的特点以及生源的特点。在课程规划上，不仅设置了艺术教育学生应该学习的教育理论课程，也开设了众多具有实验性、实践性、实训性的课程，每年都会根据实际教学情况对课程设置进行一定程度的修改。近年增设了第二专业、计算机音乐制作、合唱训练、表演等实用性较强的课程。本专业积极把握行业动向和职岗需求，推出若干门具有行业背景和产业支持的新课程，探索特色课程群。

2. 课程建设情况

目前在特色课程的建设上正积极研究，投入较多精力，尤其是在多媒体课程的研发上，取得一定进展。在2015年江苏省微课竞赛中获得三等奖一次。今后还将继续加强精品特色课程的申报和建设。

3. 教学内容改革

根据高等职业教育的特点和要求，高职学院音乐表演专业每学年都组织教师对课程设置进行研讨与交流，及时更新教学内容，改进教学方式；采用最新教材，组织学生进行观摩与交流。从2013级开始，我专业为学生增设了一门专业辅修课程，即在一门专业主修课程（声乐或器乐）的基础上，再让学生选择一门（声乐或器乐）作为辅修，学习两年，考核成绩为两科目分数按比例相加。我们的专业课程设置尽可能保证学生具备足够多的实际技能，使其成为一专多能的应用型艺术人才。在未来时机成熟的情况下，我们还将关注社会新的变化趋势，紧跟职业教育潮流，为学生新增实用性强的课程。在教学模式上，一改以往单纯的课堂授课形式，采取教、练、做的多重教学模式。

4. 教材建设与选用

教材选用经过严格筛选，使用了一批专业、实用、先进、科学的教材。实践证明，教学效果反馈良好。高职院音乐表演专业还有较高的自编教材率，教师根据学生自身情况进行选编与选用，可以更好地做到因材施教、因人而异。

5. 教学方法与手段

在教学方法与手段方面立足传统，积极开拓创新。重视教学方法的多元化、实效性。对于理论课程，主要采用课堂讲解的方式，同时注重课堂互动，运用多媒体手段，使学生更积极地参与教学活动，达到理想的教学效果。对于实践技能型课程，主要针对学生的自身特点，为其制定合理的教学目标和教学内容。结合现代信息技术，让学生多听、多看、多实践，使其在较短的时间内得到较大进步。

6. 课程考核方式

课程考核方式严格遵照大院和二级学院相关规章制度，由教务和教研室分级管理，共同负责。根据课程性质的不同，分为闭卷考试和技能测试、论文等形式。

四、高职学院音乐表演专业应用型人才培养模式的展望

南艺高职学院音乐表演专业目前正处于初级阶段，在教学体系、学科建设、人才培养、师资建设等方面还有待完善。与此同时，我们似乎看到了其发展的潜质以及未来闪耀的光辉：就其综合性的特点看，为我省培养全方位优秀的应用型人才提供了有利平台；且可以把有利的因素有机整合，把技术与艺术完美结合，使我们的理念得以创新，使艺术的价值得以升华。未来，我们的认知体系也有可能被改变，而这种改变会为艺术教育开启崭新的一页。

景观设计专业项目制实践工作坊教学模式研究

刘一凡*

摘　要：20世纪末，“大设计”时代来临，设计不再局限于一种特定形态的载体，而更侧重整体系统进行过程中的结构创新。设计由“物”转向“事”，更注重“物品、过程、服务、体验”中的创新。设计思想更具广泛性和纵深性，设计也更多以“整体性”和“集成性”的概念加以定义。而设计教育发展也正在经历一场综合—分化—再综合的过程，在这一过程中很多专业艺术类学院和强调应用型综合大学中的艺术设计课程相继采用了更加强调综合实践能力培养的项目制教学方式。随着现代设计教育体制的体系化不断完善，这种教学方式经常会带来与教学培养目标相脱节的现象，不能达到预想教学效果。因此本文提出了“项目制”结合“工作坊”即“项目制+工作坊”的教学改革模式。

关键词：景观设计　项目制　工作坊　模式　探索

一、研究背景与存在问题

欧美一流设计院校关于艺术设计实践教育的研究经验和成果相当丰富，对于我国设计院校“项目制+工作坊”教育发展具有一定的借鉴意义。由于各院校的办学条件、定位和理念有所不同，因此在借鉴的基础上，国内研究者结合自身实际情况，制订了研究的方法和途径，开展符合我国高校特点的“项目制+工作坊”实践教学研究，积累了一定的研究成果。其中蒋炎（南京艺术学院设计学院教师）通过对包豪斯陶瓷作坊的历史解读，探讨了包豪斯“作坊训练”的内涵，推动现代手工艺工作坊的教学、建设和发展。李荣伟（南京艺术学院设计学院教师）深刻地分析了包豪斯教育体系的内涵，深刻了解了现代工作坊教学形态的缘起。李磊（汉江大学现代艺术学院教师）指出传统的“宽基础、活模块”教育模式存在着较大的问题，而项目制结合工作坊教学实践活动中，以其将学生作为参与主体、面向实际的

* **作者简介：**刘一凡（1979—），男，南京艺术学院高等职业教育学院讲师。

企业开发需求以及来自企业设计人员和专业教师的“双师制”实战教学指导等优点，可作为实现艺术设计专业学习与社会职业岗位“无缝对接”的可行途径。刘禹（东北财经大学金广建设管理学院教师）、王来福（东北财经大学投资工程管理学院教师）根据现阶段高等教育研究中关于实践教学方式和教学效果的主要问题，结合多年的教学实践经验，并参考案例教学的模式，对于项目与工作坊教学相结合模式的构成与特点、运行过程进行了详细的讨论，并指出项目制结合工作坊教学模式不仅仅在特定的、以设计为主的专业中可以实现，在满足相关条件的基础上，其他专业也可以实施。沈杰（浙江大学建筑学系教授）、苟中华（浙江大学建筑学系教师）通过对麻省理工学院建筑系简·沃泊勒教授开放式教学理念与模式的介绍，用实例说明国际工作坊教学中结合项目实践所取得的成就，着重从分析建筑系学生从中学到的人文设计思想与实践方法出发，进一步思考开放式教学理念对当代建筑学教育和未来建筑师培养所产生的重要影响。以上人士对于项目制结合工作坊的教育模式的研究都对当下我国艺术类综合院校中的设计教育教学提供很多可借鉴、可思考的方向。

工作坊（workshop）一词最早出现在心理与教育学的研究领域。20世纪60年代美国设计师劳伦斯·哈普林首次将“工作坊”概念引入城市景观规划领域，使其成为各种不同立场、族群之间人们相互思考、探讨、交流的一种方式。甚至在争论城市规划、社区环境议题时，成为一种鼓励参与、创新以及找出解决对策的手法。而建立在学校内的工作坊则是学生将理论学习的成果通过自身消化、理解后转化为专业技能的实践性课程。当下高校特别是以应用型人才作为培养导向的学校所实行的“工作坊”是一种新型的教学模式，更注重学生创造性的发挥、个性的展示以及与相关技能的结合。其强调对设计学科特别是环境设计专业所具有的综合性、实践性、创新性强的特点，按照专业人才培养规律和特色要求，充分利用学校师资优势和社会资源，由不同专业特长的教师牵头组建教师工作坊，以“工作坊”的方式推进教学。

随着近几年国家对应用型职业教育的持续重视和各学校自身的不断发展，学校在硬件办学条件和软件建设等各领域都取得长足进步。其中在教学改革环节各学校更是在一些实践要求强的专业领域广泛实行了与企业合作的“项目制”教学模式，在取得一定成效的同时也发现随着这种模式大面积的应用，单纯的企业项目制并不能很好地解决以应用型人才作为培养定位的教育教学问题，完全照搬企业社会项目，虽然从表面上看具备了所谓“真实性”“实战性”，但学校作为一个以教书育人为主要职责的单位与企业公司还是有着根本的不同。追求利润，追求利润的最大化永远是企业的真实目的，而学校则是以育人为根本目的，所以两者在出发点和根本目标上存在价值观的巨大差距，显然如果单纯照搬项目制则会对教学带来诸多不适应和不协调问题。特别是作为我校唯一开设本科艺术职业教育的高职二级学院，如何让教学在既保证学生应有的职业、艺术创新思维素养和艺术设计前瞻性的同时，还能具备较强的动手实践能力，以及与社会职业无缝对接的专业能力，成为摆在我院特别是环艺专业眼前亟待解决的问题。

笔者通过调研国内外一些在此方面较为成功的学校的案例，结合近几年个人教学实践，研究对比发现，如果将现有的学校与企业合作的“校企合作项目制”中的项目通过教师的设计“工作坊”进行科学合理的筛选、优化，并由工作坊负责教学、指导、实施即实行“项目制+工作坊”教学模式，可以相对较好地解决以上企业与学校、课堂与实训、理论与实践、职业与创新、教学与管理之间存在的问题，可以成为存在类似问题学校解决实训问题的一种有益尝试。“项目制+工作坊”的主要内涵，即以学校教师工作坊为中心根据教学具体要求选择企业项目，在遵循学校教学大纲、学生学习基本规律前提下，以师生共同参与并实施一个完整项目的方式进行教学活动，目的是使学生在职业情境中培养出从业所需的职业能力；成为实现和解决专业素质与职业素质并举、实践能力和创造精神并重，可与社会岗位无缝对接的专业应用型艺术人才培养目标的一个载体和解决办法。

与传统的发散式教学模式不同，以实训能力为主的工作坊项目教学属于聚合式教学模式，该教学模式往往以项目为开端，在项目的实施过程中穿插体系的知识点，在不断解决问题的过程中学习操作技能和实战经验。此种教学方式能最大限度发挥学生的主观能动性，在不断遇到问题的过程中，学生会主动解决问题，并积极寻求项目组成员的帮助，尝试新的方法。

二、“项目制 + 工作坊”教学模式的内涵与外延

通过“项目制+工作坊”的教学方式，学校先以项目制模式从企业引入项目，再通过教师工作坊平台将项目从课程计划、教学大纲、学生年级进度、学生学习深度、不同班级小组等具体情况综合进行甄别、筛选、优化，在满足教学大纲要求，满足既具有实战性又具有创意挑战性属性的同时，将项目最终导入教学、导入课堂，随后继续通过教师工作坊形式完成整个过程中的教学质量控制，保证实现项目制教学的最终落地效果。这样既确保让最典型、最有代表性、最能满足学校教学要求的项目进入学生课题，同时也创造了更为灵活的教学氛围，进一步促进我院景观设计专业教学思想的碰撞，让学生感受到每次练习既贴近实战，同时又不失教学完整性和设计创新思维的前瞻性，创造出更加具有创意和丰富实践意义的设计作品，为景观设计行业培养既具有创新思维意识，同时又具备强大实践应用能力的专业应

用型人才。

三、"项目制＋工作坊"教学内核的界定与来源

1. 项目界定

学校作为教学单位有其局限性，不能完全按照企业、公司运作模式运行。所谓实际项目，既可以是从企业公司直接引入的实际项目，也可以是具备实际场地条件、实际设计限定要求、实际工程技术条件下符合行业规律的以满足甲方、委托人、政府单位团体等实际需求为目的的设计方案、文本、施工图纸等。在具备以上基本条件的基础上，可以是设计院、设计单位、公司、工作室、委托人等不涉及法律责任的招投标项目，或任课教师本人承接的委托项目等，前提是必须经过学校设计工作坊的研究认可，并制定严谨细密的教学组织实施方案后方可进入课堂（其中有些优秀代表性项目案例可进入学校教学项目资源库，多次运用），项目内容要最大幅度地覆盖教学大纲，项目的完成周期也要与教学周期相一致。

2. 项目来源

项目制教学能够得以正常地维系，必须有充足的项目储备，因此在经过学校教师工作坊筛选并经过至少一轮学生课题检验后，对反响优秀的项目，可由学校教研室统一收集纳入学校专门建立的实践教学项目储备库（该库由各专业教研室负责建设并统一管理）。具体来源可分为：一、前述所讲的符合项目界定要求的项目；二、可以是工作坊教师收集或教师本人、公司所承接的项目；三、利用学院教师自身优势在已教已做过的项目中逐步筛选具有典型性的符合人才培养计划目标、符合教学大纲要求、符合每个学习阶段不同深度的典型代表性案例加以二次优化整理，从而最终被纳入项目课题库的项目；四、校企合作，利用高校在专业上的优势吸引企业建立合作关系，从企业引入"项目"。

四、"项目制＋工作坊"教学模式实施的优势、特点

1. 课程大纲的模块化

"项目制＋工作坊"培养体系从以"项目＋课程"为中心向以"项目＋工作坊＋课程"为中心转变。传统教学强调课程的连续性，每门课程解决一个问题。但如果其中一两门课程学生掌握不牢，很容易对后面的专业学习造成影响。"项目制＋工作坊"的教学模式则是根据培养大纲，以"项目"为抓手，以"工作坊"为教学监督实施主体对学习内容进行模块化分割、单元化学习，实现教学内容模块化、学习实践单元化、能力培养市场化。具体是将相关专业课程进行串联，如景观类专业教学中将居住区空间类课程、城市市政广场类课程、商业空间类课程、材料构造预算

类等课程形成课程群。另外，为避免重复开课，对于课程设置和教授内容，教研室应事先准备教学大纲，这样不但增强了学习的务实性，让学生在学习中了解专业与市场的需求，同时也加强了学生实践能力的培养和施工管理经验的积累，实现学习与实践并轨。

2. 实施过程与要求

"工作室+项目制"创造了更为灵活的氛围，课堂教学过程注重学生与导师之间的交流。为便于学生之间交流，可设置分组作业（由教师布置讨论课题或专题，学生收集相关资料，制作PPT进行课堂讨论，并设置学生相互评价环节，加深学生的认识理解，开拓其思维，激发其创作灵感。具体实施为工作坊将"项目"课堂教学与课外现场教学互为辅助，工作坊主持教师负责讲解、布置、实施，并全程跟踪辅导。以实际操作实践为主，理论讲授为辅。根据实践项目主题大小，可由学生自愿分组完成，但分组原则上室内设计不超过3人，景观设计不超过5人（遇大型项目可适当放宽），且任课教师负责明确小组内人员分工及人员成绩考核。课程结束由系监督，工作坊教师负责组织，以举办课程作业展的形式对学生实训作业进行公开展出、评价打分。上课期间需外出调研、现场考察、查阅资料的，应按教务处的规定履行相关手续。工作坊教师所布置的实训项目由学生制作完成并最终获得商业利润的，可由项目负责教师视参与学生贡献大小，按行业通行标准给予学生一定经济报酬补偿。项目课题较大，学生在课堂规定时间内未完成的，可由项目负责教师向系提出书面或口头说明后推迟学生提交作业及展览时间。

3. 推动"教、研、学、产"相融发展

传统教学下由教研室根据师资状况和课程特点将专业课分配给相关教师，专业教师根据教材制订教学日历，按照教学日历授课。传统教学模式以课堂为主要教学场所，以课本教学内容为主，以落实知识点和技能为教学目的，以分数衡量学生学习状态。这种教学模式下，学生多为被动学习教师传授的专业理论基础知识。"项目制+工作坊"模式要求教学工作坊形成团队，且团队教师具有不同领域的学科背景，并明确工作室研究方向。这样就能做到"教"更具特色和个性，"研"更具专业性，"产"能结合市场发展需求，"学"能充分调动学生的学习积极性、实践能力与创新能力，实现教、研、学、产结合。

4. 师资力量与学校配合

"项目制+工作坊"教学模式对教师的要求较高，教师除具备理论知识之外，还要拥有丰富的实践经验。对于学院目前师资力量短缺、结构不够健全的情况，一是可以通过聘请企业高素质、实践能力强的专业人士到学校任教；二是聘请客座教师定期来校讲课，丰富学生实践知识；三是自主培养"双师型"人才，学院对教师的培养和管理要有所改变，既要培养理论水平高的高学历知识分子，也要培养理论和实践能力相融合的"双师型"人才，优化教师队伍层次，培养出自己的项目制教学导师。

同时项目制教学成功与否离不开学校的大力支持。企业化的办公环境、专业的设施设备能保障教学任务的顺利执行，而规范高效的教学管理制度能保障优质的教学质量和教学效果。景观设计具有很强的实践性，要想得到市场的认可，需在教学中融入实践技能的训练，建立教学与实践之间的融合机制。学生的自主学习能力，教师的综合素质能力，学校资金、设备、政策上的支持，以及企业的共同协作，可以为项目制教学提供保障，将新的开放式的教学模式与传统的封闭式的教学模式形成良性互补。

五、结语

伴随着经济的发展，社会对应用型创新人才的需求越发强烈，对环境艺术设计专业而言，培养应用型人才不仅是一项艰巨的使命，更是本专业的应有之意。作为高校环境设计专业的教学工作者，在教学过程中要不断总结和思考，寻求新的教学途径，尝试新的教学模式，探索出能够有效满足社会对应用型和创新型人才需求的人才培养模式。"项目制+工作坊"教学模式是根据环艺景观设计的专业特点构建的一种教学模式，具有开放性、灵活性、综合性特点，为教师和学生构建了一个开放、包容的教学环境和一个与社会接轨的平台，使教、学、研、产相互融合、促进，对应用型人才培养定位的教学改革是一次有益探索和尝试。

参考文献

[1] 马艳青，汪进芳. 探析景观设计专业"项目制"教学模式[J]. 艺术与科技，2016(02).

[2] 史承勇，唐英. 室内设计专业"工作室+项目制"教学模式探索[J]. 美术教育研究，2016(2).

[3] 杨亚坤. 室内环境设计"项目化"实践教学模式探索研究[J]. 设计艺术与理论，2017(12).

[4] 刘乐，杨冰清，偶春. 高校环境设计专业应用型创新人才培养途径的探索[J]. 北京城市学院学报，2018(2).

[5] 赵斌. 浅谈高职院校项目制教学改革[J]. 职业教育，2016(6).

[6] 王坤. 高职院校环境艺术设计专业实践教学改革的思考[J]. 吉林教育学院学报，2018(8).

数字媒体艺术专业课程改革研究

吴 烨*

摘 要：本文通过对南京艺术学院高职学院数字媒体艺术专业自身现状的分析，对数字媒体艺术专业国内外院校的课程调研分析，提出改革方向：依托南京艺术学院的综合艺术背景，开创自身的专业发展特色，建设实验室的教学单位，发展灵活的跨专业合作课程形式，进而完成符合科技背景及市场背景下的教学课程改革。

关键词：数字媒体艺术　课程改革　数字媒体艺术实验室

一、南京艺术学院高职学院数字媒体艺术专业课程设置现状

（一）数字媒体艺术专业概况

南京艺术学院高职学院数字媒体艺术专业前身为动画专业，本科招生始于2005年，2013年正式更名为数字媒体艺术专业。目前专业在校生人数196人，全职教师5人，拥有2个实训工作室，8个校外实习基地。

（二）数字媒体艺术专业定位

本专业为本科院校下设的高等职业教育（本科段），依托南京艺术学院一级学科设计学的教育优势，隶属职业教育体系。在专业培养上坚持将理论与应用相结合的培养方式，建立以培养学生的实践能力为本位的教学体系。培养目标是将艺术设计的新理念与数字化技术相结合，培养在移动数字技术、数字展示策划、虚拟现实等新一代数字传播媒体领域，在专业设计机构、企业、传播机构、院校、研究单位从事相关工作的高技术应用型人才。

（三）数字媒体艺术专业当前课程设置（如下表）

主干课程：开设设计素描、装饰色彩、动画概论、动画剧本与编导、动画角色表现基础、场景造型设计、绘景表现、平面基础软件、视听语言、动画分镜头脚本设计、动画镜头画面设计、动漫模型制作、三维动画专业软件、动画运动规律、原画设计技法、多媒体专业软件、定格动画摄制、影视后期制作、动画短片制作等课程。

---

* **作者简介**：吴烨（1981—），男，南京艺术学院高等职业教育学院讲师。

表 1　南京艺术学院高职学院数字媒体艺术专业课程设置表（现用）

课程代码	课程名称	学分	学时	开课学期	备　注
141101	学科与专业导论	1	8	第1学期	
122414	设计素描	4	72	第1学期	实践环节
122415	装饰色彩	4	72	第1学期	实践环书
122200	动画概论	2	36	第1学期	
122225	剧本与编导	2	36	第1学期	
122436	视听语言	2	36	第2学期	
122227	角色表现基础	4	72	第2学期	实践环书
122435	场景造型设计	4	72	第2学期	实践环节
122334	平面基础软件	2	36	第2学期	实践环节
122218	分镜脚本设计	4	72	第2学期	实践环书
122542	影视受众心理	2	36	第2学期	
122006	摄影基础	3	54	第3学期	实践环书
122540	数字3D造型基础	3	54	第3学期	实践环节
122541	动画原理	4	72	第3学期	
122256	多媒体专业软件	4	72	第3学期	实践环节
122216	影视后期制作	2	36	第3学期	实践环书
122543	信息设计1	2	36	第3学期	实践环节
122544	设计调研	2	36	第7学期	实践环书
		51	908		
影像动画课程群					
122545	数字绘画	4	72	第4学期	实践环节
122546	音频与音效基础	3	54	第4学期	实践环书
122547	原画设计	4	72	第4学期	实践环节
122437	动漫模型制作	4	72	第5学期	实践环书
122439	定格动画摄制	4	72	第5学期	实践环节
122106	卡漫插画制作	4	72	第5学期	实践环书
122441	材料媒介实验	4	72	第6学期	实践环节
122105	动画短片制作	4	72	第6学期	实践环节
122104	实验短片创作	4	72	第7学期	实践环书
		35	630		
互动媒体与策划课程群					
122548	媒体艺术鉴赏	2	36	第4学期	
122447	数字媒体营销管理	3	54	第4学期	实践环书
122549	信息设计2	4	72	第4学期	实践环节
122551	交互设计1	4	72	第5学期	实践环书
122550	信息设计3	4	72	第5学期	实践环节
122552	交互设计2	4	72	第5学期	实践环书
122444	数字媒体心理学	3	54	第6学期	
122553	演示动画制作	4	72	第6学期	实践环书
122412	项目制片管理	3	54	第6学期	实践环节
122555	互动装置实验	4	72	第7学期	实践环书
		35	630		

实践教学：主要由课内技能性实践教学、课外体验型实践教学、院企合作平台职业性实践教学共同组成，互为补充，以提升南艺高职学院数字媒体艺术专业学生的综合实践能力。

实验教学：南艺高职学院数字媒体艺术专业设有多门实验课程，建设有两个实训场地——定格实训工场、影视后期制作工场。

二、高职学院数字媒体艺术专业课程设置及课程改革现状

由于高职学院数字媒体艺术专业前身为开办十年的影视动画专业，许多的课程是根据动画学科来设置的，2013年转型为数字媒体艺术专业，多年的动画教学经验积累为数字媒体艺术专业的开办奠定了扎实的教学基础，但老的动画教学课程设置不适合新的数字媒体专业的课程知识构架，所以进行课程设置的改革势在必行。

高职学院数字媒体艺术专业自成立以来已经经历两次课程教学改革。始建之时，因为对人才培养目标不明确，加之教师专业不一，所以在课程设置上注重教师技能，课程设置存在不系统的状态。第一次改革就是在这一基础上完成的，将人才培养确定在动画人才的思路上，对课程进行整体梳理，并开设了二维动画和三维动画课程群。之后又增设动画策划与运营专业。近三年数字媒体艺术专业在积极进行专业方向及课程的改革：在专业方向的设置上，高职学院数字媒体艺术专业重新定位，将原来的动画专业方向“二维动画”和“三维动画”合并为“数码影视动画”方向；另一专业方向为“数字媒体交互与策划”。原因如下：一是由于本系招生人数减少，故将交互媒体设计与数字媒体策划两个方向进行合并，以节约教学成本；二是交互媒体设计是数字媒体艺术最为本质的重要方向。在基础的专业教学课程上，将原有“镜头画面设计”淘汰，整合“动画运动规律”和“原画设计技法”为一门“动画原理”课程，在基础课程里添加进策划的课程，在交互课程中设置平面形态设计的基础课；在高年级的专业课程中以项目实训为主，培养提高学生的实际动手能力。

三、国内外数字媒体艺术专业课程设置现状

（一）国内数字媒体艺术专业分析

国内各个高校因办学特色和硬件条件的差异，数字媒体艺术专业的培养目标也有不同，课程设置依据培养目标也不同。下面以中国传媒大学、中央美术学院、中国美术学院为例说明。

中国传媒大学艺术学部数字媒体艺术分为数字影视特效方向、网络多媒体方

向和游戏设计艺术方向。

数字影视特效方向的培养目标：重视学生在人文、艺术、技术方面的综合素质培养，课程设置与国际接轨，在理论教学的基础上，通过大量专业实践、创作，旨在培养熟知数字影视制作各流程，系统掌握相关专业技能，具备较强的媒体创意设计、影视剪辑、特效制作能力，能将创意与数字媒体技术良好地结合并进行数字影像创作与制作的高级复合型人才。学生毕业后可在国内外电视台、数字影视制作公司、广告公司、动画公司、电视频道及栏目包装部门、电视剧制作部门、高校等企事业单位从事数字影视节目策划与创作、数字影视特效制作与合成、影视广告、片头设计与制作及电视频道整体包装等工作。主干课程：剧本创作、摄影、摄像、短片创作、剪辑艺术、特效制作等影视制作相关课程流程。核心课程包括数字电影特技原理、数字合成技术、动态图形设计、数字影视剪辑艺术与实践、CG艺术创作、电影特技概论、数字影视包装、数字影像创作等。

网络多媒体方向的培养目标：为满足互联网、移动通讯、物联网、数字出版、新媒体广告等新兴朝阳行业所亟需的新媒体人才需求，培养具有国际化的视野、较高的艺术素养与扎实的专业技能，能运用艺术创新思维为互联网、移动媒体、网络电视等新媒体做有关网站页面、人机界面、交互程序、网络广告、网络视频、用户体验等应用设计，能为传统媒体制作和开发电子书、移动媒体、网络电视等新媒体内容产品，同时深入掌握数字内容的生产、传播与产业运行规律，专长于电子商务、创意策划、运营管理等新媒体行业专业技能，具有现代创新意识的行业领军人物。主干课程：专业课程分为交互设计、交互程序、新媒体编辑、新媒体产业四大模块，核心课程包括网络多媒体技术基础、网页设计与网页脚本程序、移动互联网应用、多媒体交互技术、互动艺术创新思维、设计基础、用户体验分析及互动设计、新媒体产品设计与项目管理等。

游戏设计艺术方向培养目标：专业方向前身是全国最早创办和目前教育部唯一正式批准设立的数字游戏设计专业。着眼于文化产业的前沿，旨在培养具有国际视野，较高人文、艺术素质，具有较强创意能力，系统掌握游戏设计基础理论和基本方法，具有先进的游戏设计理念，熟悉各种游戏类型，熟悉游戏设计流程，具有较强的游戏创作实践能力，能够从事游戏设计、策划、开发、运营、管理等方面工作的富于竞争力与创新精神的高级复合型人才。毕业生可以在游戏公司、门户网站、移动媒体、电视台、高校、科研院所、其他相关企事业单位以及政府有关部门从事游戏设计、制作和理论研究等方面的工作。该专业方向侧重于培养能够从事游戏美术设计、游戏故事编创、游戏可玩性设计等工作，具有较高的艺术修养和扎实的造型能力，具有较强的艺术创新能力和美术创作实践能力的高级复合型人才。主干课程包括游戏、美术和人文艺术三大类，核心课程包括游戏引擎原理及应用、游戏策划、游戏心理学、三维游戏美术、游戏概念设计、移动平台游戏开发、游戏心理学等。

中央美术学院在设计学院下设立数码媒体专业，是2001年中央美术学院领先于全国开设的新专业方向，无论是课程体系、教学经验及设备条件方面，都成为中国艺术院校数码媒体艺术教育的先行者和重要的研究基地。中央美术学院的数码艺术专业教学主要针对数字产品、网络媒体、视频广告等数字内容产业的发展，研究并发展出具有独立审美价值的、有时代特色的新艺术形式，引导学生用各种数字、信息技术创作新形式的艺术与设计作品，目前该专业已经建设成可以在这一全新领域进行综合性教学及学术研究、交流的国际性教学平台，设有数字视频工作室、娱乐设计工作室、交互式影像工作室。在专业方向上分为交互媒体专业、数字影像专业、动画艺术专业、游戏专业及实验媒体专业。

中国美术学院没有明确的数字媒体艺术专业，而是以跨学科领域的形式建立了跨媒体艺术学院。其教育宗旨是：促进媒体技术开发，推动当代艺术实验，从媒体中发掘创意，从技术中彰显人文；以媒体实验、艺术创作、文化研究、策展实践四维互动的格局，在国际平台上推动当代艺术的跨学科研究和跨领域实践。致力于以培养兼具跨界整合能力和媒体创意能力的复合型创新人才为目标，一方面提供最前沿的新媒体艺术创作与媒体技术的训练；另一方面，强调社会思想与艺术策划的智识培养，注重媒体手段与思想方法的综合训练。学院包括三个系科、五个研究所、两个实验教学中心。其中，三个系科为开放媒体系、媒介展演系、实验艺术系。五个研究所为：①当代艺术与社会思想研究所，以文化研究、社会思想、媒体理论和批评话语分析为知识基础，培养具有批判性思维的策展人和批评家。②基本视觉研究所，以艺术家的创作和研究为主导，面向互动性、视觉暴力、感官禁制等一系列独特的艺术命题，进行感官实验和创作实践。③总体艺术研究所，以社会调研和自我工程学为基础，以造物、肇事、修身为路径，推动贯通身心、统合人我的“大计划”构造。④空间影像研究所，致力于在时间影像、运动影像之外，构造影像叙事的空间逻辑和结构方式。⑤网络社会研究所，以“互联网+”时代的社会变革、社会互动和社会控制为思考背景，努力推动互联网环境、虚拟现实、网络生态、数字人文和数码客体等方面的研究与创作。两个实验中心：跨媒体艺术虚拟仿真实验教学中心（国家级虚拟仿真实验教学中心）、跨媒体艺术实验教学中心（浙江省“十二五”重点示范实验教学中心）。

综上调研分析，数字媒体艺术是崛起的新兴专业，具有较强的社会实用性，受到各个高校的重视，但是受高校专业建设的历史根源及自身条件限制，普遍存在依托动画专业改建、拓展出数字媒体艺术专业的问题。在教师资源知识体系中缺失针对数字媒体艺术系统的教师体系，甚至出现因人设课的情况。人才培养定位不明确，导致课程设置混乱，课程设置涵盖范围广泛，缺乏递进性。有些高校专业方向细分精确，如中央美术学院的数码媒体专业；有些高校学科建设更具有开放性及科研性，例如中国美术学院的跨媒体艺术学院以研究所和实验室的形式开展教学非常值得借鉴。

（二）国外院校数字媒体艺术专业课程设置

国外数字媒体艺术专业发展情况因各自地区研究方向差异及高校的学统渊源不同而各不相同。比较值得研究借鉴的有耶鲁大学、哈佛大学、卡内基梅隆大学、加利福尼亚大学洛杉矶分校、芝加哥艺术学院、罗德岛设计学院等。

有些国外高校并不注重专业划分，而是提供更多的自由选课机会，例如耶鲁大学比较强调创意设计，学校通过工作室制度给学生提供实践和科研的平台，通过数字媒体中心为学生及教师提供科研服务及教学支持。

芝加哥艺术学院（SAIC）的核心价值观是由热情的教师、学生、校友和员工共同开发，形成自身特有的SAIC的学院风格——超越界限。开放式结构体现在多种学科之中，形成学生的自我导向学习，促进了批判性思维、严谨的调查和有趣的创造力。通过跨学科实践和深度关注的媒体，教师和学生与世界各地的艺术家和学者一起构思和完成文化研究、生产和交流。

纽约大学的数字媒体艺术相关教学融入所有艺术传媒专业，甚至每个院系都开设数字媒体课程，进而为数字媒体艺术的跨界融合设计带来更多的交流便利。哈佛大学数字媒体相关专业课程设置包括雕塑动感学、视觉信息学、交互空间、地理信息基础、互联网与建筑、设计技术等。在其他专业方向中设立数字媒体课程，如：艺术与科技、建筑与数字媒体、设计中的新材料和新技术等。

加利福尼亚大学洛杉矶分校设计媒体艺术（DMA）本科课程强调在公立研究型大学的背景下通过数字和大众媒体进行创新创作。课程在形式、色彩、空间、动作、排版和互动方面具有坚实的基础，其次是视频、视觉传播、网络媒体、游戏设计和叙事方面的研究课程。其教学计划以高级项目课程结束，每个学生根据交互性和游戏、视频和动画以及视觉传达和图像领域的个人兴趣定义他们自己的高级项目。这种独特的挑战和多样化的课程要求学生平衡审美感受与逻辑推理、形式理论与实际应用，以及当代思想与历史观点。课程不是专注于狭隘的专业发展，而是通过各种不同的媒体促进实验。将社会观、过程、实验和个人成长优先于保守主义和商业主义，提供广泛的教育，鼓励年轻人建立新的联系，分析复杂的情况，并批判性地思考。其课程设置分准备课程、核心讲座课程、核心工作室课程、专题、高级项目。其中，准备课程包括：媒体历史、设计文化、绘画和颜色、表格、动作、排版、交互性。核心讲座课程包括：媒体艺术介绍、设计与未来。核心工作室课程包括：有形媒体、视频、Word + Image、3D建模和运动、游戏设计、网络媒体、叙事。专题包括：设计媒体艺术专题、交互性和游戏主题、视频和动画主题、视觉传达和图像主题。高级项目包括：互动和游戏、视频和动画、视觉传达和图形。

四、南京艺术学院高职学院数字媒体艺术专业课程改革方案

（一）改革概述

数字媒体艺术是一个跨自然科学、社会科学和人文科学的综合性学科，集中体现了“科学、艺术和人文”的理念。这一术语中的“数字”反映其科技基础，“媒体”强调其立足于传媒行业，“艺术”则明确其所针对的是艺术作品创作和数字产品的艺术设计等应用领域。该领域目前属于交叉学科领域，涉及造型艺术、艺术设计、交互设计、计算机语言、计算机图形学、信息与通信技术等方面的知识。根据职业教育的特点，数字媒体艺术专业课程建设规划必须能够体现专业知识、能力和素质的综合发展，课程结构完整，秩序清晰，职业教育特点明显。

（二）改革思路

推进专业教学改革。结合高职学院近年来的办学思路和教学成果，针对教学中的职岗意识和就业技能，逐步推进更具职业教育特点的教学改革，结合南京艺术学院的学科教育背景，凸显教改的探索性和前瞻性。争取在2年中逐步完善、明确教改专业规划和课程建设，制定精品课程、品牌专业的申报计划。调整专业发展方向。在本科学科研发创新优势下，对具有行业背景、产业支撑、市场导向的专业新方向进行调整。

打造课题制课程结构。按照教学周期，将所有专业课程合并划分为若干个课题教学单元，通过课题的设计，将“线性”“碎片化”的专业知识点和技能糅合，并使之前后呼应，反复强调，以达到更为整体、系统和高效的教学效果。

推进项目化教学模式。结合课题制教学，将实际项目引入教学，参照社会化和市场化项目的设计流程和评价机制，强化项目操作中的流程性、技术性、细节性等专业知识的教学互动，使学生通过实际项目体验，更为直观而扎实地掌握教学重点，并且在项目团队合作中，提升控制能力和协作能力，培养自身的职岗意识。

提升学术交流级别。有计划地组织专业师生参与国内外院校交流，常态化举办具有职教特色的展览、讲座、论坛等学术活动。通过同行交流，业界互动，逐步提升专业的学术形象和知名度。

实践教学体系建设。实践教学是职业教育中的重要环节，秉承现代职业教育理念，高职学院数字媒体艺术专业实践教学体系应完善建设目标，思路清晰，依托

江苏艺术职业教育集团，与省内高校和企业建立合作联系。专业的实践教学由课内技能性实践教学、课外体验型实践教学、院企合作平台职业性实践教学共同组成，互为补充。借由这些实践教学，强化院校与社会、专业与行业、课堂与实践的联系，培养专业素养和职业素质并举、实践能力和创造精神并重、可与社会职岗无缝对接的专业人才。

实践教学为重点。根据工作室教学优化特点，可增加实践教学的课时，优化实践课程设计，将课程内容融入实践教学中，并以任务作为动力，督促学生学习。通过实践教学，可使学生对交互类课程知识有更好的理解和消化，完成专业知识的合理建设，促进学生对所学知识实践应用的掌控。

课外体验型实践教学。为提高专业综合素养，积极组织师生参与各类课外体验型实践教学，通过观展、参赛、交流等实践活动，提升整体教学效果。课程建设规划有实践性质学时和独立实践学分，由企业方和教师带领，采取观摩、体验、操作、交流等多种实践方式，使学生对行业动向、职岗需求和专业技能有了比课堂教学更为深入的认知。

以创新型人才培养模式为基础。人才培养模式一定程度上决定着交互类课程的构建及实施措施，而创新型人才培养模式为创新型课程提供更为宽阔的平台，有助于发挥交互类课程的优势，促进课程作用的发挥。以工作室的形式对人才进行培养，大一、大二的学生进行专业基础课学习，大三开始针对不同专业方向进行学习，进入工作室学习模式。工作室以学生的项目创作为基础，由专业老师进行指导，实行开放式管理，学习研究富有弹性。

数字媒体艺术专业交互类课程体系构架。在构建交互类课程时，通过工作室人才培养模式的灵活性，改变过去重视理论、忽略实践应用的课程体系，与区域经济发展相关联，强调课程的关联性，保证课程内容结构的层次性、知识链的完整性以及目标的明确性等课程结构。交互类课程在工作室模式下进行，帮助学生完成基础学科理论与实践能力的培养。课程体系遵循先基础后核心的递进原则，依据理论、时间以及综合三个方面递进学习。理论课程主要完成对交互类核心理论内容的教学；实践课程主要完成对学生实践技能的培养，并对交互类理论知识进行熟练应用；综合课程完成学生的交互类实践技能的完整性与系统性的优化与升级。理论与实践结合应用，促进对学生的培养。明确课程教学方向，制定弹性教学大纲。在构建课程的架构中，明确单门课程的教学方向及大纲，使学生与教师了解各门课程在交互类课程中的作用与关系。

精品课程建设。高职学院数字媒体艺术专业要积极建设以技术和工艺流程为出发点，以交互为技术手段和跨界为特色的精品课程，以此体现出职业教育在这一领域中的特征；专业实训和项目课程中积极搭建与企业间的教学交流平台，从而形成校企之间的资源共享，避免校企脱钩，及时完善本专业教学内容和体系，校企互动逐渐完善资源共享课程的建设。

总 结

综上所述，南京艺术学院高职学院数字媒体艺术专业的课程改革需要依托南京艺术学院的综合艺术背景，开创自身的专业发展特色，建设实验室的教学单位，发展灵活的跨专业合作课程形式，进而完成符合科技背景及市场背景下的教学课程改革。

参考文献

[1] 许晴晴.数字媒体技术专业核心课程设置初探[D].南京邮电大学硕士学位论文，2011.

[2] 贾寒.数字媒体艺术方向课程教学——微课开发与应用研究[J].文化创新比较研究，2017(31).

[3] 杨祥民，王平.数字媒体艺术专业建设与教学培养模式探析[J].创意与设计，2016(1).

[4] 杜雪梅.中英数字媒体艺术专业课程体系发展比较研究[J].文化创新比较研究，2017(7).

[5] 丁亮.高职院校数字媒体艺术专业建设现状与对策[J].南京广播电视大学学报，2016(4).

家居产品设计专业应用型人才培养的开放式教学模式探索*

汪　莉**

摘　要：设计类的工作具有普遍的跨学科、跨领域特性，因此行业对从业人员的基本素养有较高的要求，这与高职教育中生源综合素质普遍较薄弱形成了一组矛盾关系。本文通过分析设计专业跨学科、跨领域特性的内涵，归纳出其中不同层面的对设计人员的能力要求，基于这样的观察与分析，提出一套以开放式教学模式为核心的教学模式改良构想，力求在有限的大学学习时间里、有限的师资条件下，全面提升学生的综合设计能力，以应对毕业后的求职竞争，以及入职后的设计师职业生涯需求。

关键词：跨学科　跨领域　开放式教学模式

前言

纵观我国当下经济建设对人才的需求，专业技能过硬、综合素质较高的实用型技术人才目前人才市场上相当紧缺。而这部分人才，应大多来源于高职高专院系的培养。

若深入了解高职院校，我们不难发现学生的专业能力和整体综合素质都不容乐观。由于高职院校的结构定位及职业教育本身发展不平衡等多种原因，生源情况参差不齐，整体素质普遍比较薄弱，这无疑给职业教育的发展带来不利的影响，也对我们的高职教育的改进提出了迫切的要求。传统的大学模式被称为闭环大学，学生在18—22岁入学，并要在四年内完成既定的本科学业，闭环式的教育模式面对当下多元化的市场需求存在很多问题，我们必须针对目前相对固化的教学模式和高职学生素质的现状进行分析与研究，制定相应的教学改良的对策。

---

*　**基金项目**：家居产品设计专业应用型人才培养的开放式教学形态研究，课题编号2016JYYB16。

**　**作者简介**：汪莉(1976—)，女，南京艺术学院高等职业教育学院讲师。

一、南京艺术学院高职院（以下简称高职院）家居产品设计专业教学中面临的实际困境

高职在招生时受生源的制约，对口招生学校的教育水平良莠不齐。因为对口单招招生考试的导向特点，造成了很多生源学校普遍存在重技能轻素质、偏重具体操作而忽略了专业思维的培养等问题。

（一）高职院对口学校普遍较为重视专业技术而忽略综合素质培养

高职院的学生多来自于三四线城市，教育资源在这些地方是相对欠缺的。在中等职业教育阶段，学生所能获得的往往只是一些技能的训练，他们进入大学阶段时通常具备一定的美术基础，而在艺术修养和设计素养方面却比较欠缺。艺术修养和设计素养的培养需要日积月累、潜移默化的熏陶，往往很难通过简单的知识传授或技能训练来达成，克服这一先天不足，将是我们高职教学中的一个重要的目标，同时也是一个很大的挑战。

（二）学生学习缺乏主动性和积极性

因为中等职业教育阶段应试教育培养的目的性较强，造成学生进入大学阶段会丧失学习动力，对专业学习缺少兴趣和积极性，进而造成了之后专业学习的障碍。

另一方面高职学生在毕业后残酷的职场竞争中，不会因为入学时综合素质的相对薄弱而得到任何照顾。这就迫切需要专业高职教师在这四年中，设计一套务实而高效的教学方式，以激发和推动学生的积极性和主动性。通过四年的灌输、熏陶、训练及自我开发，让学生在大学毕业时，具备一定设计素养、设计技能，并具有积极主动学习能力的职场竞争力。

二、高职家居产品设计专业的跨学科、跨领域特性

高职家居产品设计专业具有很强的跨学科性和跨领域性。本专业培养的优秀家居设计专业应用型人才，除了应具备扎实的专业设计知识、过硬的设计技能以外，还应具有一定的设计经验和足够的设计素养，只有这样才能适应当下如此综合与宽泛的应用领域的设计人才需求。

（一）产品设计专业具有跨学科跨领域的专业特征

家居产品设计是以产品设计为基础、以家居领域为特色的专业方向，因此产品设计专业的跨学科性也是本专业的一个非常重要的属性。产品设计专业的跨学科

性越来越多地被从事这一领域的教育工作者所认知和重视。

从事产品设计工作，是要在企业（生产端）与用户（使用端）之间找寻到一个解决方案，以合理的产品的形式，通过销售与购买的过程，在企业与用户间架设起一座桥梁。产品设计工作除了要专注设计以外，还连结了生产制造、使用消费等分属不同学科的研究领域。

此外合理的设计还能帮助企业与用户之间建立长期的互信关系，这种信任关系通过抽象与视觉化后，衍生出品牌形象与品牌价值这样的无形资产。

因此，产品设计的从业人员首先要具备完善的设计端的知识与技能，此外还要具备一定的对生产端的知识与经验的储备，同时还要兼顾到使用端的用户体验。如果从更高的战略高度来观察，产品设计工作还会牵涉市场营销、多媒体与广告这些产品外围与品牌建设相关的领域。

（二）高职家居产品设计专业的跨学科性与跨领域性

对于高职家居产品设计专业来说，学科的重点是家居产品设计，除了具有上述的产品设计专业的跨学科性外，还有着鲜明且具有自身特点的跨学科、跨领域性。

家居产品设计所涵盖的领域主要集中在“家居”范畴内，用户在空间中使用的与居住发生紧密关系的产品设计，甚至延伸到例如餐厅、娱乐场所、店铺及展会等相关领域的设计都可以囊括在内。从产品设计门类来划分，包含了家具、照明、暖通、厨柜、卫浴、园艺、智能家居以及硬装和软装的相关产品。家居产品设计因大量涉及空间环境的特点，与建筑设计和室内设计以及照明设计等领域有紧密的关联性。

（三）高职院家居产品设计就业的跨学科性特点

产品设计尤其是家居产品设计具有在设计门类上的跨学科性和应用领域的宽泛性，这个特征在本专业学生的就业领域也有直观的反映。除了家具、灯具、橱柜、卫浴等相关领域的制造商需要相关专职设计师外，很多学生会进入各种综合设计服务公司，开始他们的职业生涯。这些设计服务公司往往从事相当宽泛的设计服务业务，从家具定制到餐饮娱乐业的商业装修设计，甚至展会的综合类设计等都有涉猎。反观学生在学校学到的设计知识和技能，显得相对单一，这就造成学生在新的职业生涯的起步阶段处于劣势。但是另一方面，学校的专业教学如果做到面面俱到，那必将是蜻蜓点水，如何解决这样一对矛盾是我们在教学方式探索中的一个重要的命题。

（四）与职业对接的设计专业培养目标对开放教学模式的客观需求

在开始讨论如何改良现有的教学模式之前，需要先分析一下设计能力的普遍性与一致性特征，以及所涵盖的不同内容和他们分别所关联的不同范畴。首先设计能力分为以下四个层面：

1. 专业基础知识，设计专业普遍应了解的基础知识点。

2. 设计表现技能，比如手绘表达能力、计算机辅助绘图能力等。

3. 职业设计经验，主要指在设计工作中，不同领域与设计端、制造端、使用端等相关的设计经验。

4. 设计素养，这个涵盖面很广，包括经历长期的设计实践活动而养成的思维方式，对设计伦理的恰当把握，分寸合适的创新能力，团队合作能力及与客户的沟通能力等。

设计专业基础知识和设计表现技能是高等职业教育设计教学的基础，从事设计活动的经验和设计素养，也急需通过课程设置和教学模式的调整来大力补足。设计经验和整体的设计素养相较于前两点，在高年级的学习和未来的工作中还会显得更为重要，因为他们在各个设计领域具有普遍性与一致性。例如在做空间里产品三维效果图的渲染时，如果设计师具有摄影基础，懂得镜头与对象之间距离处理透视关系，往往能更快、更好地完成渲染工作。这就是设计经验与设计素养的普遍性与一致性导致的非常直观的结果。

尽管产品设计工作有很强的跨学科性，但是在生产端和使用端更加重要的是经验与认知的积累。例如作为设计师对生产端的材料工艺要具备足够的经验，需要了解目标效果的大致可行性，这属于经验与认知的层面。设计素养更具有普遍性，成熟的设计思维方式，能帮助设计师谋划出基于不同领域的设计解决方案。

三、高职家居产品设计专业的实践型开放式教学模式探索

南京艺术学院高等职业教育学院初创家居产品设计专业至今，高等职业教育背景下的设计类应用型人才培养的教学模式，始终是我们探索的核心命题。我们基于对德国以及欧洲其他国家在高等职业类设计教育的广泛调研，结合国内学制、生源、师资等具体实际情况，进行了如下的调整：

1. 以渐进式的课题项目为主体框架，强调课题项目的循序性、多样性和教学实践中的完整性。

2. 设立专业实训工场，引进全套木工加工机器，重视并全面培养学生的实际操作能力。

3. 强调校企合作，一方面课题项目更贴近实际需求，另一方面为学生在本科学习期间接触到实际项目、找到合适的职业机会提供更大的可能性。

送走第一届毕业生之后，反思这四年的教学情况，虽然我们也取得了一些成绩，但是也暴露了不少问题，加上就业市场在不断变化，为了让学生在激烈的职场

竞争中获得先机，必须用新的视角再度审视高职学院家居设计专业现有的教学模式，并作出相应的调整与补充，使其更加完善。新的教学模式，一方面要注重帮助学生积累设计经验，提升学生的设计素养；另一方面也希望通过改变、激发学生学习热情，推动学生更加积极主动地自主学习。

（一）课程内容选择的开放性探索

1. 跨专业的开放性课程内容

基于一年级专业基础知识的学习，从二年级开始，可以开放课程内容选题，突破专业限制，跨专业选择与平面、动画或者环境艺术范畴相关的课题。比如工装设计结合软装设计的项目，是环境艺术和家居产品设计的融合；别墅整装设计项目，是室内设计和家居产品设计的融合；甚至商业空间设计，又是室内设计和展示设计的跨界等。诸如此类的跨界课题，可以让学生在具体的开放课题中，提高跨专业处理设计任务的能力，最终达到让学生在不同的设计领域积累经验，构建完成解决综合设计任务的思维体系和专业素养。

2. 跨学科的开放性课程内容

开始接触跨专业的综合设计项目之后，到了高年级，可以让课题的选择更加地开放，跨越学科的界限，实现学生专业学习与职业生涯的过渡性对接。例如对某全新家居设计品牌的完整运作，这个项目任务包含了产品研发设计、全套VI视觉系统设计，整体品牌活动策划、商业营销、市场调研、媒体宣传等一系列的相关联的任务。通过跨学科的开放性课题，可以让学生更直观地了解设计的普遍性和综合性，让他们为未来的职业生涯做好心理和能力的准备。

3. 对合作企业开放课程方向，寻求实践型教学课题的合作可能

每个学期提前向各个合作企业发布新学期拟定要合作的课题方向，并与企业积极沟通，共同商议确定新学期合作的具体课题。开放的课题将根据校企合作的实际情况，以主课题的形式出现，也可以WORKSHOP的形式嵌入现有课程中。这样可以改变院校在与企业合作的时候，一直处于被动"等米下锅"的状态。及时让企业知道院校的课题方向，一方面提高了合作达成的效率，另一方面也可以借助院校的新概念优势，让一些巧思创意借助企业的资源优势，得以真正地实现。这样的合作对于院校的老师和学生，是宝贵的实战项目；对于合作的企业，也是创新发展的好契机。

（二）"师徒式"的开放式课程合作模式

在课程项目中，开放团队合作，开放跨年级甚至跨专业的"师徒式"合作，高年级同学带低年级同学、能力强的同学带能力弱的同学等，这样的合作方式，将以多专业多学科的交叉合作的WORKSHOP的形式实现，并给予适当的学分，使其成为

一门选修课程被安排到整个课程体系之中。这样的合作方式优势在于：

1.时间弹性大。学生可根据兴趣、擅长的领域，充分发挥主观能动性，优化知识结构和养成自我培养意识。可以在一定程度上提高学生学习的积极性，促进学习效率的提高，同时不同专业学生通过WORKSHOP形式共同研究学习，可以最大限度丰富其设计素养和跨专业的设计经验。

2.淡化班级制度，按课程内容需要组成团队。这样可以培养学生的配合协作意识。设计职业对协作能力有很高的要求，任何一个完整的设计项目，都需要团队的协同工作，所以这样的课程合作方式，让学生在以专业合作为目标的沟通交流中，学习怎么表达自己、接纳不同的意见并积极自我调节。

3.更加有利于"因材施教"。低年级学生可以自己选择跟学的小"师傅"，高年级的同学也可以选择团队里协作的低年级同学。教与学由学生自发主动地完成，这个过程也是专业比较强的同学对学弟学妹言传身教的过程，相较老师的课堂教学，这样的形式有独特的心理优势。同时学生通过在不同的学习阶段、不同的团队扮演不同角色，来积累设计分工中不同角色的经验。扮演"师傅"角色的高年级同学，在传授和指导的过程中，也是自身系统性总结并阐述经验的最佳机会。这样能让参与合作的学生全体增加经验，提升设计素养，并且也必然巩固了专业知识，互补了专业技能。

4.不同专业背景教师通过跨年级跨专业的课题合作，更加丰富了自身的理论知识与实践技能素养，此外可以在与其他专业老师的合作中获得很多宝贵的跨专业的启发，从而可以更好地投入教学科研工作。

（三）多元开放的课程导师选择及评价体系

根据不同的课程合作方式，采用不同专业导师指导和评价体系。首先校内跨专业、跨学科的课程内容合作，导师由不同专业的老师担任，最终根据不同专业不同学科的教学目标对学生进行共同的评分。其次依托与校企合作的课程内容，邀请合作企业有丰富从业经验的一线设计师，与在校老师共同指导和教授商定的课程内容。当最终项目结项，学校老师根据课程大纲要求，而企业项目负责人则根据项目中学生的实际表现共同予以能力评价并一起打分。这样的指导和评价体系，在教学的过程中更加强调跨专业、跨学科的经验积累，更着重强调设计思维的养成、设计伦理的认知、设计趋势的感知。这也是设计素养的言传身教，是学生综合能力的锻炼机会，为学生未来适应边界模糊的职业生涯早做准备。

通过上述几点对应用型开放式教学模式的创制，我们将学生通常在就业后才面临的设计实务的综合性、跨领域性的要求，提前三年或两年引进课堂。让他们尽早适应和习惯这样的境况，了解和积累设计领域不同专业的相关工作经验。通过引入新的开放式团队合作的教学模式，提高团队合作能力，激发学习的主动性和积极性。而引入校外设计师参与教学，则更能直观地帮助学生构建综合设计素养。

结　语

随着技术的进步、社会的发展、市场需求的改变，设计行业本身也在发生着日新月异的改变。所有的这些改变对高职院校教学模式改进都提出了迫切的要求，教学模式调整和改良的核心目的是为了帮助高职的学生在未来的职业生涯中有一个较好的起点。应发挥高职院校的职业化优势，帮助学生始终保有竞争力，能在经历了一定的工作年限后，到达一个较好的能够实现人生价值的位置。

六、艺术院校公共课程教学内容与教学方法研究

自媒体时代艺术院校思政课实践教学方式新探

——以"马克思主义基本原理概论"课程为例*

赵素锦**

摘　要：随着智能网络的日益普及，全民进入了一个"新媒体""自媒体"时代，思政课教学也随之面临一系列的难题亟待解决。要改变当前思政教学实践中的诸多困境，须迎合时代发展，回应时代问题，在实践教学理念上扭转传统观念，变革思政教学旧模式。在艺术氛围浓厚的院校里，必须充分借助新媒体时代特质，把艺术专业学习与思政教育学习有机地结合起来，形成一种以"艺"扬"道""道"入"艺"心、"艺""道"合一的新型教学形态。

关键词：艺术院校　马克思主义哲学　艺术化教学形态

当下，随着智能网络技术的普及，全民进入了一个"新媒体""自媒体"时代，思政课教学也随之面临一系列的难题亟待解决。马克思曾说："哲学是时代精神的精华"，如何增强思政课教学实效，使马克思主义思政教育内化于学生之心、外化于社会实践，是我们必须思考的重要问题。

一、自媒体时代思政课实践教学难题

改革开放至今，其所引发的社会转型发展趋势已日益凸显，新媒体时代、自媒体时代、大数据时代、微博、微信等等，这些新概念的提出与流行，表明今日之中国已大不同于以往。从智能网络的普及程度来看，截至2018年，我国手机网民规模达7.88亿，在18—34岁的人群中80%的人使用互联网，近4 000万的大学生群体都是网民。可以说，每一个大学生都被一个智能网络时代所包围，没有一个脱离电脑、手机等网络工具的大学生存在。因为一旦脱离了这些，他就称不上是一个现代人，

*　**基金项目：**江苏省教育厅项目"基于艺术人才培养的艺术院校人文素质教育创新研究"（2013SJD710011）的阶段性成果。

**　**作者简介：**赵素锦（1978—），女，哲学博士，南京艺术学院马克思主义学院副院长、副教授，研究方向：思想教育、艺术哲学等。

难以在现代社会生存。可以说,智能网络的全面普及,为我们每一个人提供了一种新型的生活方式、思想方式、行为方式。每一个人都从社会发展、政治制度、思想文化、伦理道德、知识信息的被动接受者,变为主动的发布者、传播者、接受者、批判者,开始成为社会的真正主人。

从整体的社会文明程度提升和现代化社会制度的完善来讲,今日中国的新变化无疑是一种进步,我们每一个人身处其中,感同身受,一起推进社会主义制度的自我完善。但从整个社会思想状况来看,尤其是政治思想教育来看,却遭遇前所未有的时代难题。如果只用一个词来表达今日中国人的思想状况的话,恐怕就是“多元”。这并非虚言。美国当代哲学家麦金泰尔曾提出,无论是当前人们的伦理道德思想或理念,还是现实的伦理道德实践生活,都处于一种现代性的危机和困境之中,这即是无休止的争论和分歧。[1]面对一个伦理道德问题,持有不同的种族文化、思想观念的人,从自己的立场出发,能够给出相应的阐释理由和解决方案,但彼此之间却难以认同,不可公度,这种“相对”和“多元”的分歧和论辩,不是哪一个人或国家的问题,而是当前全球社会所共有的难题。东南大学所开展的“当代中国伦理道德状况”“当前我国思想道德文化多元多样”等全国性伦理大调查也给予了事例上的支持。相关数据结果表明,当前中国正处于一种伦理认同危机之中,人们在对社会主义制度认识、国家主流意识形态理解、社会主义核心价值观念、传统伦理道德观念、当前伦理道德现状等多方面存在认同上的困惑、争论、分歧、对立和危机,展现出当代中国急需加强伦理道德建设的紧迫性和必要性。[2]

在这样的时代背景下,思政课教学尤其是艺术院校的思政课教学普遍陷入一种困境之中。传统的思政教学理念、教学环境、教学方法、实践方式等在新媒体时代的冲击下,漏洞百出,问题频发,难以适应新时代思政教学需求,达到教书育人的真正目的。

首先,从整体的教学环境来看,如何让走进教室的一群“手机控”“微信控”“低头族”抬起头来,自始至终地认真听讲,成为当前教学实践中的最大问题。某大学出谋划策,想出新点子,即在上课前将学生的手机统一收集到袋子里,下课后再归还,以此来规约学生的听课状况。显然,如果无法挖掘出学生自身内在的学习动力,这种外在的措施只是无奈之举,难有实效。此外,目前很多高校的思政课考试形式发生改变,由原来的闭卷考试改为开卷考试,艺术院校尤为如此,这使得约束学生的“最后一根稻草”也彻底失效,更加助长不学之风。

其次,思政教育带有较强的政治思想教育味道,说教氛围浓厚,而年轻学子反叛性强,在选课之初,即带有一种强烈的叛逆之心甚或对抗之心,因此,难以从心理、情感等方面进行沟通。即使是以哲学为最广大基础的“马克思主义基本原理概论”课，在广大学生眼中也易于陷入官方哲学的主观认知之中。

最后，新媒体时代的到来，使得知识信息的流通、传播和学习，不再受到时空地域等外在条件之限，随时随地的学习成为现实。作为知识传播者形象出现的教师，其职能有了新的甚至更好的替代者即电脑或手机，教师则难以保持往昔的权威性和可敬性。在学生看来，百度是最好的“老师”，无所不知，又何须受课堂时间所限来学习。因此，学生学习的主动性、积极性以及教师主导地位的下降，直接导致思政课学习氛围的淡化。

二、实践教学理念的变革

要改变当前思政教学实践中的诸多困境，首要的任务是迎合时代发展，回应时代问题，在实践教学理念上扭转传统观念，变革思政教学旧模式。

狄更斯在《双城记》中曾言，这是一个最好的时代，也是一个最坏的时代。此言同样适用于当前的思政教育。新媒体时代的到来和变迁，为我们的思政教育提供了更加现代化、便利、多彩多样的教学环境和技术手段，对于丰富和提升思政教育裨益甚多。但是，也应该看到上文所指出的诸多弊端。面对这些弊端和困境，如何应对并及时解决是我们首要的工作。马克思主义基本原理告诉我们，内因决定外因，外因通过内因起作用。时代环境的变迁并非决定思政教育实效的关键原因，从思政教育本身出发寻找解决问题的答案方是正道。而纵观国内思政教育发展状况，如果不从教育理念上去改变，而只是纠缠于教学方式或实践方法的革新，并不能达到最终的目的。思政教学理念如何定位和确立，是指引思政教育这艘大船如何航行的内在根本之处，也是推动思政教育事业发展的内动力。

虽然今天的思政教学主体理念已经从过去单向度的“教师主体”转变为现在的教师与学生“双主体”理念，但对于新媒体时代的当下而言，还不够。必须凸显“双主体”理念，尤其是向学生主体倾斜，让学生成为思政教学中的第一主角。年轻学子性情活泼、积极向上、富有好奇心和想象力，易于接受新事物、新观念，在新媒体时代的今天，是社会思想、知识信息传播和交流的活跃主体。在艺术院校中，这一点表现得更为明显。青年学生尤其喜爱创造性强、独特新颖的新生事物，并且易于接受跟自己专业学习相关联的知识或信息。可以说，富有激情和想象力，勇于创新出奇，是艺术学子的必然性情。因此，将学生放置于教学第一位，充分引导学生主体的自我意识，将那种自觉的能动学习与创造意识引入思政教学中，在思政课堂上充分爆发，必将带来极大的震撼！

其次，就马克思主义基本原理课程的性质和内容而言，其教学主旨和导向，必须从原来的原理知识传授转向哲学思维训练、辩证方法学习等。必须明白一点，马克思主义哲学最终带给学生的不仅是知识，更是思维理念。当今社会最不缺乏的恐怕就是知识，学生们打开手机，展现在眼前的是无穷无尽的知识和信息。然而，如何辨别知识和信息中的真假是非，分析或评论知识信息，对当代大学生而言却是难题。在四门思政公共课中，“马克思主义基本原理概论”显然是方法性最强的一门课程，以马克思主义原理中所讲授的辩证思维方法和批判思维方法来审视和剖析各种政治思想状况和社会文化生活现象，在今天信息大爆炸时代尤为迫切。事实上，在教学实践中，很多艺术学子反映，只记得原理知识点，不懂得如何将辩证思维方法学以致用，因此，在日常的学习生活中，容易人云亦云、偏听偏信。

最后，对于新媒体工具的出现，不应该持害怕、拒斥的保守态度，而应该持积极欢迎、充分利用的新观念。科技的高速发展、日益更新，是时代前进的必然趋势，一味盲目地拒斥，对于顺应历史发展潮流来讲，无异于螳臂挡车。因此应当转变心态，拥抱高科技，将年轻学子关注的网络世界充分利用，将现实世界与虚拟世界充分打通，营造“线上、线下”全方位的学习氛围。

三、实践教学的新形态探索

“今天的教育，所谓智育是要发展好奇心和理性思考的能力，而不是灌输知识；德育是要鼓励崇高的精神追求，而不是灌输规范；美育是要培育丰富的灵魂，而不是灌输技艺。”[3]思政教育作为一种融“智、德、美”为一体的综合性人格提升教育，最重要的实践教学形态和方式必须改变传统主流的“灌输式”“主讲式”，尤其是在艺术氛围浓厚的院校里，必须充分借助新媒体时代特质，把艺术专业学习与思政教育学习有机地结合起来，形成一种以“艺”扬“道”“道”入“艺”心、“艺”“道”合一的新型教学形态。

就“马克思主义基本原理概论”这门哲学意味很强、抽象思辨性很高的课程来讲，引发艺术学子的强烈兴趣，产生实质性的教学效果，抛弃纯哲学理论讲授，探索新的艺术化教学形式，势在必行。就本人多年来的课堂教学实践来看，以多样化的艺术专业学习方式来融合马克思主义基本原理知识，是一种十分高效的教学方式。

首先，力倡情感式沟通，让马克思在学生心中“活”起来。很多艺术学子虽对本专业有浓厚的学习兴趣，但对马克思主义基本原理等课程却抱有强烈的排斥心理，持“无用论”观点。因此，开课之后的首要任务，就是要消除学生的这种拒斥心理，使其发自内心地真正认识马克思，甚至喜欢上马克思。这个任务不完成，即使理论知识讲得再丰满，估计也无济于事。而要完成这一任务，单靠老师是不行的，必须把学生也发动起来，让学生成为“第一主角”，通过书籍、歌曲、影视作品等多重资源来发现马克思，尤其是青年马克思时期的生活、学习、思想发展经历，因为这与广大学子最有共通之处,也最易打动启发学生。同时,以“说”(演讲为主)、“唱”(音乐作曲或歌唱)、“编”(历史或自编剧本)、“演”(微电影、表演或美术展)等多形式来展现马克思及其相关理论。这种自觉的艺术化探索,能够真实生动地具体呈现马克思,使之不再单调地停留在一幅马克思的头像画或半身雕塑的乏味印象中,也易于消除艺术学子原初的抗拒心理。

其次,多元化艺术形式教学,使马克思主义哲学抽象理论“活”起来。亚里士多德曾言,年轻人不适宜学习哲学,因为它需要时间。黑格尔也曾以“黄昏时起飞的猫头鹰”来比喻哲学理论的沉淀和厚重。这些都表明,对于青年学子而言,哲学学习的确不是一件轻松的事。这一方面源自哲学本身的理论深度和抽象思辨性,另一方面由于年轻学子热衷于新奇事物,不善于反思。我曾在课堂上连续做过同样的哲学类小调查,其中一个问题是“你最熟悉的哲学理论是什么?”,只有部分同学能写出古代哲学中的苏格拉底、柏拉图、孔子、老子等人,而对现当代哲学家或理论知之甚少,甚至不少同学完全不知道。由此可见,要在短时间内增加学生对哲学的兴趣,必须另辟蹊径,把哲学知识学习与其艺术专业学习有机地结合起来,减少哲学学习的难度。具体到教学内容上来说,马克思主义哲学中的唯物论、辩证法、认识论、价值观和历史观等,都可以以艺术化的形式来探讨。如以中西方历史上任何一位艺术哲学家为主题作人物主题讲演,分小组制作幻灯片或视频材料,整体打通艺术与哲学之间的桥梁通道,为学生提供一个全景式的艺术哲学背景知识。又如,以马克思主义哲学原理为核心主题,结合艺术专业学习进行分组合作的教学实践,以辩论赛、舞台剧和艺术辨证法视频展现三大形式为主。这类实践形式广受学生欢迎,因为它给予学生极大的自由度和想象力,并且是从本专业学习出发思考再现哲学理论,既具有挑战性,又激发创造力。广大学生的参与度和积极性非常高,不少小组才思敏捷,编创出极佳的作品。即使是同一个哲学原理,以音乐、绘画、影视等不同艺术形式来表现,感受也完全不同,而且通过观看其他小组的优秀作品,广大学生思维碰撞,收益颇丰。这种完全由学生自主自觉来创作理解哲学原理,学习效果绝然不同于教师的单向传授。

再次,中西方哲学知识融汇,使马克思主义哲学与生活“通”起来。虽然马克思主义哲学理论留给学生一个“官方哲学”、抽象思辨、深奥难懂的表象,但这并非马克思主义哲学的真相。从词源上看,哲学(philosophy)意喻“爱智慧”,因此,哲学实质是智慧之学,是关于宇宙、自然、人生的智慧之学。马克思主义哲学作为哲学大家族中的一员,其宗旨正如马克思所言,是为了“认识世界,改造世界”,“实现每一个人全面自由的发展”。因此,在具体讲授原理时,必须还原马克思主义哲学的真面目,在中西方哲学史的大背景中来看待其作用地位和原理内涵。“参与式”“启发式”“讨论式”教学，应该成为点亮学生思想教育的主导方式。如意识主题、辩证规律及方法、认识与价值等问题，都是与学生思想、学习、生活密切相关的哲学基本知识，一味讲授难以解决隐藏在学生思想深处的社会难题、人生困惑，必须多维度地让学生真正感受到，马克思主义哲学并非虚无缥缈，毫无用处，而是在人生之中处处有哲学，处处需要哲学。

最后，自媒体时代的到来，让马克思主义哲学在生活中“广”起来。当下社会发展日新月异，自媒体技术的出现和发展不过是最近几年之事，这使得思政教育的主流话语权威不再像过去那样集中在政府、教育机构、大学教师等稳定的组织和群体当中，如今的每一个人都可以在新媒体技术的帮助下对社会时事畅所欲言，引领话语潮流，甚至成为话语权威。因此，在这样的情况下，想封闭或禁锢学生思想，使其只听从学校思政教育，无异于天方夜谭。对马克思主义哲学来说，课堂实践效果再好，也无法完全保证学生思想状况的稳定性。必须借助于一切可以利用的新媒体或新技术，把课堂教学和日常学习生活融通在一起，构建全方位的思想教育氛围，如创建一个思政教育红色主题或哲学思维、艺术哲学类的网络教育家园或微信公众平台，使思政教育摆脱孤立的说教形象，真正进入学生的日常生活和思想探讨中。

参考文献

[1] 麦金太尔.追寻美德[M].宋继杰，译.南京：译林出版社，2003：7.
[2] 樊浩，等.中国伦理道德报告[M].北京：中国社会科学出版社，2010.
[3] 丁明拥.今天我们怎样做高校教师[N].中国社会科学报，2015-6-15.

艺术院校思政课实践教学实效性存在问题及对策分析

王预震*

摘　要：实践教学是高校思想政治理论课教学的重要组成部分。近年来，党和国家对思政课实践教学十分重视，艺术院校在提高思政课实践教学的实效性方面作了大量的探索，也取得了一些成绩。但在实践教学的整个组织实施过程中仍然存在着一些问题，实效性还未能得到充分体现。我们应采取有效措施，切实提高艺术院校思政课实践教学的实效性。

关键词：艺术院校　思想政治理论课实践教学　问题　对策

思想政治理论课（以下简称思政课）作为对大学生进行思想政治教育的主渠道、主阵地，其主要目标就是要引导大学生通过对马克思主义理论的学习，实现知与行的有机统一，而实践教学正是实现这一目标的必要环节。为此党和国家作出了加强和改进大学生思想政治教育的重大决策，反复强调要进一步提高高校思政课教学的实效性，并将其作为一项战略任务进行部署和落实。

艺术院校是普通高等学校的重要组成部分，艺术院校学生是高校大学生中特殊的群体，他们的思想道德水平的状况不仅影响着其个人的全面发展，也关系到整个社会的道德风尚。艺术院校担负着为国家培养德艺双馨的艺术人才和艺术教育工作者的重任。要完成这个任务，就应该紧密结合艺术院校学生的性格和专业特点，利用艺术院校的文化资源和专业优势，使思政课的实践教学体现出自己的特色。面对不断变化的社会环境，进一步加强和改进艺术院校大学生思想政治教育工作，增强其针对性和实效性，是历史赋予我们的重大责任，所以提高艺术院校思想政治教育的实效性意义十分重大。

一、艺术院校思政课实践教学实效性存在的不足之处

实践教学在思政课的整个教学中是极其重要的，从目前全国艺术类院校的总

---

* **作者简介：**王预震（1978—），男，南京艺术学院马克思主义学院副教授。

体情况来看，理论上都能认识到其重要性，几乎每门思政课都加入了实践教学的环节。但是，实践教学的实效性并不明显，实践教学活动多流于形式，对活动的内容、结果并没有作科学的安排和评定；学生参加社会实践多以参观、考察等被动的方式进行，不能以主体的身份积极参与，没有达到培养学生社会责任感的目的；被动的实践教学多限于增加学生对社会的感性认识，无法真正体现实践教学的知与行相结合的目的。

近年来，在党和国家对实践教学的重视和大力倡导下，很多艺术院校在增强思政课实践教学的实效性方面作了大量的探索，也取得了一定的效果。但艺术院校思政课实践教学仍然处于探索阶段，在实践教学的整个组织实施过程中存在着一些需要进一步规范和完善的问题，实效性还未能得到充分体现。

（一）思想观念的偏差，导致实践教学效果不佳

目前大部分艺术院校都按照国家要求制订了思政课实践教学计划，思政课各门课也都按照一定比例分配了理论教学和实践教学的学时学分。但是从实际运行来看，实践教学远没有理论教学那样被重视，导致实践教学难以全面、深入、持久地开展下去。思想认识不够统一，学校、教师、学生对实践教学认识不足，影响和制约了实践教学的实效性。

首先，很多艺术院校对思政课实践教学的必要性和重要性认识不足。思政课实践教学是一项由领导者、组织者、实施者以及参与者组成的复杂活动，学校对思政课实践教学的必要性和重要性存在着认识上的不足，必然影响实践教学的实效性。一些艺术院校在专业和学科建设方面比较重视艺术专业的建设，思政课往往处于边缘化的地位，对思政课的实践教学则更加忽视，从而导致实践教学在组织管理上的缺失，实施效果大打折扣。

其次，一些艺术院校教师自身素质的不足影响思政课实践教学。艺术院校的教师大多数品德高尚，能做到为人师表，但是也有极少数教师不太注重个人品德修养的提高，放松自身政治素质的培养，忽视精神的追求，对事物的评价往往以功利主义的标准来衡量。他们在政治原则问题上飘忽，是非问题上模糊，鄙视思政课教学，甚至鼓励学生逃思政课。这些教师的做法，对于学生必然产生很大的负面影响，对思政课教学的开展也极为不利。

最后，学生的逆反心理影响思政课实践教学的效果。大部分艺术类大学生重专业、轻文化，对理论课特别是思政课漠不关心，他们认为毕业后从事的是艺术方面的工作，和政治没有什么关联，只要学好专业知识就已经足够了，用人单位也往往只关注毕业生是否有熟练的专业技术，而对思想政治素质不太重视，导致学生对思政课抱着无所谓的态度。再加上高校的思政课有些与中学的政治课学习有重复

的地方,学生对思想政治课产生了很大的逆反心理,缺乏学好思政课的积极性和主动性。

（二）教学条件不足，影响实践教学的实效性

随着我国高等教育事业的不断发展,艺术院校的教学条件都有了很大的改善。但是艺术院校思政课实践教学的条件保障方面还存在很多问题,主要表现在以下几个方面:

1. 缺乏稳定的经费支持

思政课实践教学经费的投入和管理是保证其取得实效的前提。目前很多艺术院校划拨了思政课实践教学经费,并且经费投入也在逐步增加,在一定程度上促进了思政课实践教学的组织和实施,提高了思政课的教学质量。但是思政课实践教学经费与专业课经费相比,仍然存在明显差距,有限的经费无法满足所有同学参加实践的需要。另外,经费使用效益不高的问题也很严重,有些艺术院校实践教学经费没有制度化,被挪作他用的现象时有发生,造成实践教学的不连续。

2. 师资力量不能满足实践教学需要

教师是思政课实践教学的关键,思政课实践教学工作是否能取得成效,在很大程度上取决于教师的素质和经验。艺术院校的思政课教师对理论教学得心应手,但是对实践教学则缺乏经验和能力,一些思政课教师自身缺乏社会实践阅历,在实践教学中很难给予学生有效的指导。

造成这样的原因有很多,概括起来主要有以下几个方面:第一,很多思政课教师几乎没有接受过实践教学培训,缺少组织实施实践教学的经验和能力。第二,一些思政课任课教师本身的社会阅历不够,对社会的实际情况了解不多,理解也不够深刻,很难有效指导学生开展实践活动。第三,教师精力有限。大多数思政课教师课时较多,工作量较大,很难再有精力来组织指导实践教学活动。另外,由于艺术院校不断扩招,教学任务和师资力量矛盾凸显,为了弥补师资力量的不足,很多学校都聘请了一些兼职教师。他们当中大多是从事学工和政工工作的行政人员,他们的管理经验丰富,但是对指导思政课实践教学的经验比较缺乏。兼职教师还存在非专职化以及流动性频繁的问题,从而影响实践教学的持续性。

3. 实践教学内容针对性不强

在艺术院校思政课实践教学的开展过程中,一个比较突出的问题就是过分强调国家和社会的要求,而较少关注大学生自身的成长成才的需要,存在着教育内容和大学生的实际要求脱钩的问题。学校只关注对学生进行“三观”教育,而忽视与大学生生活密切相关的基本德育教育;过多强调中国革命传统教育、社会主义现代化建设成果教育,而忽视与学生个人成长密切相关的社会公德、职业道德、家庭

美德教育以及心理健康和就业创业教育。这就导致在思想政治课实践教学内容选择和设计方面，存在“一刀切”的情况，较少顾及艺术院校学生的专业特殊性。如果不能依据艺术院校的实际制定出体现学校特色、适合学生特点的实践教学方案，就必然导致实践教学针对性和实效性不强。

4. 实践教学基地建设不到位

实践教学基地是学校开展实践教学的重要场所和依托。近年来，很多艺术院校都根据自身的实际情况或多或少地建立了一些实践教学基地，也发挥了一定的作用。但是在实践过程中，实践教学基地的建设仍然存在很多问题。一是可选用的实践教学基地资源数量有限。思政课实践教学基地通常会选择在革命旧址、历史博物馆、纪念馆等，在实践中，因为高校众多而实践基地资源有限，造成“僧多粥少”的现象，特别是在历史文化和革命传统积淀不深的地方，可用的基地很少，资源的竞争就更激烈。二是缺乏长远规划和互惠机制。有的高校仅仅是依靠双方领导的私交和上级主管部门的文件，便挂牌签约了。挂牌之后只是进行“走过场”式的参观，便草草了事，没有充分发挥基地的作用，也没有形成互助互惠的合作机制。①

（三）组织管理机制不完善，制约实践教学的实效性

多年来，艺术院校对思政课实践教学进行了卓有成效的探索，取得了一些成绩，但是，艺术院校思政课实践教学的组织管理机制还存在很多问题，有待于进一步完善。

1. 实践教学的组织机制不完善

校团委、学工处、各院系以及思政课教学部门都会在不同范围内组织学生参加一些实践活动，由于学校缺乏统一的组织机制，因此很难保证这些活动没有重复。重复组织活动，不仅浪费了宝贵的资源，也降低了实践活动的效果。此外，思政课各课程之间也很少沟通和协调，每个学期的实践教学活动都由各个任课教师安排，缺乏统一规划。

2. 实践教学考核评价制度尚待健全

实践教学评价体系对于教学的开展以及教学效果的取得都具有重要的导向和促进作用。目前很多高校虽然已经开展实践教学多年，不同课程、不同教师都在组织实践教学，组织实施实践教学活动的具体做法也各有不同，但是如何评价实践教学的质量和效果，还没有明确规定统一的评价指标，还没有建立一整套全面、规范、

① 王预震. 当前高校思想政治理论课实践教学实施条件存在问题及对策分析[J]. 考试周刊，2013(12).

科学的考核评估制度。

3. 对思政课教师的激励和培训不够到位

目前由于思政课教师的经验、精力有限，组织实践教学活动难度很大，往往是心有余而力不足。教师组织实践活动缺乏经费，缺乏培训时间，缺乏足够的经验，难以满足实践教学的要求。虽然很多高校在教学计划中，有思政课实践教学学时，但是并没有安排具体的实践教学时间。由于教师得不到必要的人力、物力、财力的支持，课外实践教学在具体实施过程中往往流于形式。加上组织学生外出活动的责任重大，不得不考虑安全和责任问题。另外实践教学和思政课教师的岗位津贴、职称评定不挂钩，也影响了思政课教师组织实践教学活动的积极性。

二、增强艺术院校思政课实践教学实效性的对策

（一）转变观念，加强对思政课实践教学重要性的认识

思想是行动的先导，只有实践教学的组织者和参与者都在思想上真正重视实践教学，充分认识到这项工作的重要性，才能提高实践教学的实效性。

首先，主管思政课教学的领导必须提高对思政课实践教学必要性和重要性的认识。只有领导重视了，实践教学才会有系统的组织保证。各项配套措施落实了，才能更好地调动教师的积极性和主动性。其次，教师要转变观念，投身实践教学的探索研究。思政课教师应该像重视课堂教学一样重视实践教学，要加强对实践教学的规律和方式方法的研究。在实践教学中，教师要实实在在地负起责任，发挥其主导作用。再次，要转变学生的观念，使其自觉地投入实践教学活动。让学生认识到思想政治理论实践教学对于提高自身素质、促进个人成长以及未来就业的重要性，才能积极主动地参与到实践教学活动中。

（二）改善条件，为思政课实践教学提供物质保障

1. 设立并管理好实践教学专项经费

学校要设立思政课实践教学专项经费，为思政课实践教学的正常开展提供必要的经费保证。学校必须建立和完善实践经费管理使用制度，严格实行经费使用审批程序，提高经费使用的效益。首先，实行专款专用，要坚决杜绝实践教学经费挪作他用的情况，为此学校必须建立严格的经费使用考核监督机制。其次，要提高实践经费使用的计划性，要根据实践经费的多少适当选择实践的方式，保证各项实践活动的顺利进行，使有限的经费在实践教学中发挥最大的作用和效益。

2. 提高思政课教师组织实施实践教学的能力

思政课实践教学对思政课教师的综合素质提出了很高的要求，这就需要教师不断提高自己的理论修养，提高自己的业务能力，完善自己的知识结构，同时还要

关注和研究现实生活，把握社会发展的方向，加强对学生思想状况的了解，提高组织、设计实践教学计划和评价实践教学成果的能力。

实践教学是一项复杂性较高的教学活动，它要求教师具有过硬的思想政治素质、扎实的理论功底和较强的组织能力、沟通能力。因此，艺术院校应该有计划、有组织地就实践教学的相关知识技能对思政课教师进行培训，同时可以组织校内外实践教学成果的交流与展示，取长补短。学校可以利用节假日组织思政课教师进行社会实践考察，不断丰富教师的社会阅历，并组织教师探索思政课实践教学的新途径和新方法。

3. 加强实践教学基地的建设

艺术院校应根据学生特点，按照合作共建、双向受益的原则，建设一批以经济发展典型、历史文化遗址、博物馆、纪念馆、革命旧址为依托的爱国主义和革命传统教育基地；以城市社区、村镇、贫困地区中小学、残疾人联合会、捐助站、福利院为依托的社会服务基地；以歌剧院、美术馆、青少年活动中心等为依托的素质教育基地。学校可以定期组织大学生轮流到各基地参加社会实践活动，进行调研和考察，并让学生对调研中发现的问题进行思考，写出调查报告。

（三）加强管理，为思政课实践教学提供组织管理机制保障

1. 合理设计实践教学计划

合理的实践教学计划是顺利落实思政课实践教学任务的重要前提和保障。在设计实践教学计划中应该注意以下问题：首先，实践教学计划要有针对性，要根据不同内容、不同对象的具体情况来进行设计；其次，实践教学计划要充分考虑现实的可操作性。思政课实践教学往往受到经费、课时、社会实践资源等条件的限制，因此，在设计实践教学计划时，就不能只考虑需要，还要考虑可操作性。

2. 规范实践教学过程

要保证实践教学的顺利实施，必须要规范实践教学过程中的各个环节。首先，在实践活动正式开始前，要围绕活动主题、目的要求、计划安排、方式方法等对学生进行指导培训。其次，在实践活动中，加强指导和督促，引导学生正确认识自己在社会中的角色，强化他们的社会责任意识，指导他们积极参与实践活动，保证实践活动按照计划顺利进行。最后，在实践活动结束后，要组织学生对实践活动进行总结，介绍成功的经验，总结教训，对于成绩要充分肯定，对于存在的问题要重视并加以解决。

3. 完善思政课实践教学的考核管理制度

要建立注重过程监控的多维度的思政课实践教学考核制度。思政课的实践教学考核评估，要注重对学生实践过程的考核。考核评估内容应当包括学生参与实

践教学的程度、学生在实践教学中的综合表现、学生实践报告或总结的完成质量等，据此选择相应的考核方式，制定适合本校的思政课实践教学的学生考核评价办法。“要保证考核的客观性、公正性和科学性，就要构建教师考核、学生互评和指导教师考核相结合的‘多维度考核评价机制’。在课程总成绩中，规定实践课分数比重，若实践课不合格，该门课程总考核成绩就不及格。”[①]这样的考核制度，可以减少思政课实践教学形式化和实践教学考核随意化现象的出现，促使思政课教师认真组织实践教学，学生积极参与实践活动。

① 周湘莲.论高校思政课实践教学管理体系建设[J].当代教育理论与实践,2011(11).

习近平新时代文艺思想融入艺术院校思政课路径研究

——以“马克思主义基本原理概论”课程为例

许佳佳 *

摘　要：习近平新时代文艺思想是习近平新时代中国特色社会主义思想的重要内容，它是马克思主义文艺思想中国化的最新理论成果，是对“马克思主义基本原理概论”课重要观点的注脚与解读，为艺术院校大学生从事文艺创作确定了思想方位，因此，应通过理论体系建构、文艺作品解读、实践教学模式创新等路径在“原理”课上有效渗透这一思想。

关键词：习近平文艺思想　艺术院校　马克思主义基本原理概论

一、前言

党的十八大以来，习近平总书记高度重视文艺工作。他在2014年10月15日主持召开文艺工作座谈会并发表重要讲话，而后于2016年出席了中国文联第十次全国代表大会、中国作协第九次全国代表大会开幕式且作出重要讲话，此外，更是在多种场合多次重要讲话中强调文艺工作的重要性，并对当下我国文艺事业的繁荣发展提出前瞻性意见。可以说，他的一系列思考与主张所构成的文艺思想逐渐清晰化与系统化，业已成为习近平新时代中国特色社会主义思想的重要组成部分。由于习近平的文艺思想并非旨在“为文艺而文艺”，而是把文艺问题放在实现中华民族伟大复兴中国梦的历史任务中，强调文艺铸魂、以文化人，因此，其文艺思想实质上充实了当下高校思想政治教育的内容，尤其对艺术院校而言，其指导思想与方向意义更是有助于艺术院校德艺双馨人才的培养。为此，我们应当有效地将习近平新时代文艺思想与艺术院校思政课相结合，在思政课堂上充分渗透习近平文

* **作者简介**：许佳佳（1989—），女，江苏建湖人，法学博士，南京艺术学院马克思主义学院讲师，研究方向为思想政治教育理论与实践。

艺思想，以指导学生的品德修养与文艺创作。习近平新时代文艺思想实际上是对马克思主义文艺思想的继承与发展，故而"马克思主义基本原理概论"（以下简称"原理"）课中的诸多内容得以与习近平文艺思想相关联，以该课程为例探讨习近平新时代文艺思想融入艺术院校思政课的具体路径自然较为合适。

二、习近平新时代文艺思想与艺术院校"原理"课的相融性

"原理"课旨在引导学生把握马克思与恩格斯所创立的基本理论、基本观点与学说的体系，虽课本当中并没有单列马克思主义文艺思想，但不少表述与论断影射了其文艺观。而基于艺术院校的专业特色，在课程讲授过程中穿插马克思主义文艺思想容易引发学生的兴趣，从而强化教学效果。而习近平新时代文艺思想与马克思主义文艺思想一脉相承，因而在"原理"课上引入该思想，既符合教学目标，充实了教学内容，又能体现时代特色。

1. 习近平新时代文艺思想是马克思主义文艺思想中国化的最新理论成果

习近平的文艺思想与马克思主义文艺思想有着不可分割的理论联系。一方面，二者在文艺本质上可谓是一脉相承。马克思在《〈政治经济学批判〉序言》中说道："物质生活的生产方式制约着整个社会生活、政治生活和精神生活的过程……随着经济基础的变更，庞大的上层建筑也或慢或快地发生变革。在考察这些变革时，必须时刻把下面两者区别开来：一种是生产的经济条件方面所发生的物质的、可以用自然科学的精确性指明的变革，一种是人们借以意识到这个冲突并力求把它克服的那些法律的、政治的、宗教的、艺术的或哲学的，简言之，意识形态的形式。"[①]这一论断阐明了文艺的意识形态本质，即文艺作为反映社会经济基础的思想形式，实际上渗透着统治阶级的思想观念与价值观，在此基础上，马克思提出"人民历来就是什么样的作者'够资格'和什么样的作者'不够资格'的唯一判断者"[②]，从而阐明了社会主义文艺的本质应当是为人民服务、满足人民精神文化需要。显然，习近平总书记是继承与弘扬了这一根本观点，其在主持召开文艺座谈会时指出："社会主义文艺，从本质上讲，就是人民的文艺……文艺要反映好人民心声，就要坚持为人民服务、为社会主义服务这个根本方向……以人民为中心，就是要把满足人民精神文化需求作为文艺和文艺工作的出发点和落脚点"[③]，而后在党

① 马克思恩格斯选集（第2卷）[M].北京：人民出版社，1995：32-33.
② 马克思恩格斯全集（第1卷上）[M].北京：人民出版社，1995：195-196.
③ 习近平.在文艺工作座谈会上的讲话[N].人民日报，2015-10-15.

的十九大报告中再次强调“社会主义文艺是人民的文艺”①。可以说，上述论断与阐述进一步彰显了以人民为中心的社会主义文艺观，是对马克思主义文艺本质论的具体实践与深化。另一方面，二者在文艺功能的把握上也具有一致性。基于思想政治教育的学科视角和本文的立意，这里的文艺功能特指“文艺育德”功能，虽不再赘述文艺的审美、娱乐等其他功能，但并不否认文艺其他功能的存在。马克思虽未明确提出文艺育德的观点，但其著作中的诸多论述皆能窥见文艺育德的影子。如在《德意志意识形态》中，马克思和恩格斯指出，作为意识形态的文艺具有特定的认识功能与一定的阶级倾向性，认为其“可以影响社会心理、教育无产阶级认识自己的历史使命”②；在《1844年经济学哲学手稿》中，马克思更是多次举例说明文学作品能够“不断提高人的精神境界和思想水平，使人获得真正的自由和解放”③，基于这些认识，马克思利用文学进行无产阶级教育、提高人民的思想觉悟的文艺育德观点呼之欲出。而习近平在肯定上述观点的基础上，将“文艺育德”推向新的思想高度，认为“文艺是铸造灵魂的工程”④。具体而言，就是在当前社会各界呼吁“灵魂进入思想政治教育范畴体系并成为基本范畴”⑤的时代召唤下，注重开拓文艺创造的育人格局，强调文艺的教化与认识功能，创造能够“启迪心智、凝聚共识、引领风尚、铸育灵魂”[7]的优秀文艺作品。

2. 习近平新时代文艺思想是“马克思主义基本原理概论”课重要观点的注脚

“原理”课“明确以马克思主义基本原理和主要理论为教学的主要内容”⑥，而要掌握马克思主义基本原理和主要理论，实际上就是要运用它的立场、观点、方法和基本原理分析解决实际问题。事实上，习近平新时代文艺思想的诞生正是习近平总书记运用马克思主义的立场、观点和原理分析当下中国文艺事业，试图有效解决中国文艺发展过程中存在的“急功近利、竭泽而渔、粗制滥造”⑦等现实问题的尝试，是对“原理”课重要观点的解读与注脚。一方面，习近平新时代文艺思想基于

---

① 习近平. 决胜全面建成小康社会夺取新时代中国特色社会主义伟大胜利[N]. 人民日报，2017-10-28.

② 刘晓哲. 马克思主义“文艺育德”思想及其意义[J]. 马克思主义研究，2013(10)：115.

③ 刘晓哲. 马克思主义“文艺育德”思想及其意义[J]. 马克思主义研究，2013(10)：115.

④ 中共中央宣传部. 习近平总书记文艺工作座谈会上的重要讲话学习读本[M]. 北京：学习出版社，2015：7.

⑤ 孙雅艳，郭立冬. 习近平文艺铸魂思想研究[J]. 学校党建与思想教育，2017(11)：73.

⑥ 顾海良.“马克思主义基本原理概论”课课程建设的新境域——学习习近平总书记系列重要讲话的有关论述[J]. 思想理论教育导刊，2014(11)：17.

⑦ 习近平. 在文艺工作座谈会上的讲话[N]. 人民日报，2015-10-15.

历史唯物主义视域，承认人民群众在社会历史中的主体地位。在此基础上，习近平总书记提出"人民需要文艺""文艺需要人民""文艺要热爱人民"的人民中心论三步曲，即文艺创作应当满足人们的精神需要，提供更高质量、品位的文艺作品来适应人们日益提高的精神水平；同时，要肯定"人民是文艺创作的源头活水"①，要从人民生活中挖掘文学艺术原料，"把人民的喜怒哀乐倾注在自己的笔端"②，创造出鲜活的有血有肉的形象；此外，要饱含深刻的感情去创作，带着对人民群众深沉的爱，"深入群众、深入生活，在人民中体悟生活本质、吃透生活底蕴"③。唯有遵循这三步曲才能创造出无愧于人民、无愧于时代的伟大文艺作品。另一方面，习近平新时代文艺思想体现了唯物辩证法的基本观点与规律。唯物辩证法认为，事物处在普遍联系之中。习近平新时代文艺思想看到了马克思主义文艺观与新时代中国特色社会主义文化建设的联系，看到了人民与文艺创作之间的联系，看到了文艺发展与民族复兴的联系。发展的观点亦是唯物辩证法的重要观点之一，习近平新时代文艺思想是在马克思、列宁、毛泽东、邓小平等人的文艺思想基础上提出的，是对前人思想的推进与发展，因而体现了发展的观点。此外，在谈及以人民为中心的创作导向时，习近平指出，"生活中并非到处都是莺歌燕舞、花团锦簇，社会上还有许多不如人意之处，还存在一些丑恶现象"④，这实际上是在遵循"对立统一规律"的基础上一分为二看问题的体现。

3. 习近平新时代文艺思想是艺术院校大学生从事文艺创作的思想方向

任何文艺作品本身都承载着一定的思想意识，传达特定的价值观念。正如习近平所说："对文艺来讲，思想和价值观念是灵魂，一切表现形式都是表达一定思想和价值观念的载体。"⑤在这里，一定的思想和价值观念实际上特指符合我国社会主义主流意识形态的思想观念。换言之，社会主义文艺应当以社会主义核心价值观为内核与旗帜，而文艺工作者的任务就是要"把社会主义核心价值观生动活泼、活灵活现地体现在文艺创作之中，用栩栩如生的作品形象告诉人们什么是应该肯定和赞扬的、什么是必须反对和否定的"⑥。艺术院校大学生是未来我国文艺事业发展的主力军，虽然在学校教育中，艺术专业教育与思想政治理论教育理应并行不悖，但事实上，上至学校层面，下至学生内部，都是重视艺术专业知识的积累和文

① 习近平. 在文艺工作座谈会上的讲话[N]. 人民日报，2015-10-15.
② 习近平. 在文艺工作座谈会上的讲话[N]. 人民日报，2015-10-15.
③ 习近平. 在文艺工作座谈会上的讲话[N]. 人民日报，2015-10-15.
④ 习近平. 在文艺工作座谈会上的讲话[N]. 人民日报，2015-10-15.
⑤ 习近平. 在中国文联十大、中国作协九大开幕式上的讲话[N]. 人民日报，2016-12-01.
⑥ 习近平. 在文艺工作座谈会上的讲话[N]. 人民日报，2015-10-15.

艺技能的提升，而忽略了学生德行的培养和文艺创作方向的引领，这使得学生在进行平时的文艺构想与创作时，多追求艺术形式上的标新立异和艺术风格上的特立独行，而忽视了内容本身所应当承载的精神内涵，作品的现实意义和深度大打折扣，流于艺术圈内部的孤芳自赏，难以引发人们的共鸣与欣赏。为此，在“原理”课上渗透习近平新时代文艺思想，可以有效将艺术教育与思想政治教育有机结合，深化学生对文艺教化功能的理解与认同，从而在此基础上引导学生树立科学的文艺观，为其文艺创作提供方向性指导。需要注意的是，对思想内核的强调并不意味着对文艺作品审美价值和包装形式的弱化，而是要“将传统优秀文艺与时代条件和时代精神相结合，有效地进行创造性发展和创造性转化，使之符合现代人的审美心理”①，力求创造出思想性与审美性并重的优秀文艺作品。

三、习近平新时代文艺思想融入艺术院校“原理”课的路径设计

在艺术院校“原理”课上渗透习近平新时代文艺思想，既能充实教学内容，也能针对性地引发艺术院校学生的思考。然而，这种渗透不是生硬地照搬理论学说，而要通过精心设计，探索行之有效的相融路径。

1. 构建条理清晰的理论体系，奠定学生的认知基础

如前所述，习近平新时代文艺思想与“原理”课的诸多内容存在内在一致性，可以说，前者是对后者的理论解读与实践构想。因此，要将习近平新时代文艺思想有效融入艺术院校“原理”课，应首先构建条理清晰的理论体系，使学生在认知上对二者的紧密关联有一个初步的把握。具体而言，一方面，有效提炼习近平新时代文艺思想中与“原理”课知识点密切相关的核心内容。这一环节有赖于教师的精心备课，要求教师在阅读与参考有关习近平文艺思想书籍资料的过程中，及时记录与整理与“原理”课知识点相关的内容，包括习总书记的原话、学者的理论阐释、文艺工作者的经验体会等；此外，在时间允许的情况下，或者在后续的教学研究过程中，能系统地阅读文艺学理论和马克思主义经典作家的文艺理论学说，以提升自己的文艺理论功底，使得在今后授课过程中不至于流于肤浅的说教，而能多一些深刻的解读。另一方面，依据课程的重点难点设置，有层次地带入习近平新时代文艺思想的相关内容。任何一门课程都有教学的重点与难点，重点是与一般的知识点相区别的，而难点则是学生在学习过程中容易出现疑惑或不解的地方，因此在带入习近平新时代文艺思想时，要依据课程的重难点，体现出带入内容的层次感。如联系的观点是唯物辩证法的重要观点，是“原理”课的重要知识点，因而在讲解过程中，

---

① 陈娜，骆郁廷．以文化人：习近平文艺思想的核心[J]．思想教育研究，2017(8)：43.

要沿着历史的脉络详细阐述习近平新时代文艺思想与马克思、恩格斯、列宁、毛泽东、邓小平等人文艺思想的渊源，理清楚这一连串纵向的联系，同时，也要援引习近平新时代文艺思想的相关精彩论述，向学生展示文艺创作本身与现实生活、人民群众需求以及外国文艺作品等其他事物所产生的横向联系，最后通过总结升华，令学生意识到在生活中要从横向与纵向两个方面去分析事物的联系，不能孤立地看待问题。可以说，这样一个层次分明、由浅入深的过程，便于学生循序渐进地掌握理论知识，提高其对习近平新时代文艺思想的认知水平。

2. 共享经典的文艺作品，引发学生的情感共鸣与价值认同

一定的理论知识可以奠定学生关于习近平新时代文艺思想的认知与逻辑基础，但仅掌握理论知识未必能产生情感上和思想上的认同。因此，要以引发学生的情感共鸣乃至价值认同为旨归，令他们做到信服并遵循习近平新时代文艺思想。由于空谈文艺思想枯燥无味，因而借助具体的文艺作品来剖析或验证文艺思想更容易吸引学生的关注。当然，这里所说的文艺作品应当是集“思想性、艺术性、观赏性有机统一的优秀作品”①，是能够温润心灵、启迪心智、触及灵魂的经典作品，是能够传递主流价值观念和优秀文化传统、担当思想政治教育载体的精选作品。为此，一方面，艺术院校思政课教师应当具有较好的文艺作品甄选能力，能够从浩如烟海的文艺作品中选取适合在课堂上分享的、能够引发学生共鸣的优秀文艺作品。由于不少艺术院校实际上是综合性艺术院校，囊括美术、音乐、舞蹈等多个艺术门类，因而挑选的文艺作品既要有文字类的作品，如小说、诗歌、话剧文本等，也要有声音类的作品，如歌曲、歌剧等，同时也要囊括画作、舞蹈表演等生动可观的具象作品，用多样的形式来满足不同艺术专业学生的需求。思政课教师应当探讨这些文艺作品与习近平新时代文艺思想的联系，如这些作品优秀在哪里，如何体现习近平的“优秀作品标准论”的；这些作品是如何联系人民，从什么角度描摹人民生活中的现实问题的，等等。另一方面，艺术院校思政课教师应尝试多样化的教学方法，有效呈现文艺作品中的思想内涵，以触动学生的情感，强化其价值认同。由于“原理”课以理论教学为主，在课堂上共享共赏优秀文艺作品只是一个辅助手段，而不是课程的全部，否则会混淆课程的性质，与其他专业基础课重复，因而要注重有效教学方法的运用，使文艺作品赏析作为附属于“原理”专题的插曲和手段而存在，不能喧宾夺主。例如，在学习“质量互变规律”这一专题内容时，可以将文艺作品以典型案例的形式出现，灵活运用案例教学法。由于目前“原理”课教学鲜有选用艺术作品方面的案例，因而这一教学方法的运用实际上考验的是教育者对文艺

① 习近平. 在文艺工作座谈会上的讲话[N]. 人民日报，2015-10-15.

作品的解读与案例的编写能力。只有编写出将文艺作品与习近平文艺思想有机融合，既有故事性又能打动人心、发人深省的优秀案例，才有可能在课堂上大放异彩，触动学生的心灵。在学习“矛盾的普遍性与特殊性”时，可以采用直观教学法，给学生展示体现共性主题的画作，通过学生的直观感受，来体会文艺创作的异曲同工。

3. 创新固化的实践教学模式，指导学生的创作活动

实践教学作为高校思想政治理论课的重要环节之一，自《中共中央宣传部教育部关于进一步加强和改进高等学校思想政治理论课的意见实施方案》实施以来就备受学界重视。然而，作为一种“以思想政治理论为指导来处理人和自然、人和人（社会）的关系的实践活动”[①]，由于其形式内容皆不固定，难见考察的量化标准，因而在实施过程中随意性较强、规范性较弱。再者，有些学校为图省事，或照搬照抄他校实践教学经验，或实践教学形式多年未有丝毫变动，最终沦为一种流于形式的常规教学任务。事实上，实践教学是将理论与实际紧密结合的重要环节，是将所学理论真正运用于实践的演练，对于学生深刻把握理论内涵、体悟思想理论的先进性与实践性具有重要意义。“马克思主义基本原理概论”课作为思想政治理论课系列中理论性最强的一门，常常受到学生的排斥，甚至不少学生质疑学习马克思主义理论的价值，这一现象在艺术院校更是严重，因而，这门课实践教学的成功能够帮助学生重新审视理论的伟大和马克思主义的现实指导意义。为此，可以结合艺术院校自身的特色，将习近平新时代文艺思想作为实践教学的重要主题，创新固化的陈旧的实践教学模式，以指导学生的文艺创作活动，真正实现文艺思想与文艺创作实践的有机结合。具体来说，就是在给学生布置社会实践任务时，不再囿于一般的社会调查、读书报告等形式，而是发挥学生的特长，改为他们最为熟悉的文艺创作的形式，让学生用自身独具个性的文艺作品作为社会实践的最终成果。当然，这个作品是有要求的，即在思想主题上要体现马克思主义基本原理的内容，并以习近平对优秀文艺作品的衡量标准为创作追求；文艺样式则不受限，学生可以结合自己的专业优势和特色，绘制哲理漫画、编排剧本、拍摄纪录片、谱写主旋律歌曲等。可以说，上述实践教学模式既体现了艺术院校的特色，也将学生专业所学与习近平文艺思想紧密相连，既方便学生操作，也能进一步提升学生文艺作品的思想性。

---

① 刘英杰. 高校思想政治教育理论课实践教学理论研究综述与反思[J]. 思想理论教育导刊，2015(4): 86.

文化自信融入艺术院校思想政治理论课教学的途径*

张玉新**

摘　要：艺术院校思想政治理论课不仅肩负着学生思想价值的引领，也承担着强化大学生文化自信的重任。本文基于家庭教育、学校教育、社会风气、文化自觉等方面反思文化自信弱化的原因，挖掘文化自信融入思想政治理论课教学的必要性，探讨通过教学既能让学生感悟文化精髓又能增强教育效果的途径。完善思想政治理论课教学，教育者应探索新的方式方法，将文化自信融入教材、课堂教学、实践教学中，充分发挥艺术类大学生的优势，厚植艺术院校思想政治理论课教学过程的价值底气。

关键词：文化自信　艺术院校　思想政治理论课　教学　途径

习近平总书记《在文艺工作座谈会上的讲话》中指出："增强文化自觉和文化自信，是坚定道路自信、理论自信、制度自信的题中应有之义。"①在庆祝中国共产党成立九十五周年大会上的讲话中他又进一步指出："文化自信，是更基础、更广泛、更深厚的自信。"②在新时代，艺术院校思想政治理论课教学肩负着强化大学生文化自信的重任。积极、科学地引导艺术类大学生正确对待各种文化，拒绝人云亦云，拒绝"以洋为尊"，坚持正确的思想引领和价值观塑造，尊重历史、顺应中国特色、打造主流特色文化、坚定文化自信，是思想政治理论课教学义不容辞的责任和义务。

* **基金项目**：江苏省高校哲学社会科学基金资助项目"新媒体时代艺术类大学生思想政治教育教学研究"（项目编号：2016SJB710042），南京艺术学院2015年度校级课题"新媒体环境下艺术类大学生思想政治教育模式研究"（项目编号：XJ2015031）。

** **作者简介**：张玉新（1982—），女，河南兰考人，南京艺术学院马克思主义学院副教授。

① 在文艺工作座谈会上的讲话（2014年10月15日）[G].《十八大以来重要文献选编》（中），中央文献出版社，2016.

② 习近平.在庆祝中国共产党成立九十五周年大会上的讲话（2016年7月1日）[M].人民出版社，2016：13.

一、艺术类大学生文化自信弱化的反思

艺术类大学生作为大学生群体中的一部分，在实现中华民族伟大复兴的征程中扮演着重要角色。习近平总书记在文艺工作座谈会上的讲话中指出：追求真善美是文艺的永恒价值。[①]艺术类大学生在美的创造过程中能否形成坚定的文化自信，不仅影响到他们对中国特色社会主义道路的认同与坚守，还可能影响到未来中国的发展与繁荣。站在新时代的角度观察，艺术类大学生文化自信弱化是客观事实，值得思想政治教育工作者认真的反思。

1. 家庭教育的缺失。作为孩子的"第一任教师"，父母对于孩子的影响非常大，家庭教育在文化自信弱化的诸多影响因素中是最近距离的，也是最直接的。在如今的大教育背景下，一些父母对于子女的教育主要侧重于学业方面，过度关注成绩的高低，以是否能提高分数，是否能进名校为标准来选择教育孩子的方向，而关于继承和发扬传统优秀文化方面是有缺失的，这不利于艺术类大学生树立正确的文化自信。

2. 学校教育的偏离。日常思想政治教育政治理论性强，人文精神经常被忽视或无视，出现了以德育人和以文化人相分离的现象。这种分离现状弱化了思想政治教育效果，也不利于大学生的健康成长，容易使他们缺乏文化自信。

3. 社会风气的影响。新媒体时代，信息的爆炸式传播，使得现实生活中出现的一些"诚信缺失""不合常理"的乱象肆意传播，别有用心者故意扭曲、刻意丑化的宣传，让个别学生出现了信念动摇，甚至有学生接受了自由主义和历史虚无主义等社会思潮，这在一定程度上削弱或降低了他们对中国传统文化和先进文化的认同与信任。

4. 文化自觉的缺位。不可否认的是绝大部分艺术类大学生具有强烈的爱国心，但是他们的心理素质尚不成熟，抗压能力弱，对传统文化的精髓缺乏理解与坚守，个人主义观念浓厚，集体主义观念淡薄。从一定程度上讲，这些现象就意味着文化自觉的缺失，改变了艺术类大学生的价值取向，从而变相消解了他们对中国优秀传统文化和先进文化的自信。

二、文化自信融入思想政治理论课教学的必要性

实现文化强国的重要基础是文化自信。思想政治理论课是思想政治教育的重

① 在中国文联十大、中国作协九大开幕式上的讲话（2016年11月30日）[M].人民出版社，2016.

要组成部分，培养文化自信是其教学中的应有之意，将文化自信融入教学中具有重大的意义。

1. 有助于增强大学生的文化自信。目前，艺术类大学生中存在对我国传统优秀文化和先进文化缺少自豪感和自信心的现象，部分学生狂热地追捧西方文化、日韩文化。因此，思想政治理论课教学应把文化自信融入教育教学的全过程，让大学生深刻地体会我国优秀传统文化和先进文化的精髓，提升他们对于文化的认知，提高自身的文化修养。

2. 有助于大学生感悟文化的精髓。培养出优秀的艺术人才，不仅要有过硬的专业水准，更要有较高的人文素养。文化知识差的艺术类大学生很难有高水平的发展。将文化自信融入思想政治理论课教学，能够促使学生正确地认知在悠久的中华民族历史中孕育出的优秀传统文化，以及党和人民在新中国成立前后的斗争中所诞生的革命文化和先进文化。通过感悟文化的精髓，使得学生在众多的文化中，尤其是面对中西方文化时能拥有正确的态度，并作出正确的选择。

3. 有助于增强教育教学的效果。在形成正确的文化自信、正确认知传统文化和先进文化的基础上，艺术类大学生也能正确地认知专业课与思想政治理论课是不冲突的，它们是为大学生的发展保驾护航的。在面对西方敌对势力的恶意宣传以及不良文化的入侵下，大学生们能坚决抵制、维护国家文化安全，做坚定的拥护者。

三、文化自信融入思想政治理论课教学的途径

艺术院校思想政治理论课教学效果不尽如人意，是影响文化自信树立的原因之一。既要提高教学效果，又要提升文化自信，必须着眼于思想政治理论课教学的完善。教育者可从教材、日常教学、实践教学、思想引领中探索新的方式方法，厚植艺术院校思想政治理论课教学过程的价值底气。

（一）融入教材体系

教材是教学最基本的载体。目前，思想政治理论课共有五门课，其中四门课的教材由全国统一编写，均是马克思主义理论研究和建设工程重点教材，足以证明其在教育教学中的重要性。而文化自信融入思想政治理论课教学的最好路径是将我国优秀的传统文化和先进文化等内容融入教材体系中。习近平总书记《在文艺工作座谈会上的讲话》中强调：“文化是民族生存和发展的重要力量。”[①]因此，思想政

① 在文艺工作座谈会上的讲话（2014年10月15日）[G].《十八大以来重要文献选编》（中），中央文献出版社，2016.

治理论课所使用的教材应将文化纳入其中。“马克思主义基本原理”课程作为外来的思想要使其实现本土化，必须与中国实际相融合，真正的为人民所用。“毛泽东思想和中国特色社会主义理论体系概论”是马克思主义理论与中国实际相结合的理论产物，应把文化融入其中，形成具有中国特色的教材体系。“思想道德修养与法律基础”课程最贴合学生实际，依据现行2015年版教材来看，在第四章第二节“弘扬中华传统美德”中，有关于中华传统美德的基本精神、创造性转化和创新性发展等内容，文化可以结合相关内容融入其中。习近平总书记指出：“坚定文化自信，离不开对中华民族历史的认知和运用。”[①]“中国近现代史纲要”课程以历史事实为主，需要教师深入挖掘每一桩历史事件、每一个历史人物和社会热点背后的文化自信。“形势与政策”课程因为变化太快，教材没有统一，由各授课单位负责选用。在编写教材时，应多选用反映我国优秀传统文化和先进文化的内容，正确地引导学生。文化入教材后，关键在于使用中要最大程度地激活它，释放出文化的魅力，调动学生的情感，达到以情育情的教育教学效果。

（二）融入课堂教学

教师是思想政治理论课教学的主体，也是大学生文化自信的唤醒者。在具体的教学实践中，需要教师认真研究艺术类大学生的心理动态，遵循教育教学规律，充分运用新媒体技术，提升课堂教学效果。在教学中，教师应把握好学生的心理动态，走进他们的内心世界，了解他们喜欢什么、厌恶什么，注重引导和唤醒他们潜在的知识和智慧，“传授各种文化形态中的文化精神，科学设计教学内容，在其中引入丰富的传统文化资源以及人类文明的重要成果”[②]，以合情、合理、合法的方式将知识传授给学生。习近平总书记在十九大报告中指出：“文化是一个国家、一个民族的灵魂。”在繁荣发展社会主义文艺中，他又特别指出何为真正的文艺以及发展文艺必须遵循的规律。如以人民为中心的创新导向，以主流价值观引领文艺创作，培育一大批高水平创作人才。在教学中，教师应把文艺创作的规律与思想政治教育规律相结合，引导学生思考如何学好自己的专业，既能继承前人又能坚持创新。教师通过罗列一系列非常优秀的讴歌党、讴歌祖国、讴歌人民、讴歌英雄的经典歌曲，引导学生总结这些歌曲所共有的特点以及它们得以家喻户晓的原因，进而引导学生认识到专业知识的学习仅是学习的一部分，文化知识的学习在专业知识的学习中能起到重要的引领作用。凡是堪称经典的作品，必须是走心的、贴合实际

① 在中国文联十大、中国作协九大开幕式上的讲话（2016年11月30日）[M].人民出版社，2016.

② 王丽丽.当代大学生文化自信缺失的表现及教育对策[D].华中师范大学，2013：23.

的、受人民欢迎的、传播正能量的，才能经得起时间的考验，而这些所有的考验中最基本的是文化基础。同时，充分而广泛地运用新媒体技术能起到事半功倍的效果。思想政治理论课教学中，建议教师与学生建立教育教学管理平台，通过快速的传播手段，把优秀的传统文化推送到学生手中的终端上，让学生及时阅读和分享。以公众号“南航徐川”为例，该公众号得到众多学生的青睐，其内容主要包括“节日谈”“你来问”“听我说”三部分，能紧跟时代步伐，抓住时政热点，与学生互动效果好，坚持正确的方向引领，值得我们思想政治工作者学习和借鉴。

（三）融入实践教学

“文化感知的实践活动是高校思想政治教育从课本走向生活的关键途径”①，思想政治理论课实践教学能培养艺术类大学生的社会实践能力，把所学知识真正用于社会，反馈给社会，体现人生的价值。文化自信的培育主要表现为学生专业价值的体现。教育者可引导学生把课程社会实践主题与学生自身所学专业相结合，比如举办“中华经典美文诵读比赛”“阅读分享会”“书香校园行”“优秀经典故事我来排”“优秀经典人物我来演”“优秀经典思想我来唱”“优秀经典作品我来画”等系列主题活动，传播我国优秀传统文化。教育者可以组建教学团队，成员主要由学生组成，以“理论知识我来解读”活动为依托，成立视频制作小组，把看起来高大上、艰涩难懂的理论知识变得接地气、妙趣横生。视频制作好统一上交，由教学单位统一审核，选取优秀的作品发布到教育教学管理平台，借助新媒体手段进行分享传播。对于个别有争议的问题，教学单位可成立问题小组，安排经验丰富的教师轮流在网络上回答学生的即时提问，形成良好的互动氛围，在引起学生关注的同时，也能吸引更多的学生参与进来。同时，教学单位应设立对口教学实践基地，重点关注养老院、敬老院、残疾人康复中心、聋哑学校等社会机构，建立帮扶组织，定期组织学生开展活动。教育者可充分利用学生的专业优势，把排演好的优秀作品带过去展演，为特殊群体送温暖、献爱心，在传播我国优秀传统文化和先进文化的同时，也能进一步增强学生的文化自信。

（四）融入思想引领

思想政治理论课教学重在对艺术类大学生进行思想引领，因此，把文化自信融入其中也是应有之义。首先，引导艺术类大学生正确地辨析各种文化。要做到正确地辨析，必须首先了解和熟知。在课堂教学中，教师应把对美德的讲解贯穿于教学过程之中，引导他们多接触、多了解我国的优秀传统文化和先进文化，以丰厚的文化底蕴厚植专业课程的基底，把二者放在同样重要的地位，引起学生足够的重

① 刘媛君．文化自觉视域下的高校思想政治教育探析［D］．南京师范大学，2015：33.

视。同时，要注重拓展学生的视野，教育他们理性地、正确地认识西方文化，批判地借鉴和吸收。采用理论与实践相结合的方式，使优秀的文化成果真正地入脑入心。其次，引导艺术类大学生正确地了解我国文化发展现状。教师应向学生认真地分析我国文化发展现状，以多种方式向学生讲清楚何为中国道路、中国理论、中国梦等，展示我国文化的优势，展望其发展的美好前景，引导学生对我国优秀传统文化与先进文化产生高度认同。

总之，文化自信融入艺术院校思想政治理论课教学是提高思想政治教育效果的一个重要路径，需要从多个角度融入，引导学生在感受我国优秀传统文化和先进文化的同时，树立高度的文化自信。广大思想政治理论课教师也要以身作则，勇担重任，化身优秀传统文化和先进文化的传播者和践行者，把文化自信切切实实地融入教学中，提高思想政治理论课教学的效果。

参考文献

[1] 在文艺工作座谈会上的讲话（2014年10月15日）[G].《十八大以来重要文献选编》（中），中央文献出版社，2016.

[2] 习近平.在庆祝中国共产党成立九十五周年大会上的讲话（2016年7月1日）[M].人民出版社，2016：13.

[3] 在中国文联十大、中国作协九大开幕式上的讲话（2016年11月30日）[M].人民出版社，2016.

[4] 王丽丽.当代大学生文化自信缺失的表现及教育对策[D].武汉：华中师范大学，2013：23.

[5] 刘媛君.文化自觉视域下的高校思想政治教育探析[D].南京：南京师范大学，2015：33.

基于慕课的艺术院校英语教学改革探析

陈 亮*

摘 要：随着互联网等信息技术深入应用到教育领域，慕课、翻转课堂等新型教学理念、模式和方法随之兴起。如何把它们结合起来，发挥各自优势来改进大学英语教学就成为当下外语教学研究的热点。本文主要研究如何在艺术院校进行基于慕课的英语教学改革，即开发能满足艺术生学习需求的慕课，并通过传统的课堂面授教学来弥补慕课的不足，以此来提升艺术院校英语教学质量和效果。

关键词：慕课 大学英语教学 艺术生

一、引言

“互联网 +”已成为当代中国最热门的一个话题。互联网和移动智能终端等信息技术的进步不仅深刻影响了经济、政治、文化、社会生活等诸多领域，也给教育带来了新的机遇和挑战。微课、慕课、小微课、翻转课堂等新的教学理念、模式、方法、资源等兴起并应用到大学英语教学中就是“互联网 + 教育”的产物。这要求各院校要重视互联网等信息技术在外语教学中的应用。自2012年慕课（Massive Open Online Courses，简称MOOC，即大规模在线开放课程）在中国兴起以来，把慕课运用到大学英语教学中就成为外语学者研究的一个热点。至今，已有很多外语学者研究慕课，比如，崔校平、王兰忠（2015）研究了基于MOOC的大学英语网络教学系统探析；宋军、程炼（2015）探讨了MOOC平台下的大学英语PBL翻转教学模式研究；曾明星等（2015）、胡杰辉、伍忠杰（2014）、章木林、孙小军（2015）等开展了基于MOOC的翻转课堂教学模式研究；王娜、张敬源（2016）开展了基于“SPOC + 小课堂”的大学英语翻转课堂教学模设计研究；王守宏等（2015）探讨了“慕课”背景下以内容为依托的大学英语ESP教学模式研究；戴朝晖、陈坚林（2016）开展了基于慕课理念的大学英语翻转课堂影响因素研究。但是，在艺术院校开展基于慕课的

* **作者简介**：陈亮（1981—），男，南京艺术学院人文学院副教授。

英语教学改革研究鲜有涉及。本文主要探讨如何开发能满足艺术生学习需求的慕课,并把慕课与传统课堂面授、翻转课堂这种新型教学模式相结合来推动艺术院校英语教学改革,提升英语教学的效果。

二、采用基于 MOOC 的混合教学模式的原因

MOOC是基于互联网的一种新型教学模式,由教学视频、课堂提问、单元练习、单元测试等要素组成。MOOC是开放的、免费的在线教育资源,学员只要能上网注册就能学习一门课程,无论是在校学生还是已经就业的工作人员,包括教师在内都可以运用慕课平台来学习。这就打破了传统学校教育的时空限制、学员身份的限制,有利于学员自主选择学习的时间、地点和课程,进而便于实现个性化学习。此外,慕课平台拥有大量的国内外优质课程资源,学生可以学习本校可能无法提供的优秀课程,有助于实现教育的公平化。在具体实施过程中,“MOOC注重教学互动,学习者在‘慕课’平台上学习、分享学习体验、展示学习进程、实现师生互动、完成作业、参加考试,经历完整、系统的教学过程。所以慕课符合学习的一般规律”(王守宏,等)。然而,MOOC也有其不足之处:学员的学习持续性不强、课程完成率低、退学率高;虽有师生互动和生生互动,但师生缺乏面对面的交流沟通,无法有效监督学生的线上学习;不是所有慕课课程都适合学生去选择的。

针对慕课的不足,可以通过传统课堂面授的教学模式来弥补。开展基于MOOC的翻转课堂正是充分运用了MOOC与课堂面授的各自优势来进行混合教学的一种新型教学模式。所谓翻转课堂指的是颠倒了传统课堂教学的顺序和内容:学生课前通过观看MOOC视频学习单元知识并提出问题,课堂上与任课教师及同学交流互动,进行合作式学习并解决问题,课后师生进行批判性反思。“翻转课堂是使用信息技术异步知识传授,课堂开展以学生为中心的个性化教学活动,是整合在线学习和课堂教学,以期达到最优效果的教学形式”(戴朝晖,2015)。因此,实施基于MOOC的翻转课堂教学能够有效地调动学生学习英语的兴趣、积极性和主动性,有利于施行以学生为中心的教育理念,有助于改进大学英语教学的效果。

三、开发适合艺术生英语学习的 MOOC 课程

艺术院校的英语教学不该脱离艺术专业学生的现有英语水平、学习英语的需求及艺术专业特色,须做到因材施教,满足艺术生学习需求。现有的国内外著名高校名师创建的英语MOOC课程并非都适合艺术生学习。比如理工科高校开发的MOOC英语课程,内容偏向于科技类专业素材,对艺术生来说,一是难度偏大,二是课程内容无法吸引艺术生的兴趣。笔者认为,艺术院校英语MOOC课程应该以内

容为依托(CBI：Content－based Instruction)的教学理念来设计开发。CBI理念强调语言教学的内容要基于某个学科或者某种主题内容，把语言学习与学科知识学习结合起来，使语言学习与专业知识学习相互促进、相辅相成。南京艺术学院校本教材《艺术学院大学英语基础教程》(精读)正是基于CBI理念编写，现已经使用十年多了，且该套教材在教学中取得了良好的教学效果。笔者以为，艺术院校的MOOC课程也不妨以CBI为基础来开发设计，课程素材选择以艺术专业相关的学科知识为主，比如：美术、设计、音乐、舞蹈、影视、传媒、艺术管理、文物鉴赏与修复、文化遗产保护、文化产业管理等。这种MOOC课程能够把英语语言学习与艺术专业知识学习紧密结合起来，学生在提高英语语言技能的同时又能提升艺术专业知识，此外还能为艺术生将来在职场上运用英语从事工作打下初步基础，因此，基于CBI开发的英语MOOC课程有利于调动艺术生学习英语的积极性。

在具体制作校本英语MOOC课程时，本校英语教师可以组成一个团队，并与本校信息技术部门教师一起合作来建构。录制教学视频是开发MOOC的最重要一步，因为教学视频是否能够吸引学生是决定MOOC能否取得成功的关键。笔者认为可以从本校英语教师中挑选英语口语流利、语音语调清晰标准、授课充满激情、教学经验丰富、教学方法受学生欢迎的英语老师来录制授课视频。团队其他成员围绕授课大纲与授课单元内容开发设计各单元教学计划，制作课堂提问、单元练习、单元测试，完成在线互动及解答学生问题、批改作业等。艺术院校的英语慕课视频要以运用英语讲解艺术专业知识为主，但也要涉及英语语言知识。

四、开展基于MOOC的翻转课堂活动，改进艺术院校英语教学

艺术英语MOOC课程开发好后，还需把MOOC与传统的课堂面授教学模式结合起来才能发挥"1＋1大于2"的效果。针对部分学生学习英语的主动性和积极性不够强的问题，有必要在布置学生课前运用MOOC平台学习英语的同时，还需充分发挥课堂面授教学模式的作用，应用翻转课堂模式来进一步巩固MOOC平台学到的知识。在课堂上，教师应放弃以教师为中心的教学模式，而要根据单元内容和艺术生在MOOC平台上学习遇到的问题，运用探究式或讨论式等以学生为中心的教学方法。"教师应根据艺术生在线学习情况，针对难点或重点进行梳理强化，以口头报告、辩论等形式展示MOOC平台的学习成果；或组织学生开展相关问题的讨论"(章木林等，2015)，以此来弥补MOOC的不足。

五、结语

在"互联网＋"时代，把信息技术应用于教学领域已经成为一种趋势，国际顶

尖学府纷纷开设慕课，国内一流大学也推出本校优质的慕课课程。我国教育部也明确要求各高校要运用互联网等信息技术来推动高校教学改革，当前，很多高校已经在开展基于慕课的混合教学模式的英语教学改革。本文主要探讨了基于MOOC的艺术院校英语教学改革，指出艺术院校英语MOOC课程的开发要立足于艺术专业特色和艺术生现有英语水平，采用基于CBI理念来设计构建慕课。另外，还需把慕课与传统课堂面授的教学模式结合起来，发挥两种教学模式的优势，弥补各自的不足，从而推动艺术院校英语教学不断取得进展，提高艺术院校英语教学质量。

参考文献

[1] 崔校平，王兰忠，2015. 基于MOOC的大学英语网络教学系统探析[J].现代教育技术，2015(4).

[2] 戴朝晖，2015. MOOC热点研究问题探析——全国首届MOOC时代高等外语教学学术研讨会启示[J].外语电化教学，2015(1).

[3] 戴朝晖，陈坚林，2016. 基于慕课理念的大学英语翻转课堂影响因素研究[J]. 外语电化教学，2016(12).

[4] 胡杰辉，伍忠杰，2014. 基于MOOC的大学英语翻转课堂教学模式研究[J].外语电化教学，2014(11).

[5] 宋军，程炼，2015. MOOC平台下的大学英语PBL翻转教学模式研究[J]. 学习与实践，2015(5).

[6] 王丽丽，杨帆，2015. "互联网+"时代背景下大学英语教学改革与发展研究[J]. 黑龙江高教研究，2015(8).

[7] 王娜，张敬源，2015. 基于"SPOC + 小课堂"的大学英语翻转课堂教学模式设计研究[J]. 中国大学教学，2016(9).

[8] 王守宏，等，2015."慕课"背景下以内容为依托的大学英语ESP教学模式研究[J]. 中国电化教育，2015(4).

[9] 曾明星，周清平，等，2015. 基于MOOC的翻转课堂教学模式研究[J].中国电化教育，2015(4).

[10] 章木林，孙小军，2015. 基于慕课的翻转课堂教学模式研究 —— 以大学英语后续课程为例[J]. 现代教育技术，2015(8).

七、艺术院校教学管理与教学质量保障体系研究

综合性艺术院校专业建设的认识基础与路径探索

季　晨*

摘　要：通过对"专业""专业结构""专业设置""专业调整"等一系列概念词汇的分析和辨识，厘清高校专业建设工作思路，从优化专业结构、提高专业品质等方面探索综合性艺术院校专业发展的建设路径。

关键词：综合性艺术院校　专业建设　认识基础　路径探索

随着国家对高校专业设置自主权的逐步放开，综合性艺术院校的专业发展势头强劲，现行本科专业目录下艺术学本科专业大部分已设置与建设，各校正积极向相关学科专业领域拓展。高等学校的专业建设是人才培养的重要基础，对高等学校办学规模、质量提升有决定性的作用。目前，综合性艺术院校的专业建设已完成了增长专业数量、齐备专业种类的"外观性"任务，正面临着丰富专业内涵、提升专业品质的新课题。

一、认识基础

在专业建设中，经常遇到"专业""专业结构""专业设置""专业调整"等一系列用语，对这些概念词汇的分析和辨识，将有助于我们厘清工作思路，有计划、有重点地推进学校专业建设各项工作。

1. 专业

《辞海》① 中对"专业"有如下解释："高等学校或中等专业学校依据社会分工需要所分成的学业门类"，"各专业都有独立的教学计划，以体现本专业的培养目标和规格"；而《教育大辞典》② 对"专业"的表述是："高等学校或中等专业学校根据社会分工、经济和社会发展需要以及学科的发展和分类状况而划分的学业门类。

*　**作者简介**：季晨（1980—），女，南京艺术学院教务处副处长。

①　夏征农，主编.辞海[M].上海：上海辞书出版社，1999.

②　顾明远.教育大辞典（第3卷.第1版）[M].上海：上海教育出版社，1991.

高等学校和中等专业学校设置的各种专业，体现各自不同的培养目标和规格，制订各自不同的教学计划和课程体系”。

对于高等学校中的专业，潘懋元教授的界定是：专业是课程的一种组织形式，课程的不同组合形成不同的专业。[①]

由此可以从广义和狭义两个层面来界定“专业”。从广义上讲，专业即某种职业不同于其他职业的一些特定的劳动特点，主要是指一种特定的社会职业。狭义的专业即高等学校的专业，是根据学科分类和社会职业分工需要分门别类进行高深专门知识教与学活动的基本单位。[②]

可见，专业在高等教育体系和人才培养过程中有着突出重要的地位，它是高校组织的基本元素，是高等学校根据科学分类和社会职业分工提出的人才培养目标和规格而设定的人才培养范围。

2. 专业结构与专业设置

在高等教育领域，专业结构是指各类各层次专业间的组合方式。[③]它有三个层面：一是国家层面，指全国范围内设置本科专业的种类，以及专业数量和专业布点的组合情况；二是区域层面，指一定地区和省市范围内高校专业的数量和专业布点的组合情况；三是学校层面，即某所高校开设的专业总和及其内在构成。

专业结构的形成需要学校决策层做好“顶层设计”与总体规划，整个理想化专业结构的搭建过程必须由学校总体把控。一方面缺少整体调控的专业设置行为，往往缺乏必要的调研与论证，呈现出片断式、随意性特征，那么后续的新办专业建设质量也就无法预期；另一方面，再完美的规划都要服从于教育发展的实际，当外界因素发生变化影响到高校专业设置与专业结构调整时，只有依靠学校的整体力量才能更好地应对，通过资源的统筹调配，支持专业顺势调整与发展。

专业设置是指国家和高等学校对专业的划分和安排。[④]专业设置是人才培养方案的重要组成部分，是高等学校人才培养规划的具体执行。专业设置的“责任方”一般有两个：一是国家，即高校管理部门代表国家根据经济社会和科学技术发展的需要，进行专业划分，制定专业目录，并根据结构合理的原则对高等学校专业进行布局指导。二是学校，即高校拥有设置专业的自主权，可根据自己的需要和条件安排自己的专业。

---

① 潘懋元，王伟廉. 高等教育学[M]. 福州：福建教育出版社，1995.

② 薛天祥. 高等教育学[M]. 桂林：广西师范大学出版社，2001.

③ 张忠华. 高等教育专题新论[M]. 北京：光明日报出版社，2013.

④ 张忠华. 高等教育专题新论[M]. 北京：光明日报出版社，2013.

从实际操作来看，高校专业设置的完整程序是依照教育部《普通高等学校本科专业设置管理规定》和本地区教育主管部门制定的实施细则，完成相应的专业备案或审批程序，接受教育部专业教学指导委员会的审核与评议，待教育部公布正式结果后方可正式开办或停办相应本科专业。

高等学校的专业设置应以学校的专业结构为前提，现有的专业结构是专业设置的基础，规划目标中的专业结构蓝图为当下专业设置工作的方向指引，而专业结构的优化就是由专业设置来实现的，可以说两者紧密相连、互为依存。

3. 专业调整与专业建设

专业调整，仅从高校的角度来看，是指依据学校内外部环境和专业自身发展需要所进行的有关专业的增减、合并、转向、调适等活动。对专业的调整应遵循合理布局、服务行业、可持续发展的原则，从自身条件出发适度发展，以人才培养质量为核心不断改革教学内容和课程体系，努力提高办学效益。在全面考虑社会需求、产业结构、高等教育发展趋势等各方面因素的基础上，处理好社会需求与办学实际、发展规模与学科组成、专业规划与课程设置等的关系。就专业调整的内容而言，专业设置权的运用、专业管理机制的改革、课程体系的综合化建设等等，都是值得关注的。

应该说各级教育主管部门与高等院校都有专业建设的任务，但各方的着眼角度、考虑范围明显不同，作为办学主体与质量主体，高校承担着专业建设的核心工作，概括起来就是优化专业结构、提升专业品质。专业结构的优化具体通过新增专业、撤销专业等专业设置行为来完成，专业品质的提升主要是各专业要素的质量提升。基于上述分析，个人认为对高校而言，专业建设的范畴大于专业调整，专业调整往往特指专业结构优化，而专业教学质量建设与内涵提升则是学校专业建设工作另一方面的重要任务。

二、路径探索

在我国独立设置的31所高等艺术院校中，有7所为综合性艺术院校，他们分别是南京艺术学院、山东艺术学院、广西艺术学院、吉林艺术学院、云南艺术学院、新疆艺术学院以及解放军艺术学院（排名不分先后）。相对于其他艺术院校，这些综合性艺术院校在建校之初就同时开设了美术、音乐、舞蹈等多种类的艺术类本科专业，在专业建设与发展上也呈现出多头并进、专业交融的特点。作为地方性高等院校，各综合性艺术院校为地方经济发展与文化艺术建设培养了一批批高素质的专业艺术人才。

综合性艺术院校虽然被普遍承认具有一定的特殊性，但其本质仍是高等院校，必须遵循高等教育的基本规律和高校办学的基本原则。就其特殊性而言，笔者认为主要是两个方面：一是综合性，艺术院校的主干学科往往明确且单一，围绕艺术学学科的专业拓展以融合文学、教育学、管理学等学科为主，新增专业的内容既包括了补充艺术学专业目录中的专业，也包含了增设跨学科、目录外的新兴专业，而从数量上看后者的建设比重越来越大；二是分类建设，主要体现在传统专业与新兴专业、优势专业与新办专业在专业内涵建设的措施上有所不同：传统、优势专业的改革力度较小，主要是教师个体教学行为的改善以及课程教学内容的部分调整，而新兴、新办专业的课程结构、教学模式等调整明显更加频繁。

这里我们探讨的是专业建设的路径，那么新增和撤销专业可以说是优化专业结构最直接的方法，以质量建设为抓手的建设方式则是促进专业内涵提升的关键所在。

（一）优化专业结构

1. 新增专业

提到专业发展往往会以专业增设为前提，数量上的增加是最直观的“发展”。在教育部高教司颁布的《普通高等学校本科专业管理规定（2012）》中，对高校新增专业的管理有着一整套完整、严谨的审核流程。

从学校内部开始，由拟新增专业所在学院向学校教务处提出书面申请，根据拟新增本科专业是否已纳入教育部公布的《普通高等学校本科专业目录（2012）》，分备案专业与审批专业两种情况提交相应的《普通高等学校本科专业设置申请表》；经教务处初步审核后，组织校内外专家学者召开教学委员会或专业建设指导委员会的专题会议，听取专业负责人关于专业增设的可行性论证报告，集体审议增设专业的建设意义与筹建情况；通过专家会议审核的增设意向，可由教育部通过“普通高等学校本科专业设置与服务平台”上报。

由“1998版专业目录”过渡到“2012版专业目录”，综合性艺术院校专业建设迎来了前所未有的发展机遇。自2012年教育部公布新版普通高等学校本科专业目录后，艺术学由文学学科中独立出来成为高等教育体系中第十三个学科门类，下设5个专业类、33个本科专业。此时艺术院校的专业结构发生了明显的变化，除了专业数量的显著增加，更重要的是确立了以艺术学学科为核心、多个学科交叉融合的学科体系。综合性艺术院校更是基于艺术学专业设置齐全的优势，凸显出艺术学学科主动发力、跨学科拓展方向明确的专业建设趋势。

2. 撤销专业

鉴于我国高等教育由弱到强、由特殊到普及的发展过程，自新中国成立以来的70年中，大部分的时间里高校都是在努力新增专业，专业数量整体呈不断上升趋势。以南京艺术学院等7所综合性艺术院校为例，仅1999—2012年期间，各校依照"1998版专业目录"相继增设本科专业70个，专业总量达134个，换句话说，一半以上的专业是高校扩招以来新设立的。

进入高等教育大众化之后，许多高校自觉不自觉地开始反思增设专业的节奏与效益，正如扩招给高校带来的压力与考验，迅速增长的本科专业同样面临着数量与质量、外延与内涵的辩证关系。近几年来，在教育部公布的年度专业增设与撤销审核结果中，"撤销专业"的名单越来越长，2013—2017年的五年间共撤销本科专业604个布点，涉及全国31个省市自治区及中央部委，撤销专业的数量由2013年的25个增长到2017年的241个，增幅达近十倍。[①]可以说，高等院校正以一种战略眼光重新审视高校专业发展的现实状况，从大局出发、从质量建设出发，客观理性地调整专业结构、撤销个别不符合学校专业建设实际的专业，这不失为理性之举。

（二）提升专业品质

1. 构建符合学校实际的人才培养模式

"人才培养模式"是指在一定的现代教育理论、教育思想指导下，按照特定的培养目标和人才规格，以相对稳定的教学内容和课程体系、管理制度和评估方式，实施人才教育的过程的总和。对于"人才培养模式"这个概念我国很多学者都对其下过定义。1998年在教育部召开的第一次全国普通高校教学工作会议上，时任教育部副部长的周远清同志曾对这一概念作出过阐述，他认为所谓的人才培养模式，实际上就是人才的培养目标和培养规格以及实现这些培养目标的方法或手段。

高校的人才培养工作是以专业为单位进行的，人才的培养目标与规格也可以理解为相应本科专业的目标与规格。教育部对普通高校本科专业的教学工作有宏观的规定与要求，教育部高教司主编的《普通高等学校本科专业目录和专业介绍》（高等教育出版社，2012年）中，对目录中收录的352种基本专业都做了介绍，包含了培养目标、培养要求、主干学科、核心知识领域、核心课程、主要实践性教学环节、主要专业实验、修业年限、授予学位等信息。可以说这是国家对高校专业教学的基本要求和规范内容，是"规定动作"。落实到具体的高校专业教学过程中，如何将"规定动作"完成，实现专业的培养目标，达到质量建设的标准，就需要一整套制度与操作流程。这种体现着某种人才培养的思想或理论、规定着人才培养活动的程序与框架、包含有相对稳定的教学内容和课程体系、具有规范性与操作性的方式方法的总和，就是人才培养模式。可见，人才培养模式是专业教学在不同高校具体化、

---

① 教育部文件：教高〔2014〕1号，教高函〔2015〕2号，教高函〔2016〕2号，教高〔2017〕2号，教高函〔2018〕4号。

应用化的过程，同一个专业在不同高校开办数年后应当能够总结出具有不同特色的人才培养模式。

以南京艺术学院为例，学校基于齐全的艺术学学科、专业资源，实施“分类分型”培养，确立了创新型、复合型、应用型三种人才培养目标，同时围绕学校的“综合性”优势，逐步构建起“三位一体”的人才培养模式。这一人才培养模式的确定，不仅为当下各专业、各学院的教学发展指明了方向，也稳定了专业建设长远规划的思路，专业间因为不同的目标定位最大限度避免了同质化倾向。人才培养目标与特色的明确，实际就是对专业建设方向与教学要求的明确，“人才培养模式”的外延应当是大于“专业”的，那么符合学校发展实际的人才培养模式构建实质就是为本科专业建设创建了友好的外部环境和科学的本质内涵，事半功倍、一举两得。

2. 落实专业准入机制

高等院校专业的准入往往涉及教学单位、学校、上级主管部门等多个方面，做好新增专业的申报审核是高校开展专业设置与建设的第一步，简而言之就是力求设立的专业确实需要办也确实能办好。“确实需要办”是对专业增设必要性的体现，教学单位在完成人才市场需求调研、现有教学资源分析等论证的基础上，向学校教学委员会提出增设申请，接受校内外专家的集体审议。在这项工作中，需要高校始终坚持实事求是的原则，不盲目冒进，不“因人设岗”，真正从学校发展规划和工作实际出发，贯彻执行“一个专业原则上只在一个学院开设”的要求，避免专业建设出现同质化和低水平重复。“确实能办好”则落实在新办专业建设上，高校应加强专业新增头四年的专项建设，制定建设规划与工作细则，做好“新生儿护理”，有针对性地扶持新办专业完善课程体系、优化专业教学、强化师资队伍，同时细化对新办专业的质量监测与评估，使工作重心尽快由专业筹建与申报进入规范管理与建设的环节。

从南艺近年来的建设情况看，将专业准入的范畴延长至新办专业的建设评估、以评估指标补充专业建设方案的做法，有效缩短了新增专业的“磨合期”，增强了新专业的发展动力。2016年学校首次参加省教育评估院的新办专业评估，公共艺术、工艺美术、中国画、书法学等4个新办专业全部一次性通过审核。

3. 加强专业内部要素建设

以专业内涵提升为主要内容的建设工作，是高校专业建设最为核心的内容，初建专业的满怀豪情与信誓旦旦必须融入到专业各内部要素的建设中去。

在课程、教材、教师、教学组织、专业实践等各类专业内部要素中，个人认为教师是关键。首先是要有专业带头人，二级学院在新增专业建设上最重要的是专业带头人的选择，要求这个人既要了解专业内涵、从学科的角度熟悉专业，也要对高等教育政策、高等教育规律等有一定的了解，可以带领教学团队在现有制度环境下充分调动教学资源，围绕专业建设目标开展各项教学工作。其次是师资队伍，所有的目标和方案都必须由教师在一线专业教学中一步步实现，师资队伍的整体水平在一定程度了决定了专业教学质量提升的高度。因此，需要充分肯定教师在教学建设与专业发展中的重要作用，尊重广大一线教师的教学成果，鼓励并帮助教师积极参与教学改革与研究工作，将教学成果与科研成果同等看待，在工作量计算、岗位津贴发放、评优评奖、职务评聘等方面，制定明确、可操作的鼓励政策，全面调动教师投入教学改革与专业建设的积极性和创造性。

此外，课程建设也是专业内部要素建设中值得关注的一个方面。专业是课程的一种组织形式，但不是课程的简单组合。在形成专业的过程中，课程需要根据专业的定位和培养规格适当调整，从课程核心内容、主要教学方式以及考核方式等方面配合、适应专业的教学要求。换句话说，专业的生长起点应该是课程和课程群，这个课程组织形式是否有意义、课程结合是否科学、课程结构是否合理，将直接反映出专业发展的价值。

参考文献

[1] 潘懋元，王伟廉．高等教育学[M]．福州：福建教育出版社，2013.

[2] 张忠华．高等教育专题新论[M]．北京：光明日报出版社，2013.

[3] 季晨．综合性高等艺术院校本科专业设置与调整的调查研究[D]．南京师范大学，2012.

[4] 周丽霞．当代我国大学专业设置存在的问题及改革策略[J]．科教文汇（上旬刊），2010(9).

[5] 汪明义，刘立新，蒋建华．论艺术院校专业设置的原则[J]．艺术教育，2008(12).

核心素养导向的艺术院校本科课程体系构建研究与实践

——以南京艺术学院为例

魏晓亮*

摘　要：本文以南京艺术学院本科课程体系构建为对象，阐述了该校以核心素养为导向，在本科课程体系构建的研究与实践上作出的探索。主要体现在：坚持内涵式发展，发挥“综合性”的办学特色和优势，以核心素养导向的学业质量标准为主轴，以艺术教育特色的学科核心素养为纽带，合理调整和优化课程体系，完整构建了由三大模块及九类课程组成的课程体系，着力培养复合型、创新型和应用型的高层次艺术人才。

关键词：课程体系　艺术院校　核心素养

一、引言

本科课程体系是由多种不同的本科课程，根据特定本科专业的培养目标与发展逻辑而系统组织起来的有机整体，是高等院校实现人才培养目标的基本载体和全部高等教育活动的基础，从根本上决定着人才培养的质量与水平，应该成为高等院校深化人才培养模式改革、实现教育现代化的关键着力点。

2014年3月，《教育部关于全面深化课程改革 落实立德树人根本任务的意见》将“核心素养”作为首个要“着力推进关键领域和主要环节改革”。2016年9月，《中国学生发展核心素养》总体框架正式发布，引起社会的高度关注。2018年1月，教育部正式发布了《普通高中课程方案和语文等学科课程标准（2017年版）》，最大的变化和特色就是研制提出了四大学科核心素养，核心素养正式走进高中教育的课程体系。而基于教育的连续性这一教育基本原则，大学教育与高中教育的适当衔接是教育界的一项美好愿景，《国家中长期教育改革和发展规划纲要（2010—2020年）》也在“体制改革”部分明确要求：“树立系统培养观念，推进小学、中学、大学有

* **作者简介**：魏晓亮（1981—），男，南京艺术学院教学质量监测与评估中心副主任。

机衔接。"因此，我们有理由相信，对于核心素养在课程体系建设上的导向作用，大学教育与高中教育应保持大方向上的一致性。

南京艺术学院作为一所艺术学科门类齐全的百年老校，在一百多年的办学历程中逐渐形成了"综合性"的本科教育办学特色。近年来，学校坚持内涵式发展，发挥"综合性"的办学特色和优势，以核心素养导向的学业质量标准为主轴，以艺术教育特色的学科核心素养为纽带，合理调整和优化课程比例，完整构建了由三大模块及九类课程组成的课程体系，在复合型、创新型和应用型艺术人才的培养中发挥了重要作用，育人成果日渐凸显。

二、主轴：核心素养导向的学业质量标准

核心素养是以人的全面发展角度及终身学习视角提出来的，全面体现了已经在全世界达成广泛共识的"学生中心、产出导向"的教育理念。《教育部关于全面深化课程改革　落实立德树人根本任务的意见》中将"核心素养"的内涵明确界定为："学生应具备的适应终身发展和社会发展需要的必备品格和关键能力"，并进一步指出：应"突出强调个人修养、社会关爱、家国情怀，更加注重自主发展、合作参与、创新实践"。而"学业质量标准"则是根据核心素养体系确定的学生在完成学段和学科学习内容后应该达到的程度要求和学业成就表现。

作为江苏省唯一的综合性高等艺术院校，南京艺术学院在贯彻执行党的教育方针和文艺方针、遵循高等艺术教育规律和立德树人根本任务的基础上，以"基础知识宽、专业水平高、创新能力强、综合素质优"为人才培养目标，从知识、能力和素质三个方面对学生的学业质量作了拓展。学校在人才培养方案中明确提出：经过本科阶段系统完整的课程学习，南京艺术学院学生应获得"两种知识、三种能力和两种素质"（详见表1），全面体现了学生的学科专业知识和核心素养要求。以核心素养为导向的"2+3+2"的学业质量标准成为贯穿学校人才培养方案和课程体系的主轴，也使核心素养顺利通过学业质量标准进入课程体系和教学过程，促进了学生知识、能力、素质的互动和融合。

表1　南京艺术学院"2+3+2"的学业质量标准

学业质量		标准
知识	基本知识	具有广泛的人文科学基础知识，基本掌握一门外语，掌握基本的计算机及信息技术知识
	专业知识	具有扎实的本学科专业的基本理论和知识，掌握本学科专业创作、理论、技术等的专业知识，了解本学科专业的前沿发展现状和趋势

续上表

学业质量		标准
能力	认知能力	掌握本学科和专业调研的基本方法，具有对于本学科和专业对象进行认知和调研的能力
	分析能力	掌握本学科和专业分析的基本方法，具有对于本学科和专业问题进行分析和研究的能力
	创作能力	具有综合运用专业知识进行艺术创作的能力，具有运用多种艺术语言表达艺术创作的能力
素质	基本素质	具有强烈的社会责任感，良好的身体素质和心理素质，较好的人文社科知识和艺术修养
	专业素质	了解本学科和专业的应用前景和行业需求，熟悉相关的方针政策、法律法规和技术标准，具有一定的团队合作精神和协调管理能力

三、纽带：艺术教育特色的学科核心素养

学科核心素养是特定学科对核心素养的独特贡献，也是该学科育人价值和精神特质的集中体现，是学生在进行了该学科的学习内容后形成的具有明显学科特色的学业成就、必备品格和关键能力。本文前部分提及的学业质量标准从学生可持续性发展的要求出发，是以纵向的角度定位整个大学阶段学生应具备的知识、能力、素质。而学科核心素养则从学生全面发展的要求出发，依托特定学科的本质、功能和价值，是以横向的角度来界定该学科对学生独特的意义和作用。

南京艺术学院目前拥有39个本科专业，其中33个属于艺术学科门类，其他属于工学、文学、教育学、文学学科门类的6个专业，也与艺术学科有着密切的交叉关系。因此，学校参考《义务教育课程标准》和《普通高中课程标准》中关于核心素养的相关成果，研究提出了艺术学科核心素养，主要包括3个方面：艺术感知与审美情趣、艺术表现与创意表达、艺术理解与文化认同（详见表2），并进一步指出3个方面的核心素养之间不是递进关系，而是不同维度的体现，具有紧密的内在联系。3个方面的艺术学科核心素养成为凝聚学校人才培养方案和课程体系的纽带，全方位体现了综合性艺术院校在人才培养方面的优势和特色，使“课程体系更加合理，改变了以往仅从专业的角度而不是从学科的高度来思考和建立课程体系的状

况”[①]。

表 2　南京艺术学院 3 个方面的学科核心素养

学科核心素养	主要内涵和要求（简略表述）
艺术感知与审美情趣	能够感受艺术魅力，形成审美兴趣与爱好；具有人文情怀和健康的审美价值观；能够形成艺术通感，感受艺术形象，引发情感共鸣；自觉抵制低俗、庸俗、媚俗的现象，提高审美鉴别力
艺术表现与创意表达	能够在特定的艺术表现情境中激发想象力、发挥创造力；能够结合艺术语言形成创新意识，运用创造性思维创作有创意的艺术作品，用于表达自己的意图、思想和情感
艺术理解与文化认同	能够理解艺术精神，认识中华优秀传统艺术的文化内涵及独特艺术魅力，在弘扬中华文化艺术优秀传统的基础上以平等的文化价值观理解世界艺术的多样性

四、优化：课程比例的合理调整

本科课程根据其在专业人才培养中所发挥的作用、表现的形式、开展的方式、修读的要求等可以分成不同层次的课程类别。依据人才培养目标，科学处理不同类别课程在整个课程体系中的比例，是课程体系构建过程中要重点处理的关键环节。根据学业质量标准和学科核心素养的正确导向，南京艺术学院在课程体系构建过程中注重协调和调整了公共通识课程与学科专业课程、理论课程与实践课程、核心课程与一般课程、必修课程与选修课程、显性课程和隐性课程之间的关系和比例，进一步促进了核心素养在课程体系中的落地和实现。

1. 公共通识课程与学科专业课程的有机结合

公共通识教育与学科专业教育都是大学教育的应有之义。“大学课程除了为一个人的特定职业做好彻底的准备外，如同我们看到的那样，它还暗含着第二层意思，即拓宽和加深学生的通识文化。”[②]在课程体系构建过程中，学校以人才培养目标和“2+3+2”的学业质量标准为依据，将公共通识课程分为公共基础课程和综合素质课程，规定需修满46学分、972学时；将学科专业课程分为学科基础课程、专业基础课程、专业课程及跨学科/专业课程四类，规定需修满96学分、1718学时。这种结合，既注重了专业技能的培养，也关注了人文素养与综合素质的培养，有效保

① 詹和平. 综合性：关于南京艺术学院本科教育办学特色的探讨[J]. 美术与设计，2016(6)：140-145.

② 赵卫平. 走向一流的历史轨迹[M]. 杭州：浙江大学出版社，2015：103.

证了"基础知识宽、专业水平高、创新能力强、综合素质优"的人才培养目标的实现。

2. 理论课程与实践课程的有机结合

教育实践证明，理论课程与实践课程都在人才培养中发挥着不可替代的作用，实践创新更是艺术学科核心素养的本质要求。在核心素养导向下，学校在课程体系中搭建了由公共课程实践、专业课程实践和社会与艺术实践三部分有机组成的实践教学体系，并专门设置了实践教学模块。保证四年制理论类专业实践教学不少于总学分的20%、实践类专业实践教学不少于总学分的25%，将理论课程与实践课程有机结合，既保证了学生理论知识的深化，又确保了学生创新能力和实践技能的提高。

3. 核心课程与一般课程的有机结合

核心课程是落实学科核心素养的重要抓手和路径。学校在课程体系建设过程中，指导各专业根据学科专业特点进行重点建设10门左右核心课程，形成了符合艺术院校特征和各专业特色的，包括学科基础核心课程、专业基础核心课程和专业核心课程在内的专业核心课程体系。同时，鼓励大力发展包括精品课程、精品视频公开课、精品资源共享课、双语课程、微课、国际联合课程、教科融合课程、校企合作课程、产学研结合课程等能够体现学科优势和专业特色的主要课程，突出了人才培养的重点领域和优势特色。

4. 必修课程与选修课程的有机结合

调整优化必修课程与选修课程之间的比例关系，既能保障学生达到专业人才培养所要求的基本规格，又能充分挖掘学生的潜能，培养出多种专业方向与特长的人才。在课程体系建设过程中，学校进一步将必修课程与选修课程有机结合，在保证必修课程的同时，将公共课程中的综合素质课程规定为任选课；指导各专业开设可供全校学生选修的专业任选课；全校一半以上的专业在专业课程中设置了供学生自由选择的方向课程群，赋予了学生广阔的选课空间，进一步促进了学生个性的全面和谐发展。

5. 显性课程和隐性课程的有机结合

大学教育是显性课程与隐性课程共同构成的。学生自入校起，便在学校有目的和有计划的指导下开始了显性课程的学习，同时也不知不觉地受到学校隐性课程的熏陶与诱导。"学校的校园环境、规章制度、人际关系、评价方式、心理氛围、教师的做事方式、同伴的影响，以及学校的各种仪式、活动等都是潜移默化地影响着学生的隐性课程,能给学生带来重要的影响。"[①] 在课程体系构建过程中,学校对隐性课程进行了自觉的课程改造和资源整合,充分利用美术馆、展厅、音乐厅、剧场、学术报告厅、大学生创意街区等场所,将各种各样的展览、演出和讲座纳入课程资源;专门设置社会与艺术实践课程,要求学生在课外至少参加两次社会实践项目和两次一般艺术实践项目,并出台专门政策鼓励学生进行创新艺术实践,创建了较好的育人环境与氛围,实现了隐性课程与显性课程、课内学习与课外活动的和谐联动,有效促进了学生综合素养的培养与提高。

五、成果:三大模块与九类课程

综上所述,南京艺术学院在发挥"综合性"办学特色和优势的基础上,以核心素养导向的学业质量标准为主轴,以艺术教育特色的学科核心素养为纽带,合理调整和优化了公共通识课程与学科专业课程、理论课程与实践课程、核心课程与一般课程、必修课程与选修课程、显性课程和隐性课程之间的关系和比例,完整构建了由三大模块及九类课程组成的课程体系(详见图1)。

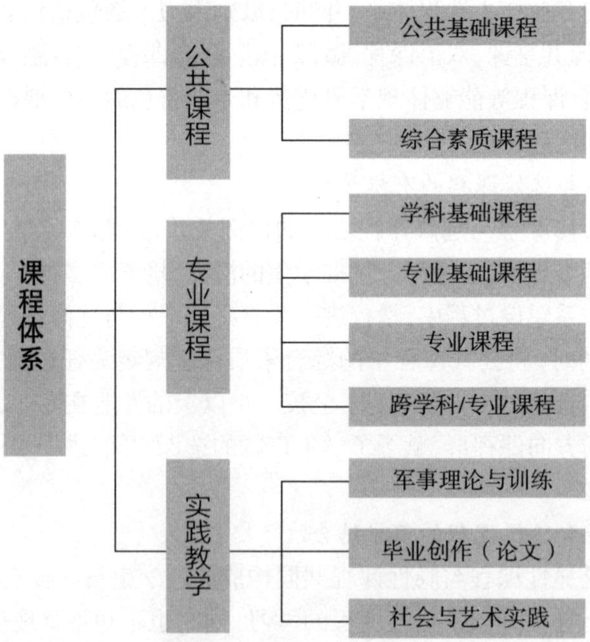

图1　南京艺术学院课程体系总体框架

① 万伟.课程的力量——学校课程规划、设计与实施[M].上海:华东师范大学出版社,2017:94.

从图1可以看出，学校公共课程模块中包含有公共基础课程和综合素质课程两类课程。其中，公共基础课程全部为必选课，开设有思想政治理论课、体育、外语、文学、艺术概论、信息技术、就业与创业指导、大学生心理健康等；综合素质课程全部为任选课，分为“语言与文化”“美学与艺术”“经济与社会”“科学与技术”等类别。

专业课程模块中包含有学科基础课程、专业基础课程、专业课程及跨学科/专业课程四类课程。其中，学科基础课程、专业基础课程、专业课程是形成本专业知识、技能体系的课程，面向本专业或本学院学生开设；跨学科/专业课程是为拓宽艺术视野，促进专业交叉渗透开设的课程，面向全校学生开设。

同时，除公共课程实践、专业课程实践外，学校另外设置实践教学模块，共有军事理论与训练、毕业创作（论文）及社会与艺术实践三类课程，课程性质均为必修。其中，社会与艺术实践指纳入专业教学计划而设置的课外社会实践与艺术实践。为区分各种艺术实践活动，将艺术实践分为一般艺术实践和创新艺术实践两类。

三大模块及九类课程组成的课程体系发挥了学校“综合性”的办学特色和优势，全面体现了核心素养的导向作用和价值，为学生的全面发展和知识、能力、素质的协调统一发展提供了有效保障，使学校人才培养目标更加满足社会经济发展对于多层次、多类型、多规格人才的需求，为培养复合型、创新型和应用型艺术人才打下了坚实的基础。

六、结　语

高等学校课程体系是高等教育的有机组成部分，因为它最集中地反映了高等教育改革的思想，是对高等教育改革思想的具体实施，所以也是高等教育改革最活跃的因子，更是历次高等教育改革的突破口和支撑点。华东师范大学课程与教学研究所所长崔允漷教授曾经这样说：“学校课程实施的根本价值……是以促进学生个体的学习与发展为宗旨。课程变革的最终目的是使每一个学生具备面向未来复杂的、充满不确定性的社会的关键能力和必备品格，学生的这些关键能力和必备品格的发展是衡量学校课程实施的终极价值取向。”[①]这与南京艺术学院以核心素养和学业质量标准作为导向来构建本科课程体系不谋而合。

当然，合理完整的课程体系是学校绘制的一幅人才培养的美好蓝图，高等教育要完成自己的使命和任务关键还要落实到课程实施的过程中。课程体系的科学有效性也必须在学校本科教学实践和课程实践中接受检验，不断完善，需要人才培养

① 崔允漷.学校课程实施过程质量评估[M].上海：华东师范大学出版社，2017：13.

的成效作为检验棒和试金石。从这个角度来讲，在课程体系构建之外，高等学校在教育教学改革和课程改革的道路上，还有很多迫切需要深刻思考和重点攻关的课题。比如：一是如何提升师资水平。无数的教育实践表明，教师的水平和素质是决定教育教学改革和课程改革的关键因素。教师的水平和素质达不到要求，蓝图再美妙，终究会流于形式。因此，多措并举加强师德与师能建设，引导广大教师潜心研究教学、认真教书育人，不断提升教学能力和水平是我们片刻也不能放下的使命。二是如何建立评价体系。有目标有评价是学校教育和专业的教育机构与家庭教育等其他教育最大的区别。因此，有课程体系必须要有配套的评价体系，应该同样以学业质量标准为主轴，以学科核心素养为纽带，综合运用形成性评价与终结性评价方式，构建核心素养导向的评价体系。只有将这种评价体系与课程体系和教学过程相互配套融合，才可以形成完整闭环和持续改进的教育教学全过程。

艺术院校本科教学基本状态数据的分析与应用

朱 天*

摘 要：“本科教学基本状态数据”的建立是新一轮评估工作思路和方式方法的重大改进，是建设我国高等教育质量保障体系的重要内容。在大数据时代背景下，高等学校在信息化的过程中会产生大量的数据，而通过把分析各项数据作为教学质量监控体系的新抓手，有助于开发新的分析角度，重构教学质量监控体系。也有助于将新时代的数据分析手段与加强教学管理相结合，实时、准确地发现教学过程中存在的问题，最终达到提高教学质量的目的。

关键词：本科教学基本状态数据　艺术院校　大数据

近年来，数据的重要性在各行各业、各个层面上越来越凸显，而“大数据”（Big Data）这个词也进入越来越多民众的视野之中。需要明确的是，“大数据”并不等同于“数据大”。“数据大”仅仅概括了大量的数据，而“大数据”则包含了更为深远的意义。与传统数据相比，大数据在容量、来源、真实性和复杂性等多个方面都具有强大的优势。“大数据”之“大”，并不仅仅在于其“容量之大”……其更为重要的意义在于：人类可以“分析和使用”的数据在大量增加，通过这些数据的交换、整合和分析，人类可以发现新的知识，创造新的价值，带来“大知识”“大科技”“大利润”和“大发展”。①值得注意的是，数据并不匮乏，匮乏的则是我们处理数据的能力。世界万维网之父蒂姆·伯纳斯—李曾经在2006年这样论述说：“数据是宝贵的，它的生命力，比收集它的软件系统还要持久。”②如何善用原始数据，在统计之外进行分类和归纳总结并发现症结，是我们亟待解决的主要问题。

高等院校也是如此。2016年，在全国高校思想政治工作会议上，习近平指出，教育强则国家强，高等教育发展水平是一个国家发展水平和发展潜力的重要标志，

---

* **作者简介：**朱天（1981—），女，南京艺术学院教务处副主任科员。

① 徐子沛．大数据［M］．桂林：广西师范大学出版社，2015：57.

② 徐子沛．大数据［M］．桂林：广西师范大学出版社，2015：43.

实现中华民族伟大复兴，教育的地位和作用不可忽视。作为将输送人才进入社会的一个重要节点，如何保障教育教学质量、提高人才培养水平，是高等院校亟待解决的核心问题。与综合类院校相比，艺术类院校有着显著的不同。从招生录取、授课方式乃至学习过程，艺术类院校都具备着自身的特殊性，而这种特殊性就建立在其实践性的基础之上。从参加专业考试，到录取之后课堂中进行小班授课，甚至于一对一授课，再到课后大量的技能技巧的练习，都与综合类院校统一划线、整班授课有着根本上的不同。由此，要做到在坚持自身人才培养特色的基础上保障教学质量，就必须与时俱进，探索出适应艺术类院校的教学质量保障体系。艺术院校教学质量保障措施在实施过程中应与综合类院校有所区别和侧重，建立状态数据库，并通过大数据分析来发掘问题和整合资源，完善内外部监控，并做到在艺术院校招考火爆的情况下，教学质量稳步提高，并使之形成一个良性循环。

2011年10月，教育部在《教育部关于普通高等学校本科教学评估工作的意见》（教高〔2011〕9号）中，就普通高等学校本科教学评估工作提出相关意见，在本科教学评估的主要内容和基本形式中，着重强调了教学基本状态数据常态监测的重要性。“意见”中这样提出：“高等学校要充分利用信息技术，采集反映教学状态的基本数据，建立高等学校本科教学基本状态数据库。高等学校对数据库数据要及时更新，及时分析本科教学状况，建立本科教学工作及其质量常态监控机制。”2014年11月，江苏省教育厅在《省教育厅关于开展普通高等学校本科教学工作审核评估的通知》（苏教高〔2014〕15号）中，也将“教学基本状态数据报告”纳入江苏省普通高等学校本科教学工作审核评估实施办法（试行）（附件1）中，由此可见国家对于数据在反映情况、突出问题、强化管理等层面上的作用非常重视。

不论是从国际或是国内范围来看，建立高等教育质量保障体系是大势所趋。国际上，尤其是欧美国家已经建立起比较成熟的高等教育质量保障体系。目前教育评估是世界许多国家保障高等教育质量的有效手段。我国的评估工作始于1994年，2003年教育部明确提出“五年一轮”的普通高等学校教学工作水平评估制度，2014年在全国范围内推出审核评估，教学基本状态数据常态检测作为中国特色高等教育教学评估制度体系的五项内容之一，在质量监控与保障方面无疑具有着非常重要的作用。充分利用信息技术，建立和完善高等学校基本状态数据，实现本科教学常态化监控，已经是势在必行。

大数据有四个特点：数据体量巨大（Volume）、数据类型繁多（Variety）、处理速度快（Velocity）、价值高（Value）。基于大数据基础上的本科教学状态数据库也充分继承了这四个特点。

一、数据体量巨大

教育部数据显示(2001—2016年数据见下图,图表来源:中国教育在线),2017届全国普通高校毕业生795万人,比2016年多出30万。自2001年开始,全国高校毕业生人数一路上升,到2017年共增加了681万人,增长率接近600%。2016年4月,教育部高等教育教学评估中心发布了中国高等教育系列质量报告,其中《中国高等教育质量报告》称,2015年,中国在校大学生规模达到3 700万人,位居世界第一;各类高校2 852所,位居世界第二;毛入学率40%,高于全球平均水平。预计到2019年,高等教育毛入学率将达到50%以上,中国将进入高等教育普及化阶段。在高校飞速发展的大背景下,艺术类院校也在同步发展着。其报名量每年都呈增加之势,加之综合类院校纷纷开设的艺术类专业方向,全国艺术类高校包括综合类院校的艺术类专业的招生人数也成比例增长。每年仅毕业生及在校生人数就已经是相当庞大的数据。更不用说在学生入学、教学管理、后勤保障、师资队伍等等各方面每时每刻产生的数据是多么的惊人。目前正值高校信息化建设时期,学生在网上注册、网上选课、在线缴费、食堂刷卡用餐、图书馆刷卡借书、各种奖项评定、各类论文发表等等各个方面产生的各项数据都将被记录下来,最终统计并汇总在基本状态数据库中,形成学校的数据基础。这是一笔无形的财富,只要善加利用,教师、学生以及学校本身都将获利于其中。

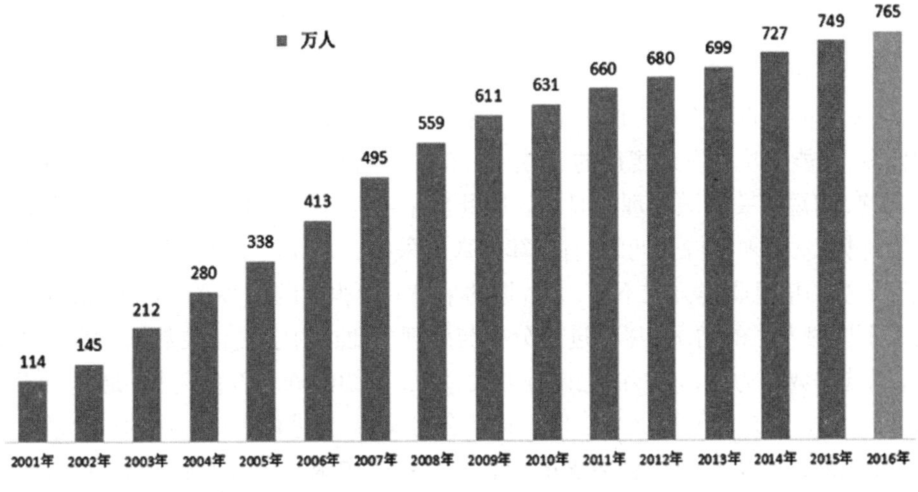

2001—2016 年全国高校毕业生人数

二、数据类型繁多

作为教学质量保障体系的重要组成部分，本科教学基本状态数据库（参见下表）包含了从各个方面收集、统计到的高等院校教学、生活、后勤等方方面面的数据。从数据库目录能够看出，其设计建立在为学校服务的基础上。基本状态数据从内容上分为学校基本信息、学校基本条件、学科专业、教师信息、人才培养、学生信息、教学管理与质量监控等7大类共78张表格，相当全面地涵盖了高校办学、教学的各个方面。与传统单一的数据采集不同，基本状态数据更加重视数据之间的关联性，因此在表格的设计方面一环扣一环，一个数据的误差，就有可能导致数张表格之间的断裂，从而无法导入数据库。因此也从根本上保证了数据的真实性、准确性和有效性。学校每时每刻都在产生着大量的数据，自1999年高等院校扩招以来，学生规模的高速增长带来了一系列的影响，学校纷纷扩建一个乃至数个校区，也出现了教师队伍增长跟不上学校发展规模的情况，这一切变化都能够从数据中找到缘由。尽管数据总结、体现的是过去发生的情况，但其指向性落点在未来，根据这些已产生的数据，重要的是我们能从中得出什么结论，分析并推导出将来的高等院校应当如何发展。正如在《大数据》一书中多次提到的：大数据时代，数据治国更关注的是动态的数据、系统化的数据，以不间断“流”的形式存在的、成片的、活的数据，它们应该成为公共决策的资源为政府和社会所广泛使用。①

三、处理速度快

数据的搜集与整理不是目的，而是手段。一年、两年的数据尚可以说具有断裂性、偶发性的特点，但一旦通过大量的、系统的、长期的数据积累，形成常态化的数据监测，便能够从中发现规律的、稳定的、有联系的发展趋势，从而对未来的发展形成预判，缩短相关问题处理的时间。因此如果要充分发挥本科教学基本状态数据库的优势，就必须坚持长期的、有规律的数据采集。在高校中，与问卷调查、开会座谈等传统的信息收集方式不同，大数据的采集一个很大的优势在于同步性，即能够记录下即时发生的情况，尽早进行分析与处理。通过对学生相关数据的掌握与了解，以选课数据为例，能够优化课程开设情况，节约师资与教室资源；通过对毕业数据的了解，高校能够更加直接地了解社会需求情况，进行有针对性的教育教学与实践，提高人才培养与社会需求的契合度。目前中国100%的高校都已接入了互联网，其中40%的互联网出口速率在千兆以上。另外，各类信息系统及数字资源

① 徐子沛. 大数据[M]. 桂林：广西师范大学出版社，2015.

本科教学基本状态数据库目录

1. 学校基本信息	4. 学科专业
表1-1学校概况(时点)	表4-1-1学科建设(时点)
表1-2校区地址(时点)	表4-1-2博士后流动站(时点)
表1-3学校相关行政单位(时点)	表4-1-3博士点、硕士点(时点)
表1-4学校教学科研单位(时点)	表4-1-4重点学科(时点)
表1-5实验室和科研基地(时点)	表4-2-1专业基本情况(时点)
表1-6办学指导思想(时点)	表4-2-2大类培养基本情况表(时点)
表1-7校友会与社会合作(时点)	表4-2-3优势专业情况(时点)
2. 学校基本条件	5. 人才培养
表2-1占地与建筑面积(时点)	表5-1-1开课情况(学年)
表2-2教学行政用房面积(时点)	表5-1-2专业教学实施情况表(学年)
表2-3教室(时点)	表5-1-3课堂教学质量评估统计表(学年)
表2-4运动场、学生活动中心(时点)	表5-2课程建设情况(时点)
表2-5-1图书馆(自然年)	表5-3-1人才培养模式创新实验项目(学年)
表2-5-2图书当年新增情况(自然年)	表5-3-2实验教学示范中心(时点)
表2-6-1本科实验、实习、实训场所(时点)	表5-3-3分专业(大类)实验情况(学年)
表2-6-2校外实习、实训基地(时点)	表5-3-4分专业毕业综合训练情况(学年)
表2-7校园网(时点)	表5-4课外活动、讲座(学年)
表2-8学生生活用房(时点)	6. 学生信息
表2-9固定资产(时点)	表6-1-1学生数量基本情况(时点)
表2-10-1教学经费概况(自然年)	表6-1-2普通本科分专业(大类)学生数(时点)
表2-10-2教育经费收支情况(自然年)	表6-1-3近一届本科生招生类别情况(时点)
表2-11素质教育基地、职业资质培训等情况(学年)	表6-1-4国外及港澳台学生情况(时点)
3. 教师信息	表6-1-5近一届本科生录取标准及人数(时点)
表3-1-1专任教师基本信息	表6-1-6各专业(大类)招生报到情况(时点)
表3-1-2外聘教师基本信息	表6-1-7本科生奖贷补(自然年)
表3-1-3其他师资信息	表6-1-8应届本科毕业生就业情况(时点)
表3-2校领导基本信息(时点)	表6-1-9应届本科毕业生分专业毕业就业情况(时点)
表3-3相关管理人员基本信息(时点)	表6-2-1本科生学习成果(学年)
表3-4-1高层次人才(时点)	表6-2-2本科生交流情况(学年)
表3-4-2高层次研究团队(时点)	表6-3学生社团(时点)
表3-5-1教师教学发展机构(学年)	7. 教学管理与质量监控
表3-5-2教师培训进修、交流情况(学年)	表7-1教学管理人员培训及成果(时点)
表3-6-1教师所获荣誉概况(时点)	表7-2本科教学信息化(时点)
表3-6-2教师科研项目数(自然年)	表7-3-1教育教学研究与改革项目(自然年)
表3-6-3教师最近一届科研成果奖数(时点)	表7-3-2教学成果奖(时点)
表3-6-4教师发表论文数(自然年)	表7-4教学质量管理与监控(时点)
表3-6-5教师出版著作(自然年)	附表:未填表格情况
表3-6-6教师获准专利数(自然年)	

的开发也已初具规模——高校信息化教学系统的覆盖率达到98%，信息化管理系统占95.3%，信息化科研系统占84.4%。[①]如此有利的条件使数据的即时分析成为可行。

四、价值高

本科教学基本状态数据正是将"大数据"理论付诸实践的重要手段和必要措施，不仅有利于高效的信息化管理，而且有利于凸显艺术院校的办学特色。艺术类院校的人才培养更加侧重技能技法的训练，强调社会实践，与综合类院校的学生相比，艺术类院校的学生更为活跃，各类社会活动更加丰富，如社会各级演出活动、展览、策划、设计等等，无不需要大量的实践课程作为后盾。而相关数据在基本状态数据库中也能够得到长足的反映，从而有效推动教学改革与思考。通过对学生个人信息的全面掌握，也有利于学校开展个性化教学，教育方式从"大锅饭"向"自助餐"转化，更加有利于人才培养。本科教学基本状态数据共分自然年（指自然年度，即上年的1月1日至12月31日）、学年（指教育年度，即上年的9月1日至本年的8月31日）和时点（指统计数据的截止时间，即当年9月30日）三个时间节点，通过分层次、分级别地统计七个方面的数据，最终形成以学生发展和学校内涵建设为中心本科教学基本状态数据分析报告，覆盖学校的方方面面。根据审核评估的要求，分析报告旨在"以数据为依据、以事实来证明"，通过真实数据反映具体情况。在这个层面上，基本状态数据无异于为高等院校做了常态化私人订制的全身检查，通过由表及里对高校人才培养进行扫描，使高校对于自身的了解更加透彻，使今后的发展更加明朗。《孙子·谋攻篇》有云："知己知彼，百战不殆。"只有全面了解了自身的斤两，才能将优势资源最大化，从而形成良性循环，促进高校和学生的共同发展。

大数据时代的教学质量常态监控将更加倚重数字化、信息化的采集、分析和管理，学校办学理念的提炼、发展规划的制定、办学模式的形成、教育评价的完善等，都源于各种数据和信息的挖掘、积累与整合，并通过数据可视化的形式加以体现。学校拥有大量的教学、科研、管理等数据，而数据资源也将成为稳定本科教学重心、提高本科教学质量、保障本科人才培养的后备力量。

---

① 梁林梅，刘永贵，桑新民. 高等教育信息化发展与研究论纲[J]. 现代教育技术，2012(1).

艺术院校微课建设策略研究
——以南京艺术学院为例*

张　愉**

摘　要：微课是“微时代”背景下产生的一种新的教学资源，它适用于教育领域学生个性化自主学习的教学情境。本研究在梳理国内外微课研究理论与实践教学的基础上，总结其不同于传统课堂教学的本质特点。并依据南京艺术学院的微课建设案例，对微课的教学设计及视频呈现进行具体的分析探究，试图结合微课教学的实际应用，从管理者视角提出促进微课建设的若干策略，以期为其设计开发与建设管理提供些许启示。

关键词：艺术院校　微课建设　策略

一、何谓微课

最早提出微课程的学者是美国圣胡安学院的David Penrose（戴维·彭罗斯），2008年，他将微课称之为“知识脉冲”（Knowledge Burst），以产生一种更加聚焦的学习体验[①]；此外，微课程的雏形可追溯到美国北爱荷华大学LeRoy A.McGrew教授所提出的60秒课程（60-Second Course），以及英国纳皮尔大学 T. P. Kee 提出的一分钟演讲（The One Minute Lecture，简称 OML）。

目前，国内关于微课，对其概念认识经历了“微资源创建—微观教学过程—微型网络课程”三个由低到高不断发展的阶段。刘运华等人于2005年最早提出“微型课程”的概念，他在新加坡的微型课程研究项目中提到微型课程都是一系列半独立性的专题或单元，容量很小，建立在教师和学生兴趣的基础上，强调深度而不

* 基金项目：南京艺术学院校级科研项目“艺术类高校微课建设管理与策略研究”（XJ2015024）。

** 作者简介：张愉（1986—），女，南京艺术学院教务处教研科副科长。

① 胡铁生，周晓清．高校微课建设的现状分析与发展对策研究［J］．现代教育技术，2014（2）：5.

强调广度，持续时间短，一般只一两个学时①；2012年，国内微课程的领航人李玉平认为，微课程是介于文本和电影之间的一种新的阅读方式，是一种在线教学视频文件，强调简单易用，最大限度地利用零碎时间，实现“5分钟完成一次学习，300秒经历一次思考”②；胡铁生率先提出微课的概念，他指出，微课是围绕某一个教学知识点，通过简短的教学录像，教师将课堂教学中的各种学习资源一一呈现，并对这一知识点做出具体解释的教学活动，这一概念已被学术界广泛认可。

2012年，全国首届微课大赛如火如荼地开展，以微课为核心的教学模式已成为一种新的流行。从本质上说，它是一种由“微短”和“及时”组成的教授新知识点的在线课程资源，它并不是简单地分割传统课程单元的过程，而是围绕某一知识点，以视频为媒介、网络为载体进行新形式传播的过程。它具备如下特点：一是微课更具备瞬间吸引学生眼球的能力；二是微课的教学设计及作业呈现方式更体现及时性；三是微课具有严格界定的主旨环节；四是微课向学生提供了一种“自我服务”的教学模式，更强调自主学习和双向交流。

二、艺术院校微课建设现状及存在问题——以南京艺术学院为例

截至目前，我校自2013年开展首届微课教学比赛以来已取得了省级以上获奖15项，其中2013年6项（全国优秀奖1项，省级一等奖1项，省级二等奖2项，省级三等奖2项），2015年9项（全国三等奖1项，省级一等奖1项，省级二等奖2项，省级三等奖5项）。

校级微课比赛也从2013年起举办了3届，分别是2013年、2015年和2016年。从教师参赛作品数量来看，从2013年的17项，发展到2015年的29项，再到2016年的16项，总体呈先上升后下降的趋势；学科分布也发生细微变化，2013年参赛作品主要集中在美术学、音乐与舞蹈学、戏剧与影视学、教育学这几大学科门类，2015年参赛作品涉及学科门类最广，囊括了艺术学的五大学科门类外加文学类，2016年参赛作品主要集中在设计学、戏剧与影视学、音乐与舞蹈学三大学科门类，学校教师参赛作品总的来说多集中在艺术学领域；教师年龄结构方面，三届微课比赛参赛教师基本集中在30—49岁年龄段，以中青年教师为主；教师职称多集中在讲师级别（见图1—图3）。

---

① 刘运华，衷克定，赵国庆．新加坡微型课程研究项目的实践与启示［J］．中国电化教育，2005（11）：97.

② 李玉平．微课程——走向简单的学习［J］．中国信息技术教育，2012（11）：15.

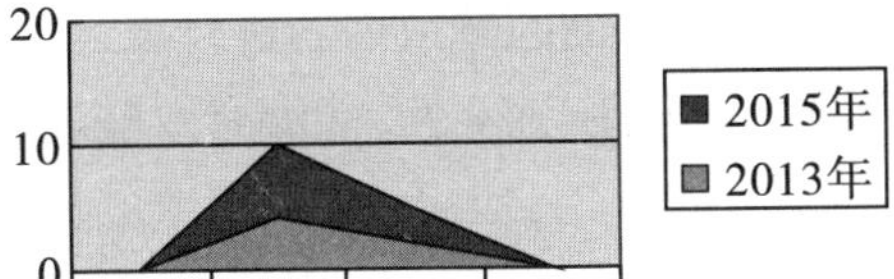

	20–	30–	40–	50岁
■2015年	0	6	3	0
■2013年	0	4	2	0

图 1　2013—2015 年度获奖情况年龄分布图

获奖情况统计如下：

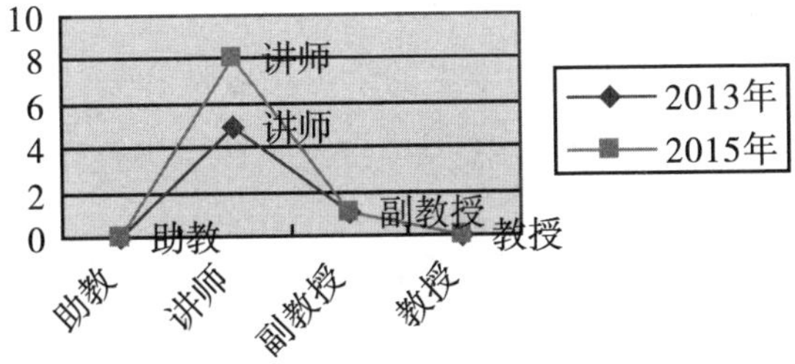

图 2　2013—2015 年获奖情况职称分布图

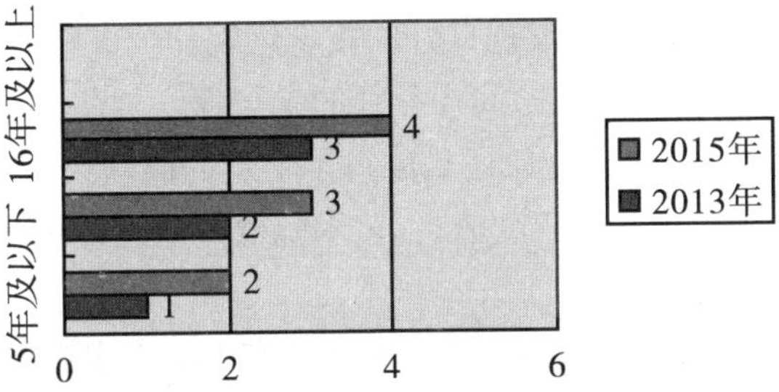

图 3　2013—2015 年获奖情况教龄分布图

分析省级以上获奖教师作品，呈现如下亮点：

（一）作品规范程度高

获奖微课的教学视频能够做到图像清晰稳定、构图合理、声音清楚，能较全面真实反映教学情境，充分展示出了教师良好的教学风貌。多媒体教学课件能围绕教学目标，反映主要教学内容，与教学视频合理搭配，适当出现知识点外拓展资料。

（二）教学安排有序合理

1. 选题“小而精”

获奖作品往往选取教学环节中某一知识点、专题或实践活动为主题，针对教学过程中的常见、典型、有代表性的问题或内容进行设计，选题体现出“小而精”的特点，具备代表性、完备性、示范性、独立性，能够有效解决教与学过程中的重点、难点问题。

2. 教学设计与组织恰当

教学方案能紧紧围绕选题设计，突出重点，注重实效；教学目标明确，教学思路清晰，注重学生全面发展；教学内容严谨充实，并能理论联系实际，反映艺术学学科发展前沿动态。

教学组织与编排符合学生认知规律；教学过程主线清晰，重点突出，逻辑性强，明了易懂。

3. 教学方法与手段灵活

教学策略选择正确，注重调动学生的学习积极性和创造性思维能力；能根据教学需求选用灵活适当的教学方法；信息技术手段运用合理，能正确选择使用各种教学媒体，教学辅助效果好。

（三）教学效果良好

获奖微课作品可以通过视频完成既定教学目标，有效解决实际教学问题，并促进学生思维能力提高；教学形式新颖，教学过程深入浅出，形象生动，趣味性和启发性强，教学氛围的营造有利于提升学生学习的积极性；教师教学语言规范、清晰，富有感染力；教师仪表得当，能展现良好的教学风貌和个人魅力。

比较两届全国微课教学比赛，我校教师的参与程度与获奖数量均有显著提高，作品质量也呈现质的飞跃，应该说还是取得了一定的成绩，但从实践应用、资源整合、课程设计、学科分布这几个角度分析，艺术院校微课建设仍存在以下几点问题：

1. 重建设，轻应用

目前，各种微课教学比赛层出不穷，也因此产生了许多微课视频资源，全国高校微课教学比赛迄今为止已经举办了两届，每届参赛和获奖作品都可以在网站平台观看。然而，据统计，每年只有举办赛事期间网上的微课点击量较为可观，待比赛结束后点击量就急剧下滑，直至下届比赛开始前点击量才又重新上升。艺术类微课在网站平台也占有一席之地，虽然参赛作品数量不少，但课时点击量仍不尽如人意。这种“为比赛做微课”的现象充分反映出了目前微课建设存在的重建设轻应用的现象，不少教师制作的是比赛型微课，而忽略了微课建设的初衷及实际应用价值。

开展微课教学，归根到底，还是为学生服务，初衷是让学生通过微课能更清楚、更直观地主动学习。然而，目前微课对艺术院校学生来说仍是一个新名词，大部分学生极少甚至从未接触过微课，更不要说聚焦和应用微课。与此同时，教师设计微课也较少从学生学习角度出发，考虑到学生的因素，缺少学生对微课教学的反馈与评价信息。我想这样设计出来的微课即便是运用了最先进的教育技术手段、最新式的教学方法、最吸引眼球的教学设计都未必能真正称之为优秀的微课。

2.微课资源太散，整合不到位

尽管微课是一种迅速崛起的在线教育形式，但是组成微课的关键要素并不统一，教学设计、教学课件、视频素材等核心要素众多且复杂，而其相关性和系统性不强。微课资源过于分散，不能形成一个项目、一个系列或一个课程群，难以真正用于日常教学，是现在艺术院校微课教学存在的大问题。大部分教师为比赛、为任务而制作微课，有些知识点或许有不少老师制作，而有些内容却无人问津，由此导致课程内容不连续、知识结构不清晰，很难辅助课堂教学。

艺术院校微课建设整体化、系列化、统一化、专题化发展已迫在眉睫，尽快开发一批适应学科发展需要、高水平、高质量的精品微课课程并作示范推广，是我们教学管理人员及广大教师所期盼的，也必然是推进学生展开自主化学习的重要举措。

3.重技术、轻设计，教师教学能力还有待进一步加强

重技术、轻设计或已成为微课教学建设的被动之处。我以“高校、微课、开发”为关键词搜索发现，不少高校投入大量财力对之前的资源共享课技术环境或微课教学环境进行改造提升，以此满足课程资源开发的需要，不可否认这是支持教育信息化的一种有效措施，说明学校对于微课教学的摄制环境予以了高度重视。然而，为了制作画面清晰、视觉效果出彩、课件制作精良的微课，更多教师将大量精力投入学习视频剪辑和课件制作技术，却忽略了微课建设的目标和内涵，这种本末倒置的现象终将成为限制微课程良性发展的阻碍。

从另一方面来说，尽管微课教学内容是否能满足学生自主学习的要求、是否受到学习者的欢迎是衡量微课教学建设是否成功的重要标准，微课教学建设还是要求教师必须具备一定的信息化教学能力。随着教育技术的飞速发展，各种形式的摄制平台等层出不穷，教师只需具备一台笔记本或一部手机、一个耳麦或摄像头等便可完成一门微课的录制，微课需要的是易掌握的简单技术。要提升微课教学水平，教师必须在重视教学目标、教学内容、教学设计等方面的同时，不断提升自己的信息技术水平才能适应微课不断发展的需要。

4.学科门类分布不均

微课建设面临着学科门类分布不均的问题。微课围绕某一知识点展开，是辅助教学的有效途径，因此，微课建设在某种程度上反映了学科的教育水平和发展趋势。教育部教师网络培训中心发布的首届微课教学研究报告显示微课资料：工学1770件、文学1 008件、理学939件、管理学584件、艺术507件和教育418件。由此

可见，艺术学科的微课教学资源严重不足，仅为工学的1/3，如何进一步提高艺术类微课教学资源，督促艺术院校教师积极投入微课建设之中，由此均衡学科分布将成为微课建设面临的又一问题。

三、管理学视角下的艺术院校微课建设若干对策

（一）开发系列微课，注重微课资源应用

首先，学校管理者应当加强微课教学建设的顶层规划和宏观指导，出台系列奖励制度鼓励更多的教师将微课教学应用到实践中去，提高教学水平；其次，定期开展微课培训，指导教师把握微课建设要点，突破单一知识点教学的形式，根据不同专业、学科、年级等进行微课教学内容整合，开发出完整、连贯的系列微课、专题微课，能应用于不同层次、年级的学生展开学习；再次，学校还应当重新调整人才培养方案，根据实际需求将微课、资源共享课、网络课程等以互联网为载体的新型学习形式纳入人才培养体系，实行弹性学分，为微课的可持续发展创造良好条件；最后，学校可以鼓励教师将微课教学作为创新型教学模式的资源支持，充分考虑学生需求，从学生学习的角度出发，为学生提供易获得、易掌握、易应用的学习资源，这样才能彻底解决高校微课建设存在的“建多用少”的问题。

（二）加强组织领导，组建微课教学团队，打造学校精品微课

如今，随着信息技术的迅速发展和互联网资源的不断更新，想凭借一己之力设计出优秀的微课作品是一件十分不易的事，微课教学建设是一项系统而复杂的工程，需要一个团队的合作才能完成。各艺术院校要成立由校领导、专业负责人、评教专家、技术人员等组成的微课建设工作团队，全力开展微课规划、定期培训、资源整合、效果评价、技术支持等方面的工作，并由教务处整体协调，质量监控中心监督，将艺术、理论、技术有机融合在一起，制作出具有艺术院校特色的精品微课。

与此同时，在微课教学建设中，学校要想办法为教师搭建网络信息交流平台创造条件，当教师在微课教学过程中遇到难点或困惑时，能及时与校内外同行或专家进行探讨与沟通，这种便利、快捷的沟通模式不仅能及时更新教学知识点，还能有效拓展、加深教学内容的广度与深度，对微课资源整合和促进教师教学质量的提高，以及教师专业能力和综合素质的提高有积极的促进作用。

（三）加强教师培训，提高教师信息化水平

艺术院校的老师掌握一定程度的信息技术教学手段不仅是教育信息发展的需求，而且是现代教学质量得到改善的必须。因此，从各个高校层面，可以通过线上和线下相结合的方式，比如“课堂多媒体辅助教学+网络资源共享教学+互联网信息平台交流”的混合教学模式，积极开展各种形式的教师教育技术水平培训。尤

其要加强教师对微课教学设计理念、资源开发、教学策略、评价与反馈等方面的培训，并要从学习者的角度出发，设计出符合学习规律和学习需求的微课，微课教学视频要能吸引眼球，有效调动学习者的学习兴趣，并可结合课前预习、课后作业等多种学习策略促进其有效学习。对于艺术类高校而言，学生都是艺术生，具有一定程度的审美能力，因此微课的教学设计更应注重创新和美观。

（四）加快基于学习者角度的需求分析和评价设计，鼓励更多的教师参与其中

1. 加强基于学习者角度的需求分析和评价设计

微课的学习者不仅包括在校师生，而且还包括使用互联网学习新知识的各类社会人士，只有让这些学习者都能感兴趣，并且能够从容掌握所学知识点，这样的微课才是具有推广价值和普遍意义的。因此，微课开发者在微课设计之初就必须以用户体验为依据，对用户需求开展追踪分析，并且也应该将用户体验、网络点击量等作为评价微课教学优劣的依据。学校管理部门可以定期考量教师微课使用情况，及时掌握学习者的评价信息，及时发布精品微课排行榜，以此来选优、择优，从而促进微课教学的进一步发展。

2. 鼓励和选拔有创意的作品

每个微课视频都只有短短十来分钟，要想在短时间内将重点、难点完美呈现的确非常有难度，这就给设计者带来一定难度的挑战，要求他们能够或选题新，或授课角度新，或教学方法新，并且制作出的视频能足够具有吸引力。学习者对精品微课的欣赏水平和评价指标是需要引导和规范的，因此，学校管理者的评价导向也是提升微课作品水准的重要环节，学校应尽可能鼓励和选拔具有创意的微课作品。

参考文献

［1］胡铁生，周晓清．高校微课建设的现状分析与发展对策研究［J］.现代教育技术，2014（2）：5.

［2］韦晓娟．“微课”背景下艺术设计史论课程教学优化策略探析［J］.美术教育研究，2015（13）.

［3］刘运华，衷克定，赵国庆．新加坡微型课程研究项目的实践与启示［J］.中国电化教育，2005（11）：97.

［4］李玉平．微课程——走向简单的学习［J］.中国信息技术教育，2012（11）：15.

［5］杨小锋．新建本科院校微课教学资源建设现状分析与策略研究［J］. 微型电脑应用，2016，32（5）：39.

［6］杨满福，桑新民．对MOOCs浪潮中微课的深度思考——基于首届高校微课大赛的分析［J］. 教育发展研究，2013（23）：1-5.

［7］刘红霞，赵蔚，陈雷．基于“微课”本体特征的教学行为设计与实践反思［J］. 现代教育技术，2014（2）：14-18.

基于责任意识的综合性艺术院校内部教学质量保障建设的几点思考

张振华*

摘　要：本文通过对新时代中国高等教育事业发展根本指向的梳理，对高校价值和使命问题的探讨，以及对综合性艺术院校内部教学质量保障现状的分析，重塑高校在教学质量保障中的主体责任，探索适合综合性艺术院校的内部教学质量保障之路。

关键词：责任意识　综合性艺术院校　内部教学质量保障　质量标准　问责制度

随着我国综合性艺术院校规模的不断扩大①、高等艺术教育大众化阶段的来临，传统精英教育体制下的高校内部质量保障制度已经不能满足新时代高等艺术教育内涵式发展的新需求。探索新型内部质量保障制度建设成为我国综合性艺术院校适应教育事业发展新形势的当务之急。当前，我国高校内部教学质量保障体系建设尚处于起步和探索阶段，教学质量保障机制尚未成熟。加之，艺术教学重创作成果轻教学过程的特征，导致综合性艺术院校的内部教学质量保障建设更为乏力，教学质量保障的组织架构和制度建设阻力巨大。针对综合性艺术院校在内部教学质量保障建设方面的困境，本文提出以下几点思考和建议。

一、认清内部教学质量保障的价值使命

党的十九大报告中明确指出要“加快一流大学和一流学科建设，实现高等教

*　**作者简介**：张振华（1990—），男，南京艺术学院教学质量监测与评估中心科员。

①　本文所统计的数据来源于6所公办综合性艺术院校，包括南京艺术学院、山东艺术学院、吉林艺术学院、广西艺术学院、云南艺术学院、新疆艺术学院。南京艺术学院全日制在校生10 832人，本科专业37个；山东艺术学院全日制在校生10 879人，本科专业32个；吉林艺术学院全日制在校生8 341人，本科专业41个；广西艺术学院全日制在校生14 209人，本科专业36个；云南艺术学院全日制在校生11 748人，本科专业38个；新疆艺术学院全日制在校生4 868人，本科专业30个（数据来源自各高校《2016—2017学年本科教学质量报告》）。

育内涵式发展”。《国家中长期教育改革和发展纲要(2010—2020年)》中也明确提出“提高质量是高等教育发展的核心任务”。可见,我国高等教育已经进入以提高质量为核心的内涵式发展新阶段,提高人才培养质量,依靠提高教育要素的质量和教育要素的效率,实现教育规模的扩大和教育事业的发展,已经成为新时代高等教育发展的主题。内涵发展和质量提升,关键点在于高校负起责任,激活高校质量保障的主体意识,加强内部评价、自我诊断、自我医治。高等教育质量提升实际上是一种内在的追求,提升教学质量是高校每一个构成元素都应尽的责任。

使命即责任,使命与价值不可分,高校的使命必然立身于其对自身价值定位的认识。而高校的价值定位必然包含其对教师的发展、学生的发展,对地方、国家乃至世界经济社会发展与人类文明的潜在贡献的认识。使命与价值对于高校内部质量保障而言具有不可替代的作用,高校的发展只有在使命与价值的引领下才能获得持续的动力。而当下,我国综合性艺术院校内部教学质量保障缺乏明确的使命和价值引领。其一,内部教学质量保障缺乏内在需求和人才培养目标的动力,容易受外在动力推行,盲目追求外在质量标准,脱离学校实际诉求,去回应政府的质量要求。其二,学校教学评估主要集中在学校层面,院系、教师、学生在质量保障中未受到足够的重视,教学质量保障难以回应教师、学生的发展诉求,对他们负责。其三,缺少针对学校办学特色和定位开展有效的质量保障工作,教学发展的推力不足。总结来说,教学质量保障工作仅仅停留在评估、监测阶段,缺乏对评估工作和监测数据中反应出的质量问题进行分析,持续跟进改进措施。

使命和价值引领的混乱归根而言源于高校教学质量文化的缺失和混乱。教学质量文化是教学质量保障的基础和灵魂,引导着一个高校的质量价值取向,缺乏教学质量文化支撑的内部教学质量保障体系必然徒有其表,难以发挥应有的保障效果。教学质量文化的形成是各教学利益相关者不断冲突磨合的结果,是一套共同认可的价值追求,凝聚着师生员工共同的质量目标、质量观念、质量规范,有巨大的向心力和凝聚力。所以,高校要积极寻求、总结本校的教学质量文化,营造质量文化建设的氛围,确定质量文化建设的目标,强化质量文化建设的意识,健全质量文化建设的制度。“将建设质量文化内化为全校师生的共同价值追求和自觉行为,形成以提高人才培养水平为核心的质量文化。”[①]立足学校人才培养目标,充分认识艺术专业师生在教育过程中重专业、重实践、重感情的特点,教学质量评价环节上,要避免工具性价值理念占据主导地位,重视师生内在的个性与创作型发展等价值目标,营造突出整体质量意识和人本主义的教学质量文化氛围。

① 《教育部关于加快建设高水平本科教育全面提高人才培养能力的意见》(教高〔2018〕2号)。

二、摆脱教学质量监控机构的缺位

我国综合性艺术院校教学质量监控机构缺位主要表现在两方面：一是实体教学质量监控机构缺失，没有独立且常设性的教学质量组织机构；二是教学质量监控机构因为人力、物力、财力支撑保障不足，无法开展实质性工作，质量监控工作不成体系。具体来讲，目前综合性艺术院校内部教学质量保障工作主要集中在学校层面，院系、老师、学生在教学质量保障方面并未受到足够的重视，发挥其应有的作用。挂靠或教务处所辖属的教学质量保障部门开展的教学质量保障工作还主要停留在教学督导、教学常规检查、评教、状态数据采集等基础性工作上。即使在基础性工作上，教学质量监控工作依然乏力。教学督导"重督轻导"。教学常规检查重定期检查，而不定期教学检查力度不够，专项教学检查更是在部分院校缺失。评教工作重信息采集，而轻信息反馈和教学整改，对教师教学缺乏引导性。一年一度的本科教学基本状态数据采集工作，劳心劳力，成为完成上级任务的硬性工作，对状态数据的分析工作不足，不能有效使用状态数据，推出系列质量报告，指导教学改进更无从谈起。

我国综合性艺术院校内部教学质量保障缺乏完整有效的组织管理机构，多数学校是为了迎合上级评估工作而设立临时性的教学质量监控机构。这种不健全的组织机构导致高校内部教学质量保障功能畸形，各教学质量参与主体对教学质量产生误解，对教学质量保障工作仅仅认为是完成上级任务，对数据采集工作厌倦且反感，所得到的监测结果得不到重视。部分高校在新一轮本科教学工作审核评估中，虽成立了常设性的教学质量监控机构，而人员配备却不尽如人意，"机构挂靠，人员兼职"，教学质量保障缺乏连续性和长期性，很多教学质量保障工作根本无法落到实处，组织机构空设，制度建设流于形式，难以发挥实质性的作用。

摆脱教学质量监控机构的缺位，设立健全有效的组织管理机构是前提和基础。首先是学校层面要有足额的专职教学质量监控人员，院系层面也应配备专职或兼职教学质量监控人员，建立健全校院两级的教学质量监测队伍。其次是形成一套比较完善的信息系统，利用教学常规检查、督导制度、听课制度、评教制度、状态数据库采集、学生信息员制度等方式，"利用互联网和大数据技术，形成覆盖高等教育全流程、全领域的质量监测网络体系"①，全面收集数据信息，建立起教学质量信息常态化管理机制，加强以学生学习为中心的教学过程动态信息监测。同时，最为重要的是合理分析信息，做到及时反馈，推动教学改进。最重要的是教学质量监控

① 《教育部关于加快建设高水平本科教育全面提高人才培养能力的意见》(教高〔2018〕2号)。

机构要明确机构职能和岗位职责，完善各项教学规章制度建设、质量标准的制定，监督质量管理规范的执行，推进各项自我评估制度。

三、健全质量标准体系

教学质量标准建设是提高教学质量的基础工程，制定成体系、可量化、具有可比性的教学质量标准，教学质量保障和评估才能有据可依，才能对教学实施全过程的监督与控制。综合性艺术院校的质量标准体系建设要牢牢把握“立德树人”的根本任务，遵循艺术发展规律，适应党和国家、社会对艺术人才需求的变化，明确自身的人才培养定位。高校应以《普通高等学校本科专业类教学质量国家标准》为基础，制定本校的专业教学质量标准，以及与之匹配的课程质量标准，建立健全主要教学环节质量标准，加强嵌入过程的教学监测。有成体系的质量标准，教学评估才有据可依，教学保障才有规可循。

质量标准体系是融政策性、管理性、学术性为一体的文件体系，是实施质量评估的一把“标尺”，如何有效度量，遵循的基本建构思路为：全面协调各方因素，追求顶层设计，要对教学方方面面实施全口径、全方位、全过程考虑，统筹协调；依靠专家，分层推进，依靠专家的高学术水准制定“草图”，然后征求各方意见，得到各利益相关者的意见反馈，转过来继续完善，反复磨合；立足本校实际，实施纵向对比，符合本校的现状和未来发展趋向，同时积极吸纳同类学校标准值。

质量标准制定需要多元参与，充分发挥利益相关者的主体责任意识，保证质量标准的公平性、客观性、普适性。同时，又需遵循以下三种原则：第一，定性与定量标准内容结合。量化的标准方式尽管能从数据统计的视角得出评估结论，同时也容易忽视产出所依赖的投入与过程。此外，定量评估的产出部分还容易走入“求近舍远”的误区，从而导致忽视长期产出结果的评价。仅仅用定量的评估方法无法全面、科学地评价教学质量与目标，例如对于专业培养目标及专业特色等指标，必须采用定性的方法予以评价。第二，既要“兜底线”，又要提出前瞻性、发展性的指标要求，追求卓越发展，推进教学质量提升。第三，由以教师的“教”为中心转变为学生的“学”为中心。突出学生中心，注重学生的学习获得感。

四、实施问责制度

高校对教学质量后果要有追责问责的魄力，强制制裁的能力。依靠完善的质量标准体系，制定行之有效的指标评价，设定预警线，规定奖惩措施，对学校专业、课程、教师教学、学生学习等实施有力的教学评估，完成内部治理，建设良性可循环的教学质量提质工程。实施问责制度，一是要明确权责体系，即问责主体和问责对象的权责划分；二是要明确问责主体和客体，即谁来问责和向谁问责；三是要明确问责内容，即问什么；四是要明确问责程序，即如何问；五是要明确问责结果，即如何办。[①]高校内部教学质量保障要推行行之有效的问责制度，关键有三：

首先要打破行政主导的问责类型，不以行政机构为唯一问责主体，教师和学生为被动的问责对象，而是构建多元主体参与的问责类型，高校各教学质量参与者都应既是问责主体，又是问责对象。赋予教学委员会独立运作的权力，摆脱行政领导，确保问责的客观性和公平性，在教学委员会的领导下，行政部门、教师与学生之间建立权力较为平衡的相互问责机制。

其次，问责内容要覆盖教学质量的方方面面，既要涉及人才培养目标、质量标准等基本保障，又要把学校教学条件、师资建设等投入纳入，既不能忽略人才培养实施的过程保障，也不能轻视教学效果评价这一结果保障，还需重视质量保障各环节评价、反馈和改进等机制保障。针对问责内容，要启动全面的问责程序，除事故性问责外，要紧紧抓住常规性问责。在常规性问责层面，完善教学基本状态数据库，除学校层面推出年度教学质量报告外，还应建立院系、专业教学质量报告上报制度，完善评价体系，定期开展学校内部本科教学工作评估、专业评估、课程评估、教师教学质量评价、学生学习效果评估等评估和评价工作。

最后，基于实施问责程序得到的结果，实施有效的奖惩手段。例如，健全专业预警和专业退出机制，根据校内系列评估结果，减招或停招预警专业，以内部评估为基础，优化学校内部专业设置，建立健全学校内部专业动态调整机制。实施课程和教师课堂退出制度，以课程评估和教师教学评价为基础，对评估结果不合格的课程进行整改或退出教学计划，对连续评价结果不合格的教师调离课堂教学。

结　语

探索适合综合性艺术院校的内部教学质量保障之路，必须从源头出发，把握艺术发展规律，明确自身的人才培养目标，认清自身的使命和价值。质量标准体系建设，各项内部评估工作的施行，关键在于改进教学工作，推动教学质量提升，以评促改，以评促建，以评促管。内部教学质量保障体系的构建并非单一主体的工作，需要多元利益主体的参与，得到多元利益主体的认同和支持，才有利于高校教学质量文化的形成与发展，推动教学质量可持续发展。因此，作为高校教育参与者都应自觉地养成责任意识，积极实现内部教学质量保障的管理结构由集中在某一教学质量监控部门向各基层质量单元分散，把院系、师生等都融入质量保障体系中，主动

① 周亚越．行政问责制研究[M]．北京：中国检察出版社，2006：33-38.

承担质量保障方面的责任。

参考文献

[1] 吴岩,王战军,刘振天.构建中国特色高等教育质量保障体系[M].北京:教育科学出版社,2014.

[2] 吴岩.国际高等教育质量保障体系新视野[M].北京:教育科学出版社,2014.

[3] 张茂聪.强化教学质量管理:构建大学内部教学质量保障体系[J].山东高等教育,2015,3(7):5-10+2.

[4] 王朝兵.高等教育质量文化建设[D].合肥工业大学,2011.

[5] 严欣平,张其敏,王光明.高校内部教学质量保障体系建设研究[J].教育与职业,2015(19):29-31.

[6] 高耀明,张光辉.大学内部教学质量保障体系——以上海师范大学为例[J].大学(研究与评价),2007(10):64-71.

[7] 李志义.重构我国高等教育质量标准体系[J].中国大学教学,2013(1):4-8.

后　记

为深入贯彻习近平新时代中国特色社会主义思想和党的十九大精神，全面落实全国教育大会和全国高等学校本科教育工作会议精神，加快建设高水平本科教育，南京艺术学院制订并启动了全面振兴本科教育的实施方案。人才培养模式的改革与研究作为实施方案的重点任务之一，对于深化教育教学改革、加强教育教学内涵发展有着重要的意义。为此，我校专门组织干部和教师对现行人才培养模式进行广泛讨论，以期增强振兴本科教育的思想自觉和行动自觉。

一

“人才培养模式”作为一个专门术语，首次出现在我国教育行政部门的文件中，还是在1994年。这一年，原国家教委为贯彻落实中共中央、国务院印发的《中国教育改革和发展纲要》精神，制定并实施了《高等教育面向21世纪教学内容和课程体系改革计划》，要求高等学校“探索适应现代社会、经济、科技、文化发展的教育观念和人才培养模式，形成培养适应21世纪需要的基础扎实、知识面宽、能力强、素质高的人才改革思路”。1998年，教育部召开第一次全国普通高等学校教学工作会议，研究制定了《关于深化教学改革，培养适应21世纪需要的高质量人才的意见》，再次提出：“构建适应21世纪政治、经济、文化发展需要的人才培养模式是当前深化教育教学改革的关键”，进一步指出：“人才培养模式是学校为学生构建的知识、能力、素质结构，以及实现这种结构的方式，它从根本上规定了人才特征并集中地体现了教育思想和教育观念”。自此以后，各高等学校高度重视人才培养模式，纷纷结合学校实际提出各式各样的人才培养模式，经过20余年的研究与实践，人才培养模式为深化教育教学改革、创新教育教学方法、探索多种培养方式发挥着重要作用，形成了各类人才辈出、创新人才不断涌现的新局面。

二

南京艺术学院作为一所综合性艺术院校，在20世纪末和21世纪初，积极投入到深化教育教学改革的大潮中，构建了具有时代特征和学校特色的人才培养模式。它的发展轨迹，大致可以分为以下三个阶段：

第一阶段：从试行到推行“学分制”人才培养模式。为贯彻落实《中共中央国务院关于深化教育改革，全面推进素质教育的决定》精神，学校经过反复讨论和研究，制定并实施了《南京艺术学院“学分制”试行方案》，从1996年开始试行“学分制”，到2004年全面推行“学分制”人才培养模式。这种模式以“淡化专业，突出课程”“为自己设计一张课程表”为核心理念，让学生根据自己的兴趣和志向选择课程，构建个人的知识结构和专业技能，从而达到自我设计、自我塑造的培养目标。2003年，学校接受教育部本科教学工作水平评估，专家组在《评估意见》中写道：“南京艺术学院在本科艺术教育人才培养上形成了自己的特色，即确立以综合性人才培养为中心的教学运行机制，以学分制改革为核心，以多样形式的办学机制和不同类型学科课程模式尝试为思路的艺术学科建设方向，为综合性艺术院校教育教学改革提供了一种可资参照的模式。”

第二阶段：从深化到完善“学分制”人才培养模式。为深入落实《教育部财政部关于实施高等学校本科教学质量与教学改革工程的意见》《教育部关于进一步深化本科教学改革，全面提高教学质量的若干意见》精神，学校经过研究，决定将2009年确定为“教学质量年”，并制定了《南京艺术学院教学质量年活动实施方案》。此方案与“学分制”人才培养模式密切相关，整个活动包括召开“学分制”专题研讨会、开展师德师风教育活动、调整学校教学督导队伍、推行青年教师导师制、开展学风建设活动、实施学分绩点制、完善优生优学激励机制、修订课程教学大纲等。数年来，通过各职能部门、各教学单位的通力合作，“教学质量年”活动取得圆满成功，“学分制”人才培养模式也得到进一步深化和完善。

第三阶段：从构建到探索“三位一体”人才培养模式。学校在“学分制”人才培养模式的基础上，根据《国家中长期教育改革和发展规划纲要（2010—2020年）》《国家教育事业发展“十三五”规划》要求，于2016年构建了“三位一体”人才培养模式。所谓“三位”指复合型人才、创新型人才、应用型人才培养目标，而“一体”指综合性艺术人才培养定位。为配合新构建的人才培养模式，学校采取一系列教育教学改革措施，经过各职能部门、各教学单位的共同努力，全面修订《南京艺术学院本科教学管理规章制度汇编》《南京艺术学院本科专业教学计划》《南京艺术学院本科课程教学大纲》《南京艺术学院本科生学习指南》等教学文件，初步形成“三位一体”人才培养模式的学科专业体系、课程教材体系和管理服务体系。

三

2016年，学校再次接受教育部本科教学工作审核评估，专家组在审读材料和进校考察的基础上，形成了《南京艺术学院本科教学工作审核评估专家组反馈意见》。专家组认为：“学校坚持以学科拉动专业发展，结合学校艺术学学科、专业齐全的优势，实施‘分类分型’培养，由此确立了艺术学理论、音乐与舞蹈学、戏剧与影视学学科下的本科专业培养复合型人才，美术学、设计学学科下的本科专业培养创新型人才，而高职学院的本科专业培养应用型人才，目的是为国家战略和区域发展培养多样化的艺术人才。”但也指出：“复合型人才、创新型人才、应用型人才培养模式的改革与探索有待进一步加强。”针对存在的问题，学校积极采取相应措施，出台《关于印发〈南京艺术学院本科教学工作审核评估整改方案〉的通知》等文件。

在此背景下，教务处印发了《关于组织评选南京艺术学院2016年校级教学研究立项课题的通知》，又印发了《关于组织开展新时代背景下南京艺术学院“三位一体”人才培养模式研究工作的通知》。两份“通知”下发后，得到各教学单位、相关职能部门的积极响应。校级教学研究课题共有34项立项，其中人才培养模式研究课题有10项，近两年发表的论文，不仅数量众多，而且质量上乘。人才培养模式研究工作共收到论文78篇，经过单位推荐、教务处初审和学科专家评审，最终录用近40篇。论文作者包括干部和教师，涉及11个教学单位、3个职能部门。

录用的论文分为七个研究专栏刊载。在“设计学类人才培养模式研究与实践”“美术学类人才培养模式研究与实践”“戏剧与影视学类人才培养模式研究与实践”“音乐与舞蹈学类人才培养模式研究与实践”和“高等职业教育专业课程教学模式研究与实践”专栏中，各教学单位的干部和教师从不同学科专业的角度，对创新型人才、复合型人才、应用型人才培养模式的诸多方面进行了研究；在“艺术院校公共课程教学内容与教学方法研究”专栏中，相关教学单位的干部和教师对综合性艺术院校中的思政课、英语课的教学内容和教学方法等问题作了探索；而在“艺术院校教学管理与教学质量保障体系研究”专栏中，相关职能部门的干部则对综合性艺术院校中的学科专业体系、课程教材体系、教学管理体系、教学质量保障体系等问题作了探讨。

全面振兴本科教育，现已成为新时代高等教育改革发展的核心任务，在持之以恒、狠抓落实的过程中，我们愿以这本阶段性“三位一体”人才培养模式研究成果的小书，与所有从事高等艺术教育的教师、专家、学者、管理者交流切磋并期待批评指正。

詹和平

2019年6月于南京艺术学院行政楼